中華古籍保護計劃

ZHONG HUA GU JI BAO HU JI HUA CHENG GUO

·成 果·

杭州圖書館等十一家收藏單位民國時期傳統裝幀書籍普查登記目録

浙江省民國時期傳統裝幀書籍普查登記目録·杭州

國家圖書館出版社
National Library of China Publishing House

圖書在版編目(CIP)數據

杭州圖書館等十一家收藏單位民國時期傳統裝幀書籍普查登記目録/《杭州圖書館等十一家收藏單位民國時期傳統裝幀書籍普查登記目録》編委會編. --北京:國家圖書館出版社,2018.12

(浙江省民國時期傳統裝幀書籍普查登記目録)

ISBN 978-7-5013-6476-3

Ⅰ.①杭… Ⅱ.①杭… Ⅲ.①公共圖書館—圖書館目録—杭州—民國 Ⅳ.①Z822.1

中國版本圖書館CIP數據核字(2018)第154019號

書　　名　杭州圖書館等十一家收藏單位民國時期傳統裝幀書籍普查登記目録
著　　者　《杭州圖書館等十一家收藏單位民國時期傳統裝幀書籍普查登記目録》編委會　編
責任編輯　許海燕

出　　版　國家圖書館出版社(100034　北京市西城區文津街7號)
　　　　　(原書目文獻出版社　北京圖書館出版社)
發　　行　010-66114536　66126153　66151313　66175620
　　　　　66121706(傳真)　66126156(門市部)
E-mail　nlcpress@nlc.cn(郵購)
Website　www.nlcpress.com→投稿中心
經　　銷　新華書店
印　　裝　河北三河弘翰印務有限公司
版　　次　2018年12月第1版　2018年12月第1次印刷

開　　本　787×1092(毫米)　1/16
印　　張　31.75
字　　數　700千字

書　　號　ISBN 978-7-5013-6476-3
定　　價　280.00圓

《浙江省民國時期傳統裝幀書籍普查登記目録》

指導委員會

主　任：褚子育

副主任：葉　菁

委　員（按姓氏筆畫排序）：

呂振興　李儉英　金琴龍　倪　巍　徐兼明

徐　潔　陸深海　陳泉標　陳　浩　孫雍容

張純芳　張愛琴　褚樹青　樓　婷　鍾世杰

應　雄

《浙江省民國時期傳統裝幀書籍普查登記目録》

工作委員會

主　任：褚樹青

委　員（按姓氏筆畫排序）：

王以儉　毛　旭　占　劍　沈紅梅　季彤曦

胡海榮　莊立臻　徐益波　孫旭霞　孫國茂

劉　偉　應　暉

《浙江省民國時期傳統裝幀書籍普查登記目録》

編纂委員會

主　編：徐曉軍

副主編：曹海花　童聖江

統校和編纂工作小組組長：曹海花（浙江圖書館）

統校和編纂工作小組成員（按姓氏筆畫排序）：

干亦鈴（寧波市圖書館）

吕　芳（浙江圖書館）

沈秋燕（嘉興市圖書館）

秦華英（浙江圖書館）

唐　微（紹興圖書館）

陳瑾淵（温州市圖書館）

《浙江省民國時期傳統裝幀書籍普查登記目録》

序　言

近代中國社會由封建王朝向民主政體蛹變的轉型時期，傳統思維與新思潮强烈衝突，書籍也隨之進入了重大變革時期，以綫裝書爲代表的傳統裝幀書籍日漸式微，傳統裝幀與現代裝幀進入了一個并存期。社會革命的發生并不意味着文化馬上就發生根本性的變化，文化的發展是有連續性的，它不會因朝代的突然更替而發生斷層式的變化。1912年辛亥革命勝利後，中國傳統文化的發展依然繁榮，産生了一大批高質量的傳統裝幀書籍，這部分書籍也是中國傳統文化的重要組成部分。百年來，公共圖書館等公藏單位將這部分書籍跟古籍采取一樣的存放、管理、保護方式。浙江是文化大省，文化底藴深厚，書籍刻印歷史悠久，前賢留下的著述浩如烟海，藏書雅閣及私人藏書爲數衆多，民國期間也刻印了大量典籍，民國時期傳統裝幀書籍在各藏書單位（尤其是基層單位）所藏歷史文獻中占據了相當大的比重。這些文獻形成了浙江文獻典藏的重要特色，是浙江傳統文化的重要組成部分。爲更加全面地掌握全省歷史文獻文化遺産現狀，揭示全省各地區文化脉絡，浙江省自古籍普查伊始就將民國時期傳統裝幀書籍納入古籍普查範圍。

按照《全國古籍普查登記手册》要求，登記每部古籍的基本項目，必登項目有索書號、題名卷數、著者、版本、册數、存（缺）卷數，選登項目有分類、批校題跋、版式、裝幀形式、叢書子目、書影、破損狀況等内容。“秉持浙江精神，幹在實處、走在前列、勇立潮頭”，浙江省的古籍普查工作一直高標準、嚴要求，自始至終堅持全國古籍普查登記平臺（以下簡稱古籍普查平臺）項目全著録，堅持文字信息和書影信息雙著録，登記每部書的索書號、分類、題名卷數、著者、卷數統計、版本、版式、裝幀、裝具、序跋、刻工、批校題跋、鈐印、叢書子目、定級及書影、定損及書影等16大項74小項的信息。普查統計顯示，截至2017年4月30日，全省95家單位共藏有中國傳統裝幀書籍337405部2506633册，其中民國時期傳統裝幀書籍117543部751690册，占全部傳統裝幀書籍的三分之一。

普查登記著録工作結束後，省古籍保護中心組織普查業務骨幹統校、編纂全省的普查登記目録。全省的普查登記目録是將古籍和民國數據分開的，由省古籍保護中心統一規劃，分别出版《浙江省古籍普查登記目録》和《浙江省民國時期傳統裝幀書籍普查登記目録》。古籍數據統校完成後，於2017年3月成立由浙江圖書館、寧波市圖書館、温州市圖書館、嘉興市圖書館、紹興圖書館5家單位的7名普查業務骨幹組成的《浙江省民國時期傳統裝幀書籍普查登記目録》統校和編纂工作小組，開展民國時期傳統裝幀書籍普查數據的統校和登記目録的編纂工作。

民國時期傳統裝幀書籍普查數據統校要求和登記目録編纂工作程序與古籍相同，省古籍保護中心制定的《浙江省古籍普查登記目録編纂工作方案》《浙江省古籍普查數據統校細則》，也適用於指導全省民國時期傳統裝幀書籍普查數據的統校和登記目録的編纂。統校和編纂工作程序如下：導出古籍普查平臺上的數據，切分出民國數據，按照設定的普查編號、索書號、分類、題名卷數、著者、版本、批校題跋、册數、存（缺）卷這幾項登記目録的出版款目對表格進行整理，整理後按照題名進行排列分給各統校員進行統校，統校結束後的數據按行政區域進行彙總，交由分區負責人進行覆核，覆核結束後由省古籍保護中心一一寄給各館進行修改確認，經各館確認後由分區負責人進行最後審定。

全省參與普查的共 95 家單位，其中 94 家有民國時期傳統裝幀書籍，進入本登記目録的有 93 家單位，總數達 11 萬餘部。根據分區域出版和達到一定條數可以單獨成書的原則，全省的民國時期傳統裝幀書籍普查登記目録大致分爲以下 15 種：浙江圖書館，浙江省博物館，中國美術學院圖書館等四家收藏單位，杭州圖書館等十一家收藏單位，寧波市天一閣博物館，寧波市圖書館等八家收藏單位，温州市圖書館，瑞安市博物館（玉海樓）等九家收藏單位、湖州市圖書館等七家收藏單位，嘉興市圖書館，嘉善縣圖書館等八家收藏單位，紹興圖書館，紹興市上虞區圖書館等九家收藏單位，金華市博物館等九家收藏單位，衢州市博物館等四家收藏單位、舟山市圖書館等二家收藏單位、麗水市圖書館等八家收藏單位，臨海市圖書館等八家收藏單位。爲保障普查編號的唯一性、終身有效性，各館數據以原普查編號從低到高的順序進行排列。由於浙江省古籍普查範圍包括古籍、民國傳統裝幀書籍、域外漢文古籍，著録時幾種文獻交替進行，而出版時是分開的，加之古籍普查平臺系統出現的跳號情況，所以會出現普查編號不連貫的現象，特此説明。

浙江省古籍普查工作得到了各方的關心和支持。感謝各兄弟省份古籍同行的熱情幫助，感謝李致忠、張志清、吴格、陳先行、陳紅彦、陳荔京、羅琳、王清原、唱春蓮、李德生、石洪運、賈秀麗、范邦瑾等專家學者的悉心指導。

條數多，分布廣，又出於衆手，儘管工作中我們一直争取做到最好，但無論是已經著録的古籍普查平臺數據還是即將付梓的登記目録，都難免存在紕漏，希望業界同仁不吝賜教，俾臻完善。

浙江省古籍保護中心
2018 年 3 月

《浙江省民國時期傳統裝幀書籍普查登記目録》

編纂凡例

一、收録範圍爲浙江省圖書館、博物館等公共收藏機構所藏，産生於 1912 年到 1949 年 9 月，有關傳統學術并以綫裝爲主的具有傳統裝幀形式的漢文書籍。

二、以各收藏機構爲分册依據，篇幅較小者，適當合并出版。

三、一部書籍一條款目，複本亦單獨著録。

四、著録款目包括普查登記編號、索書號、分類、題名卷數、著者、版本、批校題跋、册數、存(缺)卷等。普查登記編號的組成方式是：省級行政區劃代碼—單位代碼—古籍普查登記順序號。

五、以普查登記編號順序排序。

六、編製各館藏目録書名筆畫索引附於書後，以便檢索。

目　録

杭州圖書館
民國時期傳統裝幀書籍普查登記目錄

浙江省民國時期傳統裝幀書籍普查登記目錄·杭州

國家圖書館出版社
National Library of China Publishing House

《杭州圖書館民國時期傳統裝幀書籍普查登記目録》

編委會

《杭州圖書館民國時期傳統裝幀書籍普查登記目録》

前　言

杭州圖書館創建於1958年,起初古籍文獻不甚豐富,通過文化局調撥和古舊書店購買等等手段,經過50多年的不斷發展,現有古籍5000餘種,其中民國綫裝書2743種。雖然我館古籍總數仍不算龐大,但其中不乏珍本佳槧。早在20世紀80年代編撰《中國古籍善本書目》時,我館已能提供善本條目407種。到目前爲止,我館共有41部古籍入選《國家珍貴古籍名録》,38部入選《浙江省珍貴古籍名録》。

早在2007年,文化部正式啓動國家級重點文化工程——"中華古籍保護計劃"。同年,國務院辦公廳發布《關於進一步加强古籍保護工作的意見》,對全國古籍保護工作進行專門指導,從此古籍普查工作在全國範圍内逐步深入開展。在這種新形式和新環境下,杭州圖書館的古籍保護工作也步入了一個新的軌道。2007年,杭州圖書館經由全國古籍保護工作部際聯席會議審議確定,被列爲全國古籍保護工作試點單位。2008年新館落成,書庫環境大爲改善,建成了具有恒温恒濕、防火防盗等功能的獨立古籍書庫。2009年,杭州圖書館被列入第二批"全國古籍重點保護單位"。2011年,在原有館藏目録的基礎上,我館編纂完成并出版發行了《杭州圖書館善本書目録》和《杭州圖書館地方碑帖目録提要》。2012年,我館申報"浙江省古籍普查項目"并立項。在國家古籍保護中心和浙江省古籍保護中心的培訓指導下,我館再次對古舊文獻進行全面普查,經過數年的不懈努力,編纂完成《杭州圖書館古籍普查登記目録》和《杭州圖書館民國時期傳統裝幀書籍普查登記目録》。這是一次更徹底、更完善的基礎性整理工作,對杭州圖書館的古籍目録編纂工作和今後的古籍保護與整理工作有着重要的意義。

杭州圖書館古籍文獻以稿本、抄本、批校題跋本、套印本及地方文獻、雲南文獻爲特色。前面幾類在《杭州圖書館古籍普查登記目録》前言中已作了大致介紹,現主要介紹有关雲南文獻和杭州地方文獻的内容。我館所藏民國圖書中較有特色的是童振藻、徐映璞等人的抄稿本。童振藻於民國初年任職雲南,在公務之餘潛心研究雲南地方文化,編纂了我國第一部城市志《昆明市志》和第一部雲南地方志目録《雲南方志考》。我館所藏的這批稿抄本内容涉及大量雲南地方文獻資料,是研究民國時期雲南政治文化發展和風土人情變遷極其重要的第一手文獻資料,具有較高的歷史文獻價值,稿本《雲南方志考》即爲其中一種。徐映璞(1892—1981)字鏡泉,號清平山人,浙江衢州人,通經史,善詩文,民國時曾任浙江省制憲委員會委員、浙江省參議院參議。20世紀50年代,徐映璞被稱爲杭州文壇“三老”之一，後又被聘爲浙江文史館館員。在公務之餘徐映璞長期致力於地方志的研究與編纂工作，曾任《衢州志》的編纂，還著有《衢縣九華山志》《孔氏南宗考略》《鹿鳴社稿初集》《兩浙史事叢稿》等書。值得一提的是，其日記體著作《壬午衢州抗戰記》《甲申衢州抗戰記》真實記録了 1942 年和 1944 年日軍侵略衢州和我軍奮起抗擊的全過程，是重要的第一手文獻資料。我館藏有其日記稿本，具有珍貴的歷史文獻價值。此外，我館還藏有其他不少杭州地方文獻資料，爲近年來杭州市重點圖書館出版項目《西湖文獻集成》提供了諸如《杭州西溪奉祀歷代兩浙詞人姓氏録》《西溪秋雪庵志》等多種古籍原本。這些珍貴的古籍文獻都將在這本目録中得到體現。

這本目録的編纂過程漫長而嚴謹，編纂者立足於原始文本，從題名著者、存（缺）卷數、版本年代、版式行款、刻寫收藏、紙張裝幀、牌記印鑒、序跋目録、正文附録等多方面條分縷析，考辨入微，著録方式規範統一，古籍定級和古籍破損情況詳録在案，并前後數次校對，有效地保證了此目録的内容品質和學術價值。

此次普查提高了我館古籍工作人員的業務水平，明確了現有古籍的存量情況和破損情況，糾正了館藏目録原有著録的訛誤問題，爲下一步的古籍保護工作打下了扎實的基礎。2014 年，我館通過專家評審，入選“省級古籍修復中心”，這將有利於促進杭州地區古籍保護工作的積極開展，提高古籍修復和保護水平。

最後，由於古籍普查登記難度較大，我們編輯經驗不足，不免有疏漏之處，懇請方家批評指正，以待完善。

杭州圖書館
2018 年 1 月

330000－1702－0000255　民 1/21　經部/小學類/音韻之屬/韻書

五方元音二卷　(清)樊騰鳳撰　(清)年希堯增補　民國元年(1912)濟南聚和堂刻本　二冊

330000－1702－0000263　民 279/5570　子部/藝術類/書畫之屬/畫法畫品

嫛碩課讀圖一卷　(清)陳鑅繪　(清)王錫振輯　民國六年(1917)上海神州國光社石印本　一冊

330000－1702－0000264　民 279/5572　類叢部/叢書類/郡邑之屬

吳中文獻小叢書(吳中掌故叢書)三十二種　僞江蘇省立蘇州圖書館編纂委員會編　民國二十八年至三十二年(1939－1943)僞江蘇省立蘇州圖書館鉛印本　一冊　存一種

330000－1702－0000265　民 21/351　史部/地理類/方志之屬/郡縣志

[民國]木瀆小志六卷首一卷附光福諸山記一卷　張郁文輯　民國十年(1921)蘇州華興印書局鉛印本　二冊

330000－1702－0000268　民 21/352　史部/地理類/方志之屬/郡縣志

[民國]雙林鎮志三十二卷首一卷　(清)蔡蓉升纂　蔡蒙續纂　民國六年(1917)上海商務印書館鉛印本　四冊

330000－1702－0000269　民 21/353　史部/地理類/方志之屬/郡縣志

[民國]鎮海縣新志備稿二卷　董祖羲纂　民國二十年(1931)上海蔚文印刷局鉛印本　三冊

330000－1702－0000270　民 21/354　史部/地理類/方志之屬/郡縣志

[民國]鎮海縣新志備稿二卷　董祖羲纂　民國二十年(1931)上海蔚文印刷局鉛印本　二冊

330000－1702－0000272　民 21/356　史部/地理類/方志之屬/郡縣志

[民國]歙縣志十六卷　石國柱　樓文釗修　許承堯纂　民國二十六年(1937)歙縣旅滬同鄉會鉛印本　十六冊

330000－1702－0000275　民 21/357　史部/地理類/方志之屬/郡縣志

[民國]歙縣志十六卷　石國柱　樓文釗修　許承堯纂　民國二十六年(1937)歙縣旅滬同鄉會鉛印本　十六冊

330000－1702－0000277　民 21/358　史部/地理類/方志之屬/郡縣志

[民國]歙縣志十六卷　石國柱　樓文釗修　許承堯纂　民國二十六年(1937)歙縣旅滬同鄉會鉛印本　十六冊

330000－1702－0000278　民 12/204　史部/地理類/山川之屬/山志

普陀洛迦新志十二卷首一卷　許止淨述　王亨彥輯　民國二十年(1931)鉛印本　四冊

330000－1702－0000279　民 21/359　史部/地理類/方志之屬/郡縣志

[民國]歙縣志十六卷　石國柱　樓文釗修　許承堯纂　民國二十六年(1937)歙縣旅滬同鄉會鉛印本　十六冊

330000－1702－0000280　民 21/360　史部/地理類/方志之屬/郡縣志

[民國]歙縣志十六卷　石國柱　樓文釗修　許承堯纂　民國二十六年(1937)歙縣旅滬同鄉會鉛印本　十六冊

330000－1702－0000282　民 21/361　史部/地理類/方志之屬/郡縣志

[民國]建德縣志十五卷首一卷附教育公產一卷慈善公產一卷　夏曰璈　張良楷修　王韌纂　民國八年(1919)金華朱集成堂鉛印本　十二冊

330000－1702－0000287　民 22/363　史部/地理類/方志之屬/郡縣志

[民國]建德縣志十五卷首一卷附教育公產一卷慈善公產一卷　夏曰璈　張良楷修　王韌纂　民國八年(1919)金華朱集成堂鉛印本

十二冊

330000－1702－0000288　民 22/364　史部/地理類/方志之屬/郡縣志
[民國]建德縣志十五卷首一卷附教育公產一卷慈善公產一卷　夏曰璈　張良楷修　王韌纂　民國八年(1919)金華朱集成堂鉛印本　十二冊

330000－1702－0000297　民 22/366　史部/地理類/方志之屬/郡縣志
[民國]建德縣志十五卷首一卷附教育公產一卷慈善公產一卷　夏曰璈　張良楷修　王韌纂　民國八年(1919)金華朱集成堂鉛印本　十冊　缺二卷(教育公產、慈善公產)

330000－1702－0000299　民 3/58　經部/小學類/文字之屬/說文/傳說
說文解字詁林補遺十五卷前編三卷後編一卷補遺之續不分卷通檢一卷　丁福保編　民國二十一年(1932)商務印書館石印本　十六冊

330000－1702－0000300　民 3/59　經部/小學類/音韻之屬/韻書
佩文詩韻釋要五卷　(清)周兆基輯　民國二十三年(1934)上海商務印書館影印本　二冊

330000－1702－0000315　民 22/376　史部/傳記類/總傳之屬/家乘
[安徽廣德]錢氏家乘不分卷　錢文選輯　民國十四年(1925)鉛印本　六冊

330000－1702－0000316　民 22/377　史部/傳記類/總傳之屬/家乘
[安徽廣德]錢氏家乘不分卷　錢文選輯　民國十四年(1925)鉛印本　六冊

330000－1702－0000319　民 3/68　類叢部/叢書類/彙編之屬
復性書院叢刊二十七種　馬浮編　民國二十九年至三十七年(1940－1948)復性書院刻本暨鉛印本　八冊　存一種

330000－1702－0000320　民 3/69　經部/小學類/文字之屬/說文/傳說
說文解字詁林十五卷首一卷前編三卷後編一卷補編一卷附編一卷通檢一卷　丁福保編　民國十七年(1928)上海醫學書局石印本　六十六冊

330000－1702－0000325　民 23/383　史部/地理類/專志之屬/祠墓
吳山汪王廟志畧續編一卷　戴振聲　汪濂編　民國二十五年(1936)石印本　一冊

330000－1702－0000327　民 23/385　史部/地理類/專志之屬/寺觀
虎跑佛祖藏殿志十卷首一卷　虎跑纂志事務所纂　民國十年(1921)姚江齊雲壇鉛印本　四冊

330000－1702－0000331　民 4/70　經部/四書類/大學之屬/傳說
大學古本質言一卷　(清)劉沅撰　民國八年(1919)杭州明德慈善社鉛印本　一冊

330000－1702－0000332　民 4/71　經部/四書類/大學之屬/傳說
大學古本質言一卷　(清)劉沅撰　民國八年(1919)杭州明德慈善社鉛印本　一冊

330000－1702－0000333　民 4/72　經部/四書類/大學之屬/傳說
大學古本質言一卷　(清)劉沅撰　民國八年(1919)杭州明德慈善社鉛印本　一冊

330000－1702－0000334　民 4/73　經部/四書類/大學之屬/傳說
大學古本質言一卷　(清)劉沅撰　民國八年(1919)杭州明德慈善社鉛印本　一冊

330000－1702－0000344　民 4/74　經部/四書類/大學之屬/傳說
大學古本質言一卷　(清)劉沅撰　民國八年(1919)杭州明德慈善社鉛印本　一冊

330000－1702－0000345　民 4/75　經部/四書類/大學之屬/傳說
大學古本質言一卷　(清)劉沅撰　民國八年(1919)杭州明德慈善社鉛印本　一冊

330000－1702－0000346　民 4/76　經部/四

書類/大學之屬/傳說

大學古本質言一卷 (清)劉沅撰 民國八年(1919)杭州明德慈善社鉛印本 一冊

330000－1702－0000347 民 4/77 經部/四書類/大學之屬/傳說

大學古本質言一卷 (清)劉沅撰 民國八年(1919)杭州明德慈善社鉛印本 一冊

330000－1702－0000348 民 4/78 經部/四書類/大學之屬/傳說

大學古本質言一卷 (清)劉沅撰 民國八年(1919)杭州明德慈善社鉛印本 一冊

330000－1702－0000349 民 4/79 經部/小學類/文字之屬/說文

說文解字十五卷標目一卷 (漢)許慎撰 (宋)徐鉉等校定 民國上海商務印書館據藤花榭刻本影印本 一冊

330000－1702－0000350 民 4/80 經部/小學類/文字之屬/說文/傳說

侯官陳恭甫輯說文經字考不分卷 (清)陳壽祺撰 宋文蔚疏證 民國二十三年(1934)上海商務印書館石印本 一冊

330000－1702－0000351 民 4/81 經部/小學類/文字之屬/說文/專著

說文古籀三補十四卷坿錄一卷 強運開輯 民國二十四年(1935)上海商務印書館石印本 二冊

330000－1702－0000353 民 4/82 類叢部/叢書類/彙編之屬

四部叢刊續編七十七種 張元濟等編 民國二十三年(1934)上海商務印書館影印本(儀禮疏卷三十二至三十七、周易要義卷三至六、禮記要義卷一至二、麟臺故事卷四至五原缺) 二冊 存一種

330000－1702－0000384 民 4/83－88 類叢部/叢書類/彙編之屬

四部叢刊 張元濟等編 民國八年(1919)上海商務印書館影印本 三十四冊 存六種

330000－1702－0000387 民 112/2761 集部/別集類

舊京詩存八卷文存八卷 孫雄撰 民國二十年(1931)鉛印本 四冊

330000－1702－0000391 民 24/399 史部/地理類/山川之屬/山志

孤嶼志八卷首一卷 (清)陳舜咨輯 民國二十三年(1934)溫州新順發紙號刻本 四冊

330000－1702－0000393 民 112/2762 集部/總集類/選集之屬/通代

六朝文絜箋注十二卷 (清)許槤輯並評 (清)黎經誥箋注 民國上海朝記書莊石印本 四冊

330000－1702－0000394 民 112/2763 集部/總集類/選集之屬/通代

六朝文絜箋注十二卷 (清)許槤輯並評 (清)黎經誥箋注 民國上海朝記書莊石印本 四冊

330000－1702－0000395 民 4/90 經部/小學類/文字之屬/說文/傳說

說文解字注箋十四卷 (清)段玉裁注 (清)徐灝箋 **說文檢字篇三卷說文重文檢字篇一卷說文疑難檢字篇一卷今文檢字篇一卷** 徐樾編 民國十七年(1928)上海中原書局石印本 八冊

330000－1702－0000397 民 25/402 類叢部/叢書類/自著之屬

晨風廬叢刊十八種 周慶雲撰 民國吳興周氏夢坡室刻本 一冊 存一種

330000－1702－0000398 民 25/403 類叢部/叢書類/自著之屬

晨風廬叢刊十八種 周慶雲撰 民國吳興周氏夢坡室刻本 一冊 存一種

330000－1702－0000400 民 25/405/3517 史部/地理類/方志之屬/郡縣志

[民國]竹林八圩志十二卷首一卷 祝廷錫纂 民國二十一年(1932)石印本 四冊

330000－1702－0000401 民 25/406 史部/地理類/方志之屬/郡縣志

[民國]海寧州志稿四十一卷首一卷末一卷附志餘一卷藝文志補遺一卷 (清)李圭修 (清)許傳霈等纂 劉蔚仁續修 朱錫恩續纂 盧兆周繪圖 民國十一年(1922)鉛印本 三十二冊

330000－1702－0000402 民 25/407 史部/地理類/專志之屬/寺觀

江西青雲譜志一卷 黄翰翹訂正 陳紹基等參訂 黄禮陶 王瑞雲集次 民國九年(1920)青雲譜住持徐雲巖刻本 二冊

330000－1702－0000403 民 25/408 類叢部/叢書類/郡邑之屬

仙居叢書第一集十二種 李鏡渠編 民國二十四年(1935)鉛印本 六冊 存一種

330000－1702－0000404 民 25/409 史部/地理類/方志之屬/郡縣志

[熙寧]長安志二十卷 (宋)宋敏求纂 **長安志圖三卷** (元)李好文撰 (清)畢沅校 民國二十年(1931)長安縣志局鉛印本 四冊

330000－1702－0000405 民 4/91、民 4/95 類叢部/叢書類/彙編之屬

四部備要 中華書局編 民國二十五年(1936)上海中華書局鉛印本 二十冊 存二種

330000－1702－0000406 民 4/92－94 類叢部/叢書類/彙編之屬

四部備要 中華書局編 民國二十五年(1936)上海中華書局鉛印本 十四冊 存三種

330000－1702－0000412 民 26/417 史部/地理類/山川之屬/山志

點蒼山志不分卷 童振藻撰 稿本 三冊

330000－1702－0000413 民 276/5495、民 276/5520 類叢部/叢書類/彙編之屬

四部叢刊 張元濟等編 民國二十五年(1936)上海商務印書館影印本 三冊 存三種

330000－1702－0000416 民 5/115 經部/小學類/文字之屬/字書/字典

正草隸篆四體大字典十二集二十四卷部首檢查表一卷難字檢查表一卷 陳龢祥等編 **文字源流攷一卷** 王大錯纂述 **正草隸篆名人楹聯大觀四卷** 民國十八年(1929)上海掃葉山房石印本 二十四冊 缺四卷(楹聯大觀一至四)

330000－1702－0000417 民 112/2792 集部/别集類

鉤心集詩草一卷 陳之錡撰 民國二十四年(1935)上海中華書局鉛印本 一冊

330000－1702－0000418 民 112/2793 集部/别集類

鉤心集詩草一卷 陳之錡撰 民國二十四年(1935)上海中華書局鉛印本 一冊

330000－1702－0000419 民 112/2794、民 95/2091 集部/别集類

栩園叢稿初編五卷二編四卷文稿一卷 陳栩撰 周之盛輯 民國十九年(1930)上海著易堂印書局鉛印本 十冊

330000－1702－0000421 民 4/96 經部/小學類/文字之屬/字書/字體

六書通十卷首一卷 (清)閔齊伋撰 (清)畢弘述篆訂 民國七年(1918)上海鴻文書局石印本 武濟題記 五冊

330000－1702－0000424 民 26/421 史部/地理類/方志之屬/郡縣志

嘉泰會稽志二十卷 (宋)沈作賓修 (宋)施宿等纂 民國十五年(1926)據清嘉慶十三年(1808)采鞠軒刻本影印本 九冊

330000－1702－0000425 民 26/422 史部/地理類/方志之屬/郡縣志

嘉泰會稽志二十卷 (宋)沈作賓修 (宋)施宿等纂 民國十五年(1926)據清嘉慶十三年(1808)采鞠軒刻本影印本 九冊

330000－1702－0000432 民 4/102 經部/小學類/音韻之屬/韻書

增廣詩韻全璧五卷 鴻寶齋主人增編 **虚字**

韻藪一卷　(清)潘維城輯　**初學檢韻袖珍一卷**　(清)錢大昕鑒定　(清)姚文登輯　民國十五年(1926)上海鴻寶齋書局石印本　六冊

330000－1702－0000433　民24/427　史部/地理類/方志之屬/郡縣志

[寶慶]會稽續志八卷　(宋)張淏纂修　民國十五年(1926)據清嘉慶十三年(1808)刻本影印本　三冊

330000－1702－0000434　民24/428　史部/地理類/方志之屬/郡縣志

[寶慶]會稽續志八卷　(宋)張淏纂修　民國十五年(1926)據清嘉慶十三年(1808)刻本影印本　三冊

330000－1702－0000435　民24/429　史部/地理類/山川之屬/山志

清涼山志八卷首一卷　(明)釋鎮澄修　釋印光增訂　民國二十二年(1933)蘇州弘化社鉛印本　二冊

330000－1702－0000436　民27/430　史部/地理類/山川之屬/山志

清涼山志八卷首一卷　(明)釋鎮澄修　釋印光增訂　民國二十二年(1933)蘇州弘化社鉛印本　二冊

330000－1702－0000438　民27/432　史部/地理類/方志之屬/郡縣志

[民國]廣德縣志稿五十九卷首一卷末一卷附各省陵墓集目一卷　錢文選編　民國三十七年(1948)鉛印本　一冊

330000－1702－0000443　民4/99　經部/四書類/總義之屬/傳說

四書白話註解　許伏民　童官卓編　民國十二年(1923)上海錬石齋書局、羣學書社石印本　十四冊

330000－1702－0000445　民27/439　史部/地理類/方志之屬/郡縣志

[光緒]武緣縣圖經八卷　(清)黃君鉅修　黃誠沅編　民國十年(1921)滇南鉛印本　八冊

330000－1702－0000446　民4/100　經部/四書類/總義之屬/傳說

四書白話註解　許伏民　童官卓編　民國十四年(1925)上海錬石齋書局、羣學書社石印本　十四冊

330000－1702－0000447　民27/440　史部/地理類/方志之屬/郡縣志

[萬曆]祁門縣志四卷　(明)余士奇修　(明)謝存仁纂　民國抄本　二冊

330000－1702－0000451　民27/444　史部/地理類/方志之屬/郡縣志

[道光]象山縣志二十二卷首一卷　(清)童立成　(清)吳錫疇修　(清)馮登府等總纂　(清)倪劼繪圖　**象山文類二卷**　(清)邑人編輯　民國四年(1915)張鵬霄木活字印本(卷三配民國抄本)　八冊

330000－1702－0000452　民28/445　史部/地理類/方志之屬/郡縣志

象山縣志綱目說明書一卷　陳漢章撰　民國象城文華印制局石印本　一冊

330000－1702－0000453　民28/446　史部/地理類/方志之屬/郡縣志

[民國]象山縣志三十二卷首一卷　李洣等修　陳漢章等纂　民國十六年(1927)寧波鉛印本　二十冊

330000－1702－0000454　民4/101　經部/小學類/音韻之屬/韻書

增廣詩韻全璧五卷　鴻寶齋主人增編　**虛字韻藪一卷**　(清)潘維城輯　**初學檢韻袖珍一卷**　(清)錢大昕鑒定　(清)姚文登輯　民國六年(1917)石印本　金新題記　六冊

330000－1702－0000456　民28/447　史部/地理類/方志之屬/郡縣志

[民國]象山縣志三十二卷首一卷　李洣等修　陳漢章等纂　民國十六年(1927)寧波鉛印本　九冊　存十四卷(首,一、七至十八)

330000－1702－0000458　民28/449　史部/地理類/方志之屬/郡縣志

[民國]上海縣續志三十卷首一卷末一卷　吳

馨等修　姚文枬等纂　曾廷芳繪圖　民國七年(1918)上海文廟南園志局刻本　十二册

330000－1702－0000459　民 28/450　類叢部/叢書類/自著之屬

晨風廬叢刊十八種　周慶雲撰　民國吳興周氏夢坡室刻本　四册　存一種

330000－1702－0000460　民 277/5548　類叢部/叢書類/彙編之屬

四部叢刊　張元濟等編　民國二十五年(1936)上海商務印書館影印本　二十册　存一種

330000－1702－0000462　民 112/2791　集部/總集類/選集之屬/斷代

宋四名家詩鈔　(清)周之鱗　(清)柴升編　民國八年(1919)上海會文堂書局石印本　四册

330000－1702－0000463　民 4/106　經部/詩類/傳說之屬

詩經集傳八卷　(宋)朱熹撰　民國四年(1915)中華書局鉛印本　一册

330000－1702－0000464　民 28/451　類叢部/叢書類/自著之屬

晨風廬叢刊十八種　周慶雲撰　民國吳興周氏夢坡室刻本　四册　存一種

330000－1702－0000465　民 28/452　類叢部/叢書類/自著之屬

晨風廬叢刊十八種　周慶雲撰　民國吳興周氏夢坡室刻本　四册　存一種

330000－1702－0000468　民 28/455　史部/地理類/方志之屬/郡縣志

道光金華縣志十二卷首一卷　(清)黄金聲修　(清)李林松纂　民國四年(1915)金華益生成號鉛印本　八册

330000－1702－0000469　民 28/456　史部/地理類/方志之屬/郡縣志

光緒金華縣志十六卷首一卷附咸同間金華殉難人姓名錄一卷　(清)鄧鍾玉等纂　民國四年(1915)錢人龍鉛印本　蔣瑞麒跋　十册

330000－1702－0000470　民 28/457　史部/地理類/方志之屬/郡縣志

光緒金華縣志十六卷首一卷附咸同間金華殉難人姓名錄一卷　(清)鄧鍾玉等纂　民國四年(1915)錢人龍鉛印本　十册

330000－1702－0000471　民 28/458　史部/地理類/方志之屬/郡縣志

光緒金華縣志十六卷首一卷附咸同間金華殉難人姓名錄一卷　(清)鄧鍾玉等纂　民國二十三年(1934)金震東石印局鉛印本　八册

330000－1702－0000474　民 112/2796　集部/詩文評類/文評之屬

文學研究法四卷　姚永樸撰　民國十五年(1926)上海商務印書局鉛印本　四册

330000－1702－0000475　民 28/460　史部/地理類/專志之屬/古跡

海昌勝蹟志八卷補綴一卷　管元耀輯　民國二十一年(1932)海寧管氏靜得樓刻本　四册

330000－1702－0000476　民 28/461　史部/地理類/山川之屬/山志

衢縣九華山志二卷　徐映璞編著　民國三十七年(1948)鉛印本　一册

330000－1702－0000477　民 28/462　史部/地理類/山川之屬/山志

九華山志八卷首一卷　釋德森編輯　許止淨鑑訂　民國二十七年(1938)蘇州弘化社鉛印本　二册

330000－1702－0000478　民 112/2797　集部/楚辭類

楚辭章句十七卷　(漢)王逸撰　(宋)洪興祖補注　民國二十年(1931)上海掃葉山房影印本　四册

330000－1702－0000480　民 282/5672　史部/地理類/遊記之屬/紀行

海岳遊記四卷　錢海岳撰　民國十七年(1928)無錫能史閣鉛印本　二册

330000－1702－0000481　民 28/464　史部/地理類/方志之屬/郡縣志

[民國]路橋志略二卷 楊晨編 民國四年(1915)石印本 一冊

330000－1702－0000482 民28/465 史部/地理類/方志之屬/郡縣志
[民國]路橋志略二卷 楊晨編 民國二十四年(1935)鉛印本 一冊

330000－1702－0000483 民28/466 類叢部/叢書類/自著之屬
崇雅堂叢書十四種 楊晨撰 民國二十五年(1936)楊紹翰鉛印本 二冊 存一種

330000－1702－0000484 民28/467 史部/地理類/方志之屬/郡縣志
[民國]湯溪縣志二十卷首一卷 丁燮 薛達修 戴鴻熙纂 民國二十年(1931)金震東石印局鉛印本 十二冊

330000－1702－0000485 民29/468 史部/地理類/方志之屬/郡縣志
[民國]湯溪縣志二十卷首一卷 丁燮 薛達修 戴鴻熙纂 民國二十年(1931)金震東石印局鉛印本 十二冊

330000－1702－0000486 民29/469 史部/地理類/方志之屬/郡縣志
[弘治]上海志八卷 (明)郭經修 (明)唐錦纂 民國二十九年(1940)昆明中華書局據明弘治十七年(1504)刻本影印本 二冊

330000－1702－0000487 民29/470 史部/地理類/方志之屬/郡縣志
[弘治]上海志八卷 (明)郭經修 (明)唐錦纂 民國二十九年(1940)昆明中華書局據明弘治十七年(1504)刻本影印本 二冊

330000－1702－0000488 民29/471 史部/地理類/方志之屬/郡縣志
[弘治]上海志八卷 (明)郭經修 (明)唐錦纂 民國二十九年(1940)昆明中華書局據明弘治十七年(1504)刻本影印本 二冊

330000－1702－0000489 民29/472 史部/地理類/方志之屬/郡縣志
[民國]南潯志六十卷首一卷附南潯擷秀錄一卷 周慶雲纂 民國十一年(1922)刻十七年(1928)補刻本 十六冊

330000－1702－0000490 民29/473 史部/地理類/山川之屬/山志
天台山方外志三十卷 (明)釋傳燈撰 民國十一年(1922)上海集雲軒鉛印本 八冊

330000－1702－0000491 民29/474 史部/地理類/山川之屬/山志
天台山方外志三十卷 (明)釋傳燈撰 民國十一年(1922)上海集雲軒鉛印本 八冊

330000－1702－0000492 民29/476 史部/地理類/山川之屬/山志
天台山攷等一卷 吴慶坻撰 稿本 一冊

330000－1702－0000495 民29/477 史部/地理類/山川之屬/山志
天台山指南一卷 徐瑋撰 民國二十三年(1934)申屠瑜抄本 一冊

330000－1702－0000498 民29/480 史部/地理類/方志之屬/郡縣志
[民國]樂清縣鄉土志藁二卷 鄭解編 民國十一年(1922)石印本 一冊

330000－1702－0000499 民29/481 史部/地理類/方志之屬/郡縣志
[民國]樂清縣鄉土志藁二卷 高誼輯 稿本 一冊

330000－1702－0000500 民29/482 史部/地理類/方志之屬/郡縣志
[民國]蕭山縣志稿三十三卷首一卷末一卷 彭延慶 陳曾蔭 張宗海修 楊鍾羲 姚瑩俊 楊士龍纂 民國二十四年(1935)鉛印本 十六冊

330000－1702－0000501 民29/483 史部/地理類/方志之屬/郡縣志
[民國]蕭山縣志稿三十三卷首一卷末一卷 彭延慶 陳曾蔭 張宗海修 楊鍾羲 姚瑩俊 楊士龍纂 民國二十四年(1935)鉛印本 十六冊

330000－1702－0000502　民 30/484　史部/地理類/方志之屬/郡縣志
[民國]蕭山縣志稿三十三卷首一卷末一卷　彭延慶　陳曾蔭　張宗海修　楊鍾羲　姚瑩俊　楊士龍纂　民國二十四年(1935)鉛印本　十六冊

330000－1702－0000503　民 30/485　史部/地理類/方志之屬/郡縣志
[民國]蕭山縣志稿三十三卷首一卷末一卷　彭延慶　陳曾蔭　張宗海修　楊鍾羲　姚瑩俊　楊士龍纂　民國二十四年(1935)鉛印本　十六冊

330000－1702－0000504　民 30/486　史部/地理類/方志之屬/郡縣志
[民國]蕭山縣志稿三十三卷首一卷末一卷　彭延慶　陳曾蔭　張宗海修　楊鍾羲　姚瑩俊　楊士龍纂　民國二十四年(1935)鉛印本　十六冊

330000－1702－0000505　民 30/487　史部/地理類/方志之屬/郡縣志
[民國]蕭山縣志稿三十三卷首一卷末一卷　彭延慶　陳曾蔭　張宗海修　楊鍾羲　姚瑩俊　楊士龍纂　民國二十四年(1935)鉛印本　十六冊

330000－1702－0000506　民 30/488　史部/地理類/方志之屬/郡縣志
[民國]蕭山縣志稿三十三卷首一卷末一卷　彭延慶　陳曾蔭　張宗海修　楊鍾羲　姚瑩俊　楊士龍纂　民國二十四年(1935)鉛印本　十六冊

330000－1702－0000507　民 30/489　史部/地理類/方志之屬/郡縣志
[民國]蕭山縣志稿三十三卷首一卷末一卷　彭延慶　陳曾蔭　張宗海修　楊鍾羲　姚瑩俊　楊士龍纂　民國二十四年(1935)鉛印本　十六冊

330000－1702－0000508　民 30/490　史部/地理類/山川之屬/水志
蕭山湘湖志八卷外編一卷續志一卷　周易藻編　民國十六年(1927)周氏鉛印本　一冊　存一卷(續志)

330000－1702－0000509　民 30/491　史部/地理類/山川之屬/水志
蕭山湘湖志八卷外編一卷續志一卷　周易藻編　民國十六年(1927)周氏鉛印本　一冊　存一卷(續志)

330000－1702－0000510　民 30/492　史部/地理類/山川之屬/水志
蕭山湘湖志八卷外編一卷續志一卷　周易藻編　民國十六年(1927)周氏鉛印本　一冊　存一卷(續志)

330000－1702－0000511　民 30/493　史部/地理類/山川之屬/水志
蕭山湘湖志八卷外編一卷續志一卷　周易藻編　民國十六年(1927)周氏鉛印本　一冊　存一卷(續志)

330000－1702－0000512　民 30/494　史部/地理類/山川之屬/水志
蕭山湘湖志八卷外編一卷續志一卷　周易藻編　民國十六年(1927)周氏鉛印本　一冊　存一卷(續志)

330000－1702－0000513　民 30/495　史部/地理類/水利之屬
蕭山河蕩紀念錄不分卷　莫廷贇　曹鼎新　樓鳳郊編　民國九年(1920)蕭山合義和書局鉛印本　一冊

330000－1702－0000514　民 30/498　史部/地理類/山川之屬/水志
蕭山湘湖志八卷外編一卷續志一卷　周易藻編　民國十六年(1927)周氏鉛印本　四冊　缺一卷(續志)

330000－1702－0000515　民 30/497　史部/政書類/公牘檔冊之屬
蕭山縣經濟狀況一卷　民國抄本　一冊

330000－1702－0000516　民 30/499　史部/地理類/山川之屬/水志
蕭山湘湖志八卷外編一卷續志一卷　周易藻

編　民國十六年(1927)周氏鉛印本　四冊　缺一卷(續志)

330000－1702－0000517　民 4/111　經部/群經總義類/文字音義之屬
經傳釋詞十卷　(清)王引之撰　王時潤點勘　民國上海古書流通處影印本　四冊

330000－1702－0000518　民 4/112　經部/小學類/文字之屬/字書/字體
古籀彙編十四卷檢字一卷　徐文鏡編　民國二十三年(1934)上海商務印書館石印本　十四冊

330000－1702－0000519　民 30/500　史部/地理類/山川之屬/水志
蕭山湘湖志八卷外編一卷續志一卷　周易藻編　民國十六年(1927)周氏鉛印本　四冊　缺一卷(續志)

330000－1702－0000521　民 30/502　史部/地理類/山川之屬/水志
蕭山湘湖志八卷外編一卷續志一卷　周易藻編　民國十六年(1927)周氏鉛印本　四冊　缺一卷(續志)

330000－1702－0000522　民 31/503　史部/地理類/方志之屬/郡縣志
[道光]陸涼州志八卷　(清)繆闐修　(清)施映袞等纂　民國抄本　四冊

330000－1702－0000523　民 31/504　史部/地理類/方志之屬/郡縣志
[康熙]祿豐縣志四卷　(清)劉自唐纂修　民國抄本　四冊

330000－1702－0000524　民 31/505　史部/地理類/方志之屬/郡縣志
[光緒]永康縣志十六卷首一卷　(清)李汝為　(清)郭文翹修　(清)潘樹棠等纂修　民國二十一年(1932)金震東石印局鉛印本　四冊

330000－1702－0000525　民 31/506　史部/地理類/山川之屬/山志
九峯山志五卷首一卷　(清)王棻撰　民國二十年(1931)黄巖王氏鉛印本　一冊

330000－1702－0000527　民 31/508　史部/地理類/雜志之屬
洪武京城圖志一卷　民國十八年(1929)南京中社影印本　一冊

330000－1702－0000532　民 4/113　經部/小學類/文字之屬/字書/字體
真行草大字典十二卷　書學會編　民國上海有正書局石印本　六冊

330000－1702－0000533　民 4/114　經部/小學類/文字之屬/說文/專著
說文古籀補十四卷補遺一卷附錄一卷　(清)吴大澂撰　民國八年(1919)蘇州振新書社石印本　四冊

330000－1702－0000540　民 5/116　類叢部/叢書類/彙編之屬
四庫全書珍本初集二百三十種　中央圖書館籌備處輯　民國二十三年至二十四年(1934－1935)上海商務印書館據文淵閣本影印本(原缺六十六卷)　十二冊　存一種

330000－1702－0000543　民 1/16　經部/四書類/總義之屬/傳說
四書纂疏二十六卷札記一卷　(宋)趙順孫撰　民國十四年(1925)聖風書苑據清康熙通志堂經解本影印本　七冊　缺一卷(大學)

330000－1702－0000545　民 5/118　經部/四書類/總義之屬/傳說
四書集註十九卷　(宋)朱熹撰　民國二十三年(1934)三友實業社石印本　一冊

330000－1702－0000546　民 5/119　經部/三禮總義類/通禮雜禮之屬
學校四禮合纂八卷　(清)謝言子輯　民國二十五年(1936)重慶明達號鉛印本　六冊

330000－1702－0000547　民 5/120　經部/三禮總義類/通禮雜禮之屬
學校四禮合纂八卷　(清)謝言子輯　民國二十五年(1936)重慶明達號鉛印本　六冊

330000－1702－0000556　民 32/522/4436　史部/地理類/雜志之屬

曹娥鄉土志雜鈔一卷　徐繩宗等撰編　民國抄本　一冊

330000－1702－0000557　民 32/523　史部/地理類/方志之屬/郡縣志

[成化]嵊志五卷　（明）許岳英修　（明）周山　（明）錢悌纂　民國抄本　一冊

330000－1702－0000568　民 32/534　史部/地理類/方志之屬/通志

[民國]浙江新志三卷　姜卿雲編　民國二十五年（1936）杭州正中書局鉛印本　二冊

330000－1702－0000791　善 257/494　集部/總集類/選集之屬/通代

群賢逸響不分卷補遺二卷　胡維銓輯　稿本　六冊

330000－1702－0000810　善 258/513　集部/總集類/氏族之屬

天台張氏三逸遺集三卷　（明）張文郁　（明）張元聲　（清）張亨梧撰　張夔編　民國抄本　二冊

330000－1702－0000827　善 259/530　集部/曲類/曲評曲話曲目之屬

曲品二卷　（明）呂天成撰　民國貴池劉世珩刻暖紅室彙刻傳奇藍印本　吳梅校跋　一冊

330000－1702－0000865　善 263/568　史部/地理類/雜志之屬

武林新市肆吟一卷　丁立中撰　稿本　一冊

330000－1702－0000869　善 263/572　史部/金石類/錢幣之屬/圖像

梁五銖土笵圖說八卷　鄭家相編　稿本　四冊

330000－1702－0000873　善 263/576　集部/總集類/選集之屬/斷代

同館書札一卷　馮煦等撰　吳士鑑編　稿本　一冊

330000－1702－0000922　民 32/535　史部/地理類/方志之屬/通志

[民國]浙江新志三卷　姜卿雲編　民國二十五年（1936）杭州正中書局鉛印本　二冊

330000－1702－0000924　民 32/536　史部/地理類/方志之屬/通志

[民國]浙江新志三卷　姜卿雲編　民國二十五年（1936）杭州正中書局鉛印本　二冊

330000－1702－0000925　民 32/537　史部/史表類/通代之屬

嘉慶一統志表二十卷　（清）穆彰阿纂修　胡文楷輯　民國二十四年（1935）上海商務印書館影印本　十冊

330000－1702－0000928　民 39/632　史部/地理類/方志之屬/郡縣志

[民國]鄞縣通志六志五十一編附圖一函　張傳保　汪煥章修　陳訓正　馬瀛纂　民國二十四年（1935）至一九五一年寧波鄞縣通志館鉛印本　三十六冊

330000－1702－0000933　民 33/542　史部/地理類/方志之屬/郡縣志

[道光]綏靖屯志十卷首一卷　（清）李涵元修　（清）潘時彤纂　民國抄本　三冊　存九卷（二至十）

330000－1702－0000935　民 33/544　史部/地理類/山川之屬/山志

南雁蕩山志十三卷首一卷　周喟編　民國七年（1918）瑞安戴氏詠古齋刻本　四冊

330000－1702－0000937　民 33/545　史部/地理類/山川之屬/山志

南雁蕩山志十三卷首一卷　周喟編　民國七年（1918）瑞安戴氏詠古齋刻本　四冊

330000－1702－0000938　民 275/5469　集部/别集類

譚祖安先生手寫詩冊五卷　譚延闓撰　民國二十年（1931）影印本　四冊

330000－1702－0000939　民 33/546　史部/地理類/山川之屬/山志

南雁蕩山志十三卷首一卷　周喟編　民國七年（1918）瑞安戴氏詠古齋刻本　四冊

330000－1702－0000940　民 33/547　史部/地理類/山川之屬/山志

南雁蕩山志十三卷首一卷　周喟編　民國七年(1918)瑞安戴氏詠古齋刻本　四册

330000－1702－0000941　民 33/548　史部/地理類/山川之屬/山志

南雁蕩山志十三卷首一卷　周喟編　民國七年(1918)瑞安戴氏詠古齋刻本　四册

330000－1702－0000942　民 33/549　史部/地理類/山川之屬/山志

南雁蕩山志十三卷首一卷　周喟編　民國七年(1918)瑞安戴氏詠古齋刻本　四册

330000－1702－0000945　民 33/551　史部/地理類/方志之屬/郡縣志

[民國]平陽縣志九十八卷首一卷　王理孚修　符璋纂　張驀等測繪　民國十四年至十五年(1925－1926)刻本　三十册

330000－1702－0000946　民 33/552　史部/地理類/方志之屬/郡縣志

[民國]平陽縣志九十八卷首一卷　王理孚修　符璋纂　張驀等測繪　民國十四年至十五年(1925－1926)刻本(卷十二至十六、十九至二十一、五十五至五十七配民國抄本)　三十册

330000－1702－0000947　民 275/5476　集部/別集類/唐五代別集

李長吉集四卷外卷一卷　(唐)李賀撰　(清)黄淳耀評　(清)黎簡批點　民國十四年(1925)上海掃葉山房朱墨套印石印本　二册

330000－1702－0000948　民 5/130　類叢部/叢書類/彙編之屬

考古學社專集　民國鉛印本暨影印本　二册　存一種

330000－1702－0000954　民 34/559　史部/地理類/方志之屬/郡縣志

[民國]龍游縣志四十卷首一卷末一卷　余紹宋纂　民國十四年(1925)京城印書局鉛印本　十六册

330000－1702－0000955　民 34/560　史部/地理類/方志之屬/郡縣志

[民國]龍游縣志四十卷首一卷末一卷　余紹宋纂　民國十四年(1925)京城印書局鉛印本　十六册

330000－1702－0000960　民 34/565　史部/地理類/山川之屬/山志

仙巖山志八卷　張揚纂　民國二十二年(1933)籀經樓鉛印本　四册

330000－1702－0000961　民 34/566　史部/地理類/山川之屬/山志

仙巖山志八卷　張揚纂　民國二十二年(1933)籀經樓鉛印本　四册

330000－1702－0000962　民 34/567　史部/地理類/山川之屬/山志

仙巖山志八卷　張揚纂　民國二十二年(1933)籀經樓鉛印本　邁翀題記　四册

330000－1702－0000965　民 35/570　史部/地理類/方志之屬/郡縣志

中華民國分水縣志十四卷首一卷　鍾詩傑修　臧承宣纂　民國三十一年(1942)鉛印本　二册

330000－1702－0000966　民 35/571/1　史部/地理類/方志之屬/郡縣志

中華民國分水縣志十四卷首一卷　鍾詩傑修　臧承宣纂　民國三十一年(1942)鉛印本　二册

330000－1702－0000967　民 35/571/2　史部/地理類/方志之屬/郡縣志

中華民國分水縣志十四卷首一卷　鍾詩傑修　臧承宣纂　民國三十一年(1942)鉛印本　一册　存七卷(八至十四)

330000－1702－0000977　民 35/579　史部/地理類/山川之屬/山志

青城山記補正二卷　羅元黼輯　民國十九年(1930)鉛印本　二册

330000－1702－0000979　民 35/581　史部/地理類/雜志之屬

普思沿邊志略不分卷　柯樹勳編輯　民國五年(1916)鉛印本　一冊

330000－1702－0000980　民35/582　史部/地理類/雜志之屬
寧海續記二卷　干人俊撰　民國二十五年(1936)石印本　一冊

330000－1702－0000982　民35/584　史部/地理類/水利之屬
都江堰水利述要不分卷附錄不分卷　四川省水利局編輯　民國二十七年(1938)四川省水利局鉛印本　一冊

330000－1702－0000983　民35/585　史部/地理類/水利之屬
都江堰水利述要不分卷附錄不分卷　四川省水利局編輯　民國二十七年(1938)四川省水利局鉛印本　一冊

330000－1702－0000984　民35/586　史部/地理類/水利之屬
麻溪改壩為橋始末記四卷首一卷　王念祖纂　民國八年(1919)蕺社鉛印本　二冊

330000－1702－0000985　民35/587　史部/地理類/水利之屬
麻溪改壩為橋始末記四卷首一卷　王念祖纂　民國八年(1919)蕺社鉛印本　二冊

330000－1702－0000986　民35/588　史部/地理類/水利之屬
麻溪改壩為橋始末記四卷首一卷　王念祖纂　民國八年(1919)蕺社鉛印本　二冊

330000－1702－0000994　民35/596　史部/地理類/方志之屬/郡縣志
[民國]興平縣志八卷　王廷珪修　張元際　馮光裕纂　民國二十一年(1932)鉛印本　四冊

330000－1702－0001002　民36/601　集部/總集類/郡邑之屬
瑞安詩徵七卷文徵十二卷　瑞安縣修志委員會編　民國三十五年(1946)瑞安縣修志委員會鉛印本　八冊

330000－1702－0001004　民36/602　史部/地理類/方志之屬/郡縣志
[嘉慶]瑞安縣志十卷首一卷　民國六年(1917)溫州務本公司石印本　八冊

330000－1702－0001005　民36/603　史部/地理類/方志之屬/郡縣志
[民國]瑞安縣志稿不分卷　民國二十七年(1938)瑞安縣修志委員會鉛印本　十冊

330000－1702－0001009　民36/605　史部/地理類/方志之屬/郡縣志
[民國]祿勸縣志稿十卷　(清)檀萃輯　童振藻增補　稿本　六冊

330000－1702－0001010　民36/606　史部/地理類/方志之屬/郡縣志
[民國]膠澳志十二卷附一卷　趙琪修　袁榮叜纂　民國十七年(1928)山東膠澳商埠局鉛印本　十冊　存十二卷(一至十二)

330000－1702－0001011　民36/607　史部/地理類/方志之屬/郡縣志
[民國]膠澳志十二卷附一卷　趙琪修　袁榮叜纂　民國十七年(1928)山東膠澳商埠局鉛印本　十冊　存十二卷(一至十二)

330000－1702－0001012　民288/5812　集部/總集類/選集之屬/斷代
南社叢刻　南社編輯　民國鉛印本　一冊　存一種

330000－1702－0001017　民36/613　史部/地理類/水利之屬
揚子江防汛專刊七章　揚子江防汛委員會編　民國二十二年(1933)揚子江防汛委員會鉛印本　一冊

330000－1702－0001019　民37/615　史部/地理類/方志之屬/郡縣志
[民國]台州府志一百四十卷首一卷　喻長霖等纂修　章梫繪圖　民國二十五年(1936)上海游民習勤所鉛印本　三十六冊

330000－1702－0001020　民37/616　史部/地理類/方志之屬/郡縣志

光緒台州府志一百卷首一卷　(清)趙亮熙(清)郭式昌修　王舟瑤等纂　民國十五年(1926)台州旅杭同鄉會鉛印本　六十册

330000－1702－0001021　民 37/617　史部/地理類/方志之屬/郡縣志
光緒台州府志一百卷首一卷　(清)趙亮熙(清)郭式昌修　王舟瑤等纂　民國十五年(1926)台州旅杭同鄉會鉛印本　六十册

330000－1702－0001022　民 37/618　史部/目録類/總録之屬/地方
台州經籍志四十卷　項士元編　民國四年(1915)鉛印本　九册　存二十五卷(一至二十五)

330000－1702－0001047　民 289/5887　集部/詩文評類/詩評之屬
初白菴詩評三卷附詞綜偶評一卷　(清)查慎行撰　(清)張載華輯　民國上海六藝書局石印本　一册　存二卷(三、詞綜偶評)

330000－1702－0001048　民 40/639　史部/地理類/山川之屬/山志
靈巖山志八卷首一卷末一卷　張援編述　民國三十七年(1948)上海印公紀念會鉛印本　一册

330000－1702－0001052　民 40/640　史部/地理類/方志之屬/郡縣志
[康熙]富民縣志不分卷　(清)彭兆逵修(清)楊搊秀纂　民國抄本　二册

330000－1702－0001054　民 40/642　史部/地理類/方志之屬/郡縣志
[乾隆]寧志餘聞八卷　(清)周廣業撰　民國抄本　二册　缺二卷(四至五)

330000－1702－0001055　民 40/642/5552　史部/地理類/方志之屬/郡縣志
[乾隆]寧志餘聞八卷　(清)周廣業撰　民國抄本　一册　存三卷(一至三)

330000－1702－0001056　民 40/642/5553　史部/地理類/方志之屬/郡縣志
[乾隆]寧志餘聞八卷　(清)周廣業撰　民國抄本　一册　存三卷(一至三)

330000－1702－0001057　民 40/643/5555　史部/地理類/方志之屬/郡縣志
[康熙]羅平州志四卷　(清)黄德巽纂修(清)胡承灝等輯　民國抄本　二册

330000－1702－0001058　民 40/643/5556　史部/地理類/方志之屬/郡縣志
[康熙]羅平州志四卷　(清)黄德巽纂修(清)胡承灝等輯　民國抄本　一册　存二卷(一至二)

330000－1702－0001059　民 40/644/5560　史部/地理類/方志之屬/郡縣志
[崇禎]海昌外志八卷　(清)談遷撰　民國抄本　四册

330000－1702－0001060　民 40/644/5561　史部/地理類/方志之屬/郡縣志
[崇禎]海昌外志八卷　(清)談遷撰　民國抄本　一册　存三卷(一至三)

330000－1702－0001061　民 40/645　史部/地理類/方志之屬/郡縣志
[乾隆]河套志六卷　(清)陳履中纂定(清)儲大文參閲　(清)邱燾　(清)陳履平校訂　民國抄本　六册

330000－1702－0001062　民 40/646　史部/地理類/方志之屬/郡縣志
[乾隆]河套志六卷　(清)陳履中纂定(清)儲大文參閲　(清)邱燾　(清)陳履平校訂　民國抄本　六册

330000－1702－0001063　民 40/647　史部/地理類/方志之屬/郡縣志
[康熙]武康縣志八卷　(明)駱文盛修(清)馮聖澤重修　(清)駱維恭纂　民國抄本　四册

330000－1702－0001064　民 40/648　史部/地理類/方志之屬/郡縣志
[康熙]武康縣志八卷　(明)駱文盛修(清)馮聖澤重修　(清)駱維恭纂　民國抄本　四册

330000－1702－0001065　民 40/649　史部/地理類/專志之屬/古跡

海昌勝覽二十卷　（清）周春撰　民國抄本　佚名過録清葛繼常、清張申跋　四冊

330000－1702－0001069　民 7/171　史部/編年類/斷代之屬

東華錄六十二卷（宣統朝）　任國鈞編輯　稿本　戴維璞批　四十冊

330000－1702－0001070　民 8/173　史部/地理類/方志之屬/郡縣志

［光緒］杭州府志一百七十八卷首八卷　（清）陳璚等修　（清）王棻等纂　屈映光續修　陸懋勳續纂　齊耀珊重修　吳慶坻重纂　**杭州府志校勘記一卷**　（清）吳憲奎等編　民國十一年至十五年（1922－1926）鉛印本　七十六冊　缺十二卷（首三至四，三十六至三十八、四十八至五十、五十三至五十六）

330000－1702－0001072　民 308/6486　子部/宗教類/佛教之屬/經疏

佛說觀無量壽佛經箋註不分卷　（南朝宋）釋畺良耶舍譯　丁福保箋注　民國七年（1918）上海醫學書局鉛印本　一冊

330000－1702－0001073　民 308/6487　子部/宗教類/佛教之屬/經疏

法華講演錄七卷　釋太虛講　周秉清錄　民國十年（1921）鉛印本　五冊

330000－1702－0001074　民 11/188　史部/地理類/方志之屬/郡縣志

［民國］景寧縣續志十七卷首一卷　吳呂熙修　柳景元纂　民國二十二年（1933）刻本　六冊

330000－1702－0001082　民 11/191/1693　史部/地理類/方志之屬/郡縣志

［民國］景寧縣續志十七卷首一卷　吳呂熙修　柳景元纂　民國二十二年（1933）刻本　六冊

330000－1702－0001084　民 11/189/1681　史部/地理類/方志之屬/郡縣志

［民國］景寧縣續志十七卷首一卷　吳呂熙修　柳景元纂　民國二十二年（1933）刻本　六冊

330000－1702－0001086　民 11/190/1687　史部/地理類/方志之屬/郡縣志

［民國］景寧縣續志十七卷首一卷　吳呂熙修　柳景元纂　民國二十二年（1933）刻本　六冊

330000－1702－0001087　民 11/192　史部/地理類/方志之屬/郡縣志

［民國］景寧縣續志十七卷首一卷　吳呂熙修　柳景元纂　民國二十二年（1933）刻本　六冊

330000－1702－0001088　民 11/193　史部/地理類/方志之屬/郡縣志

［民國］景寧縣續志十七卷首一卷　吳呂熙修　柳景元纂　民國二十二年（1933）刻本　六冊

330000－1702－0001089　民 11/194　史部/地理類/方志之屬/郡縣志

［民國］景寧縣續志十七卷首一卷　吳呂熙修　柳景元纂　民國二十二年（1933）刻本　六冊

330000－1702－0001102　民 288/5828　集部/別集類/清別集

春星草堂文集四卷　（清）唐際虞撰　民國三年（1914）刻本　二冊

330000－1702－0001103　民 21/362　史部/地理類/方志之屬/郡縣志

［民國］建德縣志十五卷首一卷附教育公產一卷慈善公產一卷　夏曰璈　張良楷修　王韌纂　民國八年（1919）金華朱集成堂鉛印本　十二冊

330000－1702－0001106　民 22/365　史部/地理類/方志之屬/郡縣志

［民國］建德縣志十五卷首一卷附教育公產一卷慈善公產一卷　夏曰璈　張良楷修　王韌纂　民國八年（1919）金華朱集成堂鉛印本

十冊　存十六卷(首、一至十五)

330000－1702－0001107　民30/501　史部/地理類/山川之屬/水志
蕭山湘湖志八卷外編一卷續志一卷　周易藻編　民國十六年(1927)周氏鉛印本　四冊　缺一卷(續志)

330000－1702－0001132　民15/239　史部/地理類/方志之屬/郡縣志
[民國]定海縣志十六卷首一卷　陳訓正　馬瀛纂修　施臯　顏聖介　張紀隆測繪　民國十三年(1924)旅滬同鄉會鉛印本　六冊

330000－1702－0001133　民15/240/2201　史部/地理類/方志之屬/郡縣志
[民國]定海縣志十六卷首一卷　陳訓正　馬瀛纂修　施臯　顏聖介　張紀隆測繪　民國十三年(1924)旅滬同鄉會鉛印本　六冊

330000－1702－0001134　民15/241/2207　史部/地理類/方志之屬/郡縣志
[民國]定海縣志十六卷首一卷　陳訓正　馬瀛纂修　施臯　顏聖介　張紀隆測繪　民國十三年(1924)旅滬同鄉會鉛印本　六冊

330000－1702－0001135　民15/242/2213　史部/地理類/方志之屬/郡縣志
[民國]定海縣志十六卷首一卷　陳訓正　馬瀛纂修　施臯　顏聖介　張紀隆測繪　民國十三年(1924)旅滬同鄉會鉛印本　六冊

330000－1702－0001136　民15/243　史部/地理類/方志之屬/郡縣志
[民國]臨海縣志稿四十二卷首一卷　張熙鼎修　張寅重修　何奏簧纂　蔣鳳鳴　洪銳心繪　民國二十四年(1935)鉛印本　二十二冊

330000－1702－0001137　民15/244　史部/地理類/方志之屬/郡縣志
[民國]臨海縣志稿四十二卷首一卷　張熙鼎修　張寅重修　何奏簧纂　蔣鳳鳴　洪銳心繪　民國二十四年(1935)鉛印本　二十二冊

330000－1702－0001138　民15/245　史部/地理類/方志之屬/郡縣志
[民國]臨海縣志稿四十二卷首一卷　張熙鼎修　張寅重修　何奏簧纂　蔣鳳鳴　洪銳心繪　民國二十四年(1935)鉛印本　二十二冊

330000－1702－0001139　民15/246　史部/地理類/方志之屬/郡縣志
[民國]臨海縣志稿四十二卷首一卷　張熙鼎修　張寅重修　何奏簧纂　蔣鳳鳴　洪銳心繪　民國二十四年(1935)鉛印本　二十二冊

330000－1702－0001140　民16/247　史部/地理類/山川之屬/水志
西湖新志十四卷補遺六卷　胡祥翰輯　民國十年至十二年(1921－1923)鉛印本　五冊

330000－1702－0001141　民16/248　史部/地理類/山川之屬/水志
西湖新志十四卷　胡祥翰輯　民國十年(1921)鉛印本　四冊

330000－1702－0001151　民16/258　史部/地理類/雜志之屬
黔中苗乘二十卷　童振藻撰　稿本　八冊

330000－1702－0001153　民16/262　史部/地理類/方志之屬/郡縣志
[民國]瀘縣志八卷　王祿昌　裴綱修　高覲光　溫翰楨纂　蘇乾樞　高岑蓀　歐陽廷灝續補　民國二十七年(1938)久康鉛石印刷社鉛印本　八冊

330000－1702－0001164　民17/272　史部/地理類/方志之屬/郡縣志
民國杭州市新志稿三十八卷首一卷　干人俊纂　民國三十七年(1948)稿本　七冊　缺十二卷(十九至三十)

330000－1702－0001174　民17/284　子部/藝術類/遊藝之屬/聯語
西湖楹聯四卷　民國十年(1921)杭州德記書局石印本　四冊

330000－1702－0001180　民17/291　史部/傳記類/別傳之屬/事狀
張衡別傳不分卷　張蔭麟撰　民國抄本　一冊

330000－1702－0001182　民 17/293　史部/傳記類/總傳之屬/忠孝

浙江杭屬仁錢二縣忠義錄名冊不分卷　程良馭編　民國十二年(1923)油印本　三冊

330000－1702－0001186　民 17/300　史部/地理類/總志之屬/通代

中國地理地方誌講義一編　白眉初撰　民國油印本　四冊

330000－1702－0001196　民 18/311　史部/地理類/方志之屬/郡縣志

[民國]新塍鎮志二十六卷首一卷　朱士楷纂輯　民國十二年(1923)平湖綺春閣鉛印本　四冊

330000－1702－0001198　民 18/312　史部/地理類/方志之屬/郡縣志

[民國]新塍鎮志二十六卷首一卷　朱士楷纂輯　民國十二年(1923)平湖綺春閣鉛印本　四冊

330000－1702－0001199　民 18/313　史部/地理類/方志之屬/郡縣志

[民國]新塍鎮志二十六卷首一卷　朱士楷纂輯　民國十二年(1923)平湖綺春閣鉛印本　四冊

330000－1702－0001200　民 18/314　史部/地理類/方志之屬/郡縣志

[民國]新塍鎮志二十六卷首一卷　朱士楷纂輯　民國十二年(1923)平湖綺春閣鉛印本　四冊

330000－1702－0001201　民 19/315　史部/地理類/專志之屬/寺觀

東天目山昭明禪寺志十二卷　釋慈壽輯　陳兆元編　民國三年(1914)杭州文粹印局鉛印本　二冊

330000－1702－0001202　民 19/316/2711　史部/地理類/專志之屬/寺觀

東天目山昭明禪寺志十二卷　釋慈壽輯　陳兆元編　民國三年(1914)杭州文粹印局鉛印本　二冊

330000－1702－0001203　民 19/317/2713　史部/地理類/專志之屬/寺觀

東天目山昭明禪寺志十二卷　釋慈壽輯　陳兆元編　民國三年(1914)杭州文粹印局鉛印本　二冊

330000－1702－0001204　民 19/318　史部/地理類/山川之屬/山志

西天目祖山志八卷首一卷末一卷補遺一卷　(明)釋廣賓撰　(清)釋際界增訂　民國十五年(1926)鉛印本　二冊

330000－1702－0001205　民 19/319　史部/地理類/山川之屬/山志

西天目祖山志八卷首一卷末一卷補遺一卷　(明)釋廣賓撰　(清)釋際界增訂　民國二十年(1931)上海宏大善書局石印本　二冊

330000－1702－0001210　民 19/324　史部/地理類/方志之屬/郡縣志

[嘉慶]餘杭縣志四十卷　(清)張吉安修　(清)朱文藻纂　(清)崔應榴　(清)董作棟續纂　民國八年(1919)吳蘭孫鉛印本　八冊

330000－1702－0001211　民 19/325　史部/地理類/方志之屬/郡縣志

[嘉慶]餘杭縣志四十卷　(清)張吉安修　(清)朱文藻纂　(清)崔應榴　(清)董作棟續纂　民國八年(1919)吳蘭孫鉛印本　八冊

330000－1702－0001212　民 19/326　史部/地理類/方志之屬/郡縣志

[乾隆]烏青鎮志十二卷　(清)董世寧纂　民國七年(1918)鉛印本　二冊

330000－1702－0001213　民 19/327　史部/地理類/方志之屬/郡縣志

[乾隆]烏青鎮志十二卷　(清)董世寧纂　民國七年(1918)鉛印本　二冊

330000－1702－0001214　民 19/328　史部/地理類/方志之屬/郡縣志

[乾隆]烏青鎮志十二卷　(清)董世寧纂　民國七年(1918)鉛印本　二冊

330000－1702－0001215　民 19/329　史部/

地理類/方志之屬/郡縣志
[乾隆]烏青鎮志十二卷 (清)董世寧纂 民國七年(1918)鉛印本 二冊

330000－1702－0001216 民 19/330 史部/地理類/方志之屬/郡縣志
[乾隆]烏青鎮志十二卷 (清)董世寧纂 民國七年(1918)鉛印本 二冊

330000－1702－0001217 民 19/331 史部/地理類/方志之屬/郡縣志
[乾隆]烏青鎮志十二卷 (清)董世寧纂 民國七年(1918)鉛印本 二冊

330000－1702－0001221 民 19/335 史部/地理類/方志之屬/郡縣志
[民國]新登縣志二十卷首一卷 徐士瀛等修 張子榮 史錫永纂 白志恒繪圖 民國十一年(1922)鉛印本 八冊

330000－1702－0001222 民 19/336 史部/地理類/方志之屬/郡縣志
[民國]新昌縣志二十卷附新昌農事調查一卷 金城修 陳畬纂 **沃州詩存一卷** (宋)潘音撰 **沃州文存一卷** (宋)徐霖撰 民國八年(1919)鉛印本 十一冊 缺一卷(新昌農事調查)

330000－1702－0001223 民 20/337 史部/地理類/方志之屬/郡縣志
[民國]新昌縣志二十卷附新昌農事調查一卷 金城修 陳畬纂 **沃州詩存一卷** (宋)潘音撰 **沃州文存一卷** (宋)徐霖撰 民國八年(1919)鉛印本 十二冊

330000－1702－0001224 民 20/338 史部/地理類/方志之屬/郡縣志
[民國]新昌縣志二十卷附新昌農事調查一卷 金城修 陳畬纂 **沃州詩存一卷** (宋)潘音撰 **沃州文存一卷** (宋)徐霖撰 民國八年(1919)鉛印本 十二冊

330000－1702－0001227 民 20/341 史部/地理類/方志之屬/郡縣志
[民國]鎮海縣志四十五卷首一卷 洪錫範 盛鴻燾修 王榮商 楊敏曾纂 民國二十年(1931)上海蔚文印刷局鉛印本 二十二冊

330000－1702－0001228 民 20/342 史部/地理類/方志之屬/郡縣志
[民國]鎮海縣志四十五卷首一卷 洪錫範 盛鴻燾修 王榮商 楊敏曾纂 民國二十年(1931)上海蔚文印刷局鉛印本 二十二冊

330000－1702－0001231 民 20/345 史部/地理類/方志之屬/郡縣志
[民國]樂清縣鄉土志稾二卷 高誼輯 民國抄本 二冊

330000－1702－0001232 民 20/346 史部/地理類/方志之屬/郡縣志
[民國]樂清縣鄉土志稾二卷 高誼輯 民國抄本 二冊

330000－1702－0001239 民 52/823 類叢部/類書類/專類之屬
年華錄四卷 (清)全祖望撰 民國十八年(1929)上海商務印書館鉛印本 一冊 存二卷(一至二)

330000－1702－0001242 民 52/826 史部/雜史類/斷代之屬
明季稗史續編六種六卷 民國元年(1912)上海商務印書館鉛印本 一冊 存一卷(一)

330000－1702－0001248 民 42/664 史部/地理類/總志之屬/通代
各直省形勢論一卷 高傭輯 民國抄本 一冊

330000－1702－0001252 民 42/668 新學/礦務/礦學
黑龍江金礦探源一卷 李瀛海撰 民國三年(1914)鉛印本 一冊

330000－1702－0001256 民 42/670 史部/地理類/輿圖之屬/軍事
兵要地理□□卷 民國鉛印本 一冊

330000－1702－0001263 民 42/675 史部/地理類/專志之屬/祠墓

吉安螺山宋文丞相祠志二卷　蕭賡韶等編　民國二十五年(1936)吉安縣志局鉛印本　二冊

330000－1702－0001265　民 52/833　史部/傳記類/别傳之屬/事狀

皇清賜進士出身誥授朝議大夫特恩誥封通議大夫山東青州府知府顯考蛻農府君[鮑心增]事略不分卷　鮑長棟撰　民國鉛印本　一冊

330000－1702－0001272　民 43/681　史部/地理類/輿圖之屬/郡縣

修訂浙江全省輿圖並水陸道里記不分卷　(清)宗源瀚等纂　民國四年(1915)杭州武林印書館石印本　十五冊

330000－1702－0001273　民 43/682　史部/地理類/輿圖之屬/郡縣

修訂浙江全省輿圖並水陸道里記不分卷　(清)宗源瀚等纂　民國四年(1915)杭州武林印書館石印本　十五冊

330000－1702－0001274　民 43/683　史部/地理類/輿圖之屬/郡縣

修訂浙江全省輿圖並水陸道里記不分卷　(清)宗源瀚等纂　民國四年(1915)杭州武林印書館石印本　十二冊　缺輿圖溫處部分、水陸道里記衢州府和嚴州府部分

330000－1702－0001279　民 44/688　史部/地理類/山川之屬/山志

浙江山脈形勢不分卷　鍾毓龍撰　稿本　余紹宋題記　八冊

330000－1702－0001280　民 44/689　史部/地理類/雜志之屬

杭縣嵊縣鄞縣奉化縣南田縣調查實業報告書不分卷　民國魏頌唐抄本　五冊

330000－1702－0001295　民 52/837　史部/編年類/通代之屬

增修補註歷代通鑑輯覽一百四十卷　王文濡等撰　民國八年(1919)文明書局鉛印本　十四冊　存三十一卷(九十七至一百十八、一百二十八至一百三十六)

330000－1702－0001296　民 52/841　史部/傳記類/總傳之屬/通代

百歲敘譜六卷　(清)丁文策　(清)陳師錫　(清)沈九如輯　民國十一年(1922)上海中華書局鉛印本　六冊

330000－1702－0001297　民 52/842　史部/傳記類/總傳之屬/通代

百歲敘譜六卷　(清)丁文策　(清)陳師錫　(清)沈九如輯　民國二十年(1931)上海中華書局鉛印本　六冊

330000－1702－0001302　民 44/708　史部/地理類/雜志之屬

杭州地理一卷　張偉揚編　民國石印本　一冊

330000－1702－0001303　民 45/710　史部/地理類/方志之屬/通志

[民國]新纂雲南通志二百六十六卷首一卷　龍雲　盧漢修　周鍾嶽纂　孫桂　沐繼文繪圖　民國三十八年(1949)鉛印本　一百四十冊

330000－1702－0001304　民 45/711　史部/地理類/雜志之屬

雲南江川縣地誌資料一卷　雲南學會編　民國抄本　一冊

330000－1702－0001305　民 45/712　史部/地理類/雜志之屬

雲南西疇縣地誌資料一卷　雲南學會編　稿本　一冊

330000－1702－0001306　民 46/715　類叢部/叢書類/自著之屬

木硯齋叢書　童振藻撰　民國鉛印本　一冊　存一種

330000－1702－0001307　民 46/716　史部/地理類/雜志之屬

雲南産業誌六卷　雲南地誌編輯處編　稿本　十冊

330000－1702－0001308　民 46/717　史部/金石類/石之屬/文字

雲南省寺觀祠廟碑記十四卷雲南省各屬津梁碑記二卷 稿本 十六册

330000－1702－0001309 民46/718 史部/地理類/防務之屬/陸防

雲南北界勘察記八卷 尹明德等撰 **西界陳牘一卷** 黄誠沅輯 **怒狨邊隘詳情一卷** 夏瑚撰 民國鉛印本 一册

330000－1702－0001310 民52/847 史部/紀傳類/正史之屬

三國志六十五卷 （晉）陳壽撰 （南朝宋）裴松之注 民國七年（1918）中華圖書館石印本 十四册

330000－1702－0001311 民52/848 史部/雜史類/斷代之屬

滿夷猾夏始末記八卷首一卷外編三卷 楊敦頤輯 民國四年（1915）上海新中華圖書館鉛印本 十二册

330000－1702－0001317 民52/849 史部/紀傳類/正史之屬

史記論文不分卷 （清）吴見思評點 民國上海中華書局鉛印本 八册

330000－1702－0001319 民52/850 史部/目録類/總録之屬

西泠印社書目四卷補遺一卷（第二十一期） 西泠印社編 民國十三年（1924）上海西泠印社鉛印本 一册

330000－1702－0001321 民52/851 史部/目録類/專録之屬

西泠印社金石印譜法帖藏書目一卷 西泠印社編 民國七年（1918）上海西泠印社石印本 一册

330000－1702－0001324 民52/853 史部/地理類/遊記之屬/紀勝

西湖四日記一卷 汪洋撰 民國六年（1917）鉛印本 一册

330000－1702－0001334 民52/856 史部/傳記類/總傳之屬/技藝

書林紀事四卷 馬宗霍撰 民國二十四年（1935）上海商務印書館鉛印本 一册

330000－1702－0001336 民52/858 史部/紀事本末類/斷代之屬

聖武記十四卷 （清）魏源撰 民國上海鴻章書局石印本 六册

330000－1702－0001337 民52/860 史部/金石類/石之屬/通考

校碑隨筆六卷續二卷 方若撰 民國十二年（1923）華璋書局石印本 六册

330000－1702－0001338 民52/861 史部/地理類/方志之屬/通志

［民國］浙江新志三卷 姜卿雲編 民國二十五年（1936）杭州正中書局鉛印本 一册 存一卷（上）

330000－1702－0001349 民49/740 史部/傳記類/總傳之屬/列女

休寧率溪程氏烈婦合傳不分卷 程龍標 程錫祥輯 民國十年（1921）率溪程氏同善堂鉛印本 一册

330000－1702－0001350 民53/869 史部/地理類/專志之屬/寺觀

洛陽伽藍記注五卷 周延年撰 民國二十六年（1937）萬潔齋石印本 一册

330000－1702－0001353 民53/870 史部/傳記類/别傳之屬/事狀

康南海［有為］傳一卷 梁啓超撰 民國石印本 一册

330000－1702－0001354 民53/871 史部/傳記類/科舉録之屬/歷科登科録

詞林輯略十一卷附姓氏韻編一卷 朱汝珍輯 民國北京中央刻經院鉛印本 五册

330000－1702－0001356 民53/875 史部/傳記類/總傳之屬/斷代

清史列傳八十卷 中華書局編 民國十七年（1928）上海中華書局鉛印本 八十册

330000－1702－0001359 民53/877 史部/傳記類/總傳之屬/仕宦

貳臣傳十二卷逆臣傳四卷　(清)蔣千之編輯　(清)陳俠君校正　民國上海六藝書局石印本　四冊

330000－1702－0001361　民53/878　史部/雜史類/斷代之屬

南渡錄四卷附傳一卷　(宋)辛棄疾撰　民國元年(1912)上海廣益書局石印本　二冊

330000－1702－0001362　民53/879　史部/地理類/外紀之屬

巴拿馬萬國博覽會調查實記四卷　闕伊撰　民國四年(1915)天寶石印書局石印本　四冊

330000－1702－0001365　民49/749　史部/地理類/遊記之屬/紀勝

峨眉紀游一卷　樓藜然撰　民國元年(1912)成都刻本　一冊

330000－1702－0001373　民49/756　史部/傳記類/總傳之屬/郡邑

台獻疑年錄一卷　(清)王棻輯　民國抄本　一冊

330000－1702－0001374　民340/4740　類叢部/叢書類/自著之屬

隨園三十六種　(清)袁枚撰　民國二年(1913)上海中華圖書館鉛印本　四十八冊　缺十四卷(小倉山房文集十二至十八、新齊諧十二至十八)

330000－1702－0001380　民102/2348　集部/曲類/曲韻曲譜曲律之屬

西廂記曲譜不分卷　(清)殷溎深撰　張芬校正兼繕底　民國十年(1921)上海朝記書莊石印本　二冊

330000－1702－0001381　民54/884　類叢部/叢書類/彙編之屬

國立武漢大學叢書　商務印書館編　民國上海商務印書館石印本　二冊　存一種

330000－1702－0001413　民255/5055　子部/宗教類/佛教之屬/諸宗

修禮決疑浄土懺法一卷　民國抄本　一冊

330000－1702－0001428　民291/5947　子部/藝術類/書畫之屬/題跋

趙松雪蘭亭十三跋一卷　(元)趙孟頫撰並書　民國上海有正書局影印本　一冊

330000－1702－0001431　民255/5067　子部/宗教類/佛教之屬/律

玉淋國師因課誦示眾不分卷　民國上海道德書局鉛印本　一冊

330000－1702－0001434　民292/6075　子部/藝術類/書畫之屬/法帖

貞節坊碑一卷　吳昌綬撰　伊立勳書　民國上海碧梧山莊石印本　一冊

330000－1702－0001436　民50/791　史部/金石類/金之屬/文字

積古齋鐘鼎彝器款識十卷　(清)阮元撰　民國十六年(1927)上海大一統書局影印本　六冊

330000－1702－0001441　民139/3246　集部/曲類/曲韻曲譜曲律之屬

秋鴻原辭一卷附曲譜一卷　(明)朱權撰　民國抄本　黃元秀題簽　一冊

330000－1702－0001451　民54/885　史部/紀傳類/正史之屬

史記紀年考三卷　劉坦撰　民國二十六年(1937)上海商務印書館石印本　一冊

330000－1702－0001452　民54/886　史部/傳記類/日記之屬

越縵堂日記不分卷(清同治二年四月朔至光緒十五年七月初十)　(清)李慈銘撰　民國九年(1920)商務印書館影印本　三十五冊　存桃花聖解盦日記

330000－1702－0001453　民54/887　史部/政書類/律令之屬/律例

欽定總管内務府現行則例五十七卷　(清)裕誠等修　(清)文璧等纂　**批本處現行事宜二卷**　(清)載齡　(清)文啓編輯　民國二十六年(1937)國立北平故宮博物院文獻館鉛印本　八冊　存二十四卷(堂上一至四、廣儲司一

至四、都虞司一至四、掌儀司一至四、慶豐司一至二、會計司一至四,批本處現行事宜一至二)

330000－1702－0001454　民 54/888　史部/傳記類/日記之屬
翁文恭公軍機處日記不分卷　(清)翁同龢撰　民國二十八年(1939)燕京大學圖書館影印本　二册

330000－1702－0001477　民 139/3290　集部/別集類/清別集
賽諤堂詩集五卷　(清)金文田撰　民國曹希璨抄本　褚傳誥、曹希璨題簽　一册

330000－1702－0001481　民 139/3296　集部/別集類/清別集
補學齋詩鈔四卷　胡調元撰　民國鉛印本　一册

330000－1702－0001496　民 79/1476　子部/藝術類/遊藝之屬/棋弈
桃花泉弈譜二卷　(清)范世勳撰　民國上海文瑞樓影印本　一册

330000－1702－0001498　民 292/6003　子部/藝術類/書畫之屬/法帖
米南宫十七帖一卷　(宋)米芾書　民國十三年(1924)上海文明書局石印本　一册

330000－1702－0001505　民 54/889　史部/金石類/金之屬/通考
金文世族譜四卷三十六篇　吴其昌撰　民國二十五年(1936)上海商務印書館石印本　二册

330000－1702－0001516　民 311/6603　子部/醫家類/本草之屬/歷代綜合本草
本草綱目五十二卷圖三卷奇經八脈攷二卷　(明)李時珍撰　**本草萬方鍼線八卷**　(清)蔡烈先輯　**本草綱目拾遺十卷**　(清)趙學敏輯　民國二年(1913)上海商務印書館石印本　十九册　存五十四卷(本草綱目三至五十二、圖一至二,奇經八脈攷一至二)

330000－1702－0001517　民 140/3339　集部/總集類/氏族之屬
斯氏詩錄不分卷　斯鶴齡輯　稿本　一册

330000－1702－0001521　民 293/6226　子部/藝術類/書畫之屬/法帖
三希堂續刻法帖四卷　(清)蔣溥等編　民國影印本　一册　存一卷(三)

330000－1702－0001531　民 299/6410－2　史部/地理類/方志之屬/郡縣志
乾隆紹興府志校記不分卷　(清)李慈銘撰　民國十八年(1929)鉛印本　一册

330000－1702－0001534　民 300/6420　子部/雜著類/雜纂之屬
養晦齋讀書記三卷　葛尚鈞纂　民國十三年(1924)上海葛氏鉛印本　一册

330000－1702－0001541　民 300/6424　集部/詩文評類
藝槩六卷　(清)劉熙載撰　民國江蘇存古學堂鉛印本　二册

330000－1702－0001551　民 55/890　史部/傳記類/日記之屬
翁文恭公日記不分卷(清咸豐八年至光緒三十年)　(清)翁同龢撰　民國十四年(1925)上海商務印書館影印本　二十四册　存二十四册(四至十三、十六至二十八、三十七)

330000－1702－0001555　民 296/6380　子部/藝術類/書畫之屬/法帖
五柳先生傳一卷　(元)趙孟頫書　民國上海馬啟新碑帖莊石印本　一册

330000－1702－0001564　民 312/6608　史部/傳記類/別傳之屬/事狀
亭秋館哀辭不分卷　陳夔龍輯　民國五年(1916)木活字印本　一册

330000－1702－0001566　民 312/6609　集部/總集類/酬唱之屬
慕陶老人八三述懷唱和集不分卷　孫錫芬等撰　民國二十一年(1932)鉛印本　一册

330000－1702－0001569　民 97/2140　史部/

地理類/遊記之屬/紀行
游杭紀略二卷　楊祚昌輯　民國十四年(1925)杭州文元堂書莊鉛印本　一册

330000－1702－0001572　民 292/6063　子部/藝術類/書畫之屬/法帖
漢隸合刊不分卷　(清)何紹基　(清)金冬心書　民國上海碧梧山莊石印本　一册

330000－1702－0001573　民 312/6612　集部/别集類
清吟草堂遺著不分卷　朱鳳儀撰　民國十四年(1925)鉛印本　一册

330000－1702－0001579　民 311/6541　新學/醫學
生理學一卷　幸芷青撰　民國抄本　一册

330000－1702－0001583　民 175/3952　史部/目録類/總録之屬/彙刻
影印借月山房彙鈔墨海金壺樣本一卷　上海博古齋書店編　民國上海博古齋書店影印本　一册

330000－1702－0001588　民 175/3953　史部/目録類/總録之屬
影印津逮祕書樣本不分卷守山閣叢書樣本不分卷　博古齋輯　民國上海博古齋影印本　一册

330000－1702－0001597　民 191/4798　史部/地理類/方志之屬/郡縣志
[乾隆]烏青鎮志十二卷　(清)董世寧纂　民國七年(1918)鉛印本　二册

330000－1702－0001603　民 193/4941　史部/傳記類/總傳之屬/斷代
清朝人物小傳一卷　童振藻編　稿本　一册

330000－1702－0001605　民 193/4942　集部/别集類/宋别集
陸忠烈集二卷首一卷末一卷　(宋)陸秀夫撰　童振藻集　稿本　一册

330000－1702－0001606　民 193/4943　史部/傳記類/别傳之屬/事狀
童振藻六十回憶詩一卷　童振藻撰　民國二十二年(1933)稿本　一册

330000－1702－0001609　民 189/4723　史部/目録類/總録之屬/彙刻
景印四庫全書珍本初集目錄一卷　商務印書館編　民國二十四年(1935)上海商務印書館鉛印本　一册

330000－1702－0001615　民 187/4698　子部/農家農學類/總論之屬
西貢農業情況摘抄一卷　童振藻輯　稿本　一册

330000－1702－0001618　民 187/4699　子部/雜著類/雜纂之屬
童振藻雜稿之九不分卷　童振藻輯　稿本　一册

330000－1702－0001624　民 261/5148　史部/目録類/書志之屬/題跋
花近樓叢書序跋記二卷　(清)管庭芬撰　民國張氏適園鉛印本　一册

330000－1702－0001645　民 193/4910　史部/政書類/邦計之屬/通紀
開發雲南實業意見書一卷整頓雲南實業辦法一卷雲南分年籌辦實業大綱一卷統籌實業機關之組織一卷　童振藻撰　民國八年(1919)油印本　一册

330000－1702－0001647　民 193/4911　史部/政書類/邦計之屬
雲南省立牧場歷年蕃殖頭數預算表一卷　稿本　一册

330000－1702－0001651　民 261/5155　類叢部/叢書類/彙編之屬
四部叢刊　張元濟等編　民國上海商務印書館影印本　四册　存一種

330000－1702－0001659　民 323/6807　史部/傳記類/總傳之屬/家乘
[浙江富陽]東安沈氏宗譜四卷　金耀修　金安纂　民國二十二年(1933)存德堂木活字印本　四册

330000－1702－0001661　民 193/4927　子部/雜著類/雜說之屬

現在宜制通禮以裁正風俗一卷　童振藻撰　民國十三年(1924)稿本　一册

330000－1702－0001670　民 193/4930　史部/傳記類/别傳之屬/墓誌

徐母張太夫人墓表一卷　童振藻撰　民國七年(1918)稿本　一册

330000－1702－0001671　民 294/6244　子部/藝術類/書畫之屬/法帖

劉文清真跡一卷　(清)劉墉書　民國上海運通公司影印本　一册

330000－1702－0001678　民 196/4976　史部/傳記類/總傳之屬/郡邑

於越有明一代三不朽圖贊一卷　(明)張岱撰　民國七年(1918)鉛印本　一册

330000－1702－0001682　民 196/4978　集部/别集類

鉤心集詩草一卷　陳之錡撰　民國二十四年(1935)上海中華書局鉛印本　一册

330000－1702－0001698　民 294/6280　子部/藝術類/書畫之屬/法帖

鄭蘇戡書南唐集字一卷　鄭孝胥書　民國三年(1914)上海商務印書館影印本　一册

330000－1702－0001708　民 103/2414　類叢部/叢書類/彙編之屬

墨巢叢刻　李宣龔輯　民國鉛印本　一册　存二種

330000－1702－0001720　民 193/4891　史部/地理類/雜志之屬

雲南礦產表一卷　稿本　一册

330000－1702－0001730　民 294/6281　子部/藝術類/書畫之屬/法帖

鄭蘇戡書南唐集字一卷　鄭孝胥書　民國二十年(1931)上海商務印書館影印本　一册

330000－1702－0001733　民 294/6282　子部/藝術類/書畫之屬/法帖

鄭蘇戡書南唐集字一卷　鄭孝胥書　民國上海商務印書館影印本　一册

330000－1702－0001737　民 294/6277　子部/藝術類/書畫之屬/法帖

歐陽詢書九成宫一卷　(唐)歐陽詢書　民國上海尚古山房石印本　一册

330000－1702－0001744　民 294/6245　子部/藝術類/書畫之屬/法帖

明拓顔魯公元次山碑不分卷　(唐)顔真卿書　民國上海有正書局影印本　一册

330000－1702－0001750　民 294/6261　子部/藝術類/書畫之屬/法帖

何子貞楷書前後赤壁賦一卷　(清)何紹基書　民國二十五年(1936)上海文明書局石印本　一册

330000－1702－0001751　民 55/895　集部/總集類/題詠之屬

杭州西溪永興寺題詠錄不分卷　蓮西居士重編　民國二十二年(1933)鉛印本　一册

330000－1702－0001755　民 294/6264　子部/藝術類/書畫之屬/法帖

孝園寫經不分卷　戴傳賢書　民國二十年(1931)石印本　一册

330000－1702－0001757　民 294/6269　子部/藝術類/書畫之屬/法帖

翁覃溪楷書金剛經一卷　(清)翁方綱書　民國上海有正書局影印本　一册

330000－1702－0001765　民 65/1188　子部/工藝類/日用器物之屬/服飾

閨中針綫一卷　民國影印本　一册

330000－1702－0001767　民 65/1189　子部/工藝類/日用器物之屬/服飾

繡閣藏針一卷　民國影印本　一册

330000－1702－0001769　民 65/1190　子部/工藝類/日用器物之屬/服飾

閨中針綫一卷　民國影印本　一册

330000－1702－0001771　民 65/1191　子部/

工藝類/日用器物之屬/服飾
閨中針綫一卷 民國影印本 一冊

330000－1702－0001772 民 65/1192 子部/工藝類/日用器物之屬/服飾
閨中針綫一卷 民國影印本 一冊

330000－1702－0001782 民 79/1477 子部/藝術類/遊藝之屬/棋弈
桃花泉弈譜二卷 (清)范世勳撰 民國上海文瑞樓影印本 一冊 存一卷(上)

330000－1702－0001791 民 196/5009 集部/別集類
花消英氣集一卷 陳星煒撰 民國三十六年(1947)鉛印本 一冊

330000－1702－0001793 民 103/2415 類叢部/叢書類/彙編之屬
墨巢叢刻 李宣龔輯 民國鉛印本 一冊 存二種

330000－1702－0001795 民 292/6102－1 子部/藝術類/書畫之屬/法帖
劉石庵相國墨蹟第一集 (清)劉墉書 民國上海有正書局石印本 一冊

330000－1702－0001796 民 193/4905 史部/政書類/邦計之屬
提倡雲南茶業辦法大綱一卷 何毓芳撰 民國九年(1920)稿本 一冊

330000－1702－0001799 民 138/3228 經部/小學類/訓詁之屬/方言
俗語探原一卷 稿本 一冊

330000－1702－0001803 民 312/6613 史部/地理類/山川之屬/水志
蕭山湘湖志八卷外編一卷續志一卷 周易藻編 民國十六年(1927)周氏鉛印本 五冊

330000－1702－0001829 民 102/2326 集部/戲劇類/傳奇之屬
李笠翁十種曲 (清)李漁編次 民國七年(1918)上海朝記書莊石印本 五冊 存五種

330000－1702－0001840 民 146/3623 史部/傳記類/總傳之屬
浙江省立第一師範學校同學錄一卷 浙江省立第一師範學校編 民國四年(1915)鉛印本 一冊

330000－1702－0001856 民 102/2341 集部/小說類/長篇之屬
繡像永慶昇平前傳四卷九十七回 郭廣瑞撰 民國上海廣益書局石印本 一冊 存三卷(一至二、四)

330000－1702－0001864 民 341－352/4742－2 類叢部/叢書類/彙編之屬
四部備要 中華書局編 民國二十五年(1936)上海中華書局鉛印本(經義考卷二百八十六、二百九十九至三百,東塾讀書記卷十三至十四、十七至二十、二十二至二十五原缺) 二千十三冊 缺二百四十六卷(前漢書一至十六、宋史一至二百三十)

330000－1702－0001871 民 102/2330 集部/小說類/長篇之屬
增像小五義傳六卷一百二十四回 (清)石玉崑撰 民國上洋公興書局鉛印本 六冊

330000－1702－0001873 民 77/1393 子部/藝術類/書畫之屬/總論
墨緣彙觀四卷 (清)安岐撰 民國九年(1920)上海廣雅書局石印本 四冊

330000－1702－0001874 民 77/1392 子部/儒家類/儒家之屬
荀子集解二十卷首一卷 (唐)楊倞注 王先謙集解 民國上海商務印書館據清光緒十七年(1891)長沙王氏刻本影印本 六冊

330000－1702－0001877 民 102/2331 集部/小說類/長篇之屬
繡像續小五義六卷一百二十四回 (清)石玉崑撰 民國五年(1916)上海廣益書局石印本 一冊

330000－1702－0001883 民 311/6542 子部/醫家類/醫案之屬
醫案學三卷 卓主侯輯 民國抄本 三冊

330000－1702－0001884　民 175/3954　史部/目録類

原版影印借月山房叢書樣本一卷　上海博古齋書莊編　民國上海博古齋書莊影印本　一冊

330000－1702－0001886　民 312/6616　集部/詞類/别集之屬

鹹酸橋屋詞一卷附庯謹堂歲華紀感一卷　唐詠裳撰　民國十三年至十五年(1924－1926)鉛印本　一冊

330000－1702－0001890　民 312/6619　集部/總集類/選集之屬/斷代

雁後合鈔五卷　詹勵吾輯　民國三十六年(1947)鉛印本　一冊

330000－1702－0001891　民 69/1209　子部/藝術類/書畫之屬/總論

佩文齋書畫譜一百卷續書畫譜十六卷　(清)孫岳頒等輯　民國九年(1920)上海同文圖書館石印本　四十八冊

330000－1702－0001894　民 312/6622　集部/總集類/酬唱之屬

虎林銷夏集一卷　沈鈞輯　民國三年(1914)杭城興業印書局鉛印本　一冊

330000－1702－0001895　民 318/6729　集部/小説類/短篇之屬

詳註聊齋志異圖詠十六卷　(清)蒲松齡撰　(清)呂湛恩注　民國石印本　五冊　存十卷(三至八、十一至十四)

330000－1702－0001898　民 157/3691　集部/曲類/散曲之屬

散曲叢刊十五種　任訥輯　民國二十年(1931)上海中華書局鉛印本　二十八冊

330000－1702－0001899　民 316/6706　子部/雜著類/雜説之屬

靜軒筆記一百二十卷　(清)劉秉璋撰　(清)劉體智輯錄　民國石印本　四冊　存十九卷(一至十九)

330000－1702－0001906　民 295/6337　子部/藝術類/書畫之屬/法帖

蝯叟臨道因碑不分卷　(清)何紹基書　民國十五年(1926)上海商務印書館影印本　一冊　存一冊(二)

330000－1702－0001907　民 264/5244　集部/總集類/選集之屬/通代

文選六十卷　(南朝梁)蕭統輯　(唐)李善注　**文選考異十卷**　(清)胡克家撰　民國上海著易堂公記書局石印本　八冊　存三十四卷(一至三十四)

330000－1702－0001922　民 270/5383　集部/總集類/氏族之屬

錫山榮氏繩武樓叢刊十種　榮棣輝輯　民國二十二年(1933)鉛印本　六冊

330000－1702－0001923　民 175/3906　史部/目録類/總録之屬/私撰

陶涉園藏明板書目錄一卷海虞毛氏汲古閣刊書一卷明吳興閔氏彙刊朱墨本書一卷　陶湘編　民國鉛印本　一冊

330000－1702－0001954　民 173/3732　類叢部/叢書類/彙編之屬

對樹書屋叢刻六種　趙詒琛編　民國二十一年至二十五年(1932－1936)崑山趙氏對樹書屋刻本　一冊　存一種

330000－1702－0001956　民 312/6623　集部/别集類

醉靈軒詩存十卷　陳蘧撰　民國十七年(1928)上海聚珍倣宋印書局鉛印本　一冊　存五卷(一至五)

330000－1702－0001958　民 312/6625　集部/别集類

悲秋小草不分卷　黄志璠撰　民國二十五年(1936)鉛印本　一冊

330000－1702－0001961　民 312/6630　史部/地理類/山川之屬/山志

雲棲志十卷　項士元纂　民國二十三年(1934)新光印書館鉛印本　二冊

330000－1702－0001967　民 267/5333　史

部/目録類/專録之屬

雲齋舊藏善本印譜目憶錄五卷首一卷 龐士龍撰 瞿熙邦校訂 **鐵琴銅劍樓藏善本印譜目一卷** 瞿熙邦 龐士龍輯錄 民國三十年(1941)常熟龐氏蘭石軒鉛印本 一冊

330000－1702－0001971 民185/4383 史部/政書類/邦計之屬

維持滇省金融管見一卷 童振藻撰 稿本 一冊

330000－1702－0001978 民193/4847 史部/政書類/公牘檔冊之屬

雲南省立牧場經常臨時費支付預算案一卷 童振藻輯 稿本 一冊

330000－1702－0001982 民193/4848 史部/政書類/公牘檔冊之屬

雲南實業經費情況一卷 童振藻撰 稿本 一冊

330000－1702－0001986 民173/3744 類叢部/叢書類/自著之屬

范聲山雜著八種 (清)范鍇撰輯 民國二十年(1931)北平富晉書社據清道光烏程范氏刻本影印本 一冊 存一種

330000－1702－0001989 民101/2296 集部/别集類/宋别集

宋岳忠武王全集二十八卷 (宋)岳飛撰 (宋)岳珂編 民國四年(1915)國學書局石印本 四冊

330000－1702－0001992 民313/6639 子部/醫家類/類編之屬

讀有用書樓醫書選刊 民國杭州三三醫社鉛印本 四冊 存一種

330000－1702－0001997 民103/2411 集部/别集類

賓虹詩草三卷補遺一卷 黄賓虹撰 民國二十二年(1933)石印本 一冊

330000－1702－0001999 民173/3749 子部/藝術類/書畫之屬/畫譜

南陵無雙譜一卷 (清)金古良撰並繪 民國石印本 一冊

330000－1702－0002000 民193/4849 新學/礦務/礦學

貴州鑛產述略及開發意見一卷 童振藻撰 稿本 一冊

330000－1702－0002003 民193/4850 史部/職官類/官制之屬/通志

歷代職官制彙輯一卷 童振藻輯 稿本 一冊

330000－1702－0002005 民312/6621 類叢部/叢書類/家集之屬

武林丁氏家集十三種 丁立誠 丁立中撰 民國錢塘丁氏嘉惠堂鉛印本 四冊 存一種

330000－1702－0002009 民193/4851 史部/史評類/史論之屬

史論一卷 童振藻撰 稿本 一冊

330000－1702－0002016 民193/4842 史部/政書類/公牘檔冊之屬

雲南五縣實業調查報告一卷 稿本 一冊

330000－1702－0002024 民193/4852 史部/史評類/史論之屬

史論一卷 童振藻撰 稿本 一冊

330000－1702－0002039 民193/4853 集部/别集類/漢魏六朝别集

鄭高密集二卷首一卷 (漢)鄭玄撰 童振藻輯 **高密鄭君著述考一卷** 童振藻撰 稿本 一冊

330000－1702－0002054 民103/2409 集部/别集類/清别集

西湖百詠一卷 (清)鄭曰敬撰 民國九年(1920)木活字印本 一冊

330000－1702－0002070 民17/288、民103/2419 類叢部/叢書類/自著之屬

月河草堂叢書三種 蔣清瑞撰 民國歸安蔣氏月河草堂刻本 六冊 存二種

330000－1702－0002088 民173/3797 史部/目録類/通論之屬/掌故瑣記

書舶庸譚四卷　董康撰　民國十九年(1930)上海大東書局影印本　二冊　存三卷(一至三)

330000－1702－0002093　民 124/3103　集部/曲類/彈詞之屬
繪圖筆生花十六卷三十二回　(清)邱心如撰　民國石印本　十六冊

330000－1702－0002117　民 174/3809　子部/醫家類/類編之屬
吳興凌氏二種　(清)凌奐撰　民國六年(1917)上海鉛印本　一冊

330000－1702－0002119　民 174/3810　史部/傳記類/總傳之屬/隱逸
檇李高逸傳一卷　金蓉鏡等撰　民國九年(1920)鉛印本　一冊

330000－1702－0002130　民 185/4397　史部/政書類/儀制之屬/專志/科舉校規
雲南教育會章程一卷中華孔學會章程一卷　民國鉛印本　一冊

330000－1702－0002134　民 185/4402　史部/政書類/公牘檔冊之屬
公文擬稿一卷　童振藻輯　稿本　一冊

330000－1702－0002137　民 185/4407　史部/政書類/公牘檔冊之屬
昆明市政公所機關公文底稿彙編一卷　童振藻纂輯　稿本　一冊

330000－1702－0002138　民 266/5284　集部/别集類
爰居閣詩十卷　梁鴻志撰　民國二十七年(1938)刻藍印本　周梅安題記　四冊

330000－1702－0002140　民 185/4412　史部/地理類/雜志之屬
就地理上觀察雲南與鄰近各方面之關係一卷　童振藻撰　稿本　一冊

330000－1702－0002141　民 193/4832　史部/政書類
雲南内務司各屬□務視察章程一卷　童振藻輯　稿本　一冊

330000－1702－0002152　民 185/4336　史部/政書類/邦計之屬/衡制
雲南各屬度量衡及街場數目一卷　童振藻編　稿本　一冊

330000－1702－0002154　民 185/4339　史部/政書類/邦交之屬
摘錄民國地誌國界篇關於雲南之界務一卷　民國抄本　一冊

330000－1702－0002161　民 185/4355　史部/雜史類/斷代之屬
春秋列國外交史一卷　童振藻纂　稿本　一冊

330000－1702－0002174　民 315/6668　子部/醫家類/方書之屬/單方驗方
本草萬方鍼線八卷　(清)蔡烈先輯　**奇經八脈攷二卷**　(明)李時珍撰　民國鉛印本　一冊　存四卷(本草萬方鍼線七至八、奇經八脈攷一至二)

330000－1702－0002181　民 9/174　史部/地理類/方志之屬/郡縣志
[光緒]杭州府志一百七十八卷首八卷　(清)陳璚等修　(清)王棻等纂　屈映光續修　陸懋勳續纂　齊耀珊重修　吳慶坻重纂　**杭州府志校勘記一卷**　(清)吳憲奎等編　民國十一年至十五年(1922－1926)鉛印本　八十一冊

330000－1702－0002189　民 269/5366　集部/别集類/清别集
讀書樓詩集六卷　(清)吳應奎撰　民國五年(1916)安吉吳氏雍睦堂影印本　一冊　存三卷(一至三)

330000－1702－0002191　民 269/5372　子部/儒家類/儒學之屬/經濟
說苑二十卷　(漢)劉向撰　民國上海涵芬樓鉛印本　四冊

330000－1702－0002193　民 269/5375　集部/總集類/選集之屬/通代

詳註六朝文絜八卷 吳承烜註釋 民國六年(1917)上海國華書局鉛印本 一冊 存四卷(一至四)

330000－1702－0002096 普73/1308 子部/藝術類/書畫之屬/總論

寒松閣談藝瑣錄六卷 (清)張鳴珂撰 民國上海文明書局鉛印本 一冊

330000－1702－0002197 民316/6698 子部/宗教類/佛教之屬/論疏

百論疏十六卷 (隋)釋吉藏疏 民國二年(1913)北京刻經處重刻本 四冊

330000－1702－0002198 民268/5336 集部/總集類/尺牘之屬

冬暄草堂師友牋存不分卷 陳漢第 陳敬第輯 民國二十六年(1937)上海中華書局影印本 六冊

330000－1702－0002200 民269/5351 子部/藝術類/篆刻之屬/印論

篆刻鍼度八卷 (清)陳克恕撰 民國上海朝記書莊石印本 二冊

330000－1702－0002204 民289/5841 類叢部/叢書類/彙編之屬

四部叢刊 張元濟等編 民國二十五年(1936)上海商務印書館影印本 周梅菴題記 一冊 存一種

330000－1702－0002205 民270/5385 集部/別集類/宋別集

徐公文集三十卷 (宋)徐鉉撰 **徐公文集補遺一卷** (宋)徐鉉撰 徐乃昌輯 **徐公文集校記一卷** 徐乃昌撰 民國八年(1919)南陵徐乃昌影刻宋明州本 六冊

330000－1702－0002208 民173/3775 子部/雜著類/雜說之屬

學商之道一卷 民國抄本 一冊

330000－1702－0002210 民289/5848 類叢部/叢書類/彙編之屬

四部叢刊 張元濟等編 民國二十五年(1936)上海商務印書館影印本 一冊 存一種

330000－1702－0002211 民289/5849 集部/詩文評類/詩評之屬

樂府古題要解二卷 (唐)吳兢撰 民國十四年(1925)上海中國書店鉛印本 一冊

330000－1702－0002221 民289/5855 類叢部/叢書類/彙編之屬

茗香館叢鈔 李正墀輯 民國鉛印本暨石印本 一冊 存一種

330000－1702－0002236 民124/3121 集部/小說類/長篇之屬

四雪草堂重訂通俗隋唐演義八卷一百回 (清)褚人獲撰 民國十七年(1928)上海江東茂記書局石印本 八冊

330000－1702－0002239 民289/5865 經部/小學類/文字之屬/說文/傳說

說文解字詁林十五卷首一卷前編三卷後編一卷補編一卷附編一卷通檢一卷 丁福保編 民國十七年(1928)上海醫學書局石印本 一冊 存一卷(說文解字詁林一)

330000－1702－0002240 民289/5866 子部/藝術類/書畫之屬/法帖

明文待詔離騷經一卷 (明)文徵明書 民國影印本 一冊

330000－1702－0002254 民78/1427 子部/工藝類/日用器物之屬/陶瓷

匋雅二卷 陳瀏撰 民國上海朝記書莊石印本 四冊

330000－1702－0002286 民288/5820 類叢部/叢書類/彙編之屬

宋人小說二十八種 涵芬樓編 民國上海商務印書館鉛印本 一冊 存一種

330000－1702－0002295 民109/2631 集部/戲劇類/總集之屬/雜劇

元明雜劇二十七種 (明)□□輯 民國十八年(1929)南京國學圖書館影印本 六冊

330000－1702－0002297 民109/2632 類叢

部/叢書類/自著之屬

船山遺書六十六種附一種 (清)王夫之撰 民國二十二年(1933)上海太平洋書店鉛印本(永曆實錄卷十六原缺) 二十冊 存三十四種

330000－1702－0002298 民 282/5691 經部/小學類/文字之屬/字書/通論

中西文字異同考不分卷 李天根輯 民國十五年(1926)李氏念劬堂刻本 一冊

330000－1702－0002302 民 193/4830 史部/政書類/邦計之屬/通紀

開發雲南實業意見書一卷 童振藻撰 稿本 一冊

330000－1702－0002317 民 111/2714 集部/總集類/選集之屬/通代

歷代詩文評註讀本 王文濡編 民國上海文明書局鉛印本 二冊 存一種

330000－1702－0002348 普 278/5549 子部/雜著類/雜考之屬

札迻十二卷 (清)孫詒讓撰 民國上海千頃堂書局石印本 二冊

330000－1702－0002384 民 174/3866 史部/目録類/專録之屬

西泠印社金石印譜法帖藏書目一卷 西泠印社編 民國元年(1912)上海西泠印社石印本 一冊

330000－1702－0002386 民 271/5391 集部/別集類/清別集

愧庵遺著集要五卷 (清)楊甲仁撰 民國十年(1921)刻本 一冊

330000－1702－0002388 民 294/6246 子部/藝術類/書畫之屬/法帖

明拓顔魯公元次山碑不分卷 (唐)顔真卿書 民國上海有正書局影印本 一冊

330000－1702－0002400 民 308/6491 子部/宗教類/佛教之屬

佛學叢書□□種 丁福保輯 民國上海醫學書局鉛印本暨影印本 一冊 存一種

330000－1702－0002403 民 175/3909 類叢部/叢書類/彙編之屬

別下齋叢書二十七種 (清)蔣光煦編 民國武林竹簡齋據清道光海昌蔣氏刻本影印本 三冊 存一種

330000－1702－0002404 民 175/3910 類叢部/叢書類/彙編之屬

涉聞梓舊二十五種 (清)蔣光煦輯 民國武林竹簡齋據清咸豐元年(1851)海昌蔣氏宜年堂刻六年(1856)重編本影印本 一冊 存二種

330000－1702－0002417 民 176/3989 子部/藝術類/書畫之屬/總論

墨緣彙觀四卷 (清)安岐撰 民國有正書局鉛印本 四冊

330000－1702－0002423 民 271/5407 集部/別集類/宋別集

王荊文公詩五十卷目錄三卷 (宋)王安石撰 (宋)李壁箋註 (宋)劉辰翁評點 **王荊文公年譜一卷** (宋)詹大和撰 民國十一年(1922)海鹽張氏據元刻本影印本 十冊

330000－1702－0002426 民 270/5382 集部/別集類/明別集

玄蓋副草二十卷目錄二卷 (明)吳稼竳撰 民國五年(1916)吳氏雍睦堂影印本 六冊

330000－1702－0002429 民 294/6247 子部/藝術類/書畫之屬/法帖

顔魯公書裴將軍詩卷一卷 (唐)顔真卿書 民國十五年(1926)上海商務印書館影印本 一冊

330000－1702－0002432 民 272/5420 集部/別集類

雲在山房類稿十一種二十二卷 楊壽枏撰 民國刻本 一冊 存一種

330000－1702－0002438 民 114/2839 集部/總集類/選集之屬/通代

古文辭類纂七十五卷 (清)姚鼐纂輯 **續古文辭類纂三十四卷** 王先謙輯 民國七年

(1918)上海會文堂書局石印本　十二冊　存七十五卷(一至七十五)

330000－1702－0002453　民5/128　史部/金石類/甲骨之屬

殷虛書契前編集釋八卷　葉玉森撰　民國二十三年(1934)上海督印葉葓漁先生遺著同人會影印本　八冊

330000－1702－0002459　民273/5444　類叢部/叢書類/自著之屬

許文肅公集四種　(清)許景澄撰　盛沅編輯　民國七年(1918)鉛印本　三冊　存二種

330000－1702－0002468　民113/2833　集部/總集類/選集之屬/通代

古文觀止十二卷　(清)吳乘權　(清)吳大職輯　民國二十四年(1935)上海掃葉山房石印本　六冊

330000－1702－0002470　民274/5459　類叢部/叢書類/彙編之屬

四部備要　中華書局編　民國二十五年(1936)上海中華書局鉛印本(經義考卷二百八十六、二百九十九至三百,東塾讀書記卷十三至十四、十七至二十、二十二至二十五原缺)　十冊　存一種

330000－1702－0002474　民274/5464　集部/別集類/唐五代別集

山曉閣選唐大家柳柳州全集四卷　(唐)柳宗元撰　(清)孫琮評　民國上海廣益書局石印本　四冊

330000－1702－0002479　民293/6146　子部/藝術類/書畫之屬/法帖

初拓王基碑一卷　民國影印本　一冊

330000－1702－0002482　民100/2269　集部/別集類

匏園詩集三十六卷　來裕恂撰　民國十三年(1924)鉛印本　十二冊

330000－1702－0002484　民100/2263　集部/別集類/明別集

商文毅公集六卷　(明)商輅撰　(明)張一魁編　民國八年(1919)武進王家琦木活字印本　二冊

330000－1702－0002487　民293/6213　子部/藝術類/書畫之屬/法帖

楊龢甫先生手蹟四種不分卷　(清)楊調元書　民國十四年(1925)影印本　一冊

330000－1702－0002491　民112/2795　集部/詞類/總集之屬

四種詞四卷　民國四川成都存古書局刻本　一冊

330000－1702－0002498　民95/2090　子部/叢編

子書三十二種　育文書局編　民國四年(1915)育文書局石印本　三十八冊　缺十一卷(孫子十家注一至六、十至十三,遺說)

330000－1702－0002502　民273/5548　集部/別集類/清別集

越縵堂集十卷　(清)李慈銘撰　民國影印本　六冊

330000－1702－0002505　民273/5454　經部/群經總義類/文字音義之屬

經傳釋詞十卷　(清)王引之撰　王時潤點勘　**研究說文書目一卷**　王時潤撰　民國十三年(1924)上海文瑞樓石印本　四冊

330000－1702－0002538　民272/5431　集部/別集類

蒼虬閣詩續集二卷　陳曾壽撰　民國三十八年(1949)鉛印本　一冊

330000－1702－0002540　民271/5388　類叢部/叢書類/彙編之屬

四部備要　中華書局編　民國二十五年(1936)上海中華書局鉛印本(經義考卷二百八十六、二百九十九至三百,東塾讀書記卷十三至十四、十七至二十、二十二至二十五原缺)　四冊　存二種

330000－1702－0002552　民275/5479　經部/小學類/文字之屬/字書/字典

分類辭源三十卷　世界書局編輯所編　民國

十五年(1926)上海世界書局石印本　七册　存十八卷(一至四、八至二十一)

330000－1702－0002557　民 275/5485　集部/總集類/選集之屬/斷代

宋詩鈔初集　(清)呂留良　(清)吳之振　(清)吳爾堯輯　民國三年(1914)上海商務印書館據清康熙吳氏刻本影印本(原缺十六卷)　一册　存三種

330000－1702－0002559　民 140/3404　經部/小學類/文字之屬/字書/訓蒙

繪圖註音千字文一卷　民國上海益民書局石印本　一册

330000－1702－0002565　民 98/2154　集部/別集類

樊江詩存一卷　樊鎮撰　稿本　一册

330000－1702－0002569　民 292/6076　子部/藝術類/書畫之屬/法帖

初拓滋蕙堂靈飛經一卷　(唐)鍾紹京書　民國上海有正書局影印本　一册

330000－1702－0002572　民 275/5488、民 276/5532　集部/別集類/清別集

無盡庵遺集文一卷詩四卷詩話二卷尊情錄一卷詞曲一卷　(清)周實撰　民國元年(1912)上海國光印刷所鉛印本　二册

330000－1702－0002580　民 292/6082　子部/藝術類/書畫之屬/法帖

舊拓右軍書道德經一卷　(晉)王羲之書　民國上海有正書局石印本　一册

330000－1702－0002582　民 98/2184　子部/小說家類

古今筆記精華錄二十四卷　古今圖書局編譯部編纂　民國四年(1915)上海古今圖書局石印本　十五册　存十三卷(十至十五、十八至二十四)

330000－1702－0002583　民 98/2188　集部/總集類/選集之屬/斷代

唐絕句選十二卷　邵裴子輯　民國二十五年(1936)上海商務印書館鉛印本　邵裴子跋　二册

330000－1702－0002589　民 275/5470　子部/藝術類/書畫之屬/書法書品

漢溪書法通解八卷　(清)戈守智撰　民國八年(1919)上海朝記書莊石印本　四册

330000－1702－0002593　民 124/3130　集部/小說類/長篇之屬

金屋夢六十回　夢筆生撰　民國五年(1916)鶯花雜誌社鉛印本　十二册

330000－1702－0002620　民 90/1942　集部/小說類/長篇之屬

繪圖歷朝通俗演義十一種　蔡東帆輯　民國上海會文堂新記書局石印本　十册　存一種

330000－1702－0002631　民 124/3097　集部/小說類/長篇之屬

繪圖東周列國志二十七卷一百八回首一卷　(清)蔡奡評點　民國四年(1915)上海中華書局鉛印本　十六册

330000－1702－0002632　民 124/3098　集部/別集類/唐五代別集

河東先生集四十五卷外集二卷外集補遺一卷龍城錄二卷附錄二卷集傳一卷　(唐)柳宗元撰　(宋)廖瑩中注　**廖藥洲事輯一卷**　羅振常撰　民國十二年(1923)蟫隱廬據宋世綵堂本影印本　二十册

330000－1702－0002639　民 291/5952　子部/藝術類/書畫之屬/法帖

漢蕩陰令張遷碑一卷　民國十五年(1926)上海商務印書館影印本　一册

330000－1702－0002642　民 178/4060　集部/別集類/元別集

小亨集六卷　(元)楊弘道撰　民國常熟周氏鴿峰草堂抄本　三册

330000－1702－0002643　民 294/6259　子部/藝術類/書畫之屬/法帖

顏真卿大楷習字範本一卷　(唐)顏真卿書　民國四年(1915)上海有正書局石印本　一册

330000－1702－0002658　民 111/2743　集部/小說類/長篇之屬

繡像洪秀全演義十集三十二卷一百七十四回　黄世仲撰　民國石印本　一冊　存四卷（三集一至二、四集一至二）

330000－1702－0002677　民 179/4122　史部/目録類/總録之屬/私撰

老屋書房間及樓上厨内移出之書籍目錄一卷　民國抄本　一冊

330000－1702－0002678　民 137/3167、民 137/3150/2　史部/傳記類/日記之屬

滬渝日記不分卷（民國三十年、三十二年二月至三十三年一月廿四日、三十四年）　黄元秀撰　稿本　四冊

330000－1702－0002694　民 301/6437　史部/傳記類/總傳之屬/家乘

［浙江餘杭］談氏世譜不分卷　談潛纂修　民國四年（1915）鉛印本　二冊

330000－1702－0002711　民 301/6438　史部/傳記類/總傳之屬/家乘

［浙江餘杭］禹航張氏宗譜不分卷　張爕峻纂修　民國十七年（1928）百忍堂木活字印本　六冊

330000－1702－0002750　民 269/5363　類叢部/叢書類/自著之屬

隨園全集三十八種　（清）袁枚撰　民國七年（1918）上海文明書局石印本　十五冊　存二種

330000－1702－0002752　民 182/4251　史部/傳記類/别傳之屬

張徵君銘傳薈錄一卷　樊鎮輯　民國樊鎮拜魁紀公齋抄本　一冊

330000－1702－0002768　民 269/5367　經部/小學類/文字之屬/説文

説文解字十五卷標目一卷　（漢）許慎撰　（宋）徐鉉等校定　民國三年（1914）上海商務印書館據藤花榭刻本影印本　四冊

330000－1702－0002774　民 267/5305　類叢部/叢書類/彙編之屬

四庫全書珍本初集二百三十種　中央圖書館籌備處輯　民國二十三年至二十四年（1934－1935）上海商務印書館據文淵閣本影印本（原缺六十六卷）　十四冊　存三種

330000－1702－0002775　民 292/6008　子部/藝術類/書畫之屬/法帖

成親王歸去來辭一卷　（清）永瑆書　民國上海育古山房石印本　一冊

330000－1702－0002776　民 279/5574　集部/别集類/清别集

雙桐書屋詩賸七卷　（清）李應莘撰　（清）崇洸輯　民國十五年（1926）揚州思過齋刻本　一冊

330000－1702－0002784　民 279/5587　子部/藝術類/書畫之屬/書法書品

御覽書苑菁華二十卷　（宋）陳思纂次　民國八年（1919）上海掃葉山房石印本　五冊

330000－1702－0002794　民 4/89　經部/春秋左傳類/傳說之屬

曲江書屋新訂批註左傳快讀十八卷首一卷　（清）李紹崧輯　民國二十七年（1938）上海錦章圖書局石印本　六冊　存六卷（十三至十八）

330000－1702－0002797　民 112/2767　集部/曲類/彈詞之屬

二十五史彈詞輯註十二卷歷代帝皇真像一卷　（明）楊慎編　（清）孫德威輯註　楊達奇增訂　民國七年（1918）上海碧梧山莊石印本　四冊

330000－1702－0002803　民 112/2768　集部/總集類/郡邑之屬

香山詩略十二卷　（清）黄紹昌　（清）劉熽芬纂輯　民國二十六年（1937）鉛印本　六冊

330000－1702－0002805　民 112/2769　集部/戲劇類/傳奇之屬

陳眉公批評琵琶記二卷　（元）高明撰　（明）陳繼儒評　民國十五年（1926）上海掃葉山房

石印本　四冊

330000－1702－0002806　民 280/5599　集部/别集類/宋别集
施註蘇詩四十二卷目錄二卷　(宋)蘇軾撰　(宋)施元之　(宋)顧禧注　(清)顧嗣立　(清)邵長蘅　(清)宋至刪補　**蘇詩續補遺二卷**　(清)馮景補註　**王註正譌一卷**　(清)邵長蘅撰　**東坡先生年譜一卷**　(宋)王宗稷編　民國上海文瑞樓影印本　十三冊

330000－1702－0002807　民 280/5602　經部/小學類/文字之屬/説文/傳説
説文解字通釋四十卷　(五代)徐鍇傳釋　(五代)朱翺反切　民國十年(1921)上海掃葉山房石印本　六冊

330000－1702－0002808　民 280/5604　集部/總集類/選集之屬/斷代
宋詩鈔初集　(清)呂留良　(清)吳之振　(清)吳爾堯輯　民國三年(1914)上海商務印書館據清康熙吳氏刻本影印本(原缺十六卷)　三十九冊　存八十一種

330000－1702－0002810　民 280/5606　類叢部/叢書類/彙編之屬
知不足齋叢書一百九十五種　(清)鮑廷博輯　(清)鮑士恭續輯　民國十年(1921)上海古書流通處據清鮑氏刻本影印本　二冊　存一種

330000－1702－0002814　民 110/2688　集部/總集類/選集之屬/斷代
唐人萬首絶句選七卷　(宋)洪邁選　(清)王士禛輯　民國十八年(1929)上海商務印書館鉛印本　二冊

330000－1702－0002821　民 110/2695　集部/總集類/選集之屬/通代
古詩源十四卷　(清)沈德潛輯　民國上海商務印書館鉛印本　四冊

330000－1702－0002822　民 110/2697　集部/總集類/選集之屬/通代
歷代詩文評註讀本　王文濡編　民國上海文明書局鉛印本　四冊　存一種

330000－1702－0002831　民 110/2706　集部/總集類/選集之屬/通代
續古文辭類纂三十四卷　王先謙輯　民國十八年(1929)上海鴻章書局石印本　十二冊

330000－1702－0002845　民 110/2636　子部/叢編
清代筆記叢刊四十一種　文明書局編　民國上海文明書局石印本　一百三十七冊　存四十種

330000－1702－0002847　民 110/2637　子部/叢編
清代筆記叢刊四十一種　文明書局編　民國上海文明書局石印本　九冊　存五種

330000－1702－0002855　民 281/5632　類叢部/叢書類/彙編之屬
茗香館叢鈔　李正墀輯　民國鉛印本暨石印本　一冊　存一種

330000－1702－0002860　民 111/2721　集部/總集類/選集之屬/斷代
宋詩精華錄四卷　陳衍評點　民國二十七年(1938)商務印書館鉛印本　一冊

330000－1702－0002867　民 281/5637　子部/雜著類/雜考之屬
四寸學二卷　(清)周震榮撰　民國曹秉章抄本　一冊　存一卷(一)

330000－1702－0002875　民 111/2751　集部/總集類/選集之屬/通代
評註唐宋八家古文三十卷　(唐)韓愈等撰　(清)沈德潛評點　雷瑨註釋　民國十四年(1925)上海掃葉山房石印本　十二冊

330000－1702－0002877　民 281/5658　類叢部/叢書類/自著之屬
章氏叢書十三種　章炳麟撰　民國六年至八年(1917－1919)浙江圖書館刻本　一冊　存二種

330000－1702－0002881　民 282/5662－2

史部/地理類/雜志之屬

園林春色一卷 任桐撰 民國十七年(1928)鉛印本 一册

330000－1702－0002883 民 282/5669 史部/傳記類/總傳之屬/技藝

清朝書畫家筆錄四卷 竇鎮輯 民國九年(1920)二友書屋鉛印本 四册

330000－1702－0002894 民 108/2581 集部/別集類/宋別集

宋岳忠武王全集二十八卷 (宋)岳飛撰 (宋)岳珂編 民國四年(1915)國學書局石印本 四册

330000－1702－0002895 民 131/3145 史部/目録類/專録之屬

敘文彙編七十二卷首一卷 朱烈輯 民國二十五年(1936)榮氏大公圖書館木活字印本 四十册

330000－1702－0002901 民 55/906 史部/傳記類/總傳之屬/家乘

[安徽]績溪廟子山王氏譜二十卷首四卷末四卷 王集成纂 民國二十五年(1936)鉛印本 四册

330000－1702－0002902 民 55/911 類叢部/叢書類/彙編之屬

汪穰卿先生傳記遺文二種 汪詒年編 民國二十七年(1938)杭州汪氏鉛印本 二册 存一種

330000－1702－0002903 民 56/925 史部/雜史類/通代之屬

明清史料乙編不分卷 國立中央研究院歷史語言研究所編 民國二十五年(1936)上海商務印書館鉛印本 十册

330000－1702－0002904 民 56/927 史部/地理類/遊記之屬/紀勝

燕京紀遊一卷 張肇崧撰 民國三年(1914)北京共和印刷局鉛印本 施文炳題記 一册

330000－1702－0002905 民 56/929 史部/雜史類/通代之屬

明清史料乙編不分卷 國立中央研究院歷史語言研究所編 民國二十五年(1936)上海商務印書館鉛印本 十册

330000－1702－0002906 民 56/930 史部/雜史類/通代之屬

明清史料丙編不分卷 國立中央研究院歷史語言研究所編 民國二十五年(1936)上海商務印書館鉛印本 十册

330000－1702－0002907 民 56/931 史部/雜史類/通代之屬

明清史料丙編不分卷 國立中央研究院歷史語言研究所編 民國二十五年(1936)上海商務印書館鉛印本 十册

330000－1702－0002910 民 57/938 史部/地理類/雜志之屬

杭城里巷名賦一卷 民國抄本 一册

330000－1702－0002911 民 57/939 史部/地理類/雜志之屬

杭俗瑣言一卷 民國抄本 一册

330000－1702－0002912 民 57/940 史部/傳記類/日記之屬

日記四卷(民國十一年至二十年) 稿本 四册

330000－1702－0002913 民 341/4742－1 史部/目録類/書志之屬/提要

四部備要書目提要四卷 中華書局編 民國二十五年(1936)上海中華書局鉛印本 三册 存三卷(二至四)

330000－1702－0002918 民 78/1453 史部/傳記類/總傳之屬/釋道

新鐫繡像列仙傳四卷 (明)洪應明輯 民國十年(1921)上海大成書局石印本 二册

330000－1702－0002920 民 57/948 史部/地理類/山川之屬/山志

金華赤松山志一卷 (宋)倪守約撰 民國二十三年(1934)金華金震東鉛印本 一册

330000－1702－0002921 民 57/949 類叢

部/叢書類/自著之屬

得天廬存稿二種 壽鵬飛撰 民國三十年(1941)鉛印本 一冊 存一種

330000－1702－0002922 民 57/950 史部/地理類/遊記之屬/紀行

遊黔指南記一卷 民國抄本 一冊

330000－1702－0002924 民 57/952 史部/目録類/總録之屬/彙刻

復性書院擬先刻諸書簡目五卷 馬浮編 民國三十四年(1945)復性書院刻本 一冊

330000－1702－0002925 民 57/955 史部/傳記類/別傳之屬/事狀

錢士青[文選]都轉六秩壽言彙編不分卷 錢文選編 民國二十二年(1933)鉛印本 二冊

330000－1702－0002926 民 58/956 類叢部/叢書類/彙編之屬

四部叢刊續編七十七種 張元濟等編 民國二十三年(1934)上海商務印書館影印本(儀禮疏卷三十二至三十七、周易要義卷三至六、禮記要義卷一至二、麟臺故事卷四至五原缺) 二百十冊 存一種

330000－1702－0002927 民 59/964 類叢部/叢書類/自著之屬

木硯齋叢書 童振藻撰 民國鉛印本 一冊 存一種

330000－1702－0002929 民 59/961 集部/別集類

總理遺教不分卷 孫文撰 民國二十年(1931)鉛印本 二冊

330000－1702－0002930 民 59/962 集部/總集類/尺牘之屬

魯迅書簡乙種不分卷 許廣平編 民國二十六年(1937)上海三閒書屋影印本 一冊

330000－1702－0002932 民 60/976 子部/藝術類/書畫之屬/法帖

歷代碑帖大觀五十種 高野侯輯 民國十七年(1928)上海中華書局影印本 三十二冊 存三十二種

330000－1702－0002933 民 60/977 史部/政書類/公牘檔冊之屬

浙江省議會民國十二年第一二三次臨時會質問書一卷補錄浙江省議會民國十一年常年會議員質問書一卷 浙江省議會編 民國十二年(1923)鉛印本 一冊

330000－1702－0002934 民 60/978 史部/政書類/公牘檔冊之屬

富陽縣議會議決案不分卷 富陽縣議會編 民國二年(1913)富陽縣議會鉛印本 一冊

330000－1702－0002935 民 60/979 新學/政治法律/制度

浙江省自治法一卷附施行法一卷 民國鉛印本 一冊

330000－1702－0002936 民 60/981 史部/政書類/公牘檔冊之屬

杭縣縣議會決議案不分卷 杭縣縣議會編 民國元年(1912)鉛印本 一冊

330000－1702－0002937 民 60/983 史部/政書類/邦計之屬/賦税

浙江財政紀略不分卷 魏頌唐編輯 民國十四年(1925)鉛印本 一冊

330000－1702－0002938 民 60/984 史部/地理類/專志之屬/書院

敷文書院志略不分卷 魏頌唐輯 民國二十四年(1935)浙江財務學校鉛印本 一冊

330000－1702－0002939 民 60/986 子部/藝術類/書畫之屬/法帖

歷代碑帖大觀五十種 高野侯輯 民國十七年(1928)上海中華書局影印本 五十冊

330000－1702－0002940 民 102/2353 集部/總集類/彙編之屬

戊戌六君子遺集九種 張元濟輯 民國八年(1919)上海商務印書館鉛印本 六冊

330000－1702－0002942 民 181/4197 史部/地理類/方志之屬/郡縣志

[民國]廣德縣志稿五十九卷首一卷末一卷附各省陵墓集目一卷 錢文選編 稿本 一冊

330000－1702－0002943　民 60/985　史部/地理類/方志之屬/通志

重修浙江通志初稿田賦三卷　浙江省通志館修　余紹宋　孫延釗等纂　民國三十七年(1948)鉛印本　二冊　存二卷(上、中)

330000－1702－0002945　民 60/990　史部/政書類/公牘檔冊之屬

杭縣律師公會會則一卷　民國八年(1919)鉛印本　一冊

330000－1702－0002946　民 60/991　史部/政書類/公牘檔冊之屬

清理杭產押款函牘不分卷　民國鉛印本　一冊

330000－1702－0002947　民 60/993　史部/政書類/律令之屬

中華民國浙江省憲法一卷附施行法一卷　浙江省憲法會議編　民國十年(1921)鉛印本　一冊

330000－1702－0002948　民 60/994　集部/別集類

芬陀利館瓿稿五卷　周大封撰　民國八年(1919)鉛印本　一冊　存二卷(富春三日遊記、問瀨集)

330000－1702－0002949　民 60/996　史部/政書類/公牘檔冊之屬

中華民國自由黨章程一卷　民國鉛印本　一冊

330000－1702－0002950　民 60/997　史部/政書類/公牘檔冊之屬

善堂收支總數不分卷(民國七年一月至十五年十二月)　民國鉛印本　一冊

330000－1702－0002951　民 60/998　史部/政書類/公牘檔冊之屬

浙江菸酒事務局各種章則不分卷　民國鉛印本　一冊

330000－1702－0002954　民 60/1000　集部/總集類/選集之屬/斷代

三子游草不分卷　高夔等撰　民國四年(1915)鉛印本　一冊

330000－1702－0002956　民 60/1002　史部/目録類/專録之屬

補鈔文瀾閣四庫闕簡記錄一卷　張宗祥撰　民國十五年(1926)刻本　一冊

330000－1702－0002960　民 60/1006　史部/金石類/總志之屬/目録

金石書錄目十卷附方志中金石志目一卷金石叢書目一卷　容媛輯　民國十九年(1930)北平國立中央研究院歷史語言研究所鉛印本　一冊

330000－1702－0002961　民 181/4226　類叢部/叢書類/家集之屬

武林丁氏家集十三種　丁立誠　丁立中撰　民國錢塘丁氏嘉惠堂鉛印本　一冊　存一種

330000－1702－0002964　民 60/1010　史部/地理類/專志之屬/祠墓

錢王祠產補編一卷　錢文選編　民國二十六年(1937)鉛印本　一冊

330000－1702－0002965　民 60/1011　史部/傳記類/別傳之屬/事狀

岳王史略演詞一卷　袁世凱撰　民國三年(1914)鉛印本　一冊

330000－1702－0002966　民 180/4147　子部/術數類/占卜之屬

卜筮一卷　民國二十三年(1934)陳璧承抄本　一冊

330000－1702－0002971　民 60/1016　集部/別集類/清別集

汪穰卿遺著八卷　(清)汪康年撰　汪詒年輯　**首一卷**　汪詒年等撰　民國九年(1920)錢塘汪詒年鉛印本　四冊

330000－1702－0002975　民 61/1029　子部/藝術類/書畫之屬/法帖

石門頌不分卷　民國影印本　一冊

330000－1702－0002978　民 61/1030　子部/藝術類/書畫之屬/法帖

碑聯集搨□□種 秦文錦編 民國十年(1921)上海藝苑真賞社影印本 一冊 存一種

330000－1702－0002979 民 180/4151 史部/編年類/通代之屬
寶經堂綱鑑易知錄九十二卷 (清)吳乘權等輯 民國十一年(1922)朱錫年等抄本 一冊 存三卷(六十二至六十四)

330000－1702－0002980 民 61/1031 子部/藝術類/書畫之屬/法帖
泰山經石峪金剛經集聯二卷 曾熙 李瑞清 譚延闓輯 民國六年(1917)上海震亞圖書局影印本 一冊

330000－1702－0002981 民 61/1032 子部/藝術類/書畫之屬/書法書品
陳陶遺先生墨蹟一卷 陳公瑤書 民國三十七年(1948)合眾圖書館影印本 一冊

330000－1702－0002982 民 180/4152 經部/春秋左傳類/正文之屬
錄左傳三卷 民國抄本 一冊 存一卷(一)

330000－1702－0002983 民 180/4153 史部/政書類/儀制之屬/專志/科舉校規
校規一卷 民國石印本 一冊

330000－1702－0002984 民 180/4154 集部/總集類/選集之屬/斷代
詩鈔一卷 民國抄本 一冊

330000－1702－0002985 民 61/1033 子部/藝術類/書畫之屬/法帖
碑聯集搨□□種 秦文錦編 民國十年(1921)上海藝苑真賞社影印本 一冊 存一種

330000－1702－0002986 民 180/4155 集部/別集類
歸槎詩鈔一卷 沈松筠撰 民國抄本 一冊

330000－1702－0002987 民 61/1034 子部/藝術類/書畫之屬/法帖
漢劉歆草書序六藝為九種墨蹟一卷 民國三十二年(1943)影印本 一冊

330000－1702－0002988 民 61/1035 子部/藝術類/書畫之屬/法帖
唐拓雲麾李秀碑足本一卷 (唐)李邕撰並書 民國十四年(1925)有正書局影印本 一冊

330000－1702－0002991 民 61/1036 子部/藝術類/書畫之屬/法帖
宋拓張猛龍碑一卷 民國上海有正書局影印本 一冊

330000－1702－0002993 民 180/4161 子部/藝術類/遊藝之屬/聯語
集挽聯一卷 民國抄本 一冊

330000－1702－0002994 民 61/1038 子部/藝術類/書畫之屬/法帖
趙文敏書仇公墓碑真蹟一卷 (元)趙孟頫書 民國六年(1917)上海文明書局影印本 一冊

330000－1702－0002995 民 61/1037 子部/藝術類/書畫之屬/法帖
崇藏墨皇北宋拓聖教序一卷 民國上海有正書局影印本 一冊

330000－1702－0002996 民 61/1039 子部/藝術類/書畫之屬/法帖
唐拓十七帖一卷 (晉)王羲之書 民國上海有正書局影印本 一冊

330000－1702－0002997 民 61/1040 子部/藝術類/書畫之屬/法帖
趙孟頫書札及淨土詞一卷 (元)趙孟頫書 民國影印本 一冊

330000－1702－0003001 民 61/1042 子部/藝術類/書畫之屬/法帖
鄭母洪太夫人墓表一卷 鄭孝胥書 民國影印本 一冊

330000－1702－0003002 民 61/1043 子部/藝術類/書畫之屬/法帖
東坡居士洞庭春色賦墨蹟一卷 (宋)蘇軾書 民國十四年(1925)上海有正書局影印本

一册

330000－1702－0003004　民61/1044　史部/金石類/金之屬/圖像

夢坡室獲古叢編十二卷　周慶雲藏　鄒壽祺編　民國十六年(1927)上海周慶雲夢坡室影印本　四册　存四卷(一、三至四、十一)

330000－1702－0003006　民180/4175　集部/别集類/清别集

武陵山人制藝一卷　(清)顧觀光撰　民國抄本　一册

330000－1702－0003007　民61/1045　子部/藝術類/書畫之屬/法帖

默庵集錦續集不分卷　(清)伊秉綬書　民國二十六年(1937)上海商務印書館影印本　一册

330000－1702－0003008　民61/1046　子部/藝術類/書畫之屬/法帖

譚祖安先生書麻姑仙壇記不分卷　譚延闓書　民國二十三年(1934)上海商務印書館影印本　一册

330000－1702－0003012　民180/4182　史部/傳記類/别傳之屬/事狀

杭州徐吉生先生訃告一卷　徐恩溥　徐恩詒輯　民國影印本　一册

330000－1702－0003013　民179/4063　史部/目録類/專録之屬

國立北平故宫博物院在筑書畫展覽會展品目録一卷　貴州省立藝術館編　民國三十三年(1944)貴州省立藝術館鉛印本　陳士金題記　一册

330000－1702－0003014　民179/4064　史部/地理類/遊記之屬/紀勝

西湖指南一卷附西湖名景全圖一卷　西湖閑閑居士撰　民國五年(1916)西湖鑫記圖書社石印本　一册　存一卷(西湖指南)

330000－1702－0003015　民179/4067　經部/小學類/文字之屬/説文/專著

新定説文古籀考三卷　周名煇撰　民國三十七年(1948)上海開明書店石印本　一册

330000－1702－0003016　民179/4068　史部/金石類/甲骨之屬/文字

契學概論不分卷　陳晉撰　民國二十二年(1933)上海中華書局石印本　周鵬題記　一册

330000－1702－0003017　民179/4070　子部/儒家類/儒學之屬/蒙學

精校重增繪圖幼學故事瓊林四卷首一卷　(清)程登吉撰　(清)鄒聖脈增補　民國二十年(1931)上海會文堂新記書局石印本　一册

330000－1702－0003018　民146/3604、民179/4076　子部/儒家類/儒學之屬/禮教

聖道發凡一卷　段正元撰　民國北京道德學社印刷所鉛印本　二册

330000－1702－0003019　民179/4077　子部/儒家類/儒學之屬/禮教

師道職權一卷　段正元撰　民國北京道德學社印刷所鉛印本　一册

330000－1702－0003020　民179/4078　新學/議論/通論

道德和平一卷　段正元撰　民國十年(1921)北平道德學社鉛印本　一册

330000－1702－0003021　民146/3605、民179/4079－4080　新學/議論/通論

政治大同一卷永久和平一卷大德必得一卷　段正元撰　民國北平道德學社鉛印本　三册

330000－1702－0003023　民61/1047　子部/藝術類/書畫之屬/法帖

唐故雲麾將軍右武衛大將軍贈秦督彭國公謚日昭公李府君神道碑一卷　(唐)李邕書　民國上海有正書局影印本　一册

330000－1702－0003024　民179/4082　史部/傳記類/總傳之屬/家乘

[浙江杭州]徐氏家譜一卷　民國抄本　一册

330000－1702－0003025　民179/4083　史部/傳記類/總傳之屬/通代

中國藏書家攷略不分卷　楊立誠　金步瀛編　民國十八年(1929)浙江省立圖書館鉛印本　一冊

330000－1702－0003026　民179/4084　新學/政治法律

民法要論講義不分卷　民國國立北京大學鉛印本　一冊

330000－1702－0003027　民61/1051　子部/藝術類/書畫之屬/法帖

黃庭堅書松風閣詩一卷　(宋)黃庭堅書　民國二十二年(1933)北平故宫博物院影印本　一冊

330000－1702－0003028　民61/1053　子部/藝術類/書畫之屬/法帖

晉任城太守夫人孫氏之碑一卷　民國影印本　一冊

330000－1702－0003029　民61/1054　子部/藝術類/書畫之屬/法帖

一心書詞一卷　童式規書　民國二十四年(1935)上海商務印書館影印本　一冊

330000－1702－0003030　民61/1055　子部/藝術類/書畫之屬/法帖

星彔書詞一卷　童式規書　民國石印本　一冊

330000－1702－0003031　民61/1056　史部/金石類/總志之屬/目録

兩浙金石別錄二卷　顧燮光輯　民國十七年(1928)上海科學儀器館鉛印本　一冊

330000－1702－0003032　民61/1057　子部/藝術類/書畫之屬/法帖

當代名人真蹟第一集第一期一卷　陳彬龢輯　民國影印本　一冊

330000－1702－0003033　民61/1058、民61/1086　子部/藝術類/書畫之屬/法帖

六朝墓誌菁華四集不分卷　上海有正書局輯　民國上海有正書局影印本　三冊　存三冊(第一集一、第二集一、第三集二)

330000－1702－0003034　民61/1059－1060、民61/1062、民61/1081　子部/藝術類/書畫之屬/法帖

漢碑五種　民國影印本　四冊　存四種

330000－1702－0003035　民61/1061　子部/藝術類/書畫之屬/法帖

大晉龍興頌一卷　民國上海有正書局影印本　一冊

330000－1702－0003036　民61/1063　子部/藝術類/書畫之屬/法帖

東海廟殘碑一卷　民國上海有正書局影印本　一冊

330000－1702－0003037　民61/1064　子部/藝術類/書畫之屬/法帖

宋拓魏黃初修孔子廟碑不分卷　(三國魏)梁鵠書　民國影印本　一冊

330000－1702－0003038　民61/1065　子部/藝術類/書畫之屬/法帖

全椒積玉槁殘字一卷　民國上海有正書局影印本　一冊

330000－1702－0003039　民61/1066　子部/藝術類/書畫之屬/法帖

宋拓索靖月儀帖一卷　(晉)索靖書　**月儀帖釋文一卷**　民國十一年(1922)上海有正書局影印本　一冊

330000－1702－0003040　民61/1067　子部/藝術類/書畫之屬/法帖

精拓魏張黑女誌放大本一卷　民國上海佛記書局影印本　一冊

330000－1702－0003041　民61/1068　子部/藝術類/書畫之屬/法帖

初拓鄭文公碑一卷　(北魏)鄭道昭書　民國十一年(1922)上海有正書局影印本　一冊

330000－1702－0003042　民61/1069　子部/藝術類/書畫之屬/法帖

包安吳家書臨帖兩種合冊一卷　(清)包世臣書　民國上海有正書局石印本　一冊

330000－1702－0003043　民 61/1070　子部/藝術類/書畫之屬/法帖

瘞鶴銘一卷　民國影印本　一冊

330000－1702－0003044　民 61/1071　子部/藝術類/書畫之屬/法帖

翁松禪墨蹟十集　（清）翁同龢書　民國二十五年（1936）上海商務印書館影印本　四冊　存四集（七至十）

330000－1702－0003045　民 61/1072　子部/藝術類/書畫之屬/法帖

明盧忠肅公象昇草書不分卷　（明）盧象昇書　民國上海有正書局影印本　一冊

330000－1702－0003046　民 61/1073　子部/藝術類/書畫之屬/法帖

祝枝山草書杜詩一卷　（明）祝允明書　民國有正書局石印本　一冊

330000－1702－0003047　民 61/1074　子部/藝術類/書畫之屬/法帖

宋拓同州本聖教序一卷　（唐）褚遂良書　民國上海有正書局影印本　一冊

330000－1702－0003048　民 61/1075　子部/藝術類/書畫之屬/法帖

宋拓明拓褚河南枯樹賦合冊不分卷　（唐）褚遂良書　民國上海有正書局影印本　一冊

330000－1702－0003049　民 61/1076　子部/藝術類/書畫之屬/法帖

王仁堪對策小楷真蹟一卷　（清）王仁堪書　民國中國書法研究社影印本　一冊

330000－1702－0003050　民 179/4089　經部/小學類/文字之屬/字書/字典

正草隸篆四體大字典十二集二十四卷部首檢查表一卷難字檢查表一卷　陳龢祥等編　**文字源流攷一卷**　王大錯纂述　**正草隸篆名人楹聯大觀四卷**　民國十五年（1926）上海掃葉山房石印本　二十八冊

330000－1702－0003051　民 61/1077　子部/藝術類/書畫之屬/法帖

宋拓十三行一卷　（晉）王獻之書　民國上海有正書局影印本　一冊

330000－1702－0003052　民 61/1078　子部/藝術類/書畫之屬/法帖

明于忠肅公手跡一卷　（明）于謙書　民國上海有正書局石印本　一冊

330000－1702－0003053　民 61/1079　子部/藝術類/書畫之屬/法帖

趙松雪海賦墨跡楷書習字帖一卷　（元）趙孟頫書　民國上海有正書局影印本　一冊

330000－1702－0003055　民 179/4091　經部/易類

易藏叢書六種　杭辛齋撰　民國十一年（1922）上海研幾學社鉛印本　三冊　存一種

330000－1702－0003056　民 179/4096　類叢部/叢書類/彙編之屬

東南大學叢書□□種　民國上海商務印書館石印本　一冊　存一種

330000－1702－0003057　民 179/4097　類叢部/叢書類/彙編之屬

東南大學叢書□□種　民國上海商務印書館石印本　一冊　存一種

330000－1702－0003058　民 179/4092　子部/儒家類/儒學之屬/禮教

一心法言一卷　段正元撰　民國北平道德學社鉛印本　一冊

330000－1702－0003059　民 179/4093　經部/小學類/文字之屬/字書/古文

古文聲系二卷檢字一卷　孫海波撰　民國二十四年（1935）北平來薰閣書店影印本　四冊

330000－1702－0003060　民 179/4094　經部/小學類

小學金石論叢五卷補遺一卷　楊樹達撰　民國二十六年（1937）上海商務印書館鉛印本　二冊

330000－1702－0003061　民 61/1082　子部/藝術類/書畫之屬/法帖

初拓真賞齋法帖三卷　民國上海有正書局影

印本　一册

330000－1702－0003062　民 61/1083　子部/藝術類/書畫之屬/法帖

潑墨齋法書十卷　姜桂題輯　民國上海商務印書館石印本　一册　存一卷(四)

330000－1702－0003063　民 179/4095　經部/小學類

小學金石論叢五卷補遺一卷　楊樹達撰　民國二十六年(1937)上海商務印書館鉛印本　二册

330000－1702－0003064　民 179/4098　經部/小學類/文字之屬/字書/通論

蒼石山房文字談不分卷　石廣權撰　民國十八年(1929)上海商務印書館石印本　二册

330000－1702－0003067　民 61/1084　史部/金石類/錢幣之屬/圖像

王廉生古泉精選拓本不分卷　(清)王懿荣藏　民國上海神州國光社影印本　一册

330000－1702－0003068　民 61/1085　史部/金石類/錢幣之屬/圖像

王廉生古泉精選拓本不分卷　(清)王懿荣藏　民國上海神州國光社影印本　一册

330000－1702－0003069　民 61/1087　子部/藝術類/書畫之屬/法帖

舊拓靈飛經一卷　(唐)鍾紹京書　民國影印本　一册

330000－1702－0003071　民 61/1088　子部/藝術類/書畫之屬/法帖

初拓爨龍顔碑一卷　(南朝宋)爨道慶撰文　民國影印本　一册

330000－1702－0003072　民 61/1089　子部/藝術類/書畫之屬/法帖

戴文節公臨郭公廟碑一卷　(清)戴熙書　民國五年(1916)上海中華書局影印本　一册

330000－1702－0003075　民 61/1090　子部/藝術類/書畫之屬/法帖

舊拓王右軍樂毅論趙松雪閑邪公傳合刻不分卷　(晉)王羲之書　(元)趙孟頫書　民國上海有正書局影印本　一册

330000－1702－0003076　民 61/1091　子部/藝術類/書畫之屬/法帖

明拓漢隸四種不分卷　民國十一年(1922)上海有正書局影印本　一册

330000－1702－0003077　民 61/1092　子部/藝術類/書畫之屬/法帖

初拓趙松雪大成殿記一卷　民國十二年(1923)上海有正書局影印本　一册

330000－1702－0003078　民 179/4105　集部/總集類/選集之屬

佚名詩抄一卷　民國抄本　一册

330000－1702－0003080　民 61/1093　子部/藝術類/書畫之屬/法帖

初拓趙松雪道教碑三卷　(元)趙孟頫書　民國影印本　一册

330000－1702－0003081　民 61/1094　子部/藝術類/篆刻之屬/印譜

趙次閑印譜一卷　(清)趙之琛篆刻　民國影印本　一册

330000－1702－0003082　民 62/1098　子部/藝術類/書畫之屬/法帖

北宋拓聖教序一卷　(晉)王羲之書　(唐)釋懷仁集　民國上海有正書局影印本　一册

330000－1702－0003084　民 62/1100　子部/藝術類/書畫之屬/法帖

翁覃谿書邱氏墓誌一卷　(清)翁方綱書　民國九年(1920)上海中華書局影印本　一册

330000－1702－0003085　民 62/1101　子部/藝術類/書畫之屬/法帖

洙浥五泉碑一卷　孔繁裕書　民國二十八年(1939)影印本　一册

330000－1702－0003086　民 62/1103　子部/藝術類/書畫之屬/法帖

宋拓龍藏寺碑一卷　民國上海有正書局影印本　一册

330000－1702－0003088　民 179/4127　集部/總集類/選集之屬/通代

論錄一卷　民國抄本　一冊

330000－1702－0003090　民 62/1104　子部/藝術類/書畫之屬/法帖

宋搨皇甫誕碑一卷　（唐）歐陽詢書　民國影印本　一冊

330000－1702－0003092　民 62/1105　子部/藝術類/書畫之屬/法帖

淳化閣帖十卷　（明）董其昌書　民國影印本　二冊　存六卷（一至三、六至八）

330000－1702－0003093　民 62/1106　子部/藝術類/書畫之屬/法帖

趙松雪道教碑不分卷　（元）趙孟頫書　民國二十二年（1933）上海商務印書館影印本　二冊

330000－1702－0003094　民 62/1107　子部/藝術類/書畫之屬/法帖

趙松雪道教碑不分卷　（元）趙孟頫書　民國二十二年（1933）上海商務印書館影印本　一冊

330000－1702－0003095　民 179/4133　集部/別集類

莊觀澂詩稿一卷　莊觀澂撰　稿本　一冊

330000－1702－0003096　民 62/1108　子部/藝術類/書畫之屬/法帖

宋搨多寶塔碑一卷　民國十九年（1930）上海文明書局影印本　一冊

330000－1702－0003097　民 62/1109　子部/藝術類/書畫之屬/法帖

唐搨柳書金剛經一卷　（唐）柳公權書　民國二十二年（1933）上海文明書局影印本　一冊

330000－1702－0003098　民 62/1110　子部/藝術類/書畫之屬/法帖

趙松雪手札一卷　（元）趙孟頫書　民國上海有正書局影印本　一冊

330000－1702－0003099　民 62/1111　子部/藝術類/書畫之屬/法帖

宋元墨寶第一集一卷　民國上海有正書局影印本　一冊

330000－1702－0003100　民 62/1112　史部/金石類/石之屬/文字

杭州古蕩新石器時代遺址之試探報告不分卷　浙江省立西湖博物館　吳越史地研究會編　民國二十五年（1936）鉛印本　一冊

330000－1702－0003105　民 178/4028　史部/傳記類/總傳之屬/通代

金石學錄補斠異一卷　宣哲撰　稿本　一冊

330000－1702－0003106　民 63/1117　類叢部/叢書類/彙編之屬

四部備要　中華書局編　民國二十五年（1936）上海中華書局鉛印本（經義考卷二百八十六、二百九十九至三百，東塾讀書記卷十三至十四、十七至二十、二十二至二十五原缺）　五十五冊　存一種

330000－1702－0003107　民 52/818　類叢部/叢書類/彙編之屬

四部備要　中華書局編　民國二十五年（1936）上海中華書局鉛印本（經義考卷二百八十六、二百九十九至三百，東塾讀書記卷十三至十四、十七至二十、二十二至二十五原缺）　四冊　存一種

330000－1702－0003109　民 52/819　類叢部/叢書類/彙編之屬

四部備要　中華書局編　民國二十五年（1936）上海中華書局鉛印本（經義考卷二百八十六、二百九十九至三百，東塾讀書記卷十三至十四、十七至二十、二十二至二十五原缺）　一冊　存一種

330000－1702－0003110　民 52/820　類叢部/叢書類/彙編之屬

四部備要　中華書局編　民國二十五年（1936）上海中華書局鉛印本（經義考卷二百八十六、二百九十九至三百，東塾讀書記卷十三至十四、十七至二十、二十二至二十五原缺）　六冊　存一種

330000－1702－0003111　民 52/821　類叢部/叢書類/彙編之屬

四部備要　中華書局編　民國二十五年(1936)上海中華書局鉛印本(經義考卷二百八十六、二百九十九至三百,東塾讀書記卷十三至十四、十七至二十、二十二至二十五原缺)　六冊　存一種

330000－1702－0003112　民 52/838　類叢部/叢書類/彙編之屬

四部備要　中華書局編　民國二十五年(1936)上海中華書局鉛印本(經義考卷二百八十六、二百九十九至三百,東塾讀書記卷十三至十四、十七至二十、二十二至二十五原缺)　六冊　存一種

330000－1702－0003113　民 52/839　類叢部/叢書類/彙編之屬

四部備要　中華書局編　民國二十五年(1936)上海中華書局鉛印本(經義考卷二百八十六、二百九十九至三百,東塾讀書記卷十三至十四、十七至二十、二十二至二十五原缺)　八冊　存一種

330000－1702－0003114　民 52/840　類叢部/叢書類/彙編之屬

四部備要　中華書局編　民國二十五年(1936)上海中華書局鉛印本(經義考卷二百八十六、二百九十九至三百,東塾讀書記卷十三至十四、十七至二十、二十二至二十五原缺)　八冊　存一種

330000－1702－0003115　民 178/4030　史部/傳記類/總傳之屬/通代

金石家考錄一卷後錄一卷後錄之餘一卷　稿本　十四冊

330000－1702－0003116　民 178/4029　史部/金石類/總志之屬/目録

金石資料索引一卷　稿本　六冊

330000－1702－0003117　民 53/852　類叢部/叢書類/彙編之屬

四庫全書珍本初集二百三十種　中央圖書館籌備處輯　民國二十三年至二十四年(1934－1935)上海商務印書館據文淵閣本影印本(原缺六十六卷)　五冊　存一種

330000－1702－0003119　民 53/859　類叢部/叢書類/彙編之屬

四部備要　中華書局編　民國二十五年(1936)上海中華書局鉛印本(經義考卷二百八十六、二百九十九至三百,東塾讀書記卷十三至十四、十七至二十、二十二至二十五原缺)　六冊　存一種

330000－1702－0003120　民 178/4033　類叢部/叢書類/彙編之屬

藜照廬叢書十五種　林集虚編　民國二十四年(1935)木活字印本　六冊

330000－1702－0003121　民 178/4041　類叢部/叢書類/自著之屬

寂園志□□種　陳瀏撰　民國抄本　二冊　存五種

330000－1702－0003122　民 53/872　子部/宗教類/道教之屬/道藏

道藏一千二百五十八種　(明)張宇初等編　民國十二年至十五年(1923－1926)上海涵芬樓影印本　一冊　存一種

330000－1702－0003123　民 53/873　子部/宗教類/道教之屬/道藏

道藏一千二百五十八種　(明)張宇初等編　民國十二年至十五年(1923－1926)上海涵芬樓影印本　五冊　存一種

330000－1702－0003124　民 53/874　類叢部/叢書類/彙編之屬

四部叢刊　張元濟等編　民國上海商務印書館影印本　一冊　存一種

330000－1702－0003125　民 178/4042　子部/藝術類/書畫之屬/法帖

鳳墅殘帖釋文二卷　(清)錢大昕撰　民國抄本　一冊

330000－1702－0003126　民 178/4043　史部/地理類/方志之屬/郡縣志

嘉泰會稽志節抄一卷　(宋)沈作賓修　(宋)

施宿等纂　民國十四年(1925)抄本　一冊

330000－1702－0003127　民 178/4044　史部/傳記類/總傳之屬/仕宦

元祐黨籍碑考一卷附慶元僞學逆黨籍一卷　(明)海瑞撰　民國抄本　一冊

330000－1702－0003128　民 178/4045　史部/雜史類/斷代之屬

壬午避難記一卷甲申疫禍記一卷　徐映璞撰　稿本　一冊

330000－1702－0003129　民 178/4046　子部/工藝類/日用器物之屬/器具

銅僊傳一卷附說鏡一卷　(清)徐元潤撰　民國抄本　一冊

330000－1702－0003130　民 178/4047　史部/金石類/總志之屬/目録

藝風堂續藏金石文字目五卷　繆荃孫編輯　**積學齋所藏目一卷**　民國抄本　一冊

330000－1702－0003131　民 63/1120　集部/别集類/清别集

椿蔭軒筆記正編一卷續編一卷　(清)黄應瑞撰　民國九年(1920)木活字印本　二冊

330000－1702－0003132　民 178/4048　史部/金石類/總志之屬/通考

錢氏世寶　(清)錢泳輯　民國抄本　一冊　存四種

330000－1702－0003133　民 178/4049　史部/金石類/總志之屬/文字

金石文七卷　(明)徐獻忠撰　民國抄本　一冊

330000－1702－0003134　民 178/4050　史部/金石類/總志之屬/目録

塾南書庫金石目錄二卷　(清)王昶編　民國抄本　一冊

330000－1702－0003135　民 178/4051　史部/金石類/總志之屬/雜著

地志金石徵一卷　稿本　二冊

330000－1702－0003136　民 178/4052　史部/金石類/郡邑之屬/文字

揚州金石文字一卷　稿本　一冊

330000－1702－0003137　民 178/4053　史部/金石類/金之屬/文字

清儀閣集古款識一卷　(清)張廷濟撰　民國抄本　一冊

330000－1702－0003138　民 178/4056　史部/金石類/陶之屬/文字

古甎錄六卷　(清)陳璜撰　民國抄本　一冊

330000－1702－0003139　民 178/4057　史部/金石類/石之屬/目録

墨華通考十六卷　(明)王應遴輯　民國抄本　二冊

330000－1702－0003140　民 178/4058　史部/金石類/總志之屬/目録

劉燕亭藏古各目一卷　民國抄本　一冊

330000－1702－0003141　民 178/4059　史部/金石類/玉之屬/題跋

奕載堂古玉圖錄一卷　(清)瞿中溶撰　民國抄本　一冊

330000－1702－0003142　民 63/1126　史部/目録類/總録之屬/私撰

書目答問補正五卷　范希曾編　民國二十年(1931)江蘇省立國學圖書館鉛印本　二冊

330000－1702－0003143　民 63/1127　史部/目録類/書志之屬/題跋

士禮居藏書題跋記六卷　(清)黄丕烈撰　**續編五卷**　(清)黄丕烈撰　(清)孫祖烈輯　**文學叢書書目提要一卷**　上海醫學書局編　民國六年(1917)上海醫學書局影印本　五冊　存六卷(題跋記一至六)

330000－1702－0003144　民 63/1128　史部/雜史類/斷代之屬

南明野史三卷首一卷附錄一卷　(清)南沙三餘氏撰　民國二十四年(1935)上海商務印書館鉛印本　二冊　存二卷(中、下)

330000－1702－0003145　民 6301/6436　史

部/傳記類/總傳之屬/家乘

[安徽績溪]大谷程氏世榮堂家乘四卷 程庭烑等纂修 民國二十五年(1936)木活字印本 四冊

330000－1702－0003147 民63/1134 子部/宗教類/道教之屬/道藏

續道藏 (清)玄照廔輯 民國抄本 六十一冊 存四十八種

330000－1702－0003148 民176/3991 史部/金石類/璽印之屬

歷代古印大觀二集不分卷 汪厚昌輯 民國六年(1917)鈐印本 八冊

330000－1702－0003149 民6301/6439 史部/傳記類/總傳之屬/家乘

[浙江安吉]安吉廬江何氏宗譜四卷 何元時修 何昌祿等纂修 民國十年(1921)木活字印本 四冊

330000－1702－0003150 民176/3992 子部/藝術類/篆刻之屬/印譜

悲盦印賸一卷 (清)趙之謙篆刻 丁仁輯 民國鈐印本 三冊

330000－1702－0003152 民307/6459 史部/傳記類/別傳之屬/事狀

史量才先生赴告不分卷 史必恕輯 民國二十三年(1934)石印本 一冊

330000－1702－0003153 民307/6460 史部/政書類/邦交之屬

上海租界問題三卷 王揖唐撰 民國十三年(1924)上海商務印書館鉛印本 一冊

330000－1702－0003154 民176/3994 子部/工藝類/文房四寶之屬/墨

知白齋墨譜不分卷 郭恩嘉輯 民國九年(1920)上海西泠印社影印本 二冊

330000－1702－0003155 民176/3998 子部/醫家類/本草之屬/歷代綜合本草

本草品彙精要四十二卷 (明)徐鎮等纂修 **續集十卷** (清)王道純 (清)江兆元撰 **續集脉訣四言舉要二卷** (宋)崔嘉彥撰 (清)王道純註釋 **脉訣攷證一卷** **脉訣四言舉要一卷** (宋)崔嘉彥撰 **本草品彙精要校勘記一卷** 謝觀撰 民國二十五年(1936)上海商務印書館鉛印本 七冊

330000－1702－0003156 民307/6463 經部/小學類/訓詁之屬/方言

越諺三卷附賸語二卷 (清)范寅輯稿 民國二十一年(1932)北平來薰閣影印本 三冊

330000－1702－0003157 民308/6466 史部/地理類/遊記之屬/紀行

陝豫蘇浙閩桂粵七省遊記一卷 盧雲青撰 民國二十五年(1936)鉛印本 一冊

330000－1702－0003159 民308/6472 史部/雜史類/斷代之屬

支那學界大事記一卷(民國二十四年一月至八月) 北平人文科學研究所編 民國二十四年(1935)北平人文科學研究所鉛印本 一冊

330000－1702－0003160 民308/6474 史部/史表類/通代之屬

歷代帝王紀元表一卷 張之銘撰 民國三十三年(1944)張氏實學通藝館鉛印本 一冊

330000－1702－0003161 民176/4006 史部/政書類/儀制之屬/專志/科舉校規

清代殿試考略一卷 傅增湘輯述 **臚傳紀事一卷** (清)繆彤撰 **藏園藏卷目錄一卷** 民國二十二年(1933)天津大公報社鉛印本 一冊

330000－1702－0003162 民308/6483 子部/宗教類/佛教之屬/諸宗

宗鏡錄法相義節要不分卷 (宋)釋延壽集 梅光羲節要 民國二十四年(1935)上海商務印書館鉛印本 一冊

330000－1702－0003163 民308/6485 子部/宗教類/佛教之屬/經疏

萬緣金剛般若波羅蜜經集註一卷感應圖說一卷 增德編 民國十九年(1930)北平中央刻經院鉛印本 二冊

330000－1702－0003164　民 308/6482　子部/宗教類/佛教之屬/諸宗

宗鏡綱要二卷　沈惟賢編輯　民國二十四年(1935)青島佛學會鉛印本　一册

330000－1702－0003165　民 308/6484　子部/宗教類/佛教之屬/諸宗

宗鏡錄法相義節要不分卷　(宋)釋延壽集　梅光羲節要　民國二十四年(1935)上海商務印書館鉛印本　一册

330000－1702－0003166　民 308/6488　子部/宗教類/佛教之屬

世界佛學苑漢藏教理院叢書　民國重慶漢藏教理院鉛印本　一册　存一種

330000－1702－0003169　民 308/6489　子部/宗教類/佛教之屬/經

金剛般若波羅蜜經一卷　(後秦)釋鳩摩羅什譯　民國三十六年(1947)抄本　一册

330000－1702－0003170　民 175/3889　史部/目録類/總録之屬/私撰

希見書目一卷　民國抄本　一册

330000－1702－0003172　民 175/3890　史部/目録類/專録之屬

雲齋舊藏善本印譜目憶錄五卷首一卷　龐士龍撰　瞿熙邦校訂　**鐵琴銅劍樓藏善本印譜目一卷**　瞿熙邦　龐士龍輯錄　民國三十年(1941)常熟龐氏蘭石軒鉛印本　一册

330000－1702－0003173　民 308/6490　子部/宗教類/佛教之屬

金剛經註四卷　(元)周史卿等注　民國十七年(1928)刻本　四册

330000－1702－0003174　民 175/3891　史部/目録類/總録之屬/私撰

陳氏抄藏書目不分卷　民國抄本　三册

330000－1702－0003175　民 175/3893　史部/目録類/總録之屬/彙刻

四部叢刊目錄一卷　商務印書館編　民國上海商務印書館鉛印本暨影印本　一册

330000－1702－0003176　民 175/3894　史部/目録類/總録之屬/私撰

書目什錄一卷　民國抄本　一册

330000－1702－0003177　民 175/3895、民 175/3900　史部/目録類/總録之屬

二徐書目合刻　王存善輯　民國四年(1915)仁和王存善鉛印本　六册

330000－1702－0003178　民 175/3896　史部/目録類/總録之屬/私撰

八千卷樓書目二十卷　(清)丁丙藏　丁立中編　民國十二年(1923)錢塘丁氏鉛印本　十册

330000－1702－0003179　民 175/3897　史部/目録類/總録之屬/彙刻

四部叢刊續編目錄一卷　上海商務印書館輯　民國二十三年(1934)上海商務印書館鉛印本　一册

330000－1702－0003180　民 309/6492　子部/宗教類/佛教之屬/經疏

佛說阿彌陀經疏鈔擷補一卷　(明)釋袾宏疏鈔　(清)徐槐廷擷　徐珂補　民國十三年(1924)上海商務印書館鉛印本　一册

330000－1702－0003181　民 175/3898　史部/目録類/總録之屬/私撰

古書流通處書目一卷　古書流通處編　民國石印本　二册

330000－1702－0003183　民 309/6493　子部/宗教類/佛教之屬/諸宗

增廣龍舒淨土文十二卷　(宋)王日休撰　民國刻本　一册

330000－1702－0003184　民 175/3901　史部/目録類/總録之屬/私撰

澹生堂藏書目十四卷　(明)祁承㸁撰　民國抄本　一册　存一卷(五)

330000－1702－0003185　民 175/3902　史部/目録類/總録之屬/私撰

江陰李氏得月樓書目摘録一卷　(明)李鶚翀撰　民國二十九年(1940)抄本　一册

330000－1702－0003187　民175/3904　史部/目録類/總録之屬/官修

北平圖書館善本書目四卷補遺一卷　趙萬里撰集　民國二十二年(1933)刻藍印本　一册　存一卷(二)

330000－1702－0003188　民64/1144　類叢部/叢書類/彙編之屬

中國民俗學會叢書　中國民俗學會編　民國二十五年(1936)鉛印本　一册　存一種

330000－1702－0003189　民64/1145　集部/別集類

孫中山先生墨蹟不分卷　三民公司輯　民國十六年(1927)上海三民公司石印本　一册

330000－1702－0003190　民64/1148　子部/藝術類/遊藝之屬/棋弈

布局詳解不分卷　(日本)中川龜三郎撰　(清)吳定崧譯　民國十一年(1922)上海千頃堂書局石印本　二册

330000－1702－0003195　民175/3908　史部/目録類/總録之屬

詞話叢編預約書目一卷　民國二十三年(1934)鉛印本　一册

330000－1702－0003196　民309/6498　子部/藝術類/音樂之屬/琴學

琴餘漫錄二卷　楊宗稷撰　民國九年(1920)楊氏舞胎仙館刻本　一册

330000－1702－0003198　民175/3913　史部/目録類/書志之屬/提要

讀書敏求記四卷　(清)錢曾撰　民國十四年(1925)上海掃葉山房石印本　一册

330000－1702－0003199　民309/6499　子部/藝術類/音樂之屬/琴學

琴話四卷　楊宗稷撰　民國三年(1914)刻本　一册

330000－1702－0003200　民175/3914　史部/目録類/通論之屬/掌故瑣記

藏書史料雜抄一卷　民國山陰陳士英抄本　一册

330000－1702－0003201　民309/6501　子部/儒家類/儒學之屬

忍字輯略五卷　(清)朱錫珍輯　民國十年(1921)鉛印本　一册

330000－1702－0003202　民175/3915　史部/目録類/書志之屬/題跋

百衲本已出十八史跋文彙刊一卷　商務印書館輯　民國二十五年(1936)上海商務印書館鉛印本　一册

330000－1702－0003203　民175/3916　史部/目録類/書志之屬/題跋

士禮居藏書題跋記六卷　(清)黄丕烈撰　**續編五卷**　(清)黄丕烈撰　(清)孫祖烈輯　**文學叢書書目提要一卷**　上海醫學書局編　民國六年(1917)上海醫學書局影印本　一册　存二卷(續編三至四)

330000－1702－0003204　民175/3917　史部/目録類/書志之屬/提要

四部叢刊書錄一卷　商務印書館編　民國十一年(1922)上海商務印書館鉛印本　一册

330000－1702－0003205　民175/3918　子部/雜著類/雜纂之屬

奢摩他室曲叢艸目等雜抄一卷　民國抄本　一册

330000－1702－0003206　民309/6503　集部/別集類

繡餘草一卷　陶先畹撰　民國十七年(1928)上海商務印書館鉛印本　一册

330000－1702－0003207　民64/1149　子部/農家農學類/園藝之屬/花卉

蘭蕙小史三卷附一卷　吳恩元編輯　唐駝校訂　民國十二年(1923)吳恩元、唐駝鉛印本　三册

330000－1702－0003208　民309/6504　子部/工藝類/文房四寶之屬/硯

端溪硯坑考一卷附石隱研談一卷墨餘贅稿一卷　(清)計楠輯　民國十三年(1924)秀水金氏梅花草堂鉛印本　一册

330000－1702－0003209　民 64/1152　子部/宗教類/道教之屬/雜著

玉準輪科輯要二十七卷　民國二十一年(1932)上海明善書局鉛印本　十五冊

330000－1702－0003210　民 309/6505　子部/雜著類/雜說之屬

僵蠶漫筆一卷　僵蠶子撰　民國十年(1921)刻本　一冊

330000－1702－0003211　民 309/6506　子部/藝術類/書畫之屬/畫法畫品

畫梅辯難初編四卷二編四卷三編四卷　傳崇黻撰　傳煥等記述　民國三年(1914)興業印書局、四年(1915)武林印書館、八年(1919)武林印書館鉛印本　一冊　存四卷(初編一至四)

330000－1702－0003212　民 64/1154　子部/雜著類/雜說之屬

齊東野語二十卷　(宋)周密撰　民國二十二年(1933)上海商務印書館鉛印本　四冊

330000－1702－0003216　民 309/6509　集部/小說類/長篇之屬

琴樓夢小說一卷　樊增祥撰　民國三年(1914)大共和日報石印本　一冊

330000－1702－0003217　民 309/6510　史部/傳記類/別傳之屬/事狀

歐司愛哈同先生榮哀錄十六卷　姬覺彌輯　民國二十一年(1932)上海愛儷園鉛印本　十二冊

330000－1702－0003219　民 309/6512　子部/術數類/占卜之屬

未來預知術一卷　(三國蜀)諸葛亮撰　(宋)邵雍演　民國十三年(1924)上海國粹保存會鉛印本　一冊

330000－1702－0003220　民 309/6513　子部/術數類/相宅相墓之屬

陽宅述要不分卷　民國抄本　一冊

330000－1702－0003223　民 309/6515　史部/傳記類/總傳之屬/家乘

[四川簡陽]曾氏族譜不分卷　民國抄本　曾文林題簽　一冊

330000－1702－0003225　民 65/1161　子部/道家類

老子覈詁四卷老子稱經及篇章考一卷老子失文一卷引用書目一卷　馬敘倫撰　民國十三年(1924)鉛印本　二冊

330000－1702－0003226　民 65/1162　子部/道家類

老子道德經二卷　(三國魏)王弼注　**音義一卷**　(唐)陸德明撰　**附識一卷老子校勘記一卷**　民國九年(1920)浙江圖書館刻本　一冊

330000－1702－0003227　民 65/1163　子部/雜著類/雜說之屬

新唯識論一卷　熊十力撰　民國二十一年(1932)浙江省立圖書館鉛印本　一冊

330000－1702－0003229　民 309/6518　類叢部/叢書類/郡邑之屬

四明叢書一百六十七種　張壽鏞編　民國四明張氏約園刻本(安晚堂詩集卷一至五原缺)　四冊　存一種

330000－1702－0003232　民 310/6521　經部/小學類/文字之屬/字書/字典

辭源十二卷檢字一卷附錄五卷　陸爾奎等編　民國四年(1915)上海商務印書館鉛印本　十二冊　存十二卷(辭源一至十二)

330000－1702－0003234　民 175/3919　史部/目錄類/通論之屬/掌故瑣記

書林清話十卷　葉德輝撰　民國八年(1919)葉啟崟刻本　二冊　存六卷(一至六)

330000－1702－0003235　民 175/3921　史部/目錄類/總錄之屬/私撰

平津館鑒藏記三卷補遺一卷續編一卷　(清)孫星衍撰　民國二十八年至二十九年(1939－1940)抄本　一冊

330000－1702－0003236　民 175/3925　史部/目錄類/書志之屬/提要

適園藏書志十六卷　張鈞衡撰　民國五年

(1916)南林張氏家塾刻本　一册　存三卷(三至五)

330000－1702－0003237　民175/3926　類叢部/叢書類/彙編之屬
丁丑叢編十種　趙詒琛　王大隆輯　民國二十六年(1937)鉛印本　一册　存一種

330000－1702－0003238　民175/3930　類叢部/叢書類
盉盦箸書　民國鉛印本　一册　存一種

330000－1702－0003239　民175/3931　史部/目録類/書志之屬/提要
錢氏所藏堪輿書提要一卷　錢文選編　民國三十一年(1942)鉛印本　錢文選批校並題記　一册

330000－1702－0003241　民175/3933　子部/藝術類/篆刻之屬
遯盦印學叢書十七種　吴隱輯　民國十年(1921)山陰吴氏西泠印社木活字印本　一册　存一種

330000－1702－0003243　民175/3935　史部/目録類/版本之屬/書影
近代詩鈔樣本一卷　商務印書館編　民國上海商務印書館鉛印本　一册

330000－1702－0003244　民175/3936　史部/目録類/總録之屬/彙刻
四部叢刊目録一卷　商務印書館編　民國上海商務印書館鉛印本暨影印本　一册

330000－1702－0003245　民310/6524　類叢部/叢書類/彙編之屬
四部備要　中華書局編　民國二十五年(1936)上海中華書局鉛印本(經義考卷二百八十六、二百九十九至三百,東塾讀書記卷十三至十四、十七至二十、二十二至二十五原缺)　八册　存一種

330000－1702－0003246　民175/3937　史部/目録類/版本之屬/書影
四部叢刊第二次預約樣本一卷　上海商務印書館編　民國十五年(1926)上海商務印書館影印本暨鉛印本　一册

330000－1702－0003247　民175/3938　史部/目録類/總録之屬/彙刻
四部叢刊三編預約樣本一卷　商務印書館編　民國二十四年(1935)商務印書館鉛印本　一册

330000－1702－0003248　民310/6525　子部/藝術類/音樂之屬/琴學
琴學入門二卷　(清)張鶴輯　民國上海中華圖書館石印本　三册

330000－1702－0003249　民175/3939　史部/目録類/總録之屬/彙刻
學海類編目録一卷　商務印書館編　民國商務印書館鉛印本　與330000－1702－0003250合爲一册

330000－1702－0003250　民175/3939　史部/目録類/總録之屬/彙刻
湖北先正遺書目録一卷　盧靖編　民國鉛印本

330000－1702－0003251　民175/3940　史部/目録類/總録之屬/彙刻
拜經樓叢書樣本一卷　博古齋書莊編　民國上海博古齋石印本　一册

330000－1702－0003252　民175/3941/1　史部/目録類/版本之屬/書影
百衲本二十四史預約樣本一卷　上海商務印書館編　民國十九年(1930)上海商務印書館鉛印本暨影印本　一册

330000－1702－0003253　民175/3941/2　史部/目録類/版本之屬/書影
百衲本二十四史預約樣本一卷　上海商務印書館編　民國十九年(1930)上海商務印書館鉛印本暨影印本　一册

330000－1702－0003254　民175/3942　史部/目録類/版本之屬/書影
百衲本二十四史預約樣本一卷　上海商務印書館編　民國二十三年(1934)上海商務印書館鉛印本暨影印本　一册

330000－1702－0003255　民 310/4526　類叢部/叢書類/彙編之屬

畫苑秘笈初編八種八卷二編五種十一卷　吴辟疆輯　民國吴氏畫山樓鉛印本　三冊

330000－1702－0003259　民 175/3943　史部/目録類/總録之屬/彙刻

宛委别藏四十種樣本一卷　商務印書館編　民國二十四年(1935)上海商務印書館鉛印本　一冊

330000－1702－0003261　民 175/3944　史部/目録類/總録之屬/彙刻

影印元本元四家集樣本一卷　古書流通處編　民國上海古書流通處石印本　一冊

330000－1702－0003262　民 310/6531　集部/别集類/清别集

横山文集十六卷詩集六卷　(清)裘璉撰　**横山先生年譜一卷**　(清)裘姚崇原編　(清)王家振節鈔　民國三年(1914)甬上旅遯軒鉛印本　四冊

330000－1702－0003263　民 175/3945　史部/目録類/總録之屬/彙刻

四庫全書珍本初集樣本一卷　商務印書館編　民國二十三年(1934)上海商務印書館鉛印本暨影印本　一冊

330000－1702－0003264　民 175/3946　史部/目録類/專録之屬

景印國藏善本叢刊樣本不分卷　景印國藏善本叢刊委員會編　民國二十六年(1937)商務印書館鉛印本暨影印本　一冊

330000－1702－0003265　民 175/3947　史部/目録類/總録之屬/彙刻

六十種曲樣本一卷　開明書店編　民國二十四年(1935)開明書店鉛印本　一冊

330000－1702－0003266　民 175/3948　史部/目録類/總録之屬

寶顔堂秘笈樣本一卷　文明書局編　民國上海文明書局石印本　一冊

330000－1702－0003267　民 175/3949　史部/目録類/總録之屬/彙刻

影印指海樣本一卷　大東書局編　民國二十年(1931)上海大東書局影印本　一冊

330000－1702－0003268　民 318/6759/2　史部/目録類/總録之屬/私撰

來薰閣書目不分卷　陳杭編　民國北平琉璃廠來薰閣鉛印本　一冊　存第六期上編

330000－1702－0003270　民 310/6536　子部/藝術類/書畫之屬/書法書品

書法入門十章　李肖白撰　民國二十五年(1936)上海慎昌總行鉛印本　一冊

330000－1702－0003271　民 310/6538　集部/别集類

畸園第三次手定詩稿十七種三十二卷　陳遹聲撰　民國十一年(1922)影印本　二冊　存二冊(三至四)

330000－1702－0003272　民 175/3950　史部/目録類/總録之屬/彙刻

光緒朝外交史料預約樣本一卷　王亮編　民國二十年(1931)王亮鉛印本　一冊

330000－1702－0003273　民 175/3951　史部/目録類/總録之屬/彙刻

博古齋影印叢書樣本五種一卷　上海博古齋編　民國上海博古齋影印本　一冊

330000－1702－0003274　民 175/3955　史部/目録類/總録之屬/彙刻

美術叢書樣本一卷　上海神州國光社編　民國十八年(1929)上海神州國光社鉛印本　一冊

330000－1702－0003275　民 175/3956　史部/目録類/版本之屬/書影

重印聚珍倣宋版五開大本四部備要樣本不分卷　中華書局編　民國中華書局鉛印本　一冊

330000－1702－0003276　民 175/3957　類叢部/叢書類/輯佚之屬

影印學津討原樣本一卷　商務印書館編　民國上海商務印書館鉛印本暨影印本　一冊

330000－1702－0003277　民 175/3958　史部/目録類/總録之屬/彙刻

影印别下齋叢書涉聞梓舊樣本一卷　上海商務印書館編　民國上海商務印書館鉛印本暨影印本　一冊

330000－1702－0003278　民 175/3959　史部/目録類/總録之屬/彙刻

影印佚存叢書樣本一卷　商務印書館編　民國上海商務印書館鉛印本　一冊

330000－1702－0003279　民 175/3960　史部/目録類/總録之屬/彙刻

影印元明善本叢書十種樣本一卷　商務印書館編　民國二十六年(1937)上海商務印書館鉛印本　一冊

330000－1702－0003280　民 311/6543　子部/醫家類/兒科之屬/通論

兒科學一卷　謝銓鎔撰　民國抄本　一冊

330000－1702－0003281　民 311/6544　新學/醫學/方書

處方藥物學一卷　曹南溪撰　民國抄本　一冊

330000－1702－0003282　民 311/6545　新學/醫學

病理學一卷　王濟川撰　民國抄本　一冊

330000－1702－0003283　民 311/6546　子部/醫家類/醫案之屬

烈光治驗醫案全書不分卷　范烈光撰　民國二十五年(1936)成都烈光中醫院鉛印本　一冊

330000－1702－0003284　民 311/6547　子部/醫家類/眼科之屬

眼科仙方歌括一卷　夢禪編　民國四年(1915)抄本　一冊

330000－1702－0003285　民 175/3962　史部/目録類/總録之屬/彙刻

汲古閣影宋板南宋六十家集樣本一卷　上海古書流通處編　民國上海古書流通處影印本　一冊

330000－1702－0003286　民 65/1165　子部/農家農學類/農藝之屬/茶酒

絹本茶錄二卷　(宋)蔡襄撰　民國抄本　一冊

330000－1702－0003287　民 175/3961　史部/目録類/總録之屬/彙刻

汲古閣影宋板南宋六十家集樣本一卷　上海古書流通處編　民國上海古書流通處影印本　一冊

330000－1702－0003288　民 175/3963　類叢部/叢書類/彙編之屬

士禮居叢書樣本一卷蘇齋叢書樣本一卷　上海博古齋書莊編　民國上海博古齋書莊影印本　一冊

330000－1702－0003289　民 175/3964　史部/目録類/總録之屬/彙刻

續古逸叢書樣本一卷　上海商務印書館編　民國上海商務印書館影印本　一冊

330000－1702－0003290　民 65/1166　子部/藝術類/書畫之屬/畫譜

大悲法師禪餘集不分卷　釋大悲繪　民國二十一年(1932)影印本　一冊

330000－1702－0003291　民 65/1167　子部/藝術類/書畫之屬/畫譜

式園時賢書畫集一卷　王鯤徙藏　陸丹林編　民國十九年(1930)上海文華美術圖書印刷公司影印本　一冊

330000－1702－0003292　民 311/6548　子部/醫家類/診法之屬/脈經脈訣

西山楊鳳閣秘訣不分卷　楊鳳閣撰　民國抄本　一冊

330000－1702－0003295　民 311/6550　子部/醫家類/方書之屬/單方驗方

醫方雜錄不分卷　民國二十七年(1938)抄本　二冊

330000－1702－0003297　民 175/3967　史部/目録類/總録之屬/私撰

上海西泠印社潛泉印泥發行所出品目錄一卷

吴振平編　民國二十三年(1934)上海西泠印社潛泉印泥發行所鉛印本暨影印本　一册

330000－1702－0003298　民 311/6551　子部/醫家類/方書之屬/單方驗方

藥方雜輯不分卷　民國魏瑛珊抄本　一册

330000－1702－0003299　民 175/3968　史部/目録類/總録之屬/私撰

古書書價目錄一卷　民國抄本　一册

330000－1702－0003300　民 175/3969　史部/目録類/總録之屬/私撰

天真美術館書畫目錄一卷　天真美術館編　民國十一年(1922)上海天真美術館石印本　一册

330000－1702－0003303　民 65/1169　子部/藝術類/書畫之屬

浙江永嘉區藝術展覽會書畫紀念冊不分卷　許蟠雲等輯　民國二十五年(1936)上海宣和印社影印本　一册

330000－1702－0003305　民 311/6552　子部/醫家類/方書之屬/單方驗方

膏丹丸散不分卷　民國黃崇德抄本　一册

330000－1702－0003306　民 175/3972　史部/目録類/總録之屬/私撰

上海聚珍倣宋印書局價目一卷　上海聚珍倣宋印書局編　民國八年(1919)上海聚珍倣宋印書局鉛印本　一册

330000－1702－0003307　民 311/6553　子部/醫家類/方書之屬/單方驗方

雜方不分卷　民國抄本　一册

330000－1702－0003309　民 65/1170　子部/藝術類/書畫之屬/畫譜

張子祥課徒畫稿四卷　丁寶書臨摹　民國十五年(1926)上海中華書局影印本　四册

330000－1702－0003311　民 65/1171　子部/藝術類/書畫之屬/畫譜

浙江兩級師範學校成立五週紀念會寄覽書畫不分卷　浙江兩級師範學校編　民國二年(1913)影印本　一册

330000－1702－0003312　民 175/3974　史部/目録類/總録之屬/私撰

重慶善成堂申莊出售各種書籍價目一卷　重慶善成堂申莊編　民國重慶善成堂申莊抄本　一册

330000－1702－0003313　民 65/1172　子部/藝術類/書畫之屬/畫譜

王蓬心山水冊一卷　(清)王宸繪　民國二十年(1931)上海慎修書社影印本　一册

330000－1702－0003314　民 65/1173　子部/藝術類/書畫之屬/畫譜

張篁邨周牧山山水合冊一卷　(清)張宗蒼(清)周笠繪　民國二十一年(1932)上海慎修書社影印本　一册

330000－1702－0003316　民 65/1174　子部/藝術類/書畫之屬/畫譜

董香光山水冊一卷　(明)董其昌繪　民國二十年(1931)上海慎修書社影印本　一册

330000－1702－0003317　民 65/1176　子部/藝術類/書畫之屬/畫譜

高南阜左手書畫合璧一卷　(清)高鳳翰繪　民國二十三年(1934)上海商務印書館影印本　一册

330000－1702－0003318　民 311/6555　子部/醫家類/方書之屬/單方驗方

丸藥仿單不分卷　民國黃崇德抄本　一册

330000－1702－0003319　民 311/6556　子部/醫家類/方書之屬/單方驗方

彭姓方抄不分卷　彭憲華方　民國九年(1920)抄本　一册

330000－1702－0003320　民 311/6557　子部/醫家類/方書之屬/單方驗方

雜抄醫方不分卷　民國抄本　一册

330000－1702－0003321　民 65/1177　子部/藝術類/書畫之屬/畫譜

沈石田山水三卷合影一卷　(明)沈周繪　民

國二十三年(1934)上海商務印書館影印本　一册

330000－1702－0003322　民 65/1178　子部/藝術類/書畫之屬/畫譜

梅瞿山黄山十九景不分卷　(清)梅清繪　民國二十三年(1934)上海商務印書館影印本　一册

330000－1702－0003323　民 65/1179　子部/藝術類/書畫之屬/畫譜

梅瞿山黄山十九景不分卷　(清)梅清繪　民國二十三年(1934)上海商務印書館影印本　一册

330000－1702－0003324　民 65/1180　子部/藝術類/書畫之屬/畫譜

明陳章侯隱居十六觀不分卷　(明)陳洪綬繪　民國二十二年(1933)北平故宫博物院影印本　一册

330000－1702－0003325　民 175/3976　史部/目録類/總録之屬/私撰

中國書店書目不分卷　中國書店編　民國十五年(1926)上海中國書店鉛印本　一册

330000－1702－0003326　民 175/3977　史部/目録類/總録之屬/私撰

中國書店書目不分卷　中國書店編　民國十五年(1926)上海中國書店鉛印本　一册

330000－1702－0003327　民 65/1181　子部/藝術類/書畫之屬/畫譜

陳藍洲畫册一卷　(清)陳豪繪　民國十九年(1930)上海商務印書館影印本　一册

330000－1702－0003328　民 175/3978　史部/目録類/總録之屬/私撰

東來閣書目一卷　東來閣書店編　民國二十三年(1934)北平東來閣書店鉛印本　一册

330000－1702－0003329　民 65/1182　子部/藝術類/書畫之屬/畫譜

名人書畫集第十五集不分卷　商務印書館輯　民國十六年(1927)上海商務印書館影印本　一册

330000－1702－0003330　民 175/3979/1　史部/目録類/總録之屬/私撰

蟫隱廬書目第十二期一卷　蟫隱廬書莊編　民國十二年(1923)上海蟫隱廬書莊石印本　一册

330000－1702－0003331　民 65/1183　子部/藝術類/書畫之屬/畫譜

鄒一桂聯芳譜花卉册一卷　(清)鄒一桂繪　民國二十年(1931)北平古物陳列所影印本　一册

330000－1702－0003332　民 175/3979/2　史部/目録類/總録之屬/私撰

蟫隱廬書目第五期二卷　蟫隱廬書莊編　民國五年(1916)上海蟫隱廬鉛印本　一册

330000－1702－0003333　民 175/3980　史部/目録類/專録之屬

西泠印社金石印譜法帖藏書目一卷　西泠印社編　民國元年(1912)上海西泠印社石印本　一册

330000－1702－0003334　民 311/6558　子部/醫家類/方書之屬/單方驗方

奇方選粹不分卷　民國抄本　一册

330000－1702－0003336　民 311/6560　子部/醫家類/方書之屬/單方驗方

經驗良方二卷　玉歷編　民國抄本　一册

330000－1702－0003337　民 65/1184　史部/地理類/專志之屬/宫殿

圓明園圖不分卷　(清)唐岱　(清)沈源繪　民國十七年(1928)上海中華書局影印本　二册

330000－1702－0003338　民 311/6561　子部/醫家類/内科之屬/其他内科病證

喘症診療不分卷　民國抄本　一册

330000－1702－0003339　民 311/6562　子部/醫家類/醫話醫論之屬

新舊病名彙釋不分卷　民國抄本　一册

330000－1702－0003340　民 65/1185　子部/

藝術類/書畫之屬/畫譜
董其昌宋元人縮本山水冊不分卷　(明)董其昌繪　民國二十二年(1933)北平古物陳列所影印本　一冊

330000－1702－0003341　民 311/6563　子部/醫家類/診法之屬/其他診法
風溫三字訣附灸法不分卷　民國抄本　一冊

330000－1702－0003342　民 175/3981　史部/目録類/總録之屬/私撰
來青閣書莊新舊書籍目錄一卷　來青閣書莊編　民國上海來青閣書莊石印本　一冊

330000－1702－0003343　民 311/6564　子部/醫家類/傷寒金匱之屬/金匱要略
金匱臟腑經絡先後病脈症内註不分卷　陸淵雷撰　民國抄本　一冊

330000－1702－0003344　民 311/6565　子部/醫家類/外科之屬/外科方
外科傳薪集不分卷　(清)馬培之纂　民國抄本　一冊

330000－1702－0003345　民 175/3982　史部/目録類/總録之屬/私撰
來薰閣書目不分卷　陳杭編　民國北平琉璃廠來薰閣鉛印本　陳濟川題識　一冊　存第六期下編

330000－1702－0003347　民 175/3983　史部/目録類/總録之屬/私撰
修綆堂書目第二期不分卷　修綆堂書店編　民國二十二年(1933)北平修綆堂書店鉛印本　一冊

330000－1702－0003348　民 311/6567　子部/醫家類/綜合之屬/雜著
醫說不分卷　民國抄本　一冊

330000－1702－0003349　民 175/3983/2　史部/目録類/總録之屬/私撰
修綆堂書目第三期不分卷　修綆堂書店編　民國二十三年(1934)北平修綆堂書店鉛印本　一冊

330000－1702－0003350　民 175/3984　史部/目録類/總録之屬/私撰
粹雅堂書目第一期不分卷　粹雅堂書店編　民國二十四年(1935)北平粹雅堂書店鉛印本　一冊

330000－1702－0003351　民 175/3985　史部/目録類/總録之屬/私撰
文奎堂書目五卷　文奎堂書莊編　民國二十三年(1934)北平文奎堂書莊鉛印本　二冊

330000－1702－0003352　民 175/3986　史部/目録類/總録之屬
保萃齋書目一卷　保萃齋書店編　民國二十四年(1935)北平保萃齋書店鉛印本　一冊

330000－1702－0003353　民 175/3987/1　史部/目録類/總録之屬/私撰
通學齋書目第一期一卷　孫殿起編　民國二十四年(1935)北平通學齋鉛印本　一冊

330000－1702－0003354　民 175/3987/2　史部/目録類/總録之屬/私撰
通學齋書目第二期一卷　孫殿起編　民國二十五年(1936)北平通學齋鉛印本　一冊

330000－1702－0003355　民 174/3807　史部/傳記類/總傳之屬/通代
中國藏書家攷略不分卷　楊立誠　金步瀛編　民國十八年(1929)浙江省立圖書館鉛印本　楊立誠題記　一冊

330000－1702－0003356　民 311/6568　子部/醫家類/婦科之屬
婦女各種雜症方不分卷　民國抄本　一冊

330000－1702－0003358　民 311/6569　子部/醫家類/傷寒金匱之屬/傷寒論
辨太陽病脈證并治三卷　民國抄本　一冊　存二卷(一至二)

330000－1702－0003359　民 311/6570　子部/醫家類/本草之屬/本草藥性
藥性不分卷　民國十年(1921)抄本　一冊

330000－1702－0003360　民 311/6571　子

部/醫家類/方書之屬/單方驗方

雜醫方不分卷 民國抄本 一冊

330000－1702－0003362 民 174/3811 史部/傳記類/總傳之屬/技藝

金石家書畫集小傳一卷 西泠印社纂輯 民國西泠印社鉛印本 一冊

330000－1702－0003363 民 174/3812 史部/傳記類/總傳之屬/文苑

杭州西溪奉祀歷代兩浙詞人姓氏錄一卷 周慶雲輯 民國鉛印本 一冊

330000－1702－0003364 民 311/6572 子部/醫家類/方書之屬/歷代方書

孫真人海上方不分卷 （唐）孫思邈撰 民國抄本 一冊

330000－1702－0003365 民 311/6573 子部/醫家類/方書之屬/單方驗方

襍記不分卷 民國三十年(1941)抄本 一冊

330000－1702－0003366 民 311/6574 子部/醫家類/醫理之屬/綜合

醫學總訣不分卷 民國抄本 一冊

330000－1702－0003367 民 174/3813 史部/金石類/甲骨之屬/通考

甲骨年表一卷 董作賓 胡厚宣編 民國二十六年(1937)上海商務印書館鉛印本 一冊

330000－1702－0003368 民 311/6575 子部/醫家類/內科之屬/其他內科病證

香巖外感溫熱篇不分卷 （清）葉桂撰 民國抄本 一冊

330000－1702－0003369 民 311/6576 子部/醫家類/內科之屬/其他內科病證

青囊瑣記五卷 民國抄本 五冊

330000－1702－0003370 民 174/3817 子部/藝術類/遊藝之屬/酒令

折枝雅故五卷 麴禪氏撰 民國江蘇第一監獄鉛印本 一冊

330000－1702－0003371 民 311/6577 子部/醫家類/外科之屬/外科方

眉壽堂師友傳薪録二卷 張覺人記 民國三十八年(1949)覺因老人抄本 一冊

330000－1702－0003372 民 311/6578 新學/醫學/內科

鉤虫病研討集不分卷附新渝醫院處方集中藥方 民國抄本 一冊

330000－1702－0003373 民 311/6579 子部/醫家類/養生之屬/導引、氣功

宋慈惠禪師意氣功修煉法不分卷 張覺人錄 民國三十八年(1949)抄本 一冊

330000－1702－0003374 民 311/6580 子部/醫家類/養生之屬/導引、氣功

屠龍子內功叢鈔不分卷 張覺人輯 民國三十八年(1949)抄本 一冊

330000－1702－0003376 民 311/6581 子部/農家農學類/農藝之屬/茶酒

屠龍散記不分卷 張蘿禪撰 民國抄本 一冊

330000－1702－0003377 民 311/6582 子部/醫家類/傷寒金匱之屬/傷寒論

傷寒病學不分卷 民國張俊三抄本 一冊

330000－1702－0003378 民 66/1203 子部/藝術類/書畫之屬/法帖

御刻三希堂石渠寶笈法帖不分卷 （清）梁詩正等輯 民國石印本 三十二冊

330000－1702－0003379 民 311/6583 子部/醫家類/醫案之屬

吳鞠通先生醫案五卷 （清）吳瑭撰 民國石印本 一冊 存一卷(二)

330000－1702－0003380 民 311/6584 子部/醫家類/傷寒金匱之屬/傷寒論

仲景原文不分卷 （漢）張機撰 民國十三年(1924)抄本 一冊

330000－1702－0003381 民 311/6585 史部/政書類/邦計之屬/荒政

杭州協德普濟緣機慈濟四善壇經辦濟民會施醫糧藥徵信錄不分卷 杭州協德等四善壇濟

民會合編　民國三十年(1941)鉛印本　一册

330000－1702－0003383　民 67/1206　子部/藝術類/書畫之屬/法帖
古今碑帖集成一百五十種　大眾書局編　民國上海大眾書局影印本　一百十八册　存一百十八種

330000－1702－0003384　民 311/6586　子部/醫家類/方書之屬/單方驗方
藤蘿館驗方鈔乙集不分卷　民國蘿禪抄本　一册

330000－1702－0003387　民 311/6589　子部/醫家類/外科之屬/通論
外科大成四卷　(清)祁坤撰　民國上海廣益書局石印本　一册　存一卷(二)

330000－1702－0003388　民 311/6590　子部/雜著類/雜編之屬
褀覽不分卷　民國抄本　一册

330000－1702－0003390　民 311/6592　子部/醫家類/綜合之屬/合刻、合抄
中醫雜抄不分卷　民國抄本　十一册

330000－1702－0003392　民 311/6594　子部/醫家類/針灸之屬/針法灸法
火功神捷書不分卷　(明)陳芪學撰　民國抄本　一册

330000－1702－0003393　民 311/6595　子部/醫家類/本草之屬/本草藥性
新纂便驗本草不分卷　民國抄本　一册

330000－1702－0003394　民 311/6596　子部/醫家類/内科之屬/其他内科病證
醫藥備忘錄不分卷　民國抄本　一册

330000－1702－0003399　民 311/6601　子部/宗教類/佛教之屬/諸宗
唯識三十頌詮句一卷　釋清淨撰　民國二十六年(1937)成都佛學社石印本　一册

330000－1702－0003400　民 311/6602　經部/小學類/音韻之屬/古今韻説
古韻通轉例證不分卷　民國抄本　一册

330000－1702－0003403　民 314/6648　類叢部/叢書類/彙編之屬
四部叢刊　張元濟等編　民國上海商務印書館影印本　十册　存四種

330000－1702－0003405　民 174/3838　子部/藝術類/書畫之屬/書法書品
書學源流論不分卷　張宗祥撰　民國十年(1921)上海聚珍倣宋印書局鉛印本　一册

330000－1702－0003406　民 174/3839　類叢部/叢書類/自著之屬
觀古堂所著書二十種　葉德輝撰　民國八年(1919)刻本　一册　存二種

330000－1702－0003407　民 174/3842　史部/目録類/專録之屬
嘉慶重修一統志樣本一卷　上海商務印書館編　民國二十三年(1934)上海商務印書館鉛印本暨影印本　一册

330000－1702－0003408　民 174/3843　子部/藝術類/書畫之屬/總論
影印式古堂書畫彙考樣本一卷　中華書局編　民國上海中華書局鉛印本暨影印本　一册

330000－1702－0003409　民 174/3844　集部/小説類/長篇之屬
影印元至治本全相平話三國志明弘治本三國志通俗演義樣本一卷　商務印書館編　民國十八年(1929)上海商務印書館鉛印本　一册

330000－1702－0003413　民 174/3845　類叢部/類書類/通類之屬
清初殿版銅活字印古今圖書集成樣本不分卷　中華書局編　民國二十三年(1934)中華書局鉛印本暨影印本　一册

330000－1702－0003416　民 174/3849　史部/目録類/書志之屬/題跋
郋園讀書志十六卷　葉德輝撰　民國十七年(1928)上海澹園鉛印本　九册　缺七卷(五、七、九至十一、十四至十五)

330000－1702－0003418　民 174/3848　史部/金石類/總志之屬/目録

金石書録目十卷附方志中金石志目一卷金石叢書目一卷　容媛輯　民國十九年(1930)北平國立中央研究院歷史語言研究所鉛印本　一册

330000－1702－0003422　民 174/3853　史部/目録類/總録之屬/私撰
清吟閣書目四卷　(清)瞿世瑛撰　民國三年(1914)杭州朱華卿華興石印局石印本　一册

330000－1702－0003425　民 71/1251　類叢部/類書類/通類之屬
增補事類統編九十三卷　(清)黄葆真增輯　民國四年(1915)上海文盛書局石印本　十二册

330000－1702－0003427　民 315/6664　子部/醫家類/類編之屬
沈氏尊生書五種　(清)沈金鰲撰　民國鉛印本　二册　存一種

330000－1702－0003428　民 174/3854　史部/目録類/書志之屬/提要
滂喜齋藏書記三卷　(清)潘祖蔭藏　葉昌熾撰　**滂喜齋宋元本書目一卷**　陳乃乾輯　民國十三年(1924)海寧陳氏慎初堂鉛印本　一册

330000－1702－0003429　民 174/3861　史部/目録類/總録之屬/官修
浙江省立圖書館出版木印書目一卷鉛印書目一卷　浙江省立圖書館編　民國二十五年(1936)浙江省立圖書館鉛印本　一册

330000－1702－0003430　民 174/3862　史部/目録類/總録之屬/官修
北京人文科學研究所藏書簡目不分卷續目不分卷　北京人文科學研究所編　民國二十七年至二十八年(1938－1939)北京人文科學研究所鉛印本　十册

330000－1702－0003431　民 315/6665　子部/醫家類/本草之屬/歷代綜合本草
本草備要不分卷　(清)汪昂撰　民國鉛印本　一册

330000－1702－0003432　民 174/3863　史部/目録類/總録之屬/禁燬
禁書總錄二卷附錄一卷　陳乃乾校輯　民國二十一年(1932)海寧陳乃乾慎初堂鉛印本　二册

330000－1702－0003433　民 315/6666　子部/醫家類/醫經之屬/内經
素問靈樞類纂約註三卷　(清)汪昂輯註　民國上海商務印書館鉛印本　三册

330000－1702－0003436　民 174/3869　子部/藝術類/書畫之屬
有所思齋輯藏明人書翰墨蹟册子目錄一卷　林志鈞編　民國鉛印本　一册

330000－1702－0003437　民 174/3871　類叢部/叢書類/彙編之屬
知不足齋叢書一百九十五種　(清)鮑廷博輯　(清)鮑士恭續輯　民國十年(1921)上海古書流通處據清鮑氏刻本影印本　二册　存一種

330000－1702－0003439　民 315/6671　類叢部/叢書類/彙編之屬
四部備要　中華書局編　民國二十五年(1936)上海中華書局鉛印本(經義考卷二百八十六、二百九十九至三百,東塾讀書記卷十三至十四、十七至二十、二十二至二十五原缺)　六册　存一種

330000－1702－0003442　民 315/6675　集部/別集類/宋別集
真山民詩集一卷　(宋)真山民撰　民國七年(1918)浦城李酌海樓刻本　一册

330000－1702－0003446　民 174/3876　史部/目録類/總録之屬/官修
故宮已佚書籍書畫目錄四種　國立北平故宮博物院編　民國二十三年(1934)北平故宮博物院鉛印本　一册

330000－1702－0003447　民 174/3877　史部/目録類/總録之屬/私撰
粹芬閣珍藏善本書目一卷　沈知方編　民國

二十三年(1934)上海世界書局鉛印本　一冊

330000－1702－0003448　民 315/6680　類叢部/叢書類/彙編之屬

復性書院叢刊二十七種　馬浮編　民國二十九年至三十七年(1940－1948)復性書院刻本暨鉛印本　二冊　存一種

330000－1702－0003449　民 315/6681　集部/别集類

蠲戲齋詩編年集八卷避寇集一卷芳杜詞賸一卷　馬浮撰　**蠲戲齋詩前集二卷**　馬浮撰　張立民　楊蔭林輯録　民國二十九年(1940)、三十六年(1947)刻本　一冊　存二卷(前集一至二)

330000－1702－0003450　民 315/6682　集部/别集類

蠲戲齋詩編年集八卷避寇集一卷芳杜詞賸一卷　馬浮撰　**蠲戲齋詩前集二卷**　馬浮撰　張立民　楊蔭林輯録　民國二十九年(1940)、三十六年(1947)刻本　一冊　存二卷(避寇集、芳杜詞賸)

330000－1702－0003451　民 174/3880　史部/目録類/專録之屬

癖泉書室所藏泉幣書目一卷附録一卷　宗惟恭編　民國二十三年(1934)上元宗氏癖泉書室鉛印本　一冊

330000－1702－0003452　民 174/3882　史部/金石類/總志之屬

湫漻齋叢書十種　陳準輯　民國瑞安陳氏刻本　一冊　存一種

330000－1702－0003453　民 315/6683　集部/别集類

蠲戲齋詩編年集八卷避寇集一卷芳杜詞賸一卷　馬浮撰　**蠲戲齋詩前集二卷**　馬浮撰　張立民　楊蔭林輯録　民國二十九年(1940)、三十六年(1947)刻本　四冊　存八卷(編年集一至八)

330000－1702－0003454　民 174/3883　史部/地理類/方志之屬/通志

[乾隆]江南通志二百卷首四卷序目一卷　(清)尹繼善　(清)趙國麟修　(清)黄之雋　(清)章士鳳纂　民國抄本　一冊　存二卷(一百九十三至一百九十四)

330000－1702－0003455　民 174/3884　史部/目録類/總録之屬/私撰

嘉業堂宋元善本書目一卷　明太學經籍志一卷　(明)郭磐編　民國二十九年(1940)抄本　□□英題記　一冊

330000－1702－0003458　民 315/6687　子部/宗教類/佛教之屬/論疏

大乘百法明門論本地分中略録名數解一卷　(唐)釋窺基撰　**大乘百法明門論本地分中略録名數疏二卷**　(唐)釋普光撰　**大乘五藴論一卷**　(唐)釋玄奘譯　**大乘廣五藴論一卷**　(唐)釋地婆訶羅譯　民國五年(1916)金陵刻經處刻本　一冊

330000－1702－0003459　民 174/3886　史部/目録類/總録之屬/私撰

郘亭知見傳本書目十六卷　(清)莫友芝撰　民國十二年(1923)上海掃葉山房石印本　二冊

330000－1702－0003460　民 174/3887　史部/目録類/總録之屬/私撰

揚州吴氏測海樓藏書目録七卷　吴引孫藏　富晉書社編　民國二十年(1931)北平富晉書社石印本　四冊

330000－1702－0003461　民 315/6688　子部/宗教類/佛教之屬/諸宗

婆羅門書一卷　(清)嚴重集　民國刻本　一冊

330000－1702－0003462　民 315/6689　子部/宗教類/佛教之屬/經疏

大佛頂如來密因修證了義諸菩薩萬行首楞嚴經開蒙十卷　(清)釋通智註釋　民國十六年(1927)揚州藏經院刻本　馬一浮批跋　十冊

330000－1702－0003463　民 173/3700　子部/工藝類/文房四寶之屬/叢録

杭州邵芝巖筆莊湖筆徽墨價目彙刊不分卷 邵芝巖筆莊編 民國十三年(1924)杭州邵芝巖筆莊鉛印本 一册

330000－1702－0003464 民 173/3701－3702 子部/小説家類

筆記小説大觀二百二十二種 進步書局輯 民國上海進步書局石印本 四册 存二種

330000－1702－0003467 民 173/3708 史部/傳記類/日記之屬

曲園日記一卷(清光緒十八年二月初十至四月初三日) (清)俞樾撰 民國石印本 一册

330000－1702－0003468 民 173/3709 類叢部/叢書類/彙編之屬

雪堂叢刻(國學叢刊)五十二種 羅振玉編 民國四年(1915)上虞羅氏鉛印本 一册 存一種

330000－1702－0003472 民 316/6697 子部/宗教類/佛教之屬/論

百論二卷 (後秦)釋鳩摩羅什譯 民國鉛印本 一册

330000－1702－0003474 民 173/3715 史部/地理類/遊記之屬/紀行

西湖合記五種 楊元愷輯 民國十二年(1923)常熟楊旡恙拏雲精舍鉛印本 一册

330000－1702－0003476 民 173/3716 史部/地理類/雜志之屬

西湖百絕二卷 許炳璈撰 民國十七年(1928)鉛印本 一册

330000－1702－0003478 民 316/6700 子部/道家類

南華真經十卷 (晉)郭象注 (唐)陸德明音義 民國影印本 一册 存二卷(九至十)

330000－1702－0003479 民 316/6702 集部/别集類

含嘉室詩集八卷 吴士鑑撰 民國元年(1912)鉛印本 二册

330000－1702－0003480 民 316/6703 集部/别集類

悔餘生詩五卷 吴慶坻撰 民國十五年(1926)鉛印本 二册

330000－1702－0003483 民 173/3721 史部/傳記類/總傳之屬/通代

明清藏書家傳略一卷 民國抄本 一册

330000－1702－0003484 民 317/6709 子部/藝術類/書畫之屬/法帖

清翁同龢手札不分卷 (清)翁同龢撰 民國抄本 念柳批跋 一册

330000－1702－0003486 民 317/6715 史部/目録類/專録之屬

中國地方志綜錄不分卷 朱士嘉撰 民國二十四年至二十五年(1935－1936)上海商務印書館石印本 三册

330000－1702－0003487 民 317/6725 史部/傳記類/總傳之屬/通代

中國藏書家攷略不分卷 楊立誠 金步瀛編 民國十八年(1929)浙江省立圖書館鉛印本 一册

330000－1702－0003488 民 173/3724 史部/地理類/雜志之屬

杭城新婚百詠一卷 (清)夏曾傳稿 **御賜漪園西湖月下老人祠籤一卷** 民國抄本 一册

330000－1702－0003489 民 173/3728 類叢部/叢書類/彙編之屬

嘉業堂叢書五十七種 劉承幹輯 民國吳興劉氏嘉業堂刻本(毛詩正義卷一至七原缺) 一册 存一種

330000－1702－0003490 民 318/6730 史部/目録類/總録之屬/彙刻

德友堂書籍目一卷 王喜華編 民國二十五年(1936)北平德友堂古書店鉛印本 一册

330000－1702－0003491 民 318/6731 史部/目録類/總録之屬

西泠印社書目(第二十二期)四卷 西泠印社編 民國十四年(1925)上海西泠印社鉛印本

一册

330000－1702－0003492　民 173/3731　史部/目録類/專録之屬

參加倫敦中國藝術國際展覽會出品目錄四卷　倫敦中國藝術國際展覽會籌備委員會編　民國二十四年(1935)鉛印本　一册

330000－1702－0003493　民 318/6733　史部/目録類/總録之屬/彙刻

崇文齋書目一卷　崇文齋書局主人訂　民國二十四年(1935)北平崇文齋書局鉛印本　一册

330000－1702－0003494　民 318/6734　史部/目録類/總録之屬/私撰

千頃堂書局古今書目錄不分卷　千頃堂書局編　民國十六年(1927)上海千頃堂書局石印本　一册

330000－1702－0003495　民 318/6736　史部/目録類/總録之屬/彙刻

稽古堂書目一卷　稽古堂書店編　民國二十五年(1936)北平稽古堂書店鉛印本　一册

330000－1702－0003496　民 318/6737　史部/目録類/總録之屬

保萃齋書目一卷　保萃齋書店編　民國二十四年(1935)北平保萃齋書店鉛印本　一册

330000－1702－0003497　民 318/6740　史部/目録類/總録之屬/私撰

文殿閣書目一卷　文殿閣編　民國北平文殿閣鉛印本　一册

330000－1702－0003498　民 318/6742　史部/目録類/總録之屬/私撰

文友堂書目一卷　文友堂書店編　民國二十五年(1936)北平文友堂書店鉛印本　一册

330000－1702－0003499　民 73/1299　子部/天文曆算類/曆法之屬

三元甲子新萬年曆三卷附百二十年國曆全書不分卷　鍾之模編　民國十三年(1924)香港統一圖書局石印本　六册

330000－1702－0003500　民 73/1300　子部/雜著類/雜說之屬

梁氏筆記三種二十七卷　(清)梁章鉅撰　民國七年(1918)上海掃葉山房石印本　八册

330000－1702－0003501　民 318/6743　史部/目録類/總録之屬/彙刻

漢文淵書肆書目一卷　漢文淵書肆編　民國十七年(1928)上海漢文淵書肆石印本　一册

330000－1702－0003503　民 318/6744　史部/目録類/總録之屬

直隸書局書目一卷　直隸書局編　民國二十三年(1934)北平直隸書局鉛印本　一册

330000－1702－0003504　民 318/6745　史部/目録類/總録之屬/彙刻

古書流通處舊書目錄一卷　古書流通處編　民國十年(1921)古書流通處石印本　一册

330000－1702－0003505　民 318/6746　史部/目録類/總録之屬/彙刻

博古齋書目一卷　上海博古齋編　民國上海博古齋書店石印本　一册

330000－1702－0003506　民 318/6748　史部/目録類/專録之屬

古物書畫流通處古畫部目錄一卷　古物書畫流通處輯　民國十七年(1928)上海古物書畫流通處石印本　一册

330000－1702－0003507　民 173/3747　史部/史抄類

世統論一卷　民國抄本　一册

330000－1702－0003509　民 318/6749　史部/目録類/總録之屬/私撰

中國通萩館書目一卷附碑帖目錄一卷　民國二十二年(1933)石印本　一册

330000－1702－0003510　民 318/6751　史部/目録類/總録之屬/私撰

文祿堂書籍目一卷　王搢青編　民國二十三年(1934)北平文祿堂書店鉛印本　一册

330000－1702－0003511　民 318/6752　史

部/目録類/總録之屬/私撰

文祿堂書籍目第二期一卷　王搢青編　民國二十四年(1935)北平文祿堂書店鉛印本　一冊

330000－1702－0003512　民 318/6753　史部/目録類/總録之屬/私撰

邃雅齋書目一卷　邃雅齋編　民國二十三年(1934)北平邃雅齋鉛印本　一冊

330000－1702－0003513　民 318/6754　史部/目録類/總録之屬/私撰

東來閣書目一卷　東來閣書店編　民國二十三年(1934)北平東來閣書店鉛印本　一冊

330000－1702－0003514　民 173/3752　史部/傳記類/總傳之屬/技藝

扇面大觀作家略傳四卷附小萬柳堂出版書畫書籍價目一卷　廉泉編　民國中華書局鉛印本　一冊

330000－1702－0003515　民 173/3753　子部/雜著類/雜纂之屬

喜帖彙集一卷　何紳伯録　民國二十年(1931)稿本　一冊

330000－1702－0003516　民 101/2294　集部/戲劇類/傳奇之屬

繡像繪圖琵琶記六卷　(元)高明撰　(清)毛綸評　民國上海進步書局石印本　二冊

330000－1702－0003517　民 73/1309　子部/藝術類/遊藝之屬/棋弈

百戰百勝圍棋秘訣一卷　民國十年(1921)上海啟新書局石印本　一冊

330000－1702－0003518　民 73/1310　子部/儒家類/儒學之屬/蒙學

三字經註解備要一卷　(宋)王應麟撰　(清)賀思興註　民國十七年(1928)上海昌文書局石印本　一冊

330000－1702－0003519　民 73/1311　子部/儒家類/儒學之屬/蒙學

重訂三字經一卷　章炳麟重訂　民國二十二年(1933)上海明善書局石印本　一冊

330000－1702－0003520　民 73/1312　集部/總集類/選集之屬/通代

增補重訂千家詩註解二卷附珠算法一卷　(宋)謝枋得選　(清)汪相注　民國上海大觀書局石印本　二冊

330000－1702－0003521　民 318/6756/1　史部/目録類/總録之屬/私撰

中國書店書目□□卷　中國書店編　民國上海中國書店石印本　一冊　存一卷(十四)

330000－1702－0003522　民 318/6756/2　史部/目録類/總録之屬/私撰

中國書店書目□□卷　中國書店編　民國上海中國書店石印本　一冊　存一卷(十四)

330000－1702－0003523　民 318/6756/3　史部/目録類/總録之屬/私撰

中國書店書目□□卷　中國書店編　民國上海中國書店石印本　一冊　存一卷(七)

330000－1702－0003524　民 318/6757/1　史部/目録類/總録之屬/私撰

來青閣廉價書目(二十四年四月第一期)一卷　來青閣書莊編　民國二十四年(1935)上海來青閣書莊石印本　一冊

330000－1702－0003525　民 318/6757/2　史部/目録類/總録之屬/私撰

來青閣大廉價書目錄(二十四年十月第二次)一卷　來青閣書莊編　民國二十四年(1935)上海來青閣書莊石印本　一冊

330000－1702－0003526　民 318/6757/3　史部/目録類/總録之屬/私撰

來青閣書目(廿六年五月第一次廉價書目)一卷　來青閣書莊編　民國二十六年(1937)上海來青閣書莊石印本　一冊

330000－1702－0003527　民 173/3757　類叢部/叢書類/彙編之屬

雪堂叢刻(國學叢刊)五十二種　羅振玉編　民國四年(1915)上虞羅氏鉛印本　一冊　存一種

330000－1702－0003528　民 173/3762　子

部/儒家類/儒學之屬/禮教
筆鏡四卷勵學篇重編周興嗣千字文一卷帝京篇重編周興嗣千字文一卷 （清）王寶仁撰 民國十四年（1925）據清舊香居刻本影印本 一册

330000－1702－0003529 民 318/6757/4 史部/目録類/總録之屬/私撰
蘇州來青閣書目第五期一卷 來青閣書莊編 民國二十五年（1936）蘇州來青閣書莊石印本 一册

330000－1702－0003530 民 318/6757/5 史部/目録類/總録之屬/私撰
來青閣書目一卷 來青閣書莊編 民國上海來青閣書莊石印本 一册

330000－1702－0003531 民 318/6759/1 史部/目録類/總録之屬/私撰
來薰閣書目不分卷 陳杭編 民國北平琉璃廠來薰閣鉛印本 一册 存第五期

330000－1702－0003532 民 318/6760/1 史部/目録類/總録之屬/私撰
蟫隱廬舊本書目第二十四期一卷 蟫隱廬書莊編 民國上海蟫隱廬書莊石印本 一册

330000－1702－0003533 民 318/6760/2 史部/目録類/總録之屬/私撰
蟫隱廬新板書目第五期一卷 蟫隱廬書莊編 民國十九年（1930）上海蟫隱廬書莊石印本 一册

330000－1702－0003534 民 318/6761 經部/小學類/文字之屬/字書/字典
康熙字典十二集三十六卷檢字一卷辨似一卷等韻一卷補遺一卷備考一卷 （清）張玉書等纂修 民國十七年（1928）上海錦章圖書局石印本 六册

330000－1702－0003535 民 318/6762 子部/藝術類/書畫之屬/畫譜
畫譜不分卷 （清）張熊等繪 民國影印本 一册

330000－1702－0003536 民 73/1313 子部/藝術類/書畫之屬/畫法畫品
畫法要錄十七卷首一卷 余紹宋撰 民國上海中華書局鉛印本 二册 存七卷（首、一至六）

330000－1702－0003537 民 73/1314 子部/藝術類/書畫之屬/書法書品
隸體結構摘錦一卷 杜就田撰 民國十八年（1929）稿本 一册

330000－1702－0003538 民 173/3769 史部/政書類/儀制之屬/專志/紀元
紀元編三卷 （清）李兆洛編 羅振玉校正 民國鉛印本 三册

330000－1702－0003539 民 173/3770 史部/目録類/專録之屬
中國地方志綜錄不分卷 朱士嘉撰 民國二十六年（1937）上海商務印書館石印本 三册

330000－1702－0003540 民 318/6763 史部/地理類/總志之屬/斷代
中華民國疆域沿革錄不分卷 王念倫編 民國二十四年（1935）北平五典書房鉛印本 一册

330000－1702－0003541 民 318/6764 史部/傳記類/總傳之屬/姓名
新增百家姓聯珠一卷 于振麟編 民國三十一年（1942）北京萬國道德總會鉛印本 一册

330000－1702－0003542 民 173/3771 集部/總集類/選集之屬/通代
古詩鈔一卷 民國抄本 一册

330000－1702－0003543 民 319/6765 集部/總集類/尺牘之屬
明清兩朝畫苑尺牘不分卷 潘承厚輯 民國三十二年（1943）吳縣潘氏影印本 一册

330000－1702－0003544 民 73/1316 子部/醫家類/綜合之屬
杭州醫學公會會刊不分卷 沈靖塵 魏子祥編 民國十八年（1929）鉛印本 一册

330000－1702－0003546 民 319/6767 集

部/小說類/長篇之屬

校正全圖足本金瓶梅全集十六卷一百回 (清)張道深批　民國香港舊小說社石印本　十六冊

330000－1702－0003548　民 101/2297　集部/别集類/宋别集

蘇文忠公詩集五十卷目錄二卷 (宋)蘇軾撰 (清)紀昀評點　民國二年(1913)掃葉山房石印本　十一冊

330000－1702－0003549　民 101/2298　類叢部/叢書類/彙編之屬

四部備要 中華書局編　民國二十五年(1936)上海中華書局鉛印本(經義考卷二百八十六、二百九十九至三百,東塾讀書記卷十三至十四、十七至二十、二十二至二十五原缺)　八冊　存一種

330000－1702－0003555　民 74/1320　類叢部/叢書類/彙編之屬

說郛一百卷 (元)陶宗儀編　張宗祥重校　民國十六年(1927)上海商務印書館鉛印本　四十冊

330000－1702－0003557　民 173/3780　子部/藝術類/篆刻之屬/印譜

印譜一卷　民國鈐印本　一冊

330000－1702－0003558　民 319/6773　集部/小說類/長篇之屬

評注圖像水滸傳三十五卷七十回首一卷 (元)施耐庵撰　(清)金人瑞評　民國上海鑄記書局石印本　十五冊　存三十三卷(首、一至三十二)

330000－1702－0003559　民 173/3781　子部/藝術類/篆刻之屬/印譜

思問廬印存一卷　民國鈐印本　一冊

330000－1702－0003560　民 322/6782　經部/易類/傳說之屬

周易講義十卷　碧雲子講述　民國二十四年(1935)金華經訓山房鉛印本　四冊

330000－1702－0003561　民 173/3782　類叢部/叢書類/彙編之屬

士禮居黃氏叢書十九種附四種 (清)黄丕烈輯　民國十一年(1922)上海博古齋據清黃氏刻本增輯影印本　一冊　存一種

330000－1702－0003562　民 75/1323　子部/藝術類/音樂之屬/總論

中國音樂史五卷附編二卷　鄭覲文撰　民國十八年(1929)上海大同樂會鉛印本　四冊

330000－1702－0003563　民 173/3783　子部/藝術類/遊藝之屬/聯語

聯選一卷　民國抄本　一冊

330000－1702－0003564　民 322/6784　史部/傳記類/别傳之屬/墓誌

呂母蔡太夫人墓志銘一卷　譚延闓撰並書　民國三十七年(1948)上海商務印書館影印本　一冊

330000－1702－0003566　民 322/6785　集部/别集類/清别集

味佛諦龕尺牘一卷 (清)陶方琦撰　民國三十二年(1943)陶閒齋影印本　一冊

330000－1702－0003567　民 322/6786　子部/藝術類/書畫之屬/法帖

一心書詞一卷　童式規書　民國二十一年(1932)影印本　一冊

330000－1702－0003568　民 173/3787　子部/術數類/相宅相墓之屬

萬年圖山向通例一卷　民國抄本　一冊

330000－1702－0003570　民 324－330/4737　史部/紀傳類/正史之屬

百衲本二十四史　張元濟輯　民國上海商務印書館影印本　八百一冊　缺七十一卷(吳書九至十二,唐書一百四十四至一百四十七,宋史一百二十六至一百五十三、三百五十二至三百七十二、四百四十九至四百五十五、四百六十八至四百七十二,金史一至二)

330000－1702－0003571　民 75/1330　史部/金石類/璽印之屬/文字

清代玉璽譜一卷　民國十九年(1930)上海會

文堂新記書局影印本　一冊

330000－1702－0003572　民 101/2301　集部/小說類/長篇之屬

增評加註全圖紅樓夢十五卷首一卷一百二十回　(清)曹霑　(清)高鶚撰　(清)王希廉　(清)張新之　(清)姚燮評　民國二十年(1931)上海同文書局石印本　十六冊

330000－1702－0003574　民 101/2306　集部/小說類/長篇之屬

原本石頭記八卷八十回　(清)曹霑撰　民國十六年(1927)上海有正書局石印本　十二冊

330000－1702－0003575　民 101/2307　集部/小說類/長篇之屬

繡像繪圖隋唐演義八卷一百回　民國上海進步書局石印本　八冊

330000－1702－0003577　民 101/2309　集部/小說類/長篇之屬

繪圖封神演義十二卷一百回　(明)許仲琳撰　(明)鍾惺評　民國上海天寶書局石印本　十二冊

330000－1702－0003578　民 75/1340　子部/雜著類/雜考之屬

日知錄校記一卷目次校記一卷　黄侃撰　民國二十二年(1933)國立中央大學出版組鉛印本　一冊

330000－1702－0003579　民 75/1344　子部/宗教類/道教之屬

南屏曉鐘一卷　孫福鏘編輯　民國十一年(1922)杭州城北重興慈濟老壇鉛印本　一冊

330000－1702－0003580　民 101/2308　集部/曲類/彈詞之屬

繪圖安邦志八卷繪圖定國志八卷　民國十九年(1930)上海大一統書局石印本　十六冊

330000－1702－0003581　民 101/2310　集部/小說類/長篇之屬

繡像封神演義十二卷一百回　(明)許仲琳撰　(明)鍾惺評釋　民國上海廣興書局鉛印本　十冊　存十一卷(一至六、八至十二)

330000－1702－0003582　民 75/1347　子部/藝術類/書畫之屬/畫法畫品

山水入門十章　胡錫銓撰　民國二十六年(1937)上海商務印書館石印本　一冊

330000－1702－0003583　民 101/2311　集部/小說類/長篇之屬

增像全圖東漢演義四卷六十四回　(明)謝詔撰　民國上海鴻章書局石印本　一冊

330000－1702－0003585　民 101/2312　集部/小說類/長篇之屬

繪圖西漢演義四卷一百回　(明)甄偉撰　民國十一年(1922)上海大成書局石印本　二冊

330000－1702－0003586　民 173/3805　子部/醫家類/方書之屬/成方藥目

葉種德堂丸散膏丹全錄一卷　葉鴻年編　民國四年(1915)葉種德堂鉛印本　一冊

330000－1702－0003587　民 75/1351　子部/兵家類/武術技巧之屬

太極拳刀劍桿散手合編十卷附錄一卷　陳炎林撰　民國三十二年(1943)上海國光書局鉛印本　二冊

330000－1702－0003588　民 171/3695　子部/藝術類

美術叢書初集二集三集二百三十種　鄧實輯　民國十七年(1928)上海神州國光社鉛印本　一百二十冊

330000－1702－0003592　民 75/1358　子部/藝術類/篆刻之屬/印譜

西京職官印錄二卷　(清)徐堅輯　民國二十四年(1935)上海商務印書館影印本　二冊

330000－1702－0003593　民 75/1359　史部/金石類/錢幣之屬/雜著

觀古閣泉說二卷　(清)鮑康撰　**李竹明續泉說一卷**　(清)李佐賢撰　民國上海醫學書局影印本　一冊

330000－1702－0003594　民 75/1360　子部/藝術類/篆刻之屬/印譜

宋元明犀象璽印留真六卷　當湖葛氏藏　民

國十四年(1925)當湖葛氏傳樸堂影印本　六冊

330000－1702－0003595　民157/3692　集部/戲劇類/總集之屬
奢摩他室曲叢　吳梅輯　民國十七年(1928)上海商務印書館影印本暨鉛印本　二十四冊

330000－1702－0003596　民77/1362　類叢部/叢書類/彙編之屬
四部叢刊　張元濟等編　民國上海商務印書館影印本　一冊　存一種

330000－1702－0003597　民77/1363　類叢部/叢書類/彙編之屬
四部叢刊　張元濟等編　民國上海商務印書館影印本　四冊　存一種

330000－1702－0003598　民77/1364　類叢部/叢書類/彙編之屬
四部叢刊　張元濟等編　民國上海商務印書館影印本　三冊　存一種

330000－1702－0003599　民77/1365　類叢部/叢書類/彙編之屬
四部叢刊　張元濟等編　民國上海商務印書館影印本　五冊　存一種

330000－1702－0003600　民77/1366　類叢部/叢書類/彙編之屬
四部叢刊　張元濟等編　民國上海商務印書館影印本　八冊　存一種

330000－1702－0003601　民77/1367　類叢部/叢書類/彙編之屬
四部叢刊　張元濟等編　民國上海商務印書館影印本　四冊　存一種

330000－1702－0003602　民156/3690　集部/總集類/彙編之屬
汲古閣景鈔南宋六十家小集　(宋)陳起輯　民國十年(1921)上海古書流通處據明汲古閣景鈔宋本影印本(安晚堂詩集卷一至五、十三至六十原缺)　十四冊

330000－1702－0003603　民77/1368－1376　子部/宗教類/道教之屬/道藏
道藏一千二百五十八種　(明)張宇初等編　民國十二年至十五年(1923－1926)上海涵芬樓影印本　二十三冊　存十四種

330000－1702－0003604　民110/2704　集部/别集類/清别集
聊齋全集四種　(清)蒲松齡撰　民國九年(1920)上海中華圖書館石印本　二冊　存一種

330000－1702－0003605　民101/2299　集部/别集類
西泠懷古詩不分卷　丁立中撰　丁文右輯　民國十一年(1922)稿本　三冊

330000－1702－0003606　民110/2702　子部/藝術類/書畫之屬/畫譜
全國名伶秘本戲畫大觀二卷　錢辛繪　民國石印本　一冊　存一卷(一)

330000－1702－0003607　民110/2693　集部/總集類/選集之屬/通代
明清八大家文鈔八卷　進步書局編輯所編輯　民國四年(1915)上海文明書局、中華書局石印本　八冊

330000－1702－0003610　民109/2626　集部/别集類/宋别集
岳忠武王文集八卷首一卷末一卷　(宋)岳飛撰　(清)黄邦寧纂修　(清)郝延年補修　民國十年(1921)鉛印本　四冊

330000－1702－0003611　民109/2623　子部/藝術類/書畫之屬/法帖
智永真草千字文一卷　(隋)釋智永書　民國二十四年(1935)上海商務印書館影印本　一冊

330000－1702－0003612　民109/2621　子部/藝術類/書畫之屬/法帖
傅青主先生墨蹟小楷金剛經一卷　(清)傅山書　民國二十四年(1935)上海商務印書館影印本　一冊

330000－1702－0003614　民109/2622　子

部/藝術類/書畫之屬/法帖

宋拓玄秘塔不分卷 (唐)裴休撰 (唐)柳公權書 民國二十二年(1933)上海商務印書館影印本 一册

330000－1702－0003615 民77/1378、民77/1380 類叢部/叢書類/彙編之屬

四部叢刊 張元濟等編 民國上海商務印書館影印本 九册 存二種

330000－1702－0003616 民77/1379 類叢部/叢書類/彙編之屬

四部叢刊續編七十七種 張元濟等編 民國二十三年(1934)上海商務印書館影印本(儀禮疏卷三十二至三十七、周易要義卷三至六、禮記要義卷一至二、麟臺故事卷四至五原缺) 三册 存一種

330000－1702－0003618 民77/1381 集部/總集類/選集之屬/通代

古今文綜不分卷 張相輯 民國五年(1916)上海中華書局鉛印本 四十册

330000－1702－0003619 民77/1382 類叢部/叢書類/彙編之屬

四部備要 中華書局編 民國二十五年(1936)上海中華書局鉛印本(經義考卷二百八十六、二百九十九至三百,東塾讀書記卷十三至十四、十七至二十、二十二至二十五原缺) 十二册 存一種

330000－1702－0003621 民77/1383 子部/墨家類

墨子閒詁十五卷目錄一卷附錄一卷後語二卷 (清)孫詒讓撰 民國十三年(1924)掃葉山房石印本 八册

330000－1702－0003622 民330－335/4743 史部/紀傳類/正史之屬

百衲本二十四史 張元濟輯 民國上海商務印書館影印本 八百二十册

330000－1702－0003623 民102/2316 集部/小説類/長篇之屬

繡像繪圖儒林外史六卷六十回 (清)吳敬梓撰 民國上海進步書局石印本 六册

330000－1702－0003624 民77/1384 子部/宗教類/佛教之屬/總録

竹窗隨筆一卷二筆一卷三筆一卷 (明)釋祩宏撰 民國二十三年(1934)上海商務印書館影印本 三册

330000－1702－0003625 民77/1385 子部/藝術類/書畫之屬/總論

歷代書畫舫十二卷 (明)張丑撰 民國十五年(1926)上海錦文堂石印本 八册

330000－1702－0003626 民77/1386 子部/雜著類/雜考之屬

古書疑義舉例七卷 (清)俞樾撰 民國上海古書流通處影印本 三册

330000－1702－0003627 民77/1387 子部/藝術類/書畫之屬/總論

庚子銷夏記八卷 (清)孫承澤撰 民國九年(1920)上海掃葉山房石印本 四册

330000－1702－0003629 民102/2318 集部/曲類/曲韻曲譜曲律之屬

拜月亭曲譜二卷 (清)殷溎深撰 張芬校正兼繕底 民國十年(1921)上海朝記書莊石印本 四册

330000－1702－0003630 民102/2320 集部/小説類/長篇之屬

繪圖老殘遊記四卷二十章 (清)劉鶚撰 民國十四年(1925)上海世界書局石印本 四册

330000－1702－0003631 民102/2319 集部/曲類/曲韻曲譜曲律之屬

春雪閣曲譜三記三卷 (清)殷溎深撰 張芬校正兼繕底 民國十年(1921)上海朝記書莊石印本 二册

330000－1702－0003632 民77/1389 子部/藝術類/書畫之屬/畫譜

三希堂畫寶分類大觀十集四十二卷 莫厘山人編 民國十四年(1925)大華書局影印本 四册 存四卷(蘭譜一至四)

330000－1702－0003633　民77/1390－1391、民77/1396、民78/1397－1406　類叢部/叢書類/彙編之屬

四部備要　中華書局編　民國二十五年(1936)上海中華書局鉛印本(經義考卷二百八十六、二百九十九至三百,東塾讀書記卷十三至十四、十七至二十、二十二至二十五原缺)　三十七册　存十四種

330000－1702－0003634　民111/2747　集部/小說類/長篇之屬

繡像北宋楊家將演義十卷五十回　民國石印本　一册

330000－1702－0003635　民102/2321　集部/小說類/長篇之屬

繪像結水滸全傳八卷七十回　(清)俞萬春撰　(清)范辛來　(清)邵祖恩參評　民國十七年(1928)上海江東茂記書局石印本　八册

330000－1702－0003637　民77/1394　子部/藝術類/書畫之屬/畫譜

陳朗齋先生畫譜不分卷　(清)陳敏繪　民國十一年(1922)四明還讀樓影印本　一册

330000－1702－0003638　民154/3673　史部/地理類/雜志之屬

上海掌故叢書第一集　上海通社輯　民國二十五年(1936)上海中華書局鉛印本　十册

330000－1702－0003640　民111/2752　集部/小說類/短篇之屬

小說名畫大觀二百七十種　胡寄塵編輯　民國五年(1916)上海文明書局石印本　一册　存九種

330000－1702－0003641　民153/3671　類叢部/叢書類/彙編之屬

涵芬樓祕笈五十一種　孫毓修等輯　民國五年至十五年(1916－1926)上海商務印書館影印本暨鉛印本　八册　存六種

330000－1702－0003642　民193/4831　史部/政書類/公牘檔册之屬

關於實業事項之報告一卷　呂培仁　雷寅撰　民國三年(1914)稿本　一册

330000－1702－0003643　民113/2838　集部/小說類/長篇之屬

增補齊省堂儒林外史六十回　(清)吳敬梓撰　民國三年(1914)育文書局石印本　六册

330000－1702－0003644　民113/2813/5　子部/小說家類/雜事之屬

湖上散記一卷　陳蘧撰　民國漢文書局鉛印本　一册

330000－1702－0003645　民113/2810　集部/曲類/曲韻曲譜曲律之屬

牡丹亭曲譜二卷　(清)殷溎深撰　民國十年(1921)上海朝記書莊石印本　四册

330000－1702－0003646　民153/3672　類叢部/叢書類/彙編之屬

復性書院叢刊二十七種　馬浮編　民國二十九年至三十七年(1940－1948)復性書院刻本暨鉛印本　三十二册　存二十三種

330000－1702－0003647　民113/2806　子部/小說家類/異聞之屬

詳註閱微草堂筆記二十四卷　(清)紀昀撰　民國二十一年(1932)上海掃葉山房石印本　八册

330000－1702－0003648　民112/2782　集部/别集類/清别集

歸玄恭全集十三卷　(清)歸莊撰　民國二十四年(1935)上海掃葉山房石印本　四册

330000－1702－0003649　民112/2781　集部/别集類/明别集

詳註震川先生别集十卷附錄一卷　(明)歸有光撰　(清)倪錫恩註疏　民國二十四年(1935)上海掃葉山房石印本　四册

330000－1702－0003650　民112/2776　集部/總集類/選集之屬/斷代

文藝叢錄不分卷　大公報輯　民國大公報鉛印本　四册

330000－1702－0003651　民111/2758　集

部/别集類

埽世垢室詩存三卷　金炳麟撰　民國抄本　一冊

330000－1702－0003652　民 102/2322　集部/小說類/長篇之屬

增像全圖東周列國志二十七卷首一卷一百八回　(清)蔡奡評點　民國五年(1916)上海廣益書局石印本　八冊

330000－1702－0003654　民 111/2757　集部/總集類/選集之屬/斷代

藻華錄公報詩一卷　民國抄本　一冊

330000－1702－0003655　民 78/1407　類叢部/叢書類/彙編之屬

四部備要　中華書局編　民國二十五年(1936)上海中華書局鉛印本(經義考卷二百八十六、二百九十九至三百,東塾讀書記卷十三至十四、十七至二十、二十二至二十五原缺)　一冊　存二種

330000－1702－0003656　民 78/1408　類叢部/叢書類/彙編之屬

四部備要　中華書局編　民國二十五年(1936)上海中華書局鉛印本(經義考卷二百八十六、二百九十九至三百,東塾讀書記卷十三至十四、十七至二十、二十二至二十五原缺)　一冊　存一種

330000－1702－0003657　民 78/1409　子部/雜著類/雜說之屬

桐陰清話八卷　(清)倪鴻撰　民國三年(1914)上海掃葉山房石印本　四冊

330000－1702－0003659　民 102/2327　集部/曲類/彈詞之屬

繡像繪圖筆生花十六卷三十二回　(清)邱心如撰　民國上海進步書局石印本　八冊

330000－1702－0003660　民 102/2328　集部/小說類/長篇之屬

增像小五義全傳六卷一百二十四回　(清)石玉崑撰　民國上海錦章圖書局石印本　二冊

330000－1702－0003661　民 102/2329　集部/小說類/長篇之屬

增像續小五義六卷一百二十四回　(清)石玉崑撰　民國上海錦章圖書局石印本　二冊

330000－1702－0003662　民 102/2332　集部/小說類/長篇之屬

增像七俠五義傳六卷一百回　(清)石玉崑撰　(清)俞樾重編　民國上海錦章圖書局石印本　二冊

330000－1702－0003664　民 78/1410　類叢部/叢書類/彙編之屬

知不足齋叢書一百九十五種　(清)鮑廷博輯　(清)鮑士恭續輯　民國十年(1921)上海古書流通處據清鮑氏刻本影印本　一冊　存二種

330000－1702－0003665　民 78/1412　類叢部/叢書類/彙編之屬

涵芬樓祕笈五十一種　孫毓修等輯　民國五年至十五年(1916－1926)上海商務印書館影印本暨鉛印本　二冊　存一種

330000－1702－0003666　民 152/3648－3667　類叢部/叢書類/彙編之屬

四部備要　中華書局編　民國二十五年(1936)上海中華書局鉛印本(經義考卷二百八十六、二百九十九至三百,東塾讀書記卷十三至十四、十七至二十、二十二至二十五原缺)　一百十八冊　存二十種

330000－1702－0003667　民 102/2335　集部/戲劇類/傳奇之屬

繡像繪圖長生殿傳奇四卷　(清)洪昇填詞　(清)吳人論文　民國上海進步書局石印本　二冊

330000－1702－0003668　民 78/1413　子部/儒家類/儒家之屬

孔氏家語十卷　(三國魏)王肅注　民國上海同文書局石印本　五冊

330000－1702－0003669　民 78/1414　子部/儒家類/儒家之屬

孔氏家語十卷　(三國魏)王肅注　民國六年

(1917)上海會文堂書局石印本　一冊

330000－1702－0003670　民78/1415　子部/儒家類/儒家之屬
孔子家語八卷　(明)何孟春注　(清)盧文弨校補　民國十三年(1924)協記書局石印本　三冊　缺二卷(五至六)

330000－1702－0003671　民78/1416　子部/儒家類/儒學之屬
古今格言四卷　江畬經編纂　民國七年(1918)上海商務印書館鉛印本　四冊

330000－1702－0003672　民147/3631　史部/地理類/雜志之屬
上海掌故叢書第一集　上海通社輯　民國二十四年(1935)上海通社鉛印本　十冊

330000－1702－0003673　民78/1417　子部/兵家類/兵法之屬
趙註孫子五卷　(明)趙本學解引類　民國益新書局石印本　一冊

330000－1702－0003674　民336－339/4738　類叢部/叢書類/彙編之屬
四部備要　中華書局編　民國二十五年(1936)上海中華書局鉛印本(經義考卷二百八十六、二百九十九至三百,東塾讀書記卷十三至十四、十七至二十、二十二至二十五原缺)　四百三十六冊　存二十二種

330000－1702－0003675　民78/1418　子部/法家類
韓非子集解二十卷首一卷　(清)王先慎撰　王先謙注　民國上海校經山房成記書局石印本　二冊

330000－1702－0003676　民78/1419　子部/墨家類
墨子十五卷目一卷篇目考一卷　(清)畢沅校注並撰　民國九年(1920)上海五鳳樓石印本　四冊

330000－1702－0003677　民78/1420　子部/儒家類/儒家之屬
荀子集解二十卷首一卷　(唐)楊倞注　王先謙集解　民國上海掃葉山房石印本　八冊

330000－1702－0003678　民78/1421　子部/儒家類/儒家之屬
荀子集解二十卷首一卷　(唐)楊倞注　王先謙集解　民國上海掃葉山房石印本　八冊

330000－1702－0003680　民78/1423　子部/藝術類/書畫之屬/畫譜
芥子園畫傳初集六卷二集九卷三集六卷　(清)王槩　(清)王蓍　(清)王臬輯　民國上海錦章圖書局石印本　九冊　存十五卷(初集一至六、二集三至九、三集五至六)

330000－1702－0003681　民78/1424　子部/藝術類/書畫之屬/總論
畫禪室隨筆四卷　(明)董其昌撰　民國七年(1918)上海掃葉山房石印本　三冊

330000－1702－0003682　民78/1425　子部/雜著類/雜品之屬
新增格古要論十三卷　(明)曹昭撰　(明)王佐校增　民國上海自強書局石印本　八冊

330000－1702－0003683　民78/1426　集部/總集類/選集之屬/通代
古文觀止十二卷　(清)吳乘權　(清)吳大職輯　民國上海商務印書館鉛印本　一冊　存二卷(一至二)

330000－1702－0003684　民102/2339　集部/小說類/長篇之屬
燕山外史註釋二卷　(清)陳球撰　(清)傅聲谷輯註　民國鉛印本　二冊

330000－1702－0003685　民102/2340　集部/小說類/長篇之屬
燕山外史註釋二卷　(清)陳球撰　(清)傅聲谷輯註　民國二十二年(1933)上海鴻文書局石印本　一冊

330000－1702－0003686　民78/1428　子部/工藝類/日用器物之屬/陶瓷
飲流齋說瓷十卷　許之衡撰　民國十三年(1924)上海朝記書莊鉛印本　四冊

330000－1702－0003687　民 78/1429　子部/宗教類/道教之屬

玉定金科例誅輯要十卷首一卷末一卷特宥輯要十卷首一卷末一卷例賞輯要十卷首一卷末一卷　南天都劾司　桂宮武昌侯輯　民國十三年(1924)北京金科流通處鉛印本　十二册　缺九卷(例賞輯要三至十、末)

330000－1702－0003688　民 102/2336　集部/小説類/長篇之屬

石頭記真諦二卷　(清)景梅九撰　民國二十三年(1934)西京出版社鉛印本　二册

330000－1702－0003689　民 102/2343　集部/小説類/長篇之屬

繡像花月痕六卷五十二回　(清)魏秀仁編　民國十七年(1928)上海江東茂記書局石印本　六册

330000－1702－0003693　民 79/1458　子部/宗教類/佛教之屬

佛家名相通釋二卷　熊十力撰　民國二十六年(1937)國立北京大學出版組鉛印本　二册

330000－1702－0003695　民 147/3632　類叢部/叢書類/彙編之屬

清代學術叢書五種　黄寶熙編　民國香山黄氏古愚室據刻本影印本　十二册　存三種

330000－1702－0003696　民 147/3633　史部/雜史類/斷代之屬

太平天國叢書第一集　蕭一山輯　民國二十五年(1936)國立編譯館影印本　十册

330000－1702－0003697　民 147/3635　類叢部/叢書類/郡邑之屬

仙居叢書第一集十二種　李鏡渠編　民國二十四年(1935)鉛印本　二十册

330000－1702－0003698　民 79/1456　史部/傳記類/别傳之屬/事狀

乾坤正氣錄八卷　周懋勸編次　民國十三年(1924)悟道社李靈聚等重刻本　六册

330000－1702－0003699　民 147/3636　集部/總集類/郡邑之屬

永嘉詩人祠堂叢刻十四種　冒廣生輯　民國四年(1915)如皋冒氏刻二十年(1931)敬鄉樓補刻本　八册

330000－1702－0003701　民 147/3637　類叢部/叢書類/自著之屬

鐵研㘸蘉書五種　桑宣撰　民國八年(1919)宛平桑氏鉛印本　八册

330000－1702－0003702　民 79/1460　子部/宗教類/佛教之屬

佛學大辭典不分卷通檢一卷疇隱居士自訂年譜一卷　丁福保撰　民國十四年(1925)上海醫學書局鉛印本　十六册

330000－1702－0003703　民 79/1461　子部/藝術類/遊藝之屬/棋弈

兼山堂弈譜不分卷　(清)徐星友評　民國二年(1913)上海文瑞樓石印本　二册

330000－1702－0003704　民 79/1462　子部/藝術類/遊藝之屬/棋弈

兼山堂弈譜不分卷　(清)徐星友評　民國二年(1913)上海文瑞樓石印本　一册

330000－1702－0003705　民 147/3638　類叢部/叢書類/自著之屬

崇雅堂叢書十四種　楊晨撰　民國二十五年(1936)楊紹翰鉛印本　十五册　存十三種

330000－1702－0003706　民 79/1464　子部/藝術類/遊藝之屬/棋弈

日本國手丈和弈譜四卷　(日本)丈和撰　民國上海文瑞樓石印本　三册

330000－1702－0003707　民 79/1465　子部/藝術類/遊藝之屬/棋弈

圍棋近譜一卷　(清)金楙志輯　民國上海鴻章書局石印本　一册

330000－1702－0003708　民 79/1466　子部/藝術類/遊藝之屬/棋弈

殘局類選二卷　(清)錢長澤選　民國上海文瑞樓石印本　一册　存一卷(一)

330000－1702－0003709　民 147/3639　類叢

部/叢書類/自著之屬

章氏叢書十三種 章炳麟撰 民國六年至八年(1917－1919)浙江圖書館刻本 二十四冊

330000－1702－0003710 民147/3643－3644 類叢部/叢書類/郡邑之屬

括蒼叢書第一集八種第二集十二種 劉燿東編 民國二十七年(1938)、三十七年(1948)鉛印本(滑疑集詩卷二原缺) 三十冊

330000－1702－0003711 民79/1467 子部/藝術類/遊藝之屬/棋弈

弈理析疑一卷 (清)臧念宣撰 民國上海文瑞樓書局石印本 一冊

330000－1702－0003714 民146/3585 子部/藝術類/書畫之屬/法帖

宋搨大字麻姑仙壇記一卷 (唐)顏真卿撰並書 民國二十四年(1935)文明書局影印本 陳知庠題簽並記 一冊

330000－1702－0003715 民146/3586 子部/藝術類/書畫之屬/法帖

北宋拓蘇書豐樂亭記一卷 (宋)蘇軾書 民國二十五年(1936)上海商務印書館影印本 一冊

330000－1702－0003717 民79/1468 子部/藝術類/遊藝之屬/棋弈

潘景齋奕譜約選一卷 (清)楚桐隱 (清)章芝楣評 民國三年(1914)上海文瑞樓石印本 一冊

330000－1702－0003718 民79/1469 子部/藝術類/遊藝之屬/棋弈

奕程一卷 (清)張雅博輯 民國元年(1912)上海文瑞樓石印本 一冊

330000－1702－0003719 民79/1470 子部/藝術類/遊藝之屬/棋弈

奕譜彙選三卷 民國五年(1916)上海文瑞樓石印本 三冊

330000－1702－0003720 民79/1471 子部/藝術類/遊藝之屬/棋弈

奕理金鍼一卷 (清)劉福山集成 民國上海文瑞樓石印本 一冊

330000－1702－0003721 民146/3595 子部/雜著類/雜說之屬

道德學誌八十一卷 段正元講 民國十九年(1930)北平道德學社鉛印本 十六冊

330000－1702－0003722 民146/3596 史部/傳記類/別傳之屬/事狀

魏文節公[杞]事略一卷 魏頌唐輯 民國二十五年(1936)鉛印本 一冊

330000－1702－0003724 民79/1472 子部/藝術類/遊藝之屬/棋弈

皖游弈萃一卷 (清)周小松輯 民國三年(1914)上海文瑞樓石印本 一冊

330000－1702－0003725 民79/1473 子部/藝術類/遊藝之屬/棋弈

皖游弈萃一卷 (清)周小松輯 民國三年(1914)上海文瑞樓石印本 一冊

330000－1702－0003726 民79/1474 子部/藝術類/遊藝之屬/棋弈

受子譜不分卷 民國上海文瑞樓石印本 二冊

330000－1702－0003727 民79/1475 子部/藝術類/遊藝之屬/棋弈

受子譜不分卷 民國上海文瑞樓石印本 一冊

330000－1702－0003728 民79/1478 子部/藝術類/遊藝之屬/棋弈

桃花泉弈譜二卷 (清)范世勳撰 民國上海文瑞樓影印本 一冊

330000－1702－0003729 民79/1479 子部/藝術類/遊藝之屬/棋弈

呂毛鄧對局一卷 鄧元鏸輯 民國上海文瑞樓書局石印本 一冊

330000－1702－0003730 民79/1480 子部/藝術類/遊藝之屬/棋弈

聽秋軒弈譜一卷 (清)龍椒散人輯 民國元年(1912)上海文瑞樓石印本 一冊

330000－1702－0003732　民 79/1481　子部/藝術類/遊藝之屬/棋弈

陳方七局一卷　(清)陳子仙　(清)方秋客撰　民國上海文瑞樓石印本　一冊

330000－1702－0003733　民 146/3603　子部/小說家類/諧謔之屬

可發一笑二卷　琴石山人編輯　民國七年(1918)上海會文堂書局石印本　二冊

330000－1702－0003734　民 146/3606　新學/理學/理學

居易俟命一卷　段正元撰　民國北京道德學社鉛印本　一冊

330000－1702－0003735　民 146/3607　子部/儒家類/儒學之屬/性理

萬教丹經一卷　段正元講　民國十二年(1923)北京道德學社鉛印本　一冊

330000－1702－0003736　民 146/3608　經部/三禮總義類/通論之屬

禮問一卷政問一卷　民國北京道德學社鉛印本　一冊

330000－1702－0003737　民 79/1482　類叢部/叢書類/彙編之屬

清代學術叢書五種　黃寶熙編　民國香山黃氏古愚室據刻本影印本　六冊　存一種

330000－1702－0003738　民 146/3609/1　子部/宗教類/其他宗教之屬/其他

黃中通理二卷　段正元撰　民國十二年(1923)北京道德學社印刷所鉛印本　一冊

330000－1702－0003739　民 79/1483　子部/藝術類/遊藝之屬/棋弈

桃花泉奕譜二卷　(清)范世勳撰　民國上海千頃堂石印本　二冊

330000－1702－0003740　民 79/1484　子部/藝術類/遊藝之屬/棋弈

桃花泉奕譜二卷　(清)范世勳撰　民國上海千頃堂石印本　二冊

330000－1702－0003741　民 79/1485　子部/藝術類/遊藝之屬/棋弈

桃花泉奕譜二卷　(清)范世勳撰　民國上海千頃堂石印本　二冊

330000－1702－0003742　民 102/2358　集部/總集類/酬唱之屬

庸庵尚書重賦鹿鳴集錄不分卷　陳夔龍輯　民國二十三年(1934)上海中華書局鉛印本　四冊

330000－1702－0003743　民 79/1487　史部/金石類/璽印之屬

樂只室古璽印存不分卷　高時敷輯　民國三十三年(1944)鈐印本　十冊

330000－1702－0003744　民 79/1488　子部/藝術類/篆刻之屬/印譜

名人印粹不分卷　民國鈐拓本　二冊

330000－1702－0003745　民 79/1491　子部/藝術類/書畫之屬/法帖

楹聯墨蹟大觀不分卷　高野侯輯　民國十七年(1928)上海中華書局影印本　十冊

330000－1702－0003746　民 79/1495　子部/宗教類/其他宗教之屬/伊斯蘭教

漢譯古蘭經三十卷　姬覺彌總纂　民國二十年(1931)上海廣倉學窘石印本　八冊

330000－1702－0003748　民 80/1498　史部/傳記類/總傳之屬/技藝

墨林今話十八卷　(清)蔣寶齡撰　**續編一卷**　(清)蔣茝生撰　民國十二年(1923)上海中華書局鉛印本　六冊

330000－1702－0003749　民 80/1499　史部/傳記類/總傳之屬/技藝

歷代畫史彙傳七十二卷首一卷附錄二卷　(清)彭蘊璨編　民國上海錦章圖書局石印本　十二冊

330000－1702－0003750　民 80/1500　類叢部/類書類/通類之屬

宋稗類鈔八卷　(清)潘永因編　民國有正書局鉛印本　八冊

330000－1702－0003751　民 80/1501　子部/藝術類/遊藝之屬/棋弈

奕萃官子不分卷　(清)卞文恆撰　民國二年(1913)上海千頃堂石印本　二冊

330000－1702－0003752　民 80/1502　子部/藝術類/書畫之屬/畫譜

分類畫範自習畫譜大全三集二十四卷　馬駘繪　民國十八年(1929)上海世界書局石印本　二十四冊

330000－1702－0003753　民 80/1503　子部/藝術類/書畫之屬/畫譜

百尺樓叢畫八卷　汪鑅繪　民國十一年(1922)朝記書莊石印本　八冊

330000－1702－0003754　民 80/1504　子部/藝術類/書畫之屬/畫譜

萬古樓叢畫八卷　汪鑅繪　民國十一年(1922)泰華圖書館石印本　八冊

330000－1702－0003755　民 80/1505　子部/藝術類/書畫之屬/法帖

翁常熟扇集第一集　(清)翁同龢書　民國二十三年(1934)上海商務印書館影印本　一冊

330000－1702－0003756　民 300/6413　集部/別集類/清別集

瓶廬詩稿八卷　(清)翁同龢撰　翁斌孫輯　民國八年(1919)邵松年武昌刻本　四冊

330000－1702－0003757　民 300/6417　集部/別集類

曲石文錄六卷　李根源撰　民國二十一年(1932)蘇州葑門李氏曲石精廬鉛印本　一冊

330000－1702－0003759　民 300/6421　史部/雜史類/斷代之屬

默記三卷　(宋)王銍撰　民國八年(1919)上海商務印書館鉛印本　一冊

330000－1702－0003760　民 300/6427　史部/目錄類/通論之屬/掌故瑣記

續補藏書紀事詩不分卷　王謇撰　民國抄本　一冊

330000－1702－0003764　民 296/6372　子部/藝術類/書畫之屬/法帖

宋拓顏魯公大麻姑仙壇記不分卷　(唐)顏真卿撰並書　民國上海有正書局石印本　一冊

330000－1702－0003765　民 296/6373　子部/藝術類/書畫之屬/法帖

唐拓顏魯公多寶塔碑一卷　(唐)顏真卿書　民國七年(1918)上海有正書局影印本　一冊

330000－1702－0003766　民 296/6374　子部/藝術類/書畫之屬/法帖

唐拓顏魯公多寶塔碑一卷　(唐)顏真卿書　民國上海有正書局影印本　一冊

330000－1702－0003767　民 296/6375　子部/藝術類/書畫之屬/法帖

舊拓顏魯公多寶塔碑一卷　(唐)岑勛撰　(唐)顏真卿書　民國三十七年(1948)上海商務印書館影印本　一冊

330000－1702－0003768　民 296/6376　子部/藝術類/書畫之屬/法帖

歐陽詢行書習字範本一卷　(唐)歐陽詢書　民國四年(1915)上海有正書局影印本　一冊

330000－1702－0003770　民 296/6378　子部/藝術類/書畫之屬/法帖

譚延闓臨麻姑仙壇記一卷　譚延闓書　民國三十六年(1947)中華書局石印本　一冊

330000－1702－0003771　民 296/6379　子部/藝術類/書畫之屬/法帖

顏真卿雙鶴銘一卷　(唐)顏真卿書　民國十五年(1926)上海文明書局石印本　一冊

330000－1702－0003772　民 296/6381　子部/藝術類/書畫之屬/法帖

柳體大楷玄秘塔碑精華一卷　(唐)柳公權書　民國二十六年(1937)上海世界書局石印本　一冊

330000－1702－0003773　民 296/6382　子部/藝術類/書畫之屬/法帖

歐陽詢大楷習字範本一卷　(唐)歐陽詢書　民國上海有正書局影印本　一冊

330000－1702－0003774　民 296/6383　子部/藝術類/書畫之屬/法帖

古鑑閣藏漢郙閣頌集聯拓本一卷　秦文錦編集　民國七年(1918)上海藝苑真賞社影印本　一冊

330000－1702－0003775　民 296/6384　子部/藝術類/書畫之屬/法帖

古鑑閣藏漢郙閣頌集聯拓本一卷　秦文錦編集　民國十二年(1923)上海藝苑真賞社影印本　一冊

330000－1702－0003776　民 296/6385　子部/藝術類/書畫之屬/法帖

古鑑閣藏張黑女誌集聯搨本一卷　秦文錦編集　民國八年(1919)上海藝苑真賞社影印本　一冊

330000－1702－0003779　民 296/6389　史部/金石類/金之屬/文字

鐘鼎款識原器拓片第一一卷　民國有正書局石印本　一冊

330000－1702－0003780　民 296/6390　史部/金石類/金之屬/文字

鐘鼎款識原器拓片第一一卷　民國七年(1918)有正書局石印本　一冊

330000－1702－0003781　民 296/6392　子部/藝術類/書畫之屬/法帖

影印漢侍中奉車都尉劉歆草書序六藝為九種墨蹟一卷　(漢)劉歆書　民國三十二年(1943)影印本　一冊

330000－1702－0003782　民 296/6391　集部/別集類

譚延闓詩札二卷　譚延闓撰　民國影印本　一冊　存一卷(一)

330000－1702－0003784　民 295/6320　子部/藝術類/書畫之屬/法帖

王守仁草書帖一卷　(明)王守仁書　民國影印本　一冊

330000－1702－0003785　民 102/2362　類叢部/叢書類/彙編之屬

續古逸叢書四十七種　張元濟等編　民國十一年(1922)至一九五七年上海商務印書館影印本　三冊　存一種

330000－1702－0003786　民 102/2359　類叢部/叢書類/自著之屬

舜水遺書四種附錄一卷　(明)朱之瑜撰　民國二年(1913)山陰湯壽潛鉛印本　十二冊

330000－1702－0003787　民 295/6321　子部/藝術類/書畫之屬/法帖

急就章草一卷　韜廬集字　民國影印本　一冊

330000－1702－0003788　民 295/6322　子部/藝術類/書畫之屬/法帖

初拓趙松雪道教碑三卷　(元)趙孟頫書　民國上海有正書局影印本　一冊　存一卷(上)

330000－1702－0003789　民 295/6323　子部/藝術類/書畫之屬/法帖

初拓趙松雪道教碑三卷　(元)趙孟頫書　民國上海有正書局影印本　二冊　存二卷(上、中)

330000－1702－0003790　民 103/2365　集部/別集類

天嬰室叢稿第一輯九卷　陳訓正撰　民國鉛印本　四冊

330000－1702－0003791　民 295/6324　子部/藝術類/書畫之屬/法帖

舊拓龍門二十品二卷　民國石印本　二冊

330000－1702－0003792　民 295/6325　子部/藝術類/書畫之屬/法帖

舊拓龍門二十品二卷　民國八年(1919)上海有正書局石印本　一冊　存一卷(二)

330000－1702－0003793　民 295/6326　子部/藝術類/書畫之屬/法帖

龍門造像二十品不分卷　高繹求藏　民國十二年(1923)上海古今圖書店影印本　一冊　存一冊(二)

330000－1702－0003794　民 295/6327　子

部/藝術類/書畫之屬/法帖

龍門二十品不分卷　民國上海有正書局石印本　一冊　存一冊(二)

330000－1702－0003795　民295/6328　子部/藝術類/書畫之屬/法帖

珠聯璧合　秦文錦編集　民國上海藝苑真賞社影印本　三冊　存三種

330000－1702－0003796　民295/6329　子部/藝術類/書畫之屬/法帖

珠聯璧合　秦文錦編集　民國上海藝苑真賞社影印本　一冊　存一種

330000－1702－0003797　民295/6330　子部/藝術類/書畫之屬/法帖

宋拓晉唐小楷十一種至寶不分卷　抱殘守缺齋藏　民國上海有正書局影印本　二冊

330000－1702－0003798　民295/6331　子部/藝術類/書畫之屬/法帖

宋拓晉唐小楷十一種至寶不分卷　抱殘守缺齋藏　民國上海有正書局影印本　二冊

330000－1702－0003799　民295/6332　子部/藝術類/書畫之屬/法帖

宋拓玄秘塔分類習字帖一卷　吳墨農編　民國十四年(1925)上海中華書局石印本　一冊

330000－1702－0003800　民295/6333　子部/藝術類/書畫之屬/法帖

清歗閣藏帖一卷　民國影印本　一冊

330000－1702－0003801　民295/6334　子部/藝術類/書畫之屬/法帖

翁松禪相國尺牘真蹟不分卷　(清)翁同龢書　民國上海中華書局影印本　一冊

330000－1702－0003802　民295/6335　子部/藝術類/書畫之屬/法帖

翁同龢手札二卷　(清)翁同龢撰　民國八年(1919)上海文寶書局影印本　一冊　存一卷(二)

330000－1702－0003803　民295/6336　子部/藝術類/書畫之屬/法帖

近代碑帖大觀不分卷　煙水山民輯　民國碧梧山莊影印本　一冊

330000－1702－0003805　民295/6338　子部/藝術類/書畫之屬/法帖

鄧石如篆書十五種不分卷　(清)鄧石如書　民國石印本　一冊

330000－1702－0003807　民295/6340　集部/別集類/清別集

大鶴山人詩稾冊一卷　鄭文焯書　民國上海震亞圖書局石印本　一冊

330000－1702－0003808　民295/6341　集部/總集類/尺牘之屬

清代名人手蹟第七集一卷　民國五年(1916)上海有正書局石印本　一冊

330000－1702－0003809　民86/1596　子部/小說家類

筆記小說大觀二百二十二種　進步書局輯　民國上海進步書局石印本　五百三十四冊　存二百十五種

330000－1702－0003810　民295/6342　子部/藝術類/書畫之屬/法帖

國朝名人手蹟八卷　上海有正書局編　民國上海有正書局石印本　二冊　存二卷(二至三)

330000－1702－0003811　民295/6343　子部/藝術類/書畫之屬/法帖

王夢樓行書墨蹟第三集一卷　(清)王文治書　民國十三年(1924)上海有正書局石印本　一冊

330000－1702－0003813　民295/6345　子部/藝術類/書畫之屬/法帖

翁松禪寫書譜墨蹟不分卷　(清)翁同龢書　民國上海有正書局石印本　一冊

330000－1702－0003814　民295/6346　子部/藝術類/書畫之屬/法帖

寐叟題跋一集二卷二集二卷　沈曾植撰並書　民國十五年(1926)上海商務印書館石印本　一冊　存一卷(二集二)

330000－1702－0003815　民 295/6347　子部/藝術類/書畫之屬/法帖

漢西嶽華山廟碑一卷　民國影印本　一冊

330000－1702－0003816　民 295/6348　子部/藝術類/書畫之屬/法帖

舊拓唐嵩陽觀聖德感應頌二卷　（唐）徐浩書　民國影印本　一冊　存一卷（二）

330000－1702－0003817　民 295/6349　子部/藝術類/書畫之屬/法帖

再和楊公濟梅花十絕一卷　（元）趙孟頫書　民國影印本　一冊

330000－1702－0003818　民 295/6350　子部/藝術類/書畫之屬/畫譜

江建霞先生修書圖不分卷　（清）江標輯　民國十四年（1925）蘇州振新書社影印本　一冊

330000－1702－0003819　民 295/6351　子部/藝術類/書畫之屬/法帖

趙撝叔書南唐四百九十六字真蹟一卷　（清）趙之謙書　民國三十年（1941）上海中華書局影印本　一冊

330000－1702－0003822　民 295/6354　子部/藝術類/書畫之屬/法帖

四體朱子格言二卷　魏鍼　鄭孝胥書　民國十五年（1926）漢口中華印務公司影印本　一冊　存一卷（一）

330000－1702－0003823　民 295/6355　子部/藝術類/書畫之屬/法帖

泰山經石峪金剛經墨拓二卷　瓶齋主人　李瑞清藏　民國五年（1916）上海震亞圖書局影印本　二冊

330000－1702－0003824　民 295/6356　子部/藝術類/書畫之屬/法帖

泰山經石峪金剛經墨拓二卷　瓶齋主人　李瑞清藏　民國五年（1916）上海震亞圖書局影印本　一冊　存一卷（二）

330000－1702－0003825　民 146/3609/2　子部/雜著類/雜說之屬

黃中法語二卷　段正元撰　民國十二年（1923）北京道德學社印刷所鉛印本　二冊

330000－1702－0003826　民 146/3610　子部/宗教類/其他宗教之屬/其他

外王芻談錄不分卷　段正元撰　民國鉛印本　一冊

330000－1702－0003827　民 295/6357　子部/藝術類/書畫之屬/法帖

泰山經石峪金剛經集聯二卷　曾熙　李瑞清　譚延闓輯　民國九年（1920）上海震亞圖書局影印本　一冊　存一卷（二）

330000－1702－0003828　民 146/3611　子部/雜著類/雜說之屬

案証真言一卷　段正元撰　民國北平道德學社鉛印本　一冊

330000－1702－0003829　民 295/6358　經部/小學類/文字之屬/字書/字體

趙撝叔手寫六朝別字記不分卷　（清）趙之謙撰　民國十三年（1924）上海商務印書館影印本　一冊

330000－1702－0003830　民 146/3612　子部/雜著類/雜說之屬

大同元音一卷　段正元撰　民國北京道德學社鉛印本　一冊

330000－1702－0003831　民 146/3613　子部/宗教類/其他宗教之屬/其他

笑道歸元一卷　段正元講　民國鉛印本　一冊

330000－1702－0003832　民 295/6359　子部/藝術類/書畫之屬/法帖

趙撝叔手札真蹟不分卷　（清）趙之謙書　民國十四年（1925）上海求古齋書帖局影印本　二冊

330000－1702－0003833　民 295/6360　子部/藝術類/書畫之屬/法帖

漢碑範八卷　張祖翼選臨　民國二十三年（1934）上海文明書局石印本　一冊

330000－1702－0003834　民 295/6361　子

部/藝術類/書畫之屬/法帖

漢碑範八卷 張祖翼選臨 民國十二年(1923)上海文明書局石印本 一冊 存四卷(五至八)

330000－1702－0003835 民146/3614 子部/儒家類/儒學之屬

大成禮拜雜誌一卷 段正元撰 民國北京道德學社鉛印本 一冊

330000－1702－0003836 民146/3615 子部/雜著類/雜説之屬

大同貞諦不分卷 段正元撰 民國二十年(1931)北平道德學社鉛印本 三冊

330000－1702－0003837 民86/1597 子部/小説家類

筆記小説大觀二百二十二種 進步書局輯 民國上海進步書局石印本 一百六十七冊 存七十二種

330000－1702－0003839 民295/6363 子部/藝術類/書畫之屬/法帖

古鑑閣藏唐論坐帖集聯搨本一卷 秦文錦編集 民國十一年(1922)上海藝苑真賞社影印本 一冊

330000－1702－0003840 民295/6364 子部/藝術類/書畫之屬/法帖

古鑑閣藏漢乙瑛碑集聯拓本一卷 秦文錦編集 民國二十三年(1934)上海藝苑真賞社影印本 一冊

330000－1702－0003841 民146/3616 史部/傳記類/日記之屬

正元日記一卷(清光緒四年二月十五日至民國三年十月十八日) 段正元撰 民國鉛印本 一冊

330000－1702－0003843 民295/6365 子部/藝術類/書畫之屬/法帖

古鑑閣藏漢校官碑集聯拓本一卷 秦文錦編集 民國十三年(1924)上海藝苑真賞社影印本 一冊

330000－1702－0003844 民295/6366 子部/藝術類/書畫之屬/法帖

古鑑閣藏唐麻姑仙壇記集聯搨本一卷 秦文錦編集 民國六年(1917)上海藝苑真賞社影印本 一冊

330000－1702－0003845 民86/1598 子部/小説家類

筆記小説大觀二百二十二種 進步書局輯 民國上海進步書局石印本 二十八冊 存十種

330000－1702－0003847 民295/6367 子部/藝術類/書畫之屬/法帖

古鑑閣藏封龍山頌集聯搨本一卷 秦文錦編集 民國十三年(1924)上海藝苑真賞社影印本 一冊

330000－1702－0003848 民86/1599－1848 子部/小説家類

筆記小説大觀二百二十二種 進步書局輯 民國上海進步書局石印本 七冊 存三種

330000－1702－0003849 民295/6368 子部/藝術類/書畫之屬/法帖

古鑑閣藏定武蘭亭集聯搨本一卷 秦文錦編集 民國五年(1916)上海藝苑真賞社影印本 一冊

330000－1702－0003850 民295/6369 子部/藝術類/書畫之屬/法帖

元趙文敏天冠山題詠真蹟一卷 (元)趙孟頫書 民國上海藝苑真賞社影印本 一冊

330000－1702－0003851 民295/6370 子部/藝術類/書畫之屬/法帖

破邪論序一卷 (唐)虞世南撰並書 民國影印本 一冊

330000－1702－0003852 民295/6371 子部/藝術類/書畫之屬/法帖

宋拓麓山寺碑一卷 (唐)李邕撰並書 民國有正書局石印本 一冊

330000－1702－0003853 民255/5052 子部/宗教類/佛教之屬/律

菩薩戒本記一卷菩薩戒羯磨記一卷 (唐)釋

遁倫撰　**菩薩戒本宗要一卷**　（唐）釋太賢撰　民國八年（1919）金陵刻經處刻本　一冊

330000－1702－0003854　民 294/6230　子部/藝術類/書畫之屬/法帖
王右軍小楷習字範本一卷　（晉）王羲之書　民國上海有正書局影印本　一冊

330000－1702－0003856　民 294/6232　集部/別集類/清別集
翁松禪家書二集　（清）翁同龢撰　民國二十六年至二十八年（1937－1939）上海商務印書館影印本　二冊

330000－1702－0003859　民 294/6233－2　子部/藝術類/書畫之屬/法帖
松禪遺墨不分卷　（清）翁同龢撰並書　民國三年（1914）陽湖張氏石印本　一冊

330000－1702－0003860　民 146/3626　史部/政書類/儀制之屬/專志/科舉校規
浙江省立第一中學校簡章一卷　民國鉛印本　一冊

330000－1702－0003862　民 294/6235－1　子部/藝術類/書畫之屬/法帖
翁松禪墨蹟十集　（清）翁同龢書　民國六年至二十五年（1917－1936）上海商務印書館影印本　八冊　存八集（一至七、十）

330000－1702－0003864　民 294/6235－2　子部/藝術類/書畫之屬/法帖
翁松禪墨蹟十集　（清）翁同龢書　民國六年至二十五年（1917－1936）上海商務印書館影印本　四冊　存四集（一至三、十）

330000－1702－0003865　民 146/3628　史部/政書類/儀制之屬/專志/科舉校規
浙江公立工業專門學校學則一卷　民國十四年（1925）鉛印本　一冊

330000－1702－0003867　民 146/3630　類叢部/叢書類/彙編之屬
四部精華一百二十五種　陸翔選輯　民國上海世界書局石印本　三十冊

330000－1702－0003871　民 145/3571　集部/曲類/曲韻曲譜曲律之屬
新定九宮大成南北詞宮譜八十一卷閏一卷總目三卷　（清）周祥鈺　（清）鄒金生等撰　民國十二年（1923）古書流通處影印本　五十冊

330000－1702－0003874　民 145/3563　集部/戲劇類/總集之屬/傳奇
暖紅室彙刻傳奇　劉世珩編　民國八年（1919）貴池劉氏暖紅室刻本　二冊　存一種

330000－1702－0003875　民 145/3564、民 145/3576　集部/戲劇類/總集之屬/傳奇
暖紅室彙刻傳奇　劉世珩編　民國八年（1919）貴池劉氏暖紅室刻本　四冊　存二種

330000－1702－0003876　民 145/3566　集部/戲劇類/總集之屬/傳奇
暖紅室彙刻傳奇　劉世珩編　民國八年（1919）貴池劉氏暖紅室刻本　十冊　存一種

330000－1702－0003877　民 294/6242　子部/藝術類/書畫之屬/法帖
何棟雲書赤壁賦一卷　何棟雲書　民國影印本　一冊

330000－1702－0003879　民 294/6243　子部/藝術類/書畫之屬/法帖
龔定庵詩文真蹟三種不分卷　（清）龔自珍書　民國二十年（1931）上海中華書局影印本　一冊

330000－1702－0003880　民 145/3569　集部/戲劇類/傳奇之屬
明刻傳奇圖像十種一卷　陶湘輯　民國十九年（1930）武進陶氏涉園石印喜詠軒叢書本　主靜居士題簽　二冊

330000－1702－0003881　民 145/3568　集部/戲劇類/總集之屬/雜劇
雜劇三編三十四卷　（清）鄒式金輯　民國三十年（1941）武進董氏誦芬室刻本　八冊

330000－1702－0003882　民 294/6248　子部/藝術類/書畫之屬/法帖
顏魯公書告身一卷　（唐）顏真卿書　民國二

十二年(1933)上海商務印書館影印本　一冊

330000－1702－0003883　民 294/6249　子部/藝術類/書畫之屬/法帖

顔魯公書告身一卷　(唐)顔真卿書　民國上海商務印書館影印本　一冊

330000－1702－0003885　民 294/6250　子部/藝術類/書畫之屬/法帖

黄山谷書松風閣詩一卷　(宋)黄庭堅書　民國十七年(1928)上海商務印書館影印本　詹波室題記　一冊

330000－1702－0003886　民 294/6251　子部/藝術類/書畫之屬/法帖

宋拓大麻姑仙壇記不分卷　(唐)顔真卿撰並書　民國上海有正書局石印本　一冊

330000－1702－0003888　民 294/6252　子部/藝術類/書畫之屬/法帖

北宋拓顔魯公爭坐位帖一卷　(唐)顔真卿書　民國上海有正書局影印本　一冊

330000－1702－0003889　民 294/6253　子部/藝術類/書畫之屬/法帖

宋拓顔真卿爭坐位帖一卷　(唐)顔真卿撰並書　民國影印本　一冊

330000－1702－0003890　民 145/3581　史部/目録類/專録之屬

曲海總目提要四十六卷　(清)黄文暘撰　民國十九年(1930)上海大東書局鉛印本　十六冊

330000－1702－0003891　民 145/3580　集部/曲類/曲選之屬

繪圖精選崑曲大全四集五十卷　張芬編輯　民國十四年(1925)上海世界書局石印本　二十四冊

330000－1702－0003892　民 294/6254　子部/藝術類/書畫之屬/法帖

拓本唐代碑帖精華十二種　世界書局編　民國二十四年(1935)上海世界書局影印本　一冊　存一種

330000－1702－0003898　民 144/3534　集部/别集類

龍顧山房詩集十二卷　郭則澐撰　民國十七年(1928)栩樓刻朱印本　三冊

330000－1702－0003899　民 294/6255　子部/藝術類/書畫之屬/法帖

宋拓顔平原東方畫贊二卷　(唐)顔真卿書　民國上海有正書局石印本　二冊

330000－1702－0003900　民 294/6256　子部/藝術類/書畫之屬/法帖

宋拓顔平原東方畫贊二卷　(唐)顔真卿書　民國上海有正書局石印本　一冊　存一卷(二)

330000－1702－0003901　民 294/6257　子部/藝術類/書畫之屬/法帖

宋拓顔家廟碑三卷　(唐)顔真卿撰並書　民國上海有正書局石印本　三冊

330000－1702－0003902　民 294/6258－1　子部/藝術類/書畫之屬/法帖

宋拓顔家廟碑三卷　(唐)顔真卿撰並書　民國上海有正書局石印本　二冊　存二卷(一至二)

330000－1702－0003905　民 294/6258－2　子部/藝術類/書畫之屬/法帖

顔家廟碑四卷　(唐)顔真卿撰並書　民國石印本　一冊　存一卷(四)

330000－1702－0003906　民 294/6260　子部/藝術類/書畫之屬/法帖

鄧石如書司馬溫公家儀一卷　(清)鄧石如書　民國十三年(1924)上海有正書局石印本　一冊

330000－1702－0003908　民 144/3537　集部/總集類/郡邑之屬

杭州詩抄一卷　民國抄本　一冊

330000－1702－0003909　民 294/6262　子部/藝術類/書畫之屬/法帖

何子貞真書四賦墨寶不分卷　(清)何紹基書　民國上海思綺齋石印本　一冊

330000－1702－0003910　民 144/3538　史部/地理類/雜志之屬

之江濤聲一卷　周慶雲撰　民國吳興周氏夢坡室刻晨風廬叢刊本　陶承杏題簽　一冊

330000－1702－0003911　民 144/3539　集部/別集類

西湖遊草二卷　阮中立撰　稿本　一冊

330000－1702－0003912　民 294/6263　子部/藝術類/書畫之屬/法帖

宋拓真絳帖不分卷　民國影印本　一冊

330000－1702－0003914　民 144/3546　史部/地理類/雜志之屬

杭州竹枝詞一卷　（清）徐森臨撰　民國抄本　一冊

330000－1702－0003915　民 294/6265　子部/藝術類/書畫之屬/法帖

明拓史晨饗孔廟碑不分卷　民國九年（1920）上海有正書局影印本　一冊

330000－1702－0003916　民 144/3548　集部/別集類

譚祖安先生手寫詩冊五卷　譚延闓撰　民國二十年（1931）影印本　四冊

330000－1702－0003917　民 294/6266　子部/藝術類/書畫之屬/法帖

趙文敏真草千字文一卷　（元）趙孟頫書　民國十二年（1923）上海文明書局石印本　一冊

330000－1702－0003918　民 294/6267　子部/藝術類/書畫之屬/法帖

魏魯郡太守張府清頌之碑一卷　民國上海有正書局石印本　一冊

330000－1702－0003919　民 144/3549　新學/理學/文學

初期白話詩稿一卷　劉復輯　民國二十二年（1933）北平星雲堂書店影印本　一冊

330000－1702－0003920　民 294/6268－1　子部/藝術類/書畫之屬/法帖

初拓張猛龍碑一卷　民國十一年（1922）上海有正書局石印本　一冊

330000－1702－0003921　民 144/3550　集部/詩文評類/詩評之屬

詩品注三卷　（南朝梁）鍾嶸撰　陳延傑注　**詩選一卷**　陳延傑選　民國抄本　一冊

330000－1702－0003922　民 294/6268－2　子部/藝術類/書畫之屬/法帖

初拓放大張猛龍碑一卷　民國十八年（1929）上海求古齋書帖局石印本　一冊

330000－1702－0003925　民 294/6270　史部/傳記類/別傳之屬/墓誌

清故封光祿大夫贈三品銜內閣侍讀潘公［曾綬］墓誌銘一卷　（清）趙之謙撰並書　民國上海碧梧山莊石印本　一冊

330000－1702－0003926　民 143/3532　集部/小說類/長篇之屬

繡像全圖正本九義十八俠八卷八十回　張箇儂編輯　民國十六年（1927）上海興記書局石印本　八冊

330000－1702－0003927　民 294/6273　子部/藝術類/書畫之屬/法帖

初拓歐陽詢書九成宮醴泉銘一卷　（唐）歐陽詢書　民國十三年（1924）上海會文堂書局影印本　一冊

330000－1702－0003928　民 294/6272　子部/藝術類/書畫之屬/法帖

宋拓九成宮一卷　（唐）歐陽詢書　民國上海碧梧山莊影印本　一冊

330000－1702－0003930　民 294/6275　子部/藝術類/書畫之屬/法帖

唐拓九成宮醴泉銘一卷　（唐）歐陽詢書　民國六年（1917）上海有正書局影印本　一冊

330000－1702－0003931　民 144/3556　集部/戲劇類/總集之屬/雜劇

清人雜劇初集九種　鄭振鐸輯　民國二十年（1931）長樂鄭氏影印本　六冊　存七種

330000－1702－0003932　民 294/6276　子

部/藝術類/書畫之屬/法帖

唐九成宮醴泉銘唐拓本一卷 (唐)歐陽詢書 民國十七年(1928)上海中華書局影印本 一冊

330000－1702－0003934 民144/3558 集部/曲類/曲評曲話曲目之屬

蠙廬曲談四卷 王季烈撰 民國十七年(1928)上海商務印書館石印本 二冊

330000－1702－0003935 民144/3559 類叢部/叢書類/彙編之屬

四部叢刊續編七十七種 張元濟等編 民國二十三年(1934)上海商務印書館影印本(儀禮疏卷三十二至三十七、周易要義卷三至六、禮記要義卷一至二、麟臺故事卷四至五原缺) 四冊 存一種

330000－1702－0003936 民144/3562 集部/曲類/彈詞之屬

繡像全圖再生緣全傳二十卷八十回 (清)陳端生撰 民國上海錦章圖書局石印本 十冊

330000－1702－0003937 民294/6278 子部/藝術類/書畫之屬/法帖

翁覃溪行書習字範本一卷 (清)翁方綱書 民國上海有正書局影印本 一冊

330000－1702－0003938 民144/3561 集部/曲類/彈詞之屬

繡像繪圖再生緣全傳二十卷 (清)陳端生撰 民國上海進步書局石印本 十二冊

330000－1702－0003939 民142/3513 集部/別集類

禾廬詩鈔四卷 丁立中撰 丁文右編 民國十一年(1922)丁文右抄本 唐詠裳題記 四冊

330000－1702－0003940 民294/6279 子部/藝術類/書畫之屬/法帖

鄭蘇戡書千字文一卷 鄭孝胥書 民國四年(1915)上海商務印書館影印本 一冊

330000－1702－0003944 民294/6283 子部/藝術類/書畫之屬/法帖

鄭蘇戡書蒙求字樣五卷 鄭孝胥書 民國三年(1914)上海商務印書館影印本 四冊 存四卷(一至四)

330000－1702－0003945 民294/6284 子部/藝術類/書畫之屬/法帖

鄭蘇戡書蒙求字樣五卷 鄭孝胥書 民國三年(1914)上海商務印書館影印本 一冊 存一卷(三)

330000－1702－0003947 民294/6285 子部/藝術類/書畫之屬/法帖

趙文敏書急就篇附釋文不分卷 (元)趙孟頫書 民國二十二年(1933)上海商務印書館影印本 一冊

330000－1702－0003951 民142/3520 類叢部/叢書類/自著之屬

蛻齋遺稿兩種二卷 鮑心增撰 民國鉛印本 一冊

330000－1702－0003952 民294/6286 子部/藝術類/書畫之屬/法帖

趙文敏書急就篇附釋文不分卷 (元)趙孟頫書 民國二十二年(1933)上海商務印書館影印本 一冊

330000－1702－0003953 民294/6287 子部/藝術類/書畫之屬/法帖

趙文敏書急就篇不分卷 (元)趙孟頫書 民國上海商務印書館影印本 一冊

330000－1702－0003954 民294/6288 子部/藝術類/書畫之屬/法帖

趙文敏書感興詩一卷 (元)趙孟頫書 民國十八年(1929)上海商務印書館石印本 一冊

330000－1702－0003955 民294/6289 子部/藝術類/書畫之屬/法帖

趙文敏書感興詩一卷 (元)趙孟頫書 民國十八年(1929)上海商務印書館石印本 一冊

330000－1702－0003956 民294/6290 子部/藝術類/書畫之屬/法帖

詞林硯滴小楷一卷 (清)潘祖蔭等書 民國上海有正書局石印本 一冊

330000－1702－0003957　民 142/3522　史部/地理類/山川之屬/山志
廬山志十二卷首一卷　吳宗慈編　民國二十二年(1933)鉛印本　八冊　存六卷(三至四、八、十至十二)

330000－1702－0003958　民 142/3523　集部/別集類/清別集
樸巢詩鈔一卷　(清)郭沈華撰　民國抄本　一冊

330000－1702－0003959　民 294/6291　子部/藝術類/書畫之屬/法帖
小楷正則一卷　張槁梧書　民國二十五年(1936)上海商務印書館石印本　一冊

330000－1702－0003960　民 294/6292　子部/藝術類/書畫之屬/法帖
閑邪公家傳一卷　(元)周馳撰　(元)趙孟頫書　民國石印本　一冊

330000－1702－0003961　民 294/6293　子部/藝術類/書畫之屬/法帖
高書小楷一卷　高雲塍書　民國三十八年(1949)上海正文書局石印本　一冊

330000－1702－0003963　民 89/1920　史部/傳記類/總傳之屬/技藝
墨林今話十八卷　(清)蔣寶齡撰　**續編一卷**　(清)蔣茝生撰　民國十二年(1923)上海中華書局鉛印本　六冊

330000－1702－0003964　民 294/6294　子部/藝術類/書畫之屬/法帖
高書小楷一卷　高雲塍書　民國二十八年(1939)廣州中華書局石印本　一冊

330000－1702－0003965　民 294/6295　子部/藝術類/書畫之屬/法帖
高書小楷一卷　高雲塍書　民國二十四年(1935)上海中華書局石印本　一冊

330000－1702－0003966　民 294/6296　子部/藝術類/書畫之屬/法帖
高書小楷一卷　高雲塍書　民國石印本　一冊

330000－1702－0003967　民 294/6297　子部/藝術類/書畫之屬/法帖
高書小楷一卷　高雲塍書　民國石印本　一冊

330000－1702－0003968　民 294/6298　子部/藝術類/書畫之屬/法帖
高書小楷一卷　高雲塍書　民國上海大東書局石印本　一冊

330000－1702－0003969　民 141/3452　集部/別集類
籬寄集不分卷　徐映璞撰　民國七年(1918)稿本　十三冊

330000－1702－0003970　民 141/3453　集部/別集類
東遊續草不分卷雜草不分卷文草不分卷行草不分卷　徐映璞撰　民國五年至六年(1916－1917)稿本　三十冊

330000－1702－0003971　民 141/3454　集部/小說類/長篇之屬
繪圖施公案前傳八卷九十八回後傳六卷一百回三傳四卷五十回四傳四卷五十回五傳四卷四十回六傳四卷四十回七傳四卷四十回八傳四卷四十回九傳四卷四十回全續四卷四十回　民國石印本　一冊　存十八卷(前傳一至八、後傳一至六、三傳一至四)

330000－1702－0003972　民 141/3461　子部/雜著類/雜纂之屬
兔園雜錄一卷　民國抄本　一冊

330000－1702－0003973　民 294/6299　子部/藝術類/書畫之屬/法帖
星彔書詞一卷　童式規書　民國十八年(1929)上海商務印書館石印本　一冊

330000－1702－0003974　民 294/6300　子部/藝術類/書畫之屬/法帖
星彔書詞一卷　童式規書　民國三十二年(1943)長沙古今書局石印本　一冊

330000－1702－0003979　民 294/6301　子部/藝術類/書畫之屬/法帖

星彔書詞一卷　童式規書　民國石印本　一冊

330000－1702－0003980　民 294/6302　子部/藝術類/書畫之屬/法帖

星彔書詞一卷　童式規書　民國石印本　一冊

330000－1702－0003981　民 141/3468　子部/宗教類/佛教之屬/律

戒儀不分卷　民國抄本　二冊

330000－1702－0003982　民 294/6303　子部/藝術類/書畫之屬/法帖

星彔書詞一卷　童式規書　民國石印本　一冊

330000－1702－0003983　民 294/6304　子部/藝術類/書畫之屬/法帖

星彔書詞一卷　童式規書　民國石印本　一冊

330000－1702－0003984　民 294/6305　子部/藝術類/書畫之屬/法帖

星彔書詞一卷　童式規書　民國二十四年(1935)上海商務印書館石印本　一冊

330000－1702－0003985　民 141/3470　集部/詞類/詞話之屬

讀詞脞錄一卷　甘大昕撰　稿本　一冊

330000－1702－0003986　民 141/3471　集部/别集類

聽秋吟稿一卷　朱澄撰　民國抄本　一冊

330000－1702－0003987　民 294/6306　子部/藝術類/書畫之屬/法帖

雲塍小楷一卷　高雲塍書　民國石印本　一冊

330000－1702－0003988　民 294/6307　子部/藝術類/書畫之屬/法帖

習字範本第一種一卷　張謇書　民國四年(1915)上海中華書局石印本　一冊

330000－1702－0003991　民 294/6308　子部/藝術類/書畫之屬/法帖

顔魯公書顔勤禮碑不分卷　(唐)顔真卿書　民國十三年(1924)上海文明書局影印本　一冊　存下冊

330000－1702－0003993　民 294/6309　子部/藝術類/書畫之屬/法帖

新出土顔真卿書顔勤禮碑二卷　(唐)顔真卿書　民國上海有正書局石印本　一冊　存一卷(二)

330000－1702－0003994　民 141/3476　集部/别集類

甌鄞詩稿一卷　徐映璞撰　**附録一卷**　程淦和撰　稿本　一冊

330000－1702－0003995　民 141/3478　子部/雜著類/雜説之屬

竹賢文存内編一卷　民國抄本　一冊

330000－1702－0003996　民 294/6310　子部/藝術類/書畫之屬/法帖

習字帖六十種　進步書局編　民國進步書局影印本　三冊　存三種

330000－1702－0003997　民 141/3479　子部/宗教類/佛教之屬

金剛經俞註補遺二卷　俞樾註　鈕福安補遺　民國抄本　一冊

330000－1702－0003998　民 294/6311　子部/藝術類/書畫之屬/法帖

董香光小楷習字帖不分卷　(明)董其昌書　民國上海有正書局石印本　一冊

330000－1702－0003999　民 294/6312　子部/藝術類/書畫之屬/法帖

董香光小楷習字帖不分卷　(明)董其昌書　民國上海有正書局石印本　一冊

330000－1702－0004001　民 141/3482　集部/别集類/清别集

守齋詩集三卷　民國抄本　一冊

330000－1702－0004002　民 294/6313　子部/藝術類/書畫之屬/法帖

董文敏寶鼎齋法書五卷　(明)董其昌書　民

國二十九年(1940)上海商務印書館影印本　一册　存一卷(五)

330000－1702－0004004　民 294/6314　子部/藝術類/書畫之屬/法帖

董香光行書帖一卷　(明)董其昌書　民國上海有正書局影印本　一册

330000－1702－0004005　民 294/6315　子部/藝術類/書畫之屬/法帖

董香光行書帖一卷　(明)董其昌書　民國上海有正書局影印本　一册

330000－1702－0004007　民 90/1932　史部/雜史類/斷代之屬

南明野史三卷首一卷附錄一卷　(清)南沙三餘氏撰　民國上海商務印書館鉛印本　一册　存二卷(首、上)

330000－1702－0004008　民 294/6316　子部/藝術類/書畫之屬/法帖

董香光墨跡四種合册不分卷　(明)董其昌書　民國十一年(1922)上海有正書局影印本　一册

330000－1702－0004009　民 90/1933　子部/小說家類/異聞之屬

舊小說不分卷　民國章斐然抄本　二册

330000－1702－0004010　民 294/6317　子部/藝術類/書畫之屬/法帖

完白山人陳寄鶴書手稿卷子一卷　(清)鄧石如書　民國二十三年(1934)雲南崇文印書館影印本　一册

330000－1702－0004012　民 141/3487　子部/兵家類/兵法之屬

高級將領軍事戰鬥準則一卷附編孫子的戰鬥綱要一卷　沈家楨撰　稿本　二册

330000－1702－0004013　民 294/6318　子部/藝術類/書畫之屬/法帖

王惕甫夫婦真蹟不分卷　(清)王芑孫　(清)曹貞秀書　民國十七年(1928)上海中華書局影印本　一册

330000－1702－0004014　民 90/1936　史部/雜史類/斷代之屬

痛史第一集二十種　樂天居士輯　民國十四年(1925)上海商務印書館鉛印本　三十一册

330000－1702－0004015　民 293/6130　子部/藝術類/書畫之屬/法帖

何蝯叟行書墨蹟一卷　(清)何紹基書　民國六年(1917)上海有正書局影印本　一册

330000－1702－0004016　民 90/1937　集部/小說類/長篇之屬

清史通俗演義十卷一百回　蔡東藩撰　民國九年(1920)上海會文堂書局石印本　十册

330000－1702－0004017　民 293/6131　子部/藝術類/書畫之屬/法帖

吴愙齋尺牘一卷　(清)吴大澂撰並書　民國十五年(1926)上海商務印書館影印本　一册

330000－1702－0004018　民 90/1938　集部/小說類/長篇之屬

繪圖歷朝通俗演義十一種　蔡東帆輯　民國上海會文堂新記書局石印本　六册　存一種

330000－1702－0004019　民 90/1939　集部/小說類/長篇之屬

繪圖歷朝通俗演義十一種　蔡東帆輯　民國上海會文堂新記書局石印本　十册　存一種

330000－1702－0004020　民 90/1940　集部/小說類/長篇之屬

繪圖歷朝通俗演義十一種　蔡東帆輯　民國上海會文堂新記書局石印本　十册　存一種

330000－1702－0004021　民 90/1941　集部/小說類/長篇之屬

繪圖歷朝通俗演義十一種　蔡東帆輯　民國上海會文堂新記書局石印本　十册　存一種

330000－1702－0004024　民 293/6133　子部/藝術類/書畫之屬/法帖

舊拓王右軍樂毅論趙松雪閑邪公傳合刻不分卷　(晉)王羲之書　(元)趙孟頫書　民國十三年(1924)上海有正書局影印本　一册

330000－1702－0004025　民 90/1943　集部/小說類/長篇之屬

繪圖歷朝通俗演義十一種　蔡東帆輯　民國上海會文堂新記書局石印本　十冊　存一種

330000－1702－0004026　民 90/1944　集部/小說類/長篇之屬

繪圖歷朝通俗演義十一種　蔡東帆輯　民國上海會文堂新記書局石印本　九冊　存一種

330000－1702－0004027　民 293/6134　子部/藝術類/書畫之屬/法帖

臨池一助一卷　呂臨昌書　民國三十四年(1945)永康捷聲印刷社石印本　一冊

330000－1702－0004028　民 141/3493　子部/術數類/相宅相墓之屬

地理辨正揭隱一卷　王邈達撰　稿本　一冊

330000－1702－0004031　民 293/6136　子部/藝術類/書畫之屬/法帖

李北海葉有道碑一卷　(唐)李邕撰並書　民國二十三年(1934)上海商務印書館影印本　一冊

330000－1702－0004037　民 293/6137　子部/藝術類/書畫之屬/法帖

敦煌石室唐拓柳書金剛經四卷　(唐)柳公權書　民國上海有正書局影印本　一冊　存一卷(一)

330000－1702－0004038　民 91/1949　史部/政書類/公牘檔冊之屬

西湖博覽會總報告書不分卷　西湖博覽會編纂　民國二十年(1931)西湖博覽會鉛印本　六冊

330000－1702－0004040　民 91/1950　史部/政書類/公牘檔冊之屬

西湖博覽會總報告書不分卷　西湖博覽會編纂　民國二十年(1931)西湖博覽會鉛印本　六冊

330000－1702－0004041　民 91/1951/1　史部/政書類/公牘檔冊之屬

西湖博覽會總報告書不分卷　西湖博覽會編纂　民國二十年(1931)西湖博覽會鉛印本　六冊

330000－1702－0004042　民 293/6138　子部/藝術類/書畫之屬/法帖

化度寺碑不分卷　(清)翁方綱臨　民國上海震亞書局影印本　一冊

330000－1702－0004043　民 91/1951/2　史部/政書類/公牘檔冊之屬

西湖博覽會總報告書不分卷　西湖博覽會編纂　民國二十年(1931)西湖博覽會鉛印本　一冊　存講演錄

330000－1702－0004044　民 293/6139　子部/藝術類/書畫之屬/法帖

張司直書李元靜先生碑一卷　(唐)張從申書　民國有正書局影印本　一冊

330000－1702－0004045　民 293/6140　子部/藝術類/書畫之屬/法帖

宋搨薛少保書信行禪師碑一卷　(唐)薛稷書　民國上海有正書局影印本　一冊

330000－1702－0004046　民 293/6141　子部/藝術類/書畫之屬/法帖

褚河南大楷習字範本不分卷　(唐)褚遂良書　民國六年(1917)上海有正書局影印本　一冊

330000－1702－0004047　民 92/1952　史部/目録類/版本之屬/書影

百衲本二十四史預約樣本一卷　上海商務印書館編　民國十九年(1930)上海商務印書館鉛印本暨影印本　一冊

330000－1702－0004048　民 92/1953　史部/目録類/總録之屬/官修

欽定四庫全書總目二百卷首一卷　(清)紀昀等撰　**四庫未收書目提要五卷**　(清)阮元撰　**四庫全書總目未收書目索引四卷**　陳乃乾編纂　民國十五年(1926)上海大東書局石印本暨鉛印本　四十冊

330000－1702－0004049　民 141/3505　集部/詞類/別集之屬

孤鐙詞一卷　甘大昕撰　稿本　一册

330000－1702－0004050　民 293/6142　子部/藝術類/書畫之屬/書法書品

行書備要一卷　童式規書　民國十八年(1929)上海商務印書館石印本　一册

330000－1702－0004051　民 141/3506　子部/儒家類/儒學之屬/蒙學

幼學指南二卷　(□)丁星南輯　(□)吳錫榮輯　民國抄本　一册

330000－1702－0004053　民 293/6144　子部/藝術類/書畫之屬/法帖

張廉卿書箴言一卷　(清)張裕釗書　民國二十三年(1934)上海文明書局石印本　一册

330000－1702－0004054　民 141/3507/1　集部/詩文評類/詩評之屬

曹香主人詩話抄錄不分卷　斯鶴齡撰　稿本　五册

330000－1702－0004055　民 141/3507/2　集部/别集類

曹香齋稿不分卷　斯鶴齡撰　稿本　傅振海評點　九册

330000－1702－0004056　民 141/3507/3　集部/别集類

曹香齋稿不分卷　斯鶴齡撰　稿本　傅振海評點　三册

330000－1702－0004057　民 141/3507/4　集部/别集類

曹香齋詩鈔三卷　斯鶴齡撰　稿本　孫鏘題詞　一册

330000－1702－0004058　民 293/6145　子部/藝術類/書畫之屬/法帖

王覺斯草書墨蹟一卷　(清)王鐸書　民國十二年(1923)上海有正書局石印本　一册

330000－1702－0004059　民 141/3507/5　集部/總集類/選集之屬/斷代

曹香主人所見錄不分卷　斯鶴齡輯　稿本　一册

330000－1702－0004060　民 92/1957　史部/目録類/總録之屬/彙刻

影印元明善本叢書十種樣本一卷　商務印書館編　民國二十六年(1937)上海商務印書館鉛印本　一册

330000－1702－0004061　民 141/3509　史部/政書類/邦計之屬/賦稅

山陰縣賦役全書一卷　民國抄本　一册

330000－1702－0004062　民 293/6147　子部/藝術類/書畫之屬/法帖

化度寺碑不分卷　(唐)歐陽詢書　天虛我生選　民國家庭工業社影印本　一册

330000－1702－0004063　民 92/1959/1　史部/目録類/總録之屬/官修

江蘇第一圖書館覆校善本書目四卷　胡宗武　曹掾梁編　民國七年(1918)南京江蘇第一圖書館鉛印本　三册　缺一卷(一)

330000－1702－0004065　民 92/1959/2　史部/目録類/總録之屬/官修

江蘇第一圖書館覆校善本書目四卷　胡宗武　曹掾梁編　民國七年(1918)南京江蘇第一圖書館鉛印本　一册　存一卷(三)

330000－1702－0004067　民 141/3510　集部/别集類

浴亞風歐館文存一卷　王抱一撰　稿本　一册

330000－1702－0004068　民 92/1960　史部/目録類/總録之屬/私撰

雙鑑樓善本書目四卷　傅增湘編　民國十八年(1929)江安傅增湘藏園刻本　二册

330000－1702－0004069　民 92/1961　史部/目録類/專録之屬

琴書存目六卷别録二卷　周慶雲編　民國三年(1914)烏程周氏夢坡室刻本　四册

330000－1702－0004070　民 293/6150　子部/藝術類/書畫之屬/法帖

吳清卿書説文解字建首一卷　(清)吳大澂書　民國五年(1916)上海商務印書館石印本

一册

330000－1702－0004071　民 141/3512　集部/别集類

止闇詩一卷　鄧冶歐撰　稿本　一册

330000－1702－0004072　民 293/6151　史部/傳記類/别傳之屬/事狀

洞庭席嘏卿先生[素煊]言行録四卷　席裕康輯　民國石印本　一册　存一卷(二)

330000－1702－0004073　民 293/6152　史部/傳記類/别傳之屬/事狀

王理堂先生行述二卷　王心鍔　王心錦　王心鉌撰　民國鉛印本　一册

330000－1702－0004074　民 92/1962　史部/傳記類/總傳之屬/技藝

琴史補二卷琴史續八卷　周慶雲纂　民國八年(1919)烏程周氏夢坡室刻本　四册

330000－1702－0004075　民 92/1963　史部/目録類/專録之屬

琴書存目六卷别録二卷　周慶雲編　民國三年(1914)烏程周氏夢坡室刻本　四册

330000－1702－0004076　民 293/6153　子部/藝術類/書畫之屬/法帖

張得天書岳陽樓記一卷　(清)張照書　民國三十八年(1949)上海文明書局影印本　一册

330000－1702－0004078　民 293/6154　子部/藝術類/遊藝之屬/聯語

集殷虚文字楹帖不分卷　羅振玉輯　民國十年(1921)上虞羅氏貽安堂影印本　陸樹人題記　一册

330000－1702－0004079　民 92/1966　史部/目録類/總録之屬/彙刻

聚珍倣宋版四部備要單行本第六次重編目録不分卷　民國二十五年(1936)中華書局鉛印本　一册

330000－1702－0004080　民 293/6155　子部/藝術類/書畫之屬/法帖

何紹基先生墨寶一卷　(清)何紹基書　民國上海尚古山房石印本　一册

330000－1702－0004081　民 138/3182　集部/總集類/郡邑之屬

台州文徵内編一百二十卷外編六十卷目録二卷　王舟瑤輯　民國抄本　二册　存二卷(目録一至二)

330000－1702－0004082　民 138/3183　史部/金石類/錢幣之屬/雜著

歷代古錢目一卷　民國抄本　一册

330000－1702－0004084　民 293/6156　子部/藝術類/書畫之屬/法帖

米南宫西都賦一卷　(宋)米芾書　民國上海求古齋石印本　一册

330000－1702－0004085　民 293/6157　子部/藝術類/書畫之屬/法帖

王右軍草訣歌一卷　(晋)王羲之書　民國上海文益書局石印本　一册

330000－1702－0004086　民 138/3185　史部/目録類/總録之屬/地方

兩浙文徵目録不分卷　民國抄本　七册

330000－1702－0004087　民 92/1968　史部/目録類/總録之屬/彙刻

舊學書目不分卷　商務印書館編　民國十二年(1923)商務印書館鉛印本　一册

330000－1702－0004088　民 92/1969/1　史部/目録類/總録之屬/彙刻

四庫全書珍本初集樣本一卷　商務印書館編　民國二十三年(1934)上海商務印書館鉛印本暨影印本　一册

330000－1702－0004089　民 92/1969/2　史部/目録類/總録之屬/彙刻

四庫全書珍本初集樣本一卷　商務印書館編　民國二十三年(1934)上海商務印書館鉛印本暨影印本　一册

330000－1702－0004090　民 92/1970/1　史部/目録類/總録之屬/彙刻

四部叢刊續編預約樣本一卷　商務印書館輯

民國二十三年(1934)商務印書館鉛印本　一册

330000－1702－0004091　民92/1970/2　史部/目録類/總録之屬/彙刻

四部叢刊續編預約樣本一卷　商務印書館輯　民國二十三年(1934)商務印書館鉛印本　一册

330000－1702－0004092　民92/1971/1　史部/目録類/總録之屬/彙刻

四部叢刊三編預約樣本一卷　商務印書館編　民國二十四年(1935)商務印書館鉛印本　一册

330000－1702－0004093　民92/1971/2　史部/目録類/總録之屬/彙刻

四部叢刊三編預約樣本一卷　商務印書館編　民國二十四年(1935)商務印書館鉛印本　一册

330000－1702－0004094　民138/3187　子部/宗教類/佛教之屬

金剛乘學不分卷　黄元秀撰　稿本　十册

330000－1702－0004095　民293/6158　史部/金石類/金之屬/文字

精拓毛公鼎放大本一卷附釋文一卷　民國上海有正書局石印本　一册

330000－1702－0004096　民293/6159　子部/藝術類/書畫之屬/法帖

黄自元臨九成宫一卷　黄自元書　民國二十五年(1936)上海文明書局影印本　一册

330000－1702－0004097　民293/6160　子部/藝術類/書畫之屬/法帖

宋拓褚河南哀册一卷　(唐)褚遂良書　民國上海有正書局影印本　一册

330000－1702－0004099　民92/1972　史部/目録類/書志之屬/題跋

百衲本已出十八史跋文彙刊一卷　商務印書館輯　民國二十五年(1936)上海商務印書館鉛印本　一册

330000－1702－0004100　民92/1973　史部/目録類/書志之屬/題跋

百衲本已出十八史跋文彙刊一卷　商務印書館輯　民國二十五年(1936)上海商務印書館鉛印本　一册

330000－1702－0004101　民92/1974　史部/目録類/書志之屬/題跋

百衲本已出十八史跋文彙刊一卷　商務印書館輯　民國二十五年(1936)上海商務印書館鉛印本　一册

330000－1702－0004102　民92/1975　史部/目録類/總録之屬/彙刻

宛委别藏四十種樣本一卷　商務印書館編　民國二十四年(1935)上海商務印書館鉛印本　一册

330000－1702－0004103　民138/3189　史部/地理類/雜志之屬

杭州皋園名勝紀畧二卷　樊鎮輯　稿本　一册

330000－1702－0004104　民92/1976　史部/目録類/總録之屬/私撰

杭州朱氏抱經堂藏版書目一卷　朱氏抱經堂編　民國二十五年(1936)杭州朱氏抱經堂鉛印本　一册

330000－1702－0004105　民92/1977　史部/目録類/總録之屬/私撰

好古堂書目五卷收藏宋元板書目一卷　(清)姚際恆編　民國十八年(1929)南京中社影印本　一册

330000－1702－0004106　民138/3190　史部/地理類/雜志之屬

山北鄉風集一卷　(清)范觀濂撰　民國抄本　一册

330000－1702－0004107　民293/6161　子部/藝術類/書畫之屬/法帖

何紹基咸豐上諭一卷　(清)何紹基書　民國育古山房影印本　一册

330000－1702－0004108　民293/6162　子

部/藝術類/書畫之屬/法帖

趙子昂充國頌一卷 (元)趙孟頫書 民國上海尚古山房影印本 一冊

330000－1702－0004109 民 138/3193 史部/地理類/雜志之屬

越中民間故事百詠二卷 陳瘦崖撰 民國抄本 二冊

330000－1702－0004110 民 138/3194 史部/傳記類/總傳之屬/斷代

皇明遺民傳七卷 (朝鮮)□□撰 民國二十五年(1936)國立北京大學影印本 三冊

330000－1702－0004111 民 138/3195 集部/總集類/郡邑之屬

西安懷舊錄十卷 鄭永禧輯 民國抄本 十冊

330000－1702－0004112 民 138/3196 集部/別集類

禾廬新年雜詠三卷 丁立中撰 稿本 一冊

330000－1702－0004113 民 138/3197 集部/總集類/謠諺之屬

遂昌歌謠一卷 民國抄本 一冊

330000－1702－0004114 民 293/6163 子部/藝術類/書畫之屬/法帖

佛說阿彌陀經一卷 金兆鑾書 民國十一年(1922)影印本 一冊

330000－1702－0004115 民 293/6220 子部/藝術類/書畫之屬/法帖

三希堂小楷四種不分卷 民國上海有正書局影印本 一冊

330000－1702－0004116 民 255/5076 子部/宗教類/佛教之屬/律

授三皈五戒八戒正範三卷授幽冥戒正範一卷條例一卷 民國刻本 一冊

330000－1702－0004117 民 92/1979 史部/目録類/版本之屬

宋元舊本書經眼錄三卷坿錄二卷 (清)莫友芝撰 民國影印本 二冊

330000－1702－0004118 民 293/6164 子部/藝術類/書畫之屬/法帖

明于忠肅公行書真蹟一卷 (明)于謙書 民國上海有正書局影印本 一冊

330000－1702－0004119 民 92/1980 史部/目録類/總録之屬/官修

浙江省立圖書館善本書目甲編四卷 毛春翔編 民國二十五年(1936)浙江省立圖書館鉛印本 一冊

330000－1702－0004120 民 92/1981 史部/目録類/總録之屬/官修

浙江省立圖書館善本書目甲編四卷 毛春翔編 民國二十五年(1936)浙江省立圖書館鉛印本 一冊

330000－1702－0004122 民 293/6165 子部/藝術類/書畫之屬/法帖

詩話集錦一卷 潘齡皋書 民國石印本 一冊

330000－1702－0004123 民 92/1983 類叢部/叢書類/彙編之屬

適園叢書七十四種 張鈞衡編 民國二年至六年(1913－1917)烏程張氏刻本(唐大詔令集卷十四至二十四、八十七至九十八原缺) 一冊 存一種

330000－1702－0004124 民 255/5077 子部/宗教類/佛教之屬/律

四分戒本一卷 民國刻本 一冊

330000－1702－0004126 民 293/6166 子部/藝術類/書畫之屬/法帖

莫友芝真草隸篆墨跡不分卷 (清)莫友芝書 民國五年(1916)上海有正書局石印本 一冊

330000－1702－0004127 民 293/6167 子部/藝術類/書畫之屬/法帖

魏墓誌三種合冊不分卷 民國九年(1920)上海有正書局石印本 一冊

330000－1702－0004128 民 138/3201 史部/地理類/雜志之屬

浙江舊台屬仙居縣地理風俗志畧一卷 王施教撰 民國抄本 一冊

330000－1702－0004129 民 255/5081 子部/宗教類/佛教之屬/總録

佛說阿彌陀等經咒雜抄一卷 民國抄本 一冊

330000－1702－0004131 民 138/3205 子部/術數類/占候之屬

地通集翠不分卷 民國抄本 六冊

330000－1702－0004132 民 138/3206 子部/宗教類/道教之屬/表章讚頌

表稿一卷 (□)張沖□記 民國抄本 一冊

330000－1702－0004133 民 138/3207 子部/天文曆算類/曆法之屬

晷度表一卷 梁虞度 項詠纂 稿本 一冊

330000－1702－0004134 民 138/3209 史部/金石類/金之屬/雜著

金石書鈔二種 民國抄本 一冊

330000－1702－0004135 民 293/6168 子部/藝術類/書畫之屬/法帖

黄自元臨華林園集詩一卷 黄自元書 民國二十四年(1935)上海文明書局石印本 一冊

330000－1702－0004137 民 293/6170 子部/藝術類/書畫之屬/法帖

錢南園墨蹟一卷 (清)錢灃撰並書 民國三十年(1941)長沙商務印書館石印本 一冊

330000－1702－0004138 民 92/1985 史部/目録類/版本之屬/通論

藏書絕句三十二首一卷 (清)楊守敬撰 民國十六年(1927)鉛印本 一冊

330000－1702－0004139 民 138/3211 史部/傳記類/總傳之屬/家乘

[浙江杭州]張氏族譜一卷 張梅卿編纂 稿本 一冊

330000－1702－0004140 民 138/3212 子部/藝術類/遊藝之屬/劇藝

神童法曲記一卷 稿本 一冊

330000－1702－0004142 民 138/3219 史部/地理類/專志之屬/寺觀

西溪永興寺志略一卷 莊紹周輯 民國石印本 一冊

330000－1702－0004144 民 138/3224 史部/金石類/陶之屬/文字

歷代磚瓦雜鈔一卷 民國抄本 一冊

330000－1702－0004146 民 92/1990 史部/金石類

非儒非俠齋金石叢著十種 顧燮光撰 民國會稽顧氏金佳石好樓石印本暨鉛印本 二冊 存一種

330000－1702－0004147 民 92/1989/1 史部/目録類/總録之屬/彙刻

續古逸叢書樣本一卷 上海商務印書館編 民國上海商務印書館影印本 一冊

330000－1702－0004148 民 92/1989/2 史部/目録類/總録之屬/彙刻

續印續古逸叢書樣本一卷 上海商務印書館編 民國上海商務印書館影印本 一冊

330000－1702－0004149 民 293/6171 子部/藝術類/書畫之屬/法帖

黄自元正氣歌一卷 黄自元書 民國上海益民書局影印本 一冊

330000－1702－0004150 民 293/6172 子部/藝術類/書畫之屬/法帖

漢太中大夫東方先生畫贊碑一卷 (唐)顏真卿書 民國影印本 一冊

330000－1702－0004151 民 293/6173 子部/藝術類/書畫之屬/法帖

錢南園楷書墨蹟一卷 (清)錢灃書 民國五年(1916)上海有正書局石印本 一冊

330000－1702－0004152 民 293/6174 子部/藝術類/書畫之屬/法帖

張廉卿寸楷墨蹟一卷 (清)張裕釗書 民國上海遠東圖書館石印本 一冊

330000－1702－0004153 民 92/1994 史部/

目録類/總録之屬/地方

焦山書藏書目六卷補遺一卷 焦山書藏委員會編 民國二十三年(1934)鎮江焦山書藏委員會石印本 四册

330000－1702－0004154 民 92/1996 史部/目録類/總録之屬/私撰

韓氏讀有用書齋書目一卷 封文權編 民國二十三年(1934)瑞安陳氏裒殷堂鉛印本 一册

330000－1702－0004155 民 92/1997 史部/目録類/專録之屬

國外公私收藏家參加倫敦中國藝展會之展品目錄一卷 民國鉛印本 一册

330000－1702－0004156 民 92/1998 史部/目録類/總録之屬/官修

浙江公立圖書館通常類圖書目錄五卷附保存類圖書目錄補遺一卷 浙江公立圖書館編 民國十四年(1925)浙江公立圖書館鉛印本 二册 缺四卷(二至五)

330000－1702－0004157 民 293/6175 子部/藝術類/書畫之屬/法帖

張廉卿書南宫縣學記一卷 (清)張裕釗撰並書 民國四年(1915)上海有正書局石印本 一册

330000－1702－0004158 民 293/6176 子部/藝術類/書畫之屬/法帖

于院長臨標準草書千字文一卷 于右任書 民國三十三年(1944)重慶中正書局影印本 一册

330000－1702－0004159 民 293/6177 集部/詩文評類/詩評之屬

南濠詩話一卷 (明)都穆撰 (清)潘齡皋錄並書 民國影印本 一册

330000－1702－0004161 民 92/1999 史部/金石類/總志之屬/目録

金石書錄目十卷附方志中金石志目一卷金石叢書目一卷 容媛輯 民國二十五年(1936)上海商務印書館鉛印本 一册

330000－1702－0004162 民 92/2000 史部/金石類/總志之屬/目録

金石書錄目十卷附方志中金石志目一卷金石叢書目一卷 容媛輯 民國二十五年(1936)上海商務印書館鉛印本 一册

330000－1702－0004163 民 92/2001 史部/金石類/總志之屬/目録

金石書錄目十卷附方志中金石志目一卷金石叢書目一卷 容媛輯 民國二十五年(1936)上海商務印書館鉛印本 一册

330000－1702－0004164 民 293/6178 子部/藝術類/書畫之屬/法帖

趙子昂真草千字文一卷 (元)趙孟頫書 民國影印本 一册

330000－1702－0004165 民 293/6179 子部/藝術類/書畫之屬/法帖

蘭亭序一卷 民國影印本 一册

330000－1702－0004166 民 293/6180 子部/藝術類/書畫之屬/法帖

鄧石如楷書隸書三種墨跡不分卷 (清)鄧石如書 民國上海有正書局石印本 一册

330000－1702－0004167 民 92/2002 史部/目録類/書志之屬/提要

清代著述志資料叢書 楊家駱編 民國二十二年(1933)中國圖書大辭典編輯館影印本 一册 存一種

330000－1702－0004168 民 293/6182 集部/別集類/清別集

寓庸室詩稿一卷 (清)余坤撰 民國七年(1918)余重耀南昌石印本 一册

330000－1702－0004169 民 92/2003 史部/目録類/總録之屬/官修

内閣大庫書檔舊目補七卷 國立中央研究院歷史語言研究所編 民國二十五年(1936)上海商務印書館鉛印本 一册

330000－1702－0004170 民 92/2004 史部/目録類/總録之屬/官修

内閣大庫書檔舊目補七卷 國立中央研究院

歷史語言研究所編　民國二十五年(1936)上海商務印書館鉛印本　一冊

330000－1702－0004171　民 260/5127　集部/别集類/明别集

詳註王陽明全集三十八卷　(明)王守仁撰　民國二十四年(1935)上海掃葉山房石印本　十六冊

330000－1702－0004172　民 260/5128　子部/工藝類/日用器物之屬/陶瓷

匋雅二卷　陳瀏撰　民國十二年(1923)上海古瓷研究會石印本　四冊

330000－1702－0004173　民 293/6183　子部/藝術類/書畫之屬/法帖

李申耆手札不分卷　(清)李兆洛書　民國有正書局石印本　一冊

330000－1702－0004174　民 293/6184　子部/藝術類/書畫之屬/法帖

海日樓遺墨一卷　沈曾植書　民國石印本　一冊

330000－1702－0004175　民 92/2005　史部/目録類/專録之屬

國立北平圖書館方志目錄不分卷索引不分卷　國立北平圖書館編　民國二十二年(1933)國立北平圖書館鉛印本　二冊

330000－1702－0004176　民 293/6185　子部/藝術類/書畫之屬/法帖

會稽石刻雙鉤本一卷　(清)丁經授摹　(清)翁方綱補摹　民國影印本　一冊

330000－1702－0004177　民 92/2006　史部/目録類/專録之屬

國立北平圖書館方志目錄不分卷索引不分卷　國立北平圖書館編　民國二十二年(1933)國立北平圖書館鉛印本　三冊

330000－1702－0004178　民 92/2007　類叢部/叢書類/彙編之屬

古學彙刊第一集三十四種第二集二十七種　鄧實等編　民國元年至三年(1912－1914)上海國粹學報社鉛印本　一冊　存第二集三種

330000－1702－0004179　民 293/6186　集部/别集類

南海先生遺稿一卷　康有為撰　民國上海有正書局石印本　一冊

330000－1702－0004180　民 92/2008　史部/目録類/總録之屬/私撰

好古堂書目五卷收藏宋元板書目一卷　(清)姚際恆編　民國十八年(1929)南京中社影印本　一冊

330000－1702－0004181　民 293/6187　子部/藝術類/書畫之屬/法帖

包派諸家墨蹟合冊不分卷　(清)包世臣等書　民國影印本　一冊

330000－1702－0004182　民 92/2009　史部/目録類/總録之屬/私撰

藝風藏書再續記不分卷　繆荃孫撰　民國二十九年(1940)燕京大學圖書館鉛印本　一冊

330000－1702－0004183　民 92/2010　史部/金石類/甲骨之屬

國立中央研究院歷史語言研究所考古組致送倫敦中國藝術國際展覽會展覽品百件簡目不分卷　民國二十四年(1935)鉛印本　一冊

330000－1702－0004184　民 293/6188　子部/藝術類/書畫之屬/法帖

奚鐵生手札一卷　(清)奚岡撰並書　民國上海有正書局石印本　一冊

330000－1702－0004185　民 293/6189　集部/總集類/尺牘之屬

瑛夢禪致竹軒夫人手札一卷　(清)瑛寶撰並書　民國上海有正書局影印本　一冊

330000－1702－0004186　民 93/2012　史部/目録類/通論之屬/掌故瑣記

書舶庸譚四卷　董康撰　民國十九年(1930)上海大東書局影印本　三冊

330000－1702－0004187　民 293/6190　子部/藝術類/書畫之屬/法帖

張文襄公百字文一卷　(清)張之洞書　民國上海尚古山房影印本　一冊

330000－1702－0004188　民 93/2013　經部/小學類/文字之屬/字書/字體

六書通十卷　（清）閔齊伋撰　（清）畢弘述篆訂　民國十八年（1929）上海鴻寶齋書局石印本　五冊

330000－1702－0004189　民 93/2014　經部/小學類/文字之屬/字書/字典

分類辭源三十卷　世界書局編輯所編　民國十五年（1926）上海世界書局石印本　九冊　缺六卷（十二至十六、二十五）

330000－1702－0004190　民 93/2015　經部/小學類/文字之屬/字書/字體

六書分類十二卷首一卷　（清）傅世垚輯　民國十年（1921）上海錦文堂石印本　十二冊　缺六卷（四至九）

330000－1702－0004192　民 93/2017　史部/目録類/專録之屬

補鈔文瀾閣四庫闕簡記錄一卷　張宗祥撰　民國十五年（1926）刻本　一冊

330000－1702－0004193　民 293/6192　子部/藝術類/書畫之屬/法帖

舊拓爨寶子碑一卷　民國十一年（1922）上海有正書局石印本　一冊

330000－1702－0004194　民 293/6193　子部/藝術類/書畫之屬/法帖

初拓爨寶子碑一卷　民國影印本　一冊

330000－1702－0004195　民 293/6194　子部/藝術類/書畫之屬/法帖

六朝墓誌菁華四集不分卷　上海有正書局輯　民國上海有正書局影印本　五冊　存五冊（第二集二、第三集一至四）

330000－1702－0004196　民 293/6195　子部/藝術類/書畫之屬/法帖

初拓唐歐陽通書泉男生墓志銘一卷　（唐）歐陽通書　民國二十五年（1936）上海中華書局影印本　一冊

330000－1702－0004197　民 260/5129　集部/别集類/明别集

王遵巖集十卷　（明）王慎中撰　高煌選輯　民國四年（1915）上海振寰書局鉛印本　四冊

330000－1702－0004198　民 293/6196　子部/藝術類/書畫之屬/法帖

初拓唐歐陽通書泉男生墓志銘一卷　（唐）歐陽通書　民國二十五年（1936）上海中華書局影印本　一冊

330000－1702－0004199　民 93/2018　史部/目録類/通論之屬/藏書約

藏書記要一卷　（清）孫從添撰　民國三年（1914）掃葉山房石印本　一冊

330000－1702－0004201　民 293/6197　子部/藝術類/書畫之屬/法帖

明拓唐栖先塋記不分卷　（唐）李季卿撰　（唐）李陽冰書　（唐）粟光刻　民國二十五年（1936）上海中華書局影印本　一冊

330000－1702－0004202　民 93/2020－2021　類叢部/叢書類/彙編之屬

古學彙刊第一集三十四種第二集二十七種　鄧實等編　民國元年至三年（1912－1914）上海國粹學報社鉛印本　三冊　存第二集二種

330000－1702－0004203　民 293/6198　子部/藝術類/書畫之屬/法帖

宋拓夏承碑一卷　民國上海中華書局影印本　一冊

330000－1702－0004204　民 93/2022　史部/金石類/石之屬/通考

校碑隨筆不分卷　方若撰　民國上海朝記書莊石印本　一冊

330000－1702－0004205　民 93/2023　史部/目録類/書志之屬/題跋

思適齋集外書跋輯存不分卷　（清）顧廣圻撰　蔣祖詒輯　民國二十四年（1935）吳縣鄒百耐百擁樓鉛印本　一冊

330000－1702－0004206　民 293/6199　子部/藝術類/書畫之屬/法帖

安刻唐孫過庭草書譜二卷　（唐）孫過庭撰並書　民國二十五年（1936）上海中華書局影印

本　二册

330000－1702－0004207　民 293/6200　子部/藝術類/書畫之屬/法帖

明拓唐峿臺銘一卷　（唐）元結撰　民國二十五年（1936）上海中華書局石印本　一册

330000－1702－0004208　民 293/6201　子部/藝術類/書畫之屬/法帖

明拓魯峻碑一卷　民國影印本　一册

330000－1702－0004209　民 293/6202　子部/藝術類/書畫之屬/法帖

明拓嵩高靈廟碑一卷　民國二十五年（1936）上海中華書局影印本　一册

330000－1702－0004210　民 293/6203　子部/藝術類/書畫之屬/法帖

舊拓唐歐陽率更令正草九歌千文一卷　（唐）歐陽詢書　民國二十五年（1936）上海中華書局影印本　一册

330000－1702－0004211　民 293/6204　子部/藝術類/書畫之屬/法帖

舊拓唐歐陽率更令正草九歌千文一卷　（唐）歐陽詢書　民國二十五年（1936）上海中華書局影印本　一册

330000－1702－0004212　民 293/6205　子部/藝術類/書畫之屬/法帖

原石拓劉熊碑一卷　民國影印本　一册

330000－1702－0004213　民 293/6106　子部/藝術類/書畫之屬/法帖

明拓大成殿記一卷　（元）張伯淳撰　（元）趙孟頫書　民國二十五年（1936）上海中華書局影印本　一册

330000－1702－0004214　民 293/6207　子部/藝術類/書畫之屬/法帖

精拓爨龍顔碑一卷　民國十八年（1929）上海中華書局影印本　一册

330000－1702－0004216　民 93/2024　史部/目録類/總録之屬/私撰

篆刻參考書傳本書目一卷　王敦化編　民國二十九年（1940）王敦化沂風堂鉛印本　一册

330000－1702－0004217　民 93/2025　史部/金石類/總志之屬/目録

癖好堂收藏金石書目一卷　（清）淩瑕撰　民國刻本　一册

330000－1702－0004220　民 138/3225　史部/目録類/總録之屬/地方

兩浙文徵四卷　稿本　四册

330000－1702－0004221　民 293/6210　集部/總集類/尺牘之屬

舒王手札及詩曲稿合册不分卷　（清）舒位（清）王良士撰並書　民國上海有正書局影印本　一册

330000－1702－0004222　民 93/2027　史部/目録類/通論之屬/掌故瑣記

書林清話十卷　葉德輝撰　民國九年（1920）葉德輝觀古堂刻本　四册

330000－1702－0004226　民 139/3238　子部/藝術類/音樂之屬/樂譜

樂譜一卷　民國鄭晉臣抄本　一册

330000－1702－0004227　民 139/3241　集部/詞類/別集之屬

稼軒詞六卷　（宋）辛棄疾撰　民國鄧冶歐茹辛室抄本　余紹宋題簽　六册

330000－1702－0004228　民 93/2030－2083　類叢部/叢書類/彙編之屬

嘉業堂叢書五十七種　劉承幹輯　民國吳興劉氏嘉業堂刻本（毛詩正義卷一至七原缺）二百册

330000－1702－0004231　民 139/3242　集部/詞類/別集之屬

茹辛詞一卷　鄧冶歐撰　稿本　一册

330000－1702－0004232　民 293/6216　子部/藝術類/書畫之屬/法帖

絳帖十二卷　（宋）潘師旦編　民國影印本　一册　存二卷（六至七）

330000－1702－0004235　民 93/2088　類叢

部/叢書類/彙編之屬

四部叢刊 張元濟等編 民國上海商務印書館影印本 一册 存一種

330000－1702－0004237 民 293/6218 子部/藝術類/書畫之屬/法帖

御刻三希堂石渠寶笈法帖不分卷 （清）梁詩正等輯 民國影印本 一册 存一册（五至六合册）

330000－1702－0004238 民 139/3245 子部/宗教類/佛教之屬/經疏

華嚴脩持一卷 民國抄本 一册

330000－1702－0004239 民 293/6219 子部/藝術類/書畫之屬/法帖

三希堂小楷四種不分卷 民國影印本 一册

330000－1702－0004240 民 293/6221 子部/藝術類/書畫之屬/法帖

三希堂小楷四種不分卷 民國上海有正書局影印本 一册

330000－1702－0004241 民 139/3252 集部/别集類

晚香齋詩鈔一卷續編一卷 斯鶴齡撰 稿本 一册

330000－1702－0004242 民 193/4829 新學/礦務/礦學

礦業一卷 童振藻編 稿本 一册

330000－1702－0004243 民 139/3256 類叢部/叢書類/彙編之屬

國立浙江大學師範學院院刊第一集不分卷 王璡等編輯 民國國立浙江大學師範學院石印本 一册

330000－1702－0004244 民 95/2092 子部/雜著類/雜説之屬

論衡三十卷 （漢）王充撰 民國上海掃葉山房石印本 六册

330000－1702－0004245 民 293/6222 子部/藝術類/書畫之屬/法帖

三希堂小楷八種不分卷 民國六年（1917）上海有正書局影印本 一册

330000－1702－0004246 民 293/6223 子部/藝術類/書畫之屬/法帖

三希堂小楷八種不分卷 民國七年（1918）上海有正書局影印本 一册

330000－1702－0004247 民 293/6224 子部/藝術類/書畫之屬/法帖

三希堂小楷八種不分卷 民國七年（1918）上海有正書局影印本 一册

330000－1702－0004248 民 293/6225 子部/藝術類/書畫之屬/法帖

三希堂小楷八種不分卷 民國八年（1919）上海有正書局影印本 一册

330000－1702－0004249 民 95/2093 經部/易類/傳説之屬

周易本義四卷圖説一卷新增圖説一卷卦歌一卷 （宋）朱熹撰 民國元年（1912）鄂官書處刻本 二册

330000－1702－0004251 民 261/5142 史部/傳記類/科舉録之屬/歷科登科録

詞林輯略十一卷附姓氏韻編一卷 朱汝珍輯 民國北京中央刻經院鉛印本 五册

330000－1702－0004253 民 261/5143 子部/藝術類/書畫之屬/法帖

趙之謙書札墨蹟一卷 （清）趙之謙書 民國影印本 一册

330000－1702－0004254 民 139/3260 集部/詩文評類/詩評之屬

頤山詩話一卷 （明）安磐撰 民國抄本 一册

330000－1702－0004255 民 139/3261 集部/總集類/選集之屬/通代

歷代文選□□卷 周采泉編 稿本 周采泉評 一册

330000－1702－0004256 民 261/5144 子部/醫家類/方書之屬/單方驗方

衛生必要二卷 徐純一輯 民國三年（1914）

鉛印本　一冊

330000－1702－0004257　民 139/3263　子部/工藝類/觀賞之屬/古玩

骨董十三說一卷　（明）董其昌撰　民國元年(1912)抄本　一冊

330000－1702－0004260　民 293/6227　子部/藝術類/書畫之屬/法帖

三希堂蘇長公法書帖三卷　（宋）蘇軾書　民國十三年(1924)上海有正書局影印本　三冊

330000－1702－0004261　民 293/6228　子部/藝術類/書畫之屬/法帖

三希堂蘇長公法書帖三卷　（宋）蘇軾書　民國影印本　一冊　存一卷(二)

330000－1702－0004262　民 293/6229－1　子部/藝術類/書畫之屬/法帖

御刻三希堂石渠寶笈法帖不分卷　（清）梁詩正等輯　民國上海有正書局影印本　一冊　存一冊(十四)

330000－1702－0004263　民 293/6229－2　子部/藝術類/書畫之屬/法帖

御刻三希堂石渠寶笈法帖不分卷　（清）梁詩正等輯　民國影印本　一冊　存一冊(十四)

330000－1702－0004265　民 293/6229－4　子部/藝術類/書畫之屬/法帖

御刻三希堂石渠寶笈法帖不分卷　（清）梁詩正等輯　民國影印本　一冊　存一冊(八)

330000－1702－0004266　民 139/3264　子部/宗教類/佛教之屬

金剛經功德頌一卷　許止净述　劉契净註

金剛般若波羅密經一卷　（後秦）釋鳩摩羅什譯　民國十七年(1928)如清抄本　一冊

330000－1702－0004267　民 139/3265　新學/理學

人格建設一卷　民國抄本　一冊

330000－1702－0004268　民 292/5978　子部/藝術類/書畫之屬/法帖

歷代碑帖集聯　民國上海有正書局影印本　一張　存一種

330000－1702－0004269　民 292/5979　子部/藝術類/書畫之屬/法帖

漁家樂帖一卷　（清）鄭燮書　民國四年(1915)上海進步書局、文明書局影印本　一冊

330000－1702－0004270　民 261/5149　集部/總集類/題詠之屬

三壽百詠一卷　葉存養輯　民國七年(1918)刻本　一冊

330000－1702－0004271　民 292/5980　子部/藝術類/書畫之屬/法帖

漢史晨後碑校官碑合刊不分卷　民國上海碧梧山莊石印本　一冊

330000－1702－0004272　民 139/3267　子部/術數類/陰陽五行之屬

星象雜鈔一卷　稿本　一冊

330000－1702－0004273　民 139/3268　子部/藝術類/書畫之屬/題跋

鐵網珊瑚二十卷　（明）都穆輯　民國抄本　一冊　存六卷(一至六)

330000－1702－0004274　民 292/5981　子部/藝術類/書畫之屬/法帖

李瑞清隸書格言一卷　李瑞清書　民國育古山房影印本　一冊

330000－1702－0004275　民 292/5982　子部/藝術類/書畫之屬/法帖

清道人書座右銘一卷　李瑞清書　民國十年(1921)上海震亞圖書局石印本　一冊

330000－1702－0004276　民 261/5151　集部/別集類

寒柯堂詩四卷　余紹宋撰　民國三十五年(1946)浙江文化印刷公司鉛印本　一冊

330000－1702－0004278　民 139/3272　子部/藝術類/遊藝之屬/謎語

謎書一卷　民國抄本　一冊

330000－1702－0004279　民 139/3273　集

部/總集類/選集之屬/斷代

古文觀止續二卷 謝璿續錄 民國抄本 一册

330000－1702－0004280 民 292/5983 子部/藝術類/書畫之屬/法帖

杭縣第二高等小學校習字範本一卷 民國石印本 一册

330000－1702－0004281 民 292/5984 子部/藝術類/書畫之屬/法帖

拓本唐代碑帖精華十二種 世界書局編 民國十四年(1925)上海世界書局影印本 一册 存一種

330000－1702－0004282 民 292/5985 子部/藝術類/書畫之屬/法帖

南園真蹟一卷 (清)錢灃書 民國二十六年(1937)上海商務印書館影印本 一册

330000－1702－0004284 民 292/5986 子部/藝術類/書畫之屬/法帖

祝枝山赤壁賦真蹟不分卷 (明)祝允明書 民國十年(1921)上海中華書局石印本 一册

330000－1702－0004285 民 261/5156 子部/雜著類/雜考之屬

四寸學二卷 (清)周震榮撰 民國周端沺抄本 二册

330000－1702－0004286 民 292/5987 子部/藝術類/書畫之屬/法帖

祝枝山赤壁賦真蹟不分卷 (明)祝允明書 民國三十年(1941)上海中華書局石印本 一册

330000－1702－0004287 民 139/3286 集部/別集類

湘雅廔唫草二卷 劉孝娥撰 稿本 二册

330000－1702－0004288 民 139/3287 集部/別集類/宋別集

定庵類稿四卷 (宋)衛博撰 民國抄本 一册

330000－1702－0004289 民 139/3288 集部/詩文評類/詩評之屬

漁洋詩話三卷 (清)王士禛撰 民國抄本 一册

330000－1702－0004290 民 139/3289 集部/別集類/明別集

夢澤集二十三卷 (明)王廷陳撰 民國抄本 一册 存一卷(十七)

330000－1702－0004292 民 292/5988 子部/藝術類/書畫之屬/法帖

李某庵臨周散氏盤真蹟一卷 李瑞清書 民國二十五年(1936)上海中華書局影印本 一册

330000－1702－0004294 民 292/5989 子部/藝術類/書畫之屬/法帖

舊拓靈飛經一卷 (唐)鍾紹京書 民國影印本 一册

330000－1702－0004295 民 292/5990 子部/藝術類/書畫之屬/法帖

王虛舟篆書毛詩一卷 (清)王澍書 民國二十二年(1933)上海西泠印社石印本 一册

330000－1702－0004296 民 292/5991 子部/藝術類/書畫之屬/法帖

初拓未斷本曹全碑一卷 民國十二年(1923)上海有正書局影印本 一册

330000－1702－0004297 民 292/5992 子部/藝術類/書畫之屬/法帖

澹靜廬詩賸一卷 沈尹默書 民國石印本 一册

330000－1702－0004298 民 139/3291 集部/詩文評類/詩評之屬

詩人玉屑句法摘抄一卷 (宋)魏慶之撰 郭延節錄 稿本 一册

330000－1702－0004299 民 292/5993 子部/藝術類/書畫之屬/法帖

石琴館臨北宋本石鼓文一卷 伊立勳臨 民國五年(1916)上海掃葉山房石印本 一册

330000－1702－0004300 民 292/5994 子

部/藝術類/書畫之屬/法帖
文衡山自書詩稿一卷 (明)文徵明撰並書
文壽承徐公行狀小楷一卷 (明)文彭撰並書　民國十九年(1930)上海文明書局石印本　一冊

330000－1702－0004303　民 292/5995　子部/藝術類/書畫之屬/法帖
唐拓顔魯公多寶塔一卷 (唐)顔真卿書　民國上海有正書局影印本　一冊

330000－1702－0004304　民 292/5996　子部/藝術類/書畫之屬/法帖
王虛舟鄧氏墓表真蹟一卷 (清)王澍撰並書　民國二十五年(1936)上海中華書局石印本　一冊

330000－1702－0004305　民 139/3300　子部/藝術類/書畫之屬
浙江永嘉區藝術展覽會書畫紀念冊不分卷　許蟠雲等輯　民國二十五年(1936)上海宣和印社影印本　一冊

330000－1702－0004306　民 292/5997　子部/藝術類/書畫之屬/法帖
魏曹真碑一卷　民國二十年(1931)上海神州國光社影印本　一冊

330000－1702－0004307　民 139/3301　子部/雜著類/雜纂之屬
東鱗西爪録五卷　稿本　五冊

330000－1702－0004308　民 261/5168　集部/詩文評類/詩評之屬
初白菴詩評三卷附詞綜偶評一卷 (清)查慎行撰　(清)張載華輯　民國上海六藝書局石印本　二冊　存二卷(一至二)

330000－1702－0004309　民 261/5170　類叢部/叢書類/彙編之屬
四部備要　中華書局編　民國二十五年(1936)上海中華書局鉛印本(經義考卷二百八十六、二百九十九至三百,東塾讀書記卷十三至十四、十七至二十、二十二至二十五原缺)　六冊　存一種

330000－1702－0004310　民 292/5998　子部/藝術類/書畫之屬/法帖
北宋初拓麓山寺碑二卷 (唐)李邕撰並書　民國上海碧梧山莊影印本　一冊　存一卷(二)

330000－1702－0004311　民 139/3317　集部/别集類/明别集
徐霞客遺詩一卷 (明)徐弘祖撰　民國三十六年(1947)東吳金石壽杭州抄本　金石壽題簽並記　一冊

330000－1702－0004312　民 292/5999　子部/藝術類/書畫之屬/法帖
潘齡皋太史墨寶一卷　潘齡皋書　民國二十九年(1940)影印本　一冊

330000－1702－0004313　民 97/2119　集部/總集類/選集之屬/通代
古文觀止十二卷 (清)吳乘權　(清)吳大職輯　民國上海商務印書館鉛印本　五冊　缺二卷(一至二)

330000－1702－0004314　民 97/2120　集部/總集類/選集之屬/通代
新體廣註古文觀止十二卷 (清)吳乘權　(清)吳大職輯　黄築巖　劉再蘇註釋　民國二十一年(1932)上海世界書局石印本　六冊

330000－1702－0004315　民 292/6000　子部/藝術類/書畫之屬/法帖
李文田大楷習字範本一卷 (清)李文田書　民國六年(1917)上海有正書局影印本　一冊

330000－1702－0004316　民 139/3318　子部/雜著類/雜説之屬
勉廬隨筆一卷　慈竹軒主人撰　稿本　一冊

330000－1702－0004317　民 97/2122　類叢部/叢書類/彙編之屬
景印元明善本叢書十種　商務印書館編　民國二十六年至二十九年(1937－1940)上海商務印書館影印本　三冊　存一種

330000－1702－0004319　民 292/6001　子部/藝術類/書畫之屬/法帖

六朝觀藥王藥上二菩薩經一卷 民國十八年(1929)上海中華書局影印本 一冊

330000－1702－0004320 民 292/6002 子部/藝術類/書畫之屬/法帖
南園先生大楷冊一卷 (清)錢灃書 民國上海震亞圖書局石印本 一冊

330000－1702－0004324 民 292/6005 子部/藝術類/書畫之屬/法帖
趙文敏充國頌一卷 (元)趙孟頫書 民國二十五年(1936)上海文明書局石印本 一冊

330000－1702－0004326 民 292/6006 子部/藝術類/書畫之屬/法帖
包安吳論書詩真蹟一卷 (清)包世臣撰並書 民國九年(1920)上海中華書局石印本 一冊

330000－1702－0004327 民 262/5176 類叢部/叢書類/彙編之屬
四部叢刊 張元濟等編 民國上海商務印書館影印本 周濟題記 十五冊 存一種

330000－1702－0004328 民 292/6007 子部/藝術類/書畫之屬/法帖
康南海一天園記一卷 康有為書 民國上海有正書局石印本 一冊

330000－1702－0004329 民 140/3328 集部/別集類/清別集
廉甫詩存一卷 (清)朱德增撰 民國抄本 一冊

330000－1702－0004330 民 292/6009 子部/藝術類/書畫之屬/法帖
舊拓皇甫誕碑一卷 (唐)歐陽詢書 民國影印本 一冊

330000－1702－0004331 民 140/3329 子部/藝術類/遊藝之屬/謎語
文虎一卷 民國十二年(1923)孫用祥抄本 一冊

330000－1702－0004332 民 140/3334 集部/別集類
函稿不分卷 徐映璞撰 稿本 二冊

330000－1702－0004333 民 97/2126 類叢部/叢書類/彙編之屬
景印元明善本叢書十種 商務印書館編 民國二十六年至二十九年(1937－1940)上海商務印書館影印本 二冊 存二種

330000－1702－0004334 民 292/6010 子部/藝術類/書畫之屬/法帖
舊拓王右軍樂毅論趙松雪閑邪公傳合刻不分卷 (晉)王羲之書 (元)趙孟頫書 民國上海有正書局影印本 一冊

330000－1702－0004335 民 292/6011 子部/藝術類/書畫之屬/法帖
趙文敏書洛神賦一卷 (元)趙孟頫書 民國二十九年(1940)上海文明書局石印本 一冊

330000－1702－0004336 民 97/2127 經部/小學類/文字之屬/字書/字體
六書通十卷首一卷 (清)閔齊伋撰 (清)畢弘述篆訂 民國七年(1918)上海鴻文書局石印本 六冊

330000－1702－0004337 民 292/6012 子部/藝術類/書畫之屬/法帖
明拓唐圭峯禪師碑一卷 民國十三年(1924)上海有正書局影印本 一冊

330000－1702－0004338 民 140/3335 集部/別集類
雙清館詩一卷文一卷 朱暉撰 稿本 一冊

330000－1702－0004339 民 97/2129 子部/小說家類/雜事之屬
鸝砭軒質言四卷 (清)戴蓮芬撰 民國上海進步書局石印本 一冊

330000－1702－0004340 民 140/3336 子部/術數類/相宅相墓之屬
七十二葬法一卷 (宋)賴文俊撰 (清)尹有本發義 民國抄本 一冊

330000－1702－0004341 民 140/3340 子部/宗教類/道教之屬/方法

真詮三卷　(明)桑喬輯　民國抄本　一册

330000－1702－0004342　民 292/6013　子部/藝術類/書畫之屬/法帖

初拓懷素草書自敘帖一卷　(唐)釋懷素撰並書　民國十年(1921)上海有正書局影印本　一册

330000－1702－0004343　民 292/6014　子部/藝術類/書畫之屬/法帖

名人真蹟　民國十四年(1925)上海中華書局影印本　一册　存一種

330000－1702－0004344　民 292/6015　子部/藝術類/書畫之屬/法帖

史閣部艸書杜詩真蹟一卷　(明)史可法書　民國二十四年(1935)上海中華書局影印本　一册

330000－1702－0004345　民 140/3346　集部/詩文評類/詩評之屬

驅濤辛集一卷　斯鶴齡鈔　稿本　一册

330000－1702－0004346　民 97/2130　類叢部/叢書類/彙編之屬

說庫一百七十種　王文濡編　民國四年(1915)上海文明書局石印本(浮生六記卷五至六原缺)　一册　存四種

330000－1702－0004347　民 292/6016　子部/藝術類/書畫之屬/法帖

黃藹農隸書騰沖王烈婦墓表一卷　黃葆鉞書　民國十三年(1924)上海泰東圖書局石印本　一册

330000－1702－0004348　民 292/6017　子部/藝術類/書畫之屬/法帖

最初精拓爨龍顏碑不分卷　民國十三年(1924)上海有正書局石印本　一册

330000－1702－0004349　民 140/3347　集部/別集類

函雅堂續集二卷　王詠霓撰　稿本　王葆楨批校　一册

330000－1702－0004350　民 140/3348　子部/術數類/命書相書之屬

玉管照神局三卷　(五代)齊丘撰　民國抄本　一册

330000－1702－0004352　民 97/2133　史部/編年類/通代之屬

尺木堂綱鑑易知錄九十二卷明鑑易知錄十五卷　(清)吳乘權　(清)周之炯　(清)周之燦輯　民國十四年(1925)上海掃葉山房石印本　二十四册

330000－1702－0004353　民 140/3350　子部/天文曆算類/算書之屬

弧矢算術一卷　(明)顧應祥撰　民國抄本　一册

330000－1702－0004354　民 140/3351　子部/術數類/占卜之屬

武侯五星神課一卷　民國抄本　一册

330000－1702－0004355　民 97/2134　史部/傳記類/總傳之屬/文苑

本朝名家詩鈔小傳四卷　(清)鄭方坤撰　民國十八年(1929)上海掃葉山房石印本　四册

330000－1702－0004356　民 140/3352　子部/術數類/相宅相墓之屬

水龍十二格一卷　民國抄本　一册

330000－1702－0004357　民 140/3353　集部/別集類

癸丑窗課一卷　仲薇氏撰　稿本　一册

330000－1702－0004358　民 292/6019　子部/藝術類/書畫之屬/法帖

王右軍正草十七帖一卷　(晉)王羲之書　民國二十三年(1934)上海世界書局影印本　一册

330000－1702－0004359　民 292/6018　子部/藝術類/書畫之屬/法帖

雙鉤宋本酸棗令劉熊碑一卷　(清)巴慰祖鉤摹　民國石印本　一册

330000－1702－0004361　民 292/6020　子部/藝術類/書畫之屬/法帖

雙鉤漢碑三種暨三公山碑不分卷　民國石印本　一冊

330000－1702－0004362　民 292/6021　子部/藝術類/書畫之屬/法帖

敦煌石室唐拓柳書金剛經四卷　（唐）柳公權書　民國上海有正書局影印本　一冊　存一卷（二）

330000－1702－0004363　民 292/6022　子部/藝術類/書畫之屬/法帖

南通張季直先生寸楷習字帖一卷　張謇書　民國二十五年（1936）上海中華書局石印本　一冊

330000－1702－0004364　民 140/3357　史部/目録類/書志之屬/題跋

麋巢藏柬題識一卷　眉巢撰　稿本　一冊

330000－1702－0004366　民 140/3359　子部/宗教類/道教之屬/方法

女真丹經一卷　民國五年（1916）知白抄本　一冊

330000－1702－0004367　民 292/6023　子部/藝術類/書畫之屬/法帖

汪退谷書御製說經詩墨蹟一卷　（清）汪士鋐書　民國四年（1915）上海有正書局影印本　一冊

330000－1702－0004368　民 292/6024　子部/藝術類/書畫之屬/法帖

張季直書說文解字部目一卷　張謇書　民國五年（1916）上海商務印書館石印本　一冊

330000－1702－0004369　民 292/6025　子部/藝術類/書畫之屬/法帖

寶惲室帖四卷　（清）惲壽平書　民國三年（1914）上海中華圖書館石印本　一冊　存一卷（二）

330000－1702－0004370　民 292/6026　子部/藝術類/書畫之屬/法帖

吳皇象書急就章一卷　（三國吳）皇象書　民國影印本　一冊

330000－1702－0004371　民 292/6027　子部/藝術類/書畫之屬/法帖

趙松雪蕭山大成殿記一卷　（元）趙孟頫書　民國十三年（1924）上海有正書局影印本　一冊

330000－1702－0004372　民 262/5183　集部/總集類/選集之屬/斷代

汪羅彭薛四家合鈔　國學扶輪社輯　民國四年（1915）中國圖書公司鉛印本　四冊　存十一卷（汪大紳文鈔一至四、彭尺木文鈔一至六、薛家三遺文）

330000－1702－0004373　民 262/5185　集部/別集類/清別集

張文襄公詩集四卷　（清）張之洞撰　民國十一年（1922）上海掃葉山房石印本　二冊

330000－1702－0004374　民 292/6028　子部/藝術類/書畫之屬/法帖

南海書一天園詩稿一卷　康有為撰並書　民國十四年（1925）上海有正書局石印本　一冊

330000－1702－0004375　民 292/6029　子部/藝術類/書畫之屬/法帖

胡大川先生幻想詩一卷格言摘要一卷　潘齡皋書　民國石印本　一冊

330000－1702－0004376　民 292/6030　子部/藝術類/書畫之屬/法帖

何子貞臨黑女志墨跡一卷　（清）何紹基書　民國長沙華新石印局石印本　一冊

330000－1702－0004377　民 292/6031　史部/金石類/金之屬/文字

秦漢金篆八種放大本不分卷　民國十年（1921）上海有正書局石印本　一冊

330000－1702－0004378　民 292/6032　集部/別集類

題梅百詠一卷續一卷　高振霄撰　民國二十四年（1935）朱孔陽影印本　一冊　存一卷（題梅百詠）

330000－1702－0004379　民 292/6033　子部/藝術類/書畫之屬/法帖

姚孟起塼塔銘一卷　（清）姚孟起臨　民國十二年（1923）上海文明書局影印本　一冊

330000－1702－0004380　民 292/6034　子部/藝術類/書畫之屬/法帖
唐賀季真草書孝經一卷　（唐）賀知章書　（日本）堀博摹刻　民國上海有正書局影印本　一冊

330000－1702－0004381　民 292/6035　子部/藝術類/書畫之屬/法帖
楊峴臨禮器碑二卷　（清）楊峴臨　民國上海碧梧山莊石印本　一冊

330000－1702－0004385　民 292/6036　子部/藝術類/書畫之屬/法帖
沈竹礽傳一卷　唐文治撰　高邕書　民國上海碧梧山莊石印本　一冊

330000－1702－0004387　民 292/6037　子部/藝術類/書畫之屬/法帖
陳鴻壽靈臺碑一卷　（清）陳鴻壽書　民國上海碧梧山莊石印本　一冊

330000－1702－0004388　民 292/6039　子部/藝術類/書畫之屬/法帖
初拓李璧碑一卷　民國二十五年（1936）上海文明書局石印本　一冊

330000－1702－0004389　民 292/6038　子部/藝術類/書畫之屬/法帖
文殊般若經一卷　民國上海求古齋書帖局石印本　一冊

330000－1702－0004390　民 292/6040　子部/藝術類/書畫之屬/法帖
汪仁溥臨曹全碑一卷　（清）汪仁溥臨　民國石印本　一冊

330000－1702－0004391　民 292/6041　子部/藝術類/書畫之屬/法帖
米南宫十七帖一卷　（宋）米芾書　民國成都益川書店影印本　一冊

330000－1702－0004392　民 292/6042　子部/藝術類/書畫之屬/法帖
張季直大楷習字範本一卷　張謇書　民國元年（1912）石印本　一冊

330000－1702－0004393　民 292/6043　子部/藝術類/書畫之屬/法帖
趙松雪書道德經一卷　（元）趙孟頫書　民國上海聯益書局石印本　一冊

330000－1702－0004394　民 262/5186　類叢部/叢書類/彙編之屬
四部備要　中華書局編　民國二十五年（1936）上海中華書局鉛印本（經義考卷二百八十六、二百九十九至三百，東塾讀書記卷十三至十四、十七至二十、二十二至二十五原缺）　一冊　存一種

330000－1702－0004395　民 292/6044　子部/宗教類/佛教之屬
金剛經一卷　曾熙書　民國上海震亞書局影印本　一冊

330000－1702－0004396　民 262/5188　子部/醫家類/溫病之屬/其他溫疫病證
外感辨證錄不分卷　秦霖熙輯　民國十四年（1925）劉樹椿等鉛印本　一冊

330000－1702－0004398　民 262/5189　集部/詞類/别集之屬
鏤香樂府一卷　劉玉璠撰　民國二十四年（1935）鉛印本　一冊

330000－1702－0004399　民 292/6046　子部/藝術類/書畫之屬/法帖
劉殿撰聖教序一卷　劉春霖書　民國上海有文書局石印本　一冊

330000－1702－0004400　民 292/6047　子部/藝術類/書畫之屬/法帖
騰越李恭仁墓表一卷　趙端禮撰　曾熙書　吴昌碩篆額　民國影印本　一冊

330000－1702－0004401　民 292/6048　子部/藝術類/書畫之屬/法帖
于右任書鄒容墓表一卷　于右任書　民國上海尚古山房石印本　一冊

330000－1702－0004402　民 292/6049　子部/藝術類/書畫之屬/法帖

漢衛尉卿衡方碑不分卷魏廬江守范式碑不分卷　(清)錢梅溪書　民國碧梧山莊石印本　趙洵庵跋　一冊

330000－1702－0004403　民 292/6050　子部/藝術類/書畫之屬/法帖

養晦堂南唐殘字一卷　劉藹生書　民國二十一年(1932)上海華通書局石印本　一冊

330000－1702－0004404　民 292/6051　子部/藝術類/書畫之屬/書法書品

書法舉隅一卷　金曾璨輯並書　民國十九年(1930)上海文明書局石印本　一冊

330000－1702－0004406　民 140/3367　子部/宗教類/佛教之屬/經

各種經一卷　民國徐善抄本　一冊

330000－1702－0004407　民 292/6052　子部/藝術類/書畫之屬/法帖

金冬心隸書書畫小記帖一卷　(清)金農書　民國上海進步書局石印本　一冊

330000－1702－0004408　民 292/6053　子部/藝術類/書畫之屬/法帖

林則徐小楷習字帖一卷　(清)林則徐書　民國二十三年(1934)上海大眾書局石印本　一冊

330000－1702－0004410　民 97/2135　史部/編年類/斷代之屬

清史綱要十四卷　吳曾祺等編　民國十四年(1925)上海商務印書館鉛印本　六冊

330000－1702－0004411　民 140/3369　集部/戲劇類/雜劇之屬

掃松下書一卷　民國二十三年(1934)高子鑫抄本　一冊

330000－1702－0004412　民 97/2136　史部/編年類/通代之屬

增評加批歷史綱鑑補三十九卷首一卷　(明)王世貞　(明)袁黃纂　**資治明紀綱目二十卷　資治明紀綱目三編一卷**　(清)張廷玉等撰　民國八年(1919)上海錦章圖書局石印本　十八冊

330000－1702－0004414　民 140/3370　集部/小說類/短篇之屬

繪圖詳註聊齋志異十六卷　(清)蒲松齡撰　(清)呂湛恩注　民國上海廣益書局石印本　一冊　存一卷(十二)

330000－1702－0004415　民 140/3372　子部/雜著類/雜纂之屬

昭質臨池一卷　民國抄本　一冊

330000－1702－0004416　民 292/6054　子部/藝術類/書畫之屬/法帖

宋拓褚河南哀冊一卷　(唐)褚遂良書　民國八年(1919)上海有正書局影印本　一冊

330000－1702－0004417　民 292/6055　子部/藝術類/書畫之屬/法帖

三頌精拓本放大合冊三卷　有正書局輯　民國九年(1920)上海有正書局影印本　一冊

330000－1702－0004418　民 292/6056　史部/金石類/金之屬/文字

精拓孟鼎放大本一卷　民國七年(1918)上海有正書局影印本　一冊

330000－1702－0004419　民 140/3375　集部/別集類

疎柳軒吟草一卷　稿本　一冊

330000－1702－0004421　民 292/6058　子部/藝術類/書畫之屬/書法書品

行書備要一卷　童式規書　民國十四年(1925)嘉定童式規石印本　一冊

330000－1702－0004422　民 140/3377　集部/別集類

病起樓詩一卷　諸宗元撰　稿本　一冊

330000－1702－0004427　民 292/6061　子部/藝術類/書畫之屬/法帖

翁叔平大楷習字範本一卷　(清)翁同龢書　民國上海有正書局石印本　一冊

330000－1702－0004428　民 140/3383　集

部/别集類

湯藹吉作文一卷　湯藹吉撰　稿本　一册

330000－1702－0004429　民 292/6062　子部/藝術類/書畫之屬/法帖

顔魯公書顔勤禮碑不分卷　（唐）顔真卿書　民國影印本　一册　存上册

330000－1702－0004430　民 97/2141　史部/史評類/史論之屬

國史概論四卷　葛陛綸輯　民國三年（1914）上海會文堂石印本　六册

330000－1702－0004431　民 97/2142　類叢部/叢書類/彙編之屬

四部備要　中華書局編　民國二十五年（1936）上海中華書局鉛印本（經義考卷二百八十六、二百九十九至三百，東塾讀書記卷十三至十四、十七至二十、二十二至二十五原缺）　七册　存一種

330000－1702－0004432　民 292/6064　子部/藝術類/書畫之屬/法帖

右軍書樂毅論放大本一卷　（晉）王羲之書　民國三十年（1941）上海有正書局影印本　一册

330000－1702－0004433　民 97/2143　史部/紀傳類/正史之屬

三國志六十五卷附考證　（晉）陳壽撰　（南朝宋）裴松之注　民國十九年（1930）上海掃葉山房石印本　八册　存三十卷（魏志一至三十）

330000－1702－0004434　民 97/2144　集部/詩文評類/詩評之屬

學詩初步三卷　張廷華　吳玉編　民國二十四年（1935）上海文明書局鉛印本　一册

330000－1702－0004435　民 140/3390　子部/醫家類/方書之屬/單方驗方

醫方雜抄一卷　民國抄本　一册

330000－1702－0004436　民 140/3392　集部/别集類

敝帚集一卷　張故吾撰　稿本　一册

330000－1702－0004437　民 292/6065　子部/藝術類/書畫之屬/法帖

漢華山碑孔謙碑合刊二卷　停雲仙館藏　民國碧梧山莊影印本　一册

330000－1702－0004438　民 292/6066　子部/藝術類/書畫之屬/法帖

程伊川四箴一卷　（清）錢灃書　民國上海碧梧山莊影印本　一册

330000－1702－0004439　民 292/6067　子部/藝術類/書畫之屬/法帖

黄山谷梨花詩一卷　（宋）黄庭堅撰並書　民國上海大衆書局影印本　一册

330000－1702－0004440　民 292/6068　子部/藝術類/書畫之屬/法帖

吳讓之篆書唐詩一卷　（清）吳熙載書　民國二十二年（1933）上海西泠印社石印本　一册

330000－1702－0004441　民 292/6069　子部/藝術類/書畫之屬/法帖

雲塍大楷一卷　高雲塍書　民國三十六年（1947）上海正文書局石印本　一册

330000－1702－0004442　民 140/3393　史部/傳記類/總傳之屬/家乘

錢塘丁氏傳記一卷　丁明之撰　稿本　一册

330000－1702－0004443　民 140/3395　新學/史志

中國歷史一卷　民國抄本　一册

330000－1702－0004447　民 98/2150　史部/雜史類/斷代之屬

清史三卷　孟世傑撰　**清史附錄一卷**　蕭一山撰　民國鉛印本　四册

330000－1702－0004448　民 98/2151　集部/小説類/長篇之屬

增訂繪圖精忠說岳全傳八卷八十回　（清）錢彩編　（清）金豐增訂　民國上海共和書局石印本　一册

330000－1702－0004449　民 98/2152－2153　類叢部/叢書類/家集之屬

武林丁氏家集十三種 丁立誠 丁立中撰 民國錢塘丁氏嘉惠堂鉛印本 二册 存二種

330000－1702－0004450 民 140/3398 子部/雜著類/雜説之屬
生意筋絡一卷 民國抄本 一册

330000－1702－0004451 民 140/3399 子部/雜著類/雜纂之屬
慶祝文件彙録一卷附名勝聯祠廟聯雜聯 民國抄本 一册

330000－1702－0004452 民 292/6070 史部/傳記類/别傳之屬/墓誌
吴彦復[保初]墓誌一卷 康有為撰 沈曾植書 民國十三年(1924)上海泰東圖書局石印本 一册

330000－1702－0004453 民 292/6071 子部/藝術類/書畫之屬/法帖
陸鳳石蒯太淑人傳一卷 (清)俞樾撰 陸潤庠書 民國十五年(1926)上海文明書局石印本 一册

330000－1702－0004454 民 292/6072 子部/藝術類/書畫之屬/法帖
陸潤庠楷書習字帖一卷 (清)俞樾撰 陸潤庠書 民國八年(1919)上海進步書局石印本 一册

330000－1702－0004455 民 140/3401 史部/金石類/石之屬/目録
歷代刻石簡目一卷 民國抄本 一册

330000－1702－0004456 民 140/3403 經部/三禮總義類/通禮雜禮之屬
婚俗禮儀鈔一卷附信札稿 民國抄本 一册

330000－1702－0004457 民 292/6073 子部/藝術類/書畫之屬/法帖
初搨滋蕙堂靈飛經一卷 (唐)鍾紹京書 民國上海尚古山房石印本 一册

330000－1702－0004458 民 98/2156 史部/地理類/山川之屬/水志
杜白二湖全書一卷 (清)王相能輯 民國七年(1918)吳錦堂鉛印本 一册

330000－1702－0004459 民 140/3405 集部/别集類
海南鴻影集一卷 稿本 一册

330000－1702－0004461 民 292/6077 子部/藝術類/書畫之屬/法帖
初拓爨龍顔碑一卷 (南朝宋)爨道慶撰文 民國十六年(1927)上海商務印書館影印本 一册

330000－1702－0004462 民 292/6078 子部/藝術類/書畫之屬/法帖
王羲之樂毅論一卷 (晉)王羲之書 民國二十一年(1932)上海大東書局影印本 一册

330000－1702－0004463 民 292/6079 子部/宗教類/佛教之屬
金剛般若波羅蜜經一卷 (後秦)釋鳩摩羅什譯 (晉)王羲之書 民國上海有正書局石印本 一册

330000－1702－0004464 民 292/6080 子部/藝術類/書畫之屬/法帖
包慎伯臨爭座位帖一卷 (清)包世臣書 民國七年(1918)上海商務印書館石印本 一册

330000－1702－0004465 民 292/6081 子部/藝術類/書畫之屬/法帖
包慎伯臨爭座位帖一卷 (清)包世臣書 民國二十年(1931)上海商務印書館石印本 一册

330000－1702－0004467 民 98/2164 子部/藝術類/遊藝之屬/詩鐘
飯後社叢刻詩鐘之一一卷 阿亮撰 民國六年(1917)浙江印刷公司鉛印本 一册

330000－1702－0004469 民 98/2165 史部/傳記類/總傳之屬/斷代
明遺民録四十八卷 孫靜菴撰 民國元年(1912)上海新中華圖書館鉛印本 十二册

330000－1702－0004471 民 98/2168 子部/儒家類/儒學之屬/蒙學

精校重增繪圖幼學故事瓊林四卷首一卷 (清)程登吉撰 (清)鄒聖脈增補 民國二十一年(1932)上海會文堂新記書局石印本 四冊

330000－1702－0004472 民 98/2169 子部/藝術類/書畫之屬/法帖

正草隸篆名人楹聯大觀不分卷 民國十五年(1926)上海掃葉山房石印本 四冊

330000－1702－0004473 民 98/2171 集部/詞類/總集之屬

歷朝名人詞選十三卷 (清)夏秉衡輯 民國十二年(1923)上海掃葉山房石印本 一冊 存三卷(八至十)

330000－1702－0004474 民 292/6083 子部/藝術類/書畫之屬/法帖

舊拓右軍書道德經一卷 (晉)王羲之書 民國上海有正書局石印本 一冊

330000－1702－0004475 民 292/6084 子部/藝術類/書畫之屬/法帖

米南宮十七帖一卷 (宋)米芾書 民國上海尚古山房石印本 一冊

330000－1702－0004476 民 98/2175 集部/總集類/選集之屬/斷代

太平天國詩文鈔不分卷 羅邕 沈祖基輯 民國上海商務印書館鉛印本 一冊 存中冊

330000－1702－0004477 民 98/2170 子部/術數類/命書相書之屬

繪圖校正相理衡真十卷首一卷 (清)陳釗撰 民國石印本 三冊 存六卷(三至八)

330000－1702－0004478 民 140/3415 集部/詩文評類/詩評之屬

詩話一卷 民國抄本 一冊

330000－1702－0004479 民 263/5194 集部/詞類/詞譜之屬

攷正白香詞譜不分卷 (清)舒夢蘭編纂 顧憲融攷正 民國十五年(1926)中原書局鉛印本 一冊

330000－1702－0004480 民 263/5195 集部/別集類/清別集

全韻梅花詩一卷 (清)王士禛撰 民國上海昌明書局石印本 一冊

330000－1702－0004481 民 292/6085 子部/藝術類/書畫之屬/法帖

影印吳紫庭先生墨蹟一卷 (清)吳鳳來撰並書 民國十九年(1930)義烏黃侗影印本 一冊

330000－1702－0004482 民 292/6086 子部/藝術類/書畫之屬/法帖

影印吳紫庭先生墨蹟一卷 (清)吳鳳來撰並書 民國十九年(1930)義烏黃侗影印本 一冊

330000－1702－0004483 民 292/6087 子部/藝術類/書畫之屬/法帖

影印吳紫庭先生墨蹟一卷 (清)吳鳳來撰並書 民國十九年(1930)義烏黃侗影印本 一冊

330000－1702－0004484 民 292/6088 子部/藝術類/書畫之屬/法帖

影印吳紫庭先生墨蹟一卷 (清)吳鳳來撰並書 民國十九年(1930)義烏黃侗影印本 一冊

330000－1702－0004485 民 292/6089 子部/藝術類/書畫之屬/法帖

影印吳紫庭先生墨蹟一卷 (清)吳鳳來撰並書 民國十九年(1930)義烏黃侗影印本 一冊

330000－1702－0004486 民 292/6090 子部/藝術類/書畫之屬/法帖

影印吳紫庭先生墨蹟一卷 (清)吳鳳來撰並書 民國十九年(1930)義烏黃侗影印本 一冊

330000－1702－0004487 民 292/6091 子部/藝術類/書畫之屬/法帖

張文襄論學書一卷 (清)張之洞書 民國二十五年(1936)上海文明書局石印本 一冊

330000－1702－0004489　民 292/6092　子部/藝術類/書畫之屬/法帖

沈尹默書晉王右軍題筆陣圖後一卷　沈尹默書　民國三十六年(1947)上海商務印書館石印本　一冊

330000－1702－0004491　民 98/2172－2174、民 98/2177　類叢部/叢書類/自著之屬

袁枚全集　(清)袁枚撰　民國上海校經山房成記書局石印本　九冊　存四種

330000－1702－0004493　民 98/2176　類叢部/叢書類/自著之屬

隨園四十三種　(清)袁枚撰　民國十年(1921)上海著易堂書局鉛印本　一冊　存一種

330000－1702－0004494　民 98/2178　集部/別集類

飲冰室全集四十八卷　梁啓超撰　民國五年(1916)上海中華書局鉛印本　七冊　存七卷(二、八至九、十二、四十一至四十二、四十八)

330000－1702－0004495　民 98/2179　集部/別集類/宋別集

朱淑真斷腸詩集十卷補遺一卷後集七卷斷腸詞一卷　(宋)朱淑真撰　(宋)鄭元佐注　民國二十三年(1934)上海興業書局石印本　一冊　存十一卷(一至十、補遺)

330000－1702－0004497　民 98/2180　類叢部/類書類/通類之屬

宋人小説類編四卷　廣益書局編輯部輯　民國九年(1920)上海廣益書局石印本　一冊　存一卷(二)

330000－1702－0004498　民 98/2182　集部/別集類/明別集

玄蓋副草二十卷目錄二卷　(明)吳稼竳撰　民國五年(1916)吳氏雍睦堂影印本　二冊　存十一卷(十至二十)

330000－1702－0004499　民 98/2183　集部/總集類/選集之屬/斷代

王荆公唐百家詩選二十卷　(宋)王安石輯　民國上海商務印書館鉛印本　二冊　存十四卷(一至十四)

330000－1702－0004500　民 98/2189　類叢部/叢書類/自著之屬

章氏叢書十三種　章炳麟撰　民國十三年(1924)上海古書流通處據浙江圖書館刻本影印本　十冊　存五種

330000－1702－0004501　民 292/6093　子部/藝術類/書畫之屬/法帖

譚延闓大楷枯樹賦一卷　譚延闓書　民國三十年(1941)上海中華書局石印本　一冊

330000－1702－0004502　民 292/6094　子部/藝術類/書畫之屬/法帖

譚澤闓書總理遺囑習字帖一卷　譚澤闓書　民國上海震亞圖書局石印本　一冊

330000－1702－0004503　民 292/6095　子部/藝術類/書畫之屬/法帖

譚延闓雜臨古碑帖不分卷　譚延闓書　民國二十五年(1936)上海中華書局石印本　一冊

330000－1702－0004504　民 292/6096　子部/藝術類/書畫之屬/法帖

譚組庵墨蹟不分卷　譚延闓書　譚仲煇藏　民國二十六年(1937)上海中華書局石印本　二冊

330000－1702－0004505　民 292/6097　子部/藝術類/書畫之屬/法帖

劉石庵帖一卷　(清)劉墉書　民國上海姚文海書局石印本　一冊

330000－1702－0004507　民 263/5219　集部/別集類/清別集

晚宜樓集十六卷補遺一卷　(清)毛瑩撰　民國十年(1921)勝谿柳氏鉛印本　一冊　存八卷(一至八)

330000－1702－0004510　民 292/6098　子部/藝術類/書畫之屬/法帖

石庵相國墨寶不分卷　(清)劉墉書　民國上海震亞書局石印本　一冊

330000－1702－0004511　民 292/6099　子部/藝術類/書畫之屬/法帖

劉石庵詩稿一卷　（清）劉墉書　民國二十四年（1935）上海大東書局影印本　一冊

330000－1702－0004512　民 98/2190　集部/總集類/選集之屬/通代

詳訂古文評註全集十卷　（清）過珙　（清）黃越評選　民國十二年（1923）上海掃葉山房石印本　十冊

330000－1702－0004513　民 98/2191　類叢部/叢書類/彙編之屬

四部備要　中華書局編　民國二十五年（1936）上海中華書局鉛印本（經義考卷二百八十六、二百九十九至三百，東塾讀書記卷十三至十四、十七至二十、二十二至二十五原缺）　一冊　存一種

330000－1702－0004514　民 292/6100　子部/藝術類/書畫之屬/法帖

劉石庵大楷習字範本一卷　（清）劉墉書　民國四年（1915）上海有正書局石印本　一冊

330000－1702－0004515　民 98/2192　集部/戲劇類/總集之屬/雜劇

元明雜劇二十七種　（明）□□輯　民國十八年（1929）南京國學圖書館影印本　三冊　存十三種

330000－1702－0004516　民 98/2193　集部/詞類/類編之屬

詞學全書四種　（清）查培繼輯　民國五年（1916）木石居石印本　六冊

330000－1702－0004518　民 292/6101－1　子部/藝術類/書畫之屬/法帖

劉石庵手札墨蹟一卷　（清）劉墉撰並書　民國六年（1917）上海有正書局石印本　一冊

330000－1702－0004519　民 292/6101－2　子部/藝術類/書畫之屬/法帖

劉石庵手札墨蹟一卷　（清）劉墉撰並書　民國上海有正書局石印本　一冊

330000－1702－0004520　民 292/6102－2　子部/藝術類/書畫之屬/法帖

劉石庵相國墨迹第二集　（清）劉墉書　民國上海有正書局石印本　一冊

330000－1702－0004521　民 292/6102－3　子部/藝術類/書畫之屬/法帖

劉石庵相國墨蹟第三集　（清）劉墉書　民國上海有正書局石印本　一冊

330000－1702－0004522　民 292/6103　子部/藝術類/書畫之屬/法帖

國朝名人手蹟八卷　上海有正書局編　民國上海有正書局石印本　一冊　存一卷（一）

330000－1702－0004524　民 140/3417　集部/別集類/清別集

笛漁小稾選錄一卷　（清）朱昆田撰　民國抄本　一冊

330000－1702－0004525　民 140/3418　子部/藝術類/音樂之屬/樂譜

灘簧一卷　民國抄本　一冊

330000－1702－0004526　民 140/3419　經部/小學類/文字之屬/字書/字體

隸篇索引一卷　味六編用　稿本　一冊

330000－1702－0004527　民 292/6104　子部/藝術類/書畫之屬/法帖

錢南園書施芳谷壽序一卷　（清）錢灃書　民國二十九年（1940）長沙商務印書館石印本　一冊

330000－1702－0004530　民 99/2195　集部/詞類/詞譜之屬

攷正白香詞譜三卷附錄一卷　陳小蝶編　**增訂晚翠軒詞韻一卷**　陳祖耀校正　民國七年（1918）春草軒鉛印本暨石印本　四冊

330000－1702－0004531　民 292/6105　子部/藝術類/書畫之屬/法帖

南園書管子語一卷　（清）錢灃書　民國二十八年（1939）上海震亞書局石印本　一冊

330000－1702－0004535　民 99/2198－2200　類叢部/叢書類/彙編之屬

四部備要　中華書局編　民國二十五年(1936)上海中華書局鉛印本(經義考卷二百八十六、二百九十九至三百,東塾讀書記卷十三至十四、十七至二十、二十二至二十五原缺)　二十六冊　存一種

330000－1702－0004537　民 99/2201　史部/雜史類/斷代之屬
痛史二十一種附九種　樂天居士輯　民國上海商務印書館鉛印本　十二冊　存八種

330000－1702－0004539　民 140/3423　子部/藝術類/書畫之屬/總論
荔庵書畫錄□□卷　稿本　一冊

330000－1702－0004540　民 140/3424　新學/雜著/小說
慧珠傳一卷　彭俞譯述　**紅巾緣一卷**　民國抄本　一冊

330000－1702－0004541　民 292/6107　子部/藝術類/書畫之屬/法帖
蘇東坡書洞庭春色賦一卷中山松醪賦一卷　(宋)蘇軾書　民國四年(1915)上海商務印書館石印本　一冊

330000－1702－0004542　民 292/6108　子部/藝術類/書畫之屬/法帖
蘇東坡書赤壁賦一卷　(宋)蘇軾撰並書　民國二十二年(1933)上海商務印書館影印本　一冊

330000－1702－0004543　民 292/6109　子部/藝術類/書畫之屬/法帖
蘇東坡書赤壁賦一卷　(宋)蘇軾撰並書　民國十九年(1930)上海商務印書館影印本　一冊

330000－1702－0004544　民 292/6110　子部/藝術類/書畫之屬/法帖
蘇東坡書赤壁賦一卷　(宋)蘇軾撰並書　民國二十六年(1937)上海商務印書館影印本　一冊

330000－1702－0004545　民 140/3425　集部/總集類/課藝之屬
他山之石一卷　民國抄本　一冊

330000－1702－0004546　民 140/3426　子部/藝術類/遊藝之屬
聯話詩話雜錄不分卷附燈謎及小品游戲文　民國抄本　一冊

330000－1702－0004547　民 263/5237　集部/總集類/選集之屬/通代
歷代詩文評註讀本　王文濡編　民國上海文明書局鉛印本　二冊　存一種

330000－1702－0004548　民 140/3427　子部/宗教類/佛教之屬
金剛般若波羅蜜經一卷佛說阿彌陀經一卷般若波羅蜜多心經一卷往生淨土神咒一卷千手千眼無礙大悲心陀羅尼一卷金剛真經纂一卷　民國陳垕孚抄本　一冊

330000－1702－0004549　民 140/3428　子部/雜著類/雜纂之屬
讀書隨記一卷　民國抄本　一冊

330000－1702－0004550　民 263/5238　集部/別集類/唐五代別集
玉溪生詩意八卷　(唐)李商隱撰　(清)朱鶴齡注　(清)屈復意　民國六年(1917)上海會文堂書局石印本　四冊

330000－1702－0004552　民 263/5239　集部/總集類/選集之屬/通代
評選四六法海八卷　(清)蔣士銓評選　民國上海文瑞樓石印本　四冊

330000－1702－0004554　民 263/5240　經部/群經總義類/傳說之屬
經義述聞三十二卷　(清)王引之撰　民國上海鴻章書局石印本　四冊　存十六卷(一至十六)

330000－1702－0004558　民 140/3431　集部/總集類/選集之屬/通代
古詩源十四卷　(清)沈德潛輯　民國抄本　一冊　存四卷(一至四)

330000－1702－0004559　民 292/6111　子

部/藝術類/書畫之屬/法帖

北宋拓蘇書醉翁亭記一卷 (宋)蘇軾書 民國八年(1919)上海有正書局影印本 一冊

330000－1702－0004560 民 292/6112 子部/藝術類/書畫之屬/法帖

北宋拓蘇書醉翁亭記一卷 (宋)蘇軾書 民國上海有正書局影印本 一冊

330000－1702－0004561 民 140/3432 集部/別集類

好樓未定稿一卷 民國油印本 一冊

330000－1702－0004562 民 292/6113 子部/藝術類/書畫之屬/法帖

宋拓蘇書豐樂亭記一卷 (宋)蘇軾書 民國七年(1918)上海有正書局石印本 一冊

330000－1702－0004563 民 292/6114 子部/藝術類/書畫之屬/法帖

宋拓蘇書豐樂亭記一卷 (宋)蘇軾書 民國八年(1919)上海有正書局石印本 一冊

330000－1702－0004566 民 292/6115 子部/藝術類/書畫之屬/法帖

宋拓蘇書豐樂亭記一卷 (宋)蘇軾書 民國石印本 一冊

330000－1702－0004572 民 264/5249 集部/詩文評類

昭昧詹言二十一卷 (清)方東樹撰 吳闓生評 民國武強賀氏刻本 六冊

330000－1702－0004573 民 140/3441 史部/傳記類/總傳之屬/家乘

[浙江紹興]石氏受姓世代傳流宗譜一卷 稿本 一冊

330000－1702－0004574 民 292/6116 子部/藝術類/書畫之屬/法帖

初拓高湛墓誌一卷 民國二十四年(1935)上海商務印書館石印本 一冊

330000－1702－0004575 民 140/3443 子部/藝術類/書畫之屬/法帖

標準習字範本一卷 馮煦書 魏冰心編 民國三十五年(1946)上海大業書局影印本 一冊

330000－1702－0004576 民 292/6117 子部/藝術類/書畫之屬/法帖

石門銘不分卷 (北魏)王遠書 秦文錦藏 民國影印本 一冊

330000－1702－0004578 民 292/6118 子部/藝術類/書畫之屬/法帖

初拓夢英夫子廟堂記一卷 (唐)程浩撰 (唐)夢英書 民國十四年(1925)上海平民碑帖局影印本 一冊

330000－1702－0004582 民 140/3444 集部/小說類/長篇之屬

新出八劍七俠十六義平蠻演義後傳四卷六十回 民國上海錦章圖書局石印本 一冊

330000－1702－0004583 民 292/6121 子部/藝術類/書畫之屬/法帖

初拓鄭文公碑一卷 (北魏)鄭道昭書 民國上海有正書局影印本 一冊

330000－1702－0004585 民 292/6120 子部/藝術類/書畫之屬/法帖

初拓長垣本西嶽華山廟碑一卷 民國十四年(1925)上海平民碑帖局石印本 一冊

330000－1702－0004587 民 140/3445 子部/藝術類

郎靜山攝影專刊一卷 郎靜山攝並輯 民國二十八年(1939)影印本暨鉛印本 一冊

330000－1702－0004589 民 140/3446 子部/藝術類

郎靜山攝影專刊一卷 郎靜山攝並輯 民國二十八年(1939)影印本暨鉛印本 郎靜山題記 一冊

330000－1702－0004591 民 292/6122 子部/藝術類/書畫之屬/法帖

鄧石如篆書習字帖一卷 (清)鄧石如書 民國十三年(1924)上海文明書局影印本 一冊

330000－1702－0004592 民 292/6123 子

部/藝術類/書畫之屬/書法書品

行書備要一卷 童式規書 民國十二年(1923)嘉定童式規石印本 一冊

330000－1702－0004597 民 292/6124 子部/藝術類/書畫之屬/法帖

前後赤壁賦帖不分卷 (清)何紹基書 民國四年(1915)上海進步書局影印本 一冊

330000－1702－0004602 民 137/3151 史部/詔令奏議類/奏議之屬

歷代名臣奏議約選四卷 周采泉編 稿本 一冊 存一卷(一)

330000－1702－0004603 民 292/6126 子部/藝術類/書畫之屬/法帖

九成宮醴泉銘一卷 (唐)歐陽詢書 民國無錫文安書局影印本 一冊

330000－1702－0004604 民 137/3152 史部/傳記類/日記之屬

無匹庵主人日記不分卷(民國三十年一月一日至三十七年十二月三十日) 無匹庵主人撰 稿本 五冊

330000－1702－0004605 民 137/3153 史部/政書類/公牘檔冊之屬

杜絕賣契錄不分卷 民國抄本 三冊

330000－1702－0004607 民 137/3155 新學/政治法律/律例

綜合日本民法論目錄一卷 民國抄本 一冊

330000－1702－0004609 民 292/6129 子部/藝術類/書畫之屬/法帖

國朝名人手蹟八卷 上海有正書局編 民國上海有正書局石印本 一冊 存一卷(八)

330000－1702－0004613 民 99/2229 集部/別集類/清別集

星影樓壬辰以前存稿二卷 錢振鍠撰 民國陽湖錢氏木活字印本 一冊

330000－1702－0004614 民 137/3159 子部/宗教類/其他宗教之屬/其他

二神會簿一卷 朱欣記藏 民國二十九年(1940)朱欣抄本 一冊

330000－1702－0004617 民 291/5915 子部/藝術類/書畫之屬/法帖

韓宗石墨一卷 韓澄輯 民國八年(1919)影印本 一冊

330000－1702－0004618 民 137/3163 子部/儒家類/儒學之屬/禮教/鑑戒

道德之特色一卷 徐質卿撰 稿本 一冊

330000－1702－0004619 民 291/5916 史部/金石類/金之屬

愙齋集古錄二十六卷釋文賸稿二卷 (清)吳大澂撰 民國十九年(1930)上海商務印書館影印本 二冊 存二卷(釋文賸稿一至二)

330000－1702－0004621 民 137/3164 新學/議論/論政

聯邦論鈔一卷 章士釗 潘力山撰 民國抄本 一冊

330000－1702－0004623 民 291/5917 子部/藝術類/書畫之屬/法帖

張叔未寫清儀閣集古款識一卷 (清)張廷濟書 **陳簠齋寫東武劉氏款識一卷** (清)陳介祺書 民國八年(1919)上海商務印書館石印本 一冊

330000－1702－0004624 民 291/5918 子部/藝術類/書畫之屬/法帖

黃石齋書張天如墓誌不分卷 (明)黃道周書 民國上海有正書局石印本 一冊

330000－1702－0004625 民 137/3165/1 新學/議論

任人概要二卷 沈家楨撰 民國抄本 二冊

330000－1702－0004626 民 291/5919 子部/藝術類/書畫之屬/法帖

宋拓張從申書玄靜先生碑一卷 (唐)柳識撰 (唐)張從申書 民國二十四年(1935)上海鴻寶齋石印本 一冊

330000－1702－0004627 民 137/3165/2 新學/議論

任人概要二卷　沈家楨撰　民國抄本　一册

330000－1702－0004634　民 137/3149　集部/别集類/清别集

湯紀尚文鈔一卷　（清）湯紀尚撰　民國來裕恂抄本　一册

330000－1702－0004635　民 291/5921　史部/傳記類/别傳之屬/事狀

衡山正氣集一卷　劉揆一編　民國元年(1912)影印本　一册

330000－1702－0004638　民 291/5922　子部/藝術類/遊藝之屬/聯語

國朝名人楹聯彙輯第一輯不分卷　上海有正書局輯　民國上海有正書局影印本　一册　存一册(一)

330000－1702－0004640　民 291/5924　子部/藝術類/書畫之屬/法帖

最初精拓爨龍顔碑不分卷　民國六年(1917)上海有正書局石印本　一册

330000－1702－0004641　民 291/5925　子部/藝術類/書畫之屬/書法書品

行書備要一卷　童式規書　民國十三年(1924)嘉定童式規石印本　一册

330000－1702－0004647　民 137/3171　史部/傳記類/别傳之屬/年譜

補齋在世六十有四年之回憶三卷附劫後餘生録二卷徐氏萼瑞堂富房系私譜一卷聞見褀録一卷　徐鈺撰　稿本　六册

330000－1702－0004649　民 291/5926　子部/藝術類/書畫之屬/法帖

王福盦篆阮嗣宗詠懷詩一卷　王禔書　民國十九年(1930)上海西泠印社石印本　一册

330000－1702－0004650　民 291/5927　史部/傳記類/别傳之屬/事狀

杭州徐吉生先生訃告一卷　徐恩溥　徐恩詒輯　民國二十三年(1934)上海大東書局影印本　一册

330000－1702－0004651　民 291/5928　子部/藝術類/書畫之屬/法帖

秦嶧山碑一卷　民國七年(1918)有正書局影印本　一册

330000－1702－0004652　民 291/5929　子部/藝術類/書畫之屬/法帖

張季直書千字文一卷　張謇書　民國五年(1916)上海商務印書館石印本　一册

330000－1702－0004653　民 291/5930　子部/藝術類/書畫之屬/法帖

胡大川先生幻想詩一卷　潘齡皋書　民國石印本　一册

330000－1702－0004654　民 100/2242　集部/總集類/選集之屬/斷代

翼社叢刊第一集　翼社輯　民國五年(1916)鉛印本　一册

330000－1702－0004655　民 291/5931　史部/傳記類/别傳之屬/墓誌

瑞安姚君[雁秋]墓志銘一卷瑞安姚氏家廟記一卷　章炳麟撰並書　**先嚴言行述畧一卷**　姚琮撰並書　民國二十三年(1934)影印本　一册

330000－1702－0004656　民 291/5932　史部/傳記類/别傳之屬/墓誌

誥封宜人晉封恭人丁君妻陸恭人墓志銘一卷　（清）俞樾撰並書　民國石印本　一册

330000－1702－0004657　民 291/5933　子部/藝術類/書畫之屬/法帖

史閣部艸書杜詩真蹟一卷　（明）史可法書　民國二十八年(1939)上海中華書局影印本　一册

330000－1702－0004658　民 291/5934　子部/藝術類/書畫之屬/法帖

邵二泉詩卷真蹟一卷　（明）邵寶書　民國十一年(1922)上海中華書局石印本　一册

330000－1702－0004659　民 291/5935　子部/藝術類/書畫之屬/法帖

梁山舟祭弟文一卷　（清）梁同書書　民國九年(1920)上海中華書局石印本　一册

330000－1702－0004660　民 291/5936　子部/藝術類/書畫之屬/法帖

祝枝山赤壁賦真蹟不分卷　(明)祝允明書　民國二十四年(1935)上海中華書局石印本　一册

330000－1702－0004664　民 130/3140－3142　類叢部/類書類/通類之屬

欽定古今圖書集成一萬卷目錄四十卷　(清)蔣廷錫　(清)陳夢雷等輯　**古今圖書集成考證二十四卷**　民國二十三年(1934)中華書局影印本　七百三十册　缺九百七十一卷(文學典一至十二、八十一至二百六十,字學典一至一百六十,選舉典一至一百三十六,銓衡典一至一百二十,食貨典一至三百六十,考證十九至二十一)

330000－1702－0004665　民 291/5937　子部/藝術類/書畫之屬/法帖

南唐李後主真蹟一卷　(五代)李煜書　民國影印本　一册

330000－1702－0004666　民 291/5938　子部/藝術類/書畫之屬/法帖

王虛舟先生墨蹟一卷　(清)王澍書　民國三十五年(1946)上海中華書局影印本　一册

330000－1702－0004667　民 291/5939　子部/藝術類/書畫之屬/法帖

名人真蹟　民國三十年(1941)上海中華書局影印本　一册　存一種

330000－1702－0004669　民 291/5942　子部/藝術類/書畫之屬/法帖

何子貞臨張遷碑二卷　(清)何紹基書　民國上海有正書局影印本　一册

330000－1702－0004670　民 291/5943　子部/藝術類/書畫之屬/法帖

楊沂孫說文部首墨蹟一卷敘文墨蹟一卷　(清)楊沂孫書　民國五年(1916)蘇州振新書局石印本　一册

330000－1702－0004671　民 291/5944　史部/傳記類/别傳之屬

衡陽王楊氏家傳一卷　曾熙書　民國六年(1917)上海震亞圖書局石印本　一册

330000－1702－0004672　民 291/5945　子部/藝術類/書畫之屬/法帖

鄭孝胥楷書習字範本一卷　鄭孝胥書　民國上海有正書局石印本　一册

330000－1702－0004674　民 291/5948　子部/藝術類/書畫之屬/法帖

朱柏廬先生治家格言(朱子家訓)一卷　(清)朱用純撰　王同愈書　民國二十四年(1935)三友實業社石印本　一册

330000－1702－0004677　民 291/5949　子部/藝術類/書畫之屬/法帖

晉唐帖十一種不分卷　(清)李宗翰藏　民國十七年(1928)上海商務印書館影印本　一册

330000－1702－0004679　民 291/5950　子部/藝術類/書畫之屬/法帖

倪思宏臨黃庭經一卷　倪思宏書　民國石印本　一册

330000－1702－0004680　民 291/5951　子部/藝術類/書畫之屬/法帖

孔子廟堂之碑一卷　(唐)虞世南撰並書　民國影印本　一册

330000－1702－0004683　民 291/5953　子部/藝術類/書畫之屬/法帖

張司直玄靜先生碑一卷　(唐)張從申書　民國二十四年(1935)上海商務印書館影印本　一册

330000－1702－0004684　民 291/5954　子部/藝術類/書畫之屬/法帖

祝允明草書千字文一卷　(明)祝允明書　民國石印本　一册

330000－1702－0004685　民 291/5955　子部/藝術類/書畫之屬/法帖

米南宮蜀素帖真蹟一卷　(宋)米芾書　民國影印本　一册

330000－1702－0004686　民 100/2260　集

部/總集類/郡邑之屬

諸暨詩英十一卷續編七卷 徐道政編 民國二十五年(1936)鉛印本 四冊

330000－1702－0004687 民 291/5956 子部/藝術類/書畫之屬/法帖

柳公權玄秘塔不分卷 (唐)柳公權書 民國三十六年(1947)上海商務印書館影印本 一冊

330000－1702－0004688 民 291/5957 子部/藝術類/書畫之屬/法帖

趙松雪臨黃庭經眞蹟一卷 (元)趙孟頫書 民國上海有正書局影印本 一冊

330000－1702－0004689 民 291/5958 子部/藝術類/書畫之屬/法帖

宋拓雲麾碑一卷 (唐)李邕書 民國十四年(1925)上海有正書局影印本 一冊

330000－1702－0004690 民 291/5959 子部/藝術類/書畫之屬/法帖

唐拓雲麾李秀碑足本一卷 (唐)李邕撰並書 民國五年(1916)上海有正書局影印本 一冊

330000－1702－0004691 民 291/5960 子部/藝術類/書畫之屬/法帖

北宋搨雲麾將軍李秀碑一卷 (唐)李邕撰並書 民國影印本 一冊

330000－1702－0004692 民 291/5961 子部/藝術類/書畫之屬/法帖

法華寺碑一卷 (唐)李邕撰並書 (清)何紹基手鉤 民國六年(1917)上海有正書局影印本 一冊

330000－1702－0004693 民 291/5962 子部/藝術類/書畫之屬/法帖

法華寺碑一卷 (唐)李邕撰並書 (清)何紹基手鉤 民國十五年(1926)上海有正書局影印本 一冊

330000－1702－0004694 民 291/5963 子部/藝術類/書畫之屬/法帖

憨山大師自書六詠詩真蹟一卷 (明)釋德清撰並書 民國二十四年(1935)上海商務印書館影印本 一冊

330000－1702－0004695 民 291/5964 子部/藝術類/書畫之屬/法帖

晉唐小楷十種不分卷 民國十四年(1925)上海有正書局影印本 一冊

330000－1702－0004696 民 291/5965 子部/藝術類/書畫之屬/法帖

蘇文忠天際烏雲帖真蹟一卷 (宋)蘇軾書 民國二十二年(1933)上海商務印書館影印本 一冊

330000－1702－0004697 民 291/5966 子部/藝術類/書畫之屬/法帖

黃庭堅墨蹟雙鉤本一卷 (宋)黃庭堅書 民國影印本 一冊

330000－1702－0004699 民 100/2266 類叢部/叢書類/家集之屬

武林丁氏家集十三種 丁立誠 丁立中撰 民國錢塘丁氏嘉惠堂鉛印本 一冊 存二種

330000－1702－0004700 民 291/5967 子部/藝術類/書畫之屬/法帖

蘇藜照公事略集古艸書本一卷 蘇應時集 民國二十八年(1939)石印本暨鉛印本 一冊

330000－1702－0004701 民 291/5968 子部/藝術類/書畫之屬/法帖

宋拓河南本十七帖不分卷 (晉)王羲之書 民國上海有正書局影印本 一冊

330000－1702－0004702 民 291/5969 子部/藝術類/書畫之屬/法帖

懷素草書千文一卷 (唐)釋懷素書 民國有正書局影印本 一冊

330000－1702－0004704 民 291/5970 子部/藝術類/書畫之屬/法帖

魯相乙瑛碑一卷 民國有正書局影印本 一冊

330000－1702－0004705 民 291/5972 子部/藝術類/書畫之屬/法帖

秦嶧山碑一卷　民國七年(1918)有正書局影印本　一册

330000－1702－0004706　民 291/5973　子部/藝術類/書畫之屬/法帖
包安吳論書詩真蹟一卷　(清)包世臣撰並書　民國二十九年(1940)上海中華書局石印本　一册

330000－1702－0004707　民 291/5974　子部/藝術類/書畫之屬/法帖
完白篆隸二種不分卷　(清)鄧石如書　民國十八年(1929)上海神州國光社影印本　一册

330000－1702－0004708　民 291/5975　子部/藝術類/篆刻之屬/印論
續三十五舉一卷　(清)黄子高撰　民國十五年(1926)上海商務印書館石印本　一册

330000－1702－0004709　民 291/5976　子部/藝術類/篆刻之屬/印論
續三十五舉一卷　(清)黄子高撰　民國十八年(1929)上海商務印書館石印本　一册

330000－1702－0004710　民 291/5977　子部/藝術類/書畫之屬/法帖
趙孟頫充國頌一卷　(元)趙孟頫書　民國十七年(1928)上海掃葉山房石印本　一册

330000－1702－0004714　民 290/5898　類叢部/叢書類/彙編之屬
四庫全書珍本初集二百三十種　中央圖書館籌備處輯　民國二十三年至二十四年(1934－1935)上海商務印書館據文淵閣本影印本(原缺六十六卷)　十二册　存一種

330000－1702－0004715　民 290/5899　類叢部/叢書類/彙編之屬
選印宛委别藏四十種　故宫博物院編　民國二十四年(1935)上海商務印書館影印本　三册　存一種

330000－1702－0004717　民 290/5901　集部/楚辭類
百大家評點王注楚辭十七卷　(漢)王逸章句　(宋)洪興祖補注　(清)俞樾輯評　民國六年(1917)上海中華圖書館石印本　四册　存十三卷(一至十一、十六至十七)

330000－1702－0004718　民 100/2273　類叢部/叢書類/彙編之屬
墨巢叢刻　李宣龔輯　民國鉛印本　二册　存一種

330000－1702－0004722　民 289/5838　集部/總集類/選集之屬/斷代
雁後合鈔五卷　詹勵吾輯　民國三十六年(1947)鉛印本　一册

330000－1702－0004724　民 289/5839　類叢部/叢書類/彙編之屬
四部備要　中華書局編　民國二十五年(1936)上海中華書局鉛印本(經義考卷二百八十六、二百九十九至三百,東塾讀書記卷十三至十四、十七至二十、二十二至二十五原缺)　一册　存一種

330000－1702－0004725　民 289/5840　集部/詞類/别集之屬
東坡樂府二卷補遺一卷　(宋)蘇軾撰　**校記二卷**　林大椿撰　民國十八年(1929)上海商務印書館鉛印本　二册

330000－1702－0004728　民 289/5843　集部/總集類/選集之屬/斷代
國學叢選十八集　高燮等編　民國國學商兑會鉛印本　一册　存二集(十三至十四)

330000－1702－0004729　民 124/3100　集部/别集類
避寇集一卷附芳杜詞賸一卷　馬浮撰　民國二十九年(1940)、三十六年(1947)嘉州刻本　一册

330000－1702－0004735　民 124/3104　集部/戲劇類/雜劇之屬
增批繪像第六才子書八卷　(元)王德信　(元)關漢卿撰　(清)金人瑞評　**六才子西廂文一卷**　**唐六如先生文韻一卷**　(明)祝允明評定　(明)念庵居士輯　民國十三年(1924)上海啓新書局石印本　四册

330000－1702－0004736　民289/5850　類叢部/叢書類/彙編之屬

四部備要　中華書局編　民國二十五年(1936)上海中華書局鉛印本(經義考卷二百八十六、二百九十九至三百,東塾讀書記卷十三至十四、十七至二十、二十二至二十五原缺)　一册　存一種

330000－1702－0004739　民124/3110　集部/小説類/長篇之屬

繪圖説唐前後傳六卷一百二十六回　民國十三年(1924)上海江東茂記書局石印本　六册

330000－1702－0004742　民289/5853　集部/總集類/酬唱之屬

來臺集一卷　汪文溥編　民國九年(1920)鉛印本　一册

330000－1702－0004744　民289/5854　類叢部/叢書類/自著之屬

琴志樓叢書　易順鼎撰　民國鉛印本　一册　存一種

330000－1702－0004747　民104/2442　集部/總集類

雅言四十卷　北京餘園詩社輯　民國二十九年至三十三年(1940－1944)鉛印本　十四册　存十七卷(庚辰十,壬午三至五,癸未一至七、九至十二,甲申一至二)

330000－1702－0004749　民289/5861　子部/藝術類/書畫之屬/法帖

梁山舟祭弟文一卷　(清)梁同書書　民國九年(1920)上海中華書局石印本　一册

330000－1702－0004752　民289/5864　經部/小學類/文字之屬/説文/專著

説文鑰續集不分卷　丁福保編　民國石印本　一册

330000－1702－0004753　民289/5867　子部/宗教類/佛教之屬/論疏

大乘起信論講義二卷　釋圓瑛述　民國上海商務印書館鉛印本　一册　存一卷(上)

330000－1702－0004755　民124/3122　集部/戲劇類/傳奇之屬

長樂鄭氏彙印傳奇第一集□□種　鄭振鐸輯　民國二十三年(1934)長樂鄭氏影印本　六册　存三種

330000－1702－0004756　民271/5411、民289/5869　集部/别集類/清别集

琴鶴山房遺稿八卷　(清)趙銘撰　金兆蕃輯　民國十一年(1922)金兆蕃刻本　二册

330000－1702－0004758　民124/3124　集部/總集類/選集之屬/通代

漢魏六朝文牖四卷續鈔一卷　(清)淩德編次　民國八年(1919)上海掃葉山房石印本　四册

330000－1702－0004760　民124/3125－3126　集部/别集類

蠲戲齋詩編年集八卷避寇集一卷芳杜詞賸一卷　馬浮撰　**蠲戲齋詩前集二卷**　馬浮撰　張立民　楊蔭林輯録　民國二十九年(1940)、三十六年(1947)刻本　張立民題記　五册　缺二卷(避寇集、芳杜詞賸)

330000－1702－0004762　民289/5872　子部/藝術類/書畫之屬/法帖

初拓張猛龍碑一卷　民國十二年(1923)上海有正書局影印本　一册

330000－1702－0004763　民124/3131　集部/小説類/長篇之屬

第一才子書六十卷一百二十回首一卷　(明)羅本撰　(清)毛宗崗　(清)金人瑞評　民國上海中華圖書館據清光緒十一年(1885)同文書局石印本影印本　十六册

330000－1702－0004769　民124/3136　集部/小説類/長篇之屬

繪圖萬花樓傳六卷六十八回　(清)唐在田撰　民國九年(1920)上海書局石印本　三册

330000－1702－0004772　民124/3138　集部/小説類/長篇之屬

第五才子書施耐菴水滸傳七十五卷七十回　(元)施耐庵撰　(清)金人瑞評　民國二十三

年(1934)上海中華書局據明貫華堂刻本影印本　二十四册

330000－1702－0004773　民 104/2457　子部/藝術類/遊藝之屬/劇藝

中國劇之組織八章　齊如山撰　民國十七年(1928)北平北華印刷局鉛印本　一册

330000－1702－0004774　民 104/2458　子部/小說家類/雜事之屬

新刊大宋宣和遺事四卷　民國四年(1915)上海商務印書館鉛印本　四册

330000－1702－0004775　民 104/2460　集部/別集類/清別集

戴南山文鈔六卷首一卷　(清)戴名世撰　民國四年(1915)國學扶輪社鉛印本　三册

330000－1702－0004777　民 289/5878　子部/小說家類/雜事之屬

世說新語補二十卷附釋名一卷　(南朝宋)劉義慶撰　(南朝梁)劉孝標注　(宋)劉應登評　(明)何良俊增　(明)王世貞刪　(明)王世懋評　(明)張文柱注　(清)黄汝琳補訂　民國十八年(1929)上海掃葉山房石印本　二册　存八卷(一至八)

330000－1702－0004778　民 46/713　類叢部/叢書類/自著之屬

木硯齋叢書　童振藻撰　民國鉛印本　一册　存一種

330000－1702－0004779　民 46/714　類叢部/叢書類/自著之屬

木硯齋叢書　童振藻撰　民國鉛印本　一册　存一種

330000－1702－0004788　民 289/5883　類叢部/叢書類/自著之屬

張季子九錄附一種　張謇撰　張怡祖編　民國二十年(1931)上海中華書局鉛印本　四册　存一種

330000－1702－0004789　民 289/5884　類叢部/叢書類/彙編之屬

選印宛委別藏四十種　故宫博物院編　民國二十四年(1935)上海商務印書館影印本　二册　存一種

330000－1702－0004791　民 39/632/2　史部/地理類/方志之屬/郡縣志

[民國]鄞縣通志六志五十一編附圖一函　張傳保　汪焕章修　陳訓正　馬瀛纂　民國二十四年(1935)至一九五一年寧波鄞縣通志館鉛印本　二册　存五編(工程志乙下、丙上、丁下、戊、己)

330000－1702－0004795　民 288/5800　類叢部/叢書類/自著之屬

隨園四十三種　(清)袁枚撰　民國十年(1921)上海著易堂書局鉛印本　十册　存六種

330000－1702－0004797　民 288/5801　類叢部/叢書類/彙編之屬

四部叢刊　張元濟等編　民國上海商務印書館影印本　三册　存一種

330000－1702－0004804　民 105/2477　類叢部/叢書類/自著之屬

隨園四十三種　(清)袁枚撰　民國十年(1921)上海著易堂書局鉛印本　五十五册　存四十種

330000－1702－0004812　民 36/608　史部/地理類/方志之屬/郡縣志

[民國]膠澳志十二卷附一卷　趙琪修　袁榮叟纂　民國十七年(1928)山東膠澳商埠局鉛印本　十册

330000－1702－0004813　民 288/5814　集部/詩文評類/詩評之屬

漁洋山人詩問二卷律詩定體一卷　(清)王士禛撰　**然燈記聞一卷**　(清)王士禛授　(清)何世璂錄　民國元年(1912)掃葉山房石印本　一册

330000－1702－0004818　民 106/2491　子部/雜著類/雜說之屬

香祖筆記十二卷　(清)王士禛撰　民國十二年(1923)上海文明書局石印本　二册

330000－1702－0004819　民 106/2492　子部/雜著類/雜說之屬
容齋隨筆十六卷續筆十六卷三筆十六卷四筆十六卷五筆十卷首一卷　(宋)洪邁撰　民國二年(1913)上海掃葉山房石印本　十冊

330000－1702－0004820　民 288/5821　集部/別集類/清別集
盍簪書屋遺詩一卷　(清)吳嗚鈞撰　**附錄一卷**　民國吳江柳棄疾鉛印本　一鳳題記　一冊

330000－1702－0004821　民 281/5619、民 288/5823　集部/別集類/清別集
帶經堂集七種九十二卷　(清)王士禛撰　(清)程哲編　民國十年(1921)上海錦文堂石印本　三冊　存一種

330000－1702－0004822　民 106/2493　集部/別集類/清別集
金聖歎全集八卷　(清)金人瑞撰　民國上海錦文堂石印本　八冊

330000－1702－0004823　民 106/2495　類叢部/叢書類/彙編之屬
四部叢刊　張元濟等編　民國上海商務印書館影印本　三冊　存一種

330000－1702－0004824　民 288/5824　子部/小說家類/雜事之屬
吳門畫舫錄二卷　(清)西溪山人撰　民國上海有正書局鉛印本　一冊　存一卷(下)

330000－1702－0004825　民 106/2496　集部/戲劇類/傳奇之屬
酬紅記一卷　(清)趙野航填詞　(清)小鶴正譜　民國十三年(1924)上海掃葉山房影印本　一冊

330000－1702－0004828　民 288/5827　史部/傳記類/別傳之屬/事狀
彤管錄一卷　姚嘉貞輯　民國九年(1920)鉛印本　一冊

330000－1702－0004829　民 106/2497　集部/戲劇類/傳奇之屬
桃花扇傳奇二卷四十齣　(清)孔尚任撰　民國石印本　一冊

330000－1702－0004830　民 106/2498　類叢部/叢書類/自著之屬
隨園四十三種　(清)袁枚撰　民國十年(1921)上海著易堂書局鉛印本　四冊　存一種

330000－1702－0004833　民 288/5831　類叢部/叢書類/自著之屬
琴志樓叢書　易順鼎撰　民國鉛印本　一冊　存一種

330000－1702－0004834　民 288/5832　集部/別集類/清別集
諫果書屋遺詩二卷　(清)鄭恭和撰　**附錄一卷**　(清)李齡壽輯　民國七年(1918)吳江鄭慈穀鉛印本　一冊

330000－1702－0004835　民 288/5833　集部/總集類/題詠之屬
息影集詠一卷　項乃登輯　民國十八年(1929)鉛印本　一冊

330000－1702－0004837　民 106/2499　集部/詩文評類/文評之屬
言文對照古文評註筆法百篇四卷　進化書局編　民國十三年(1924)上海進化書局石印本　一冊

330000－1702－0004838　民 106/2500　集部/總集類/選集之屬/通代
歷代平民詩集四卷　張任政輯　民國二十五年(1936)上海商務印書館鉛印本　一冊

330000－1702－0004840　民 106/2501　集部/別集類/清別集
鄭板橋全集七卷　(清)鄭燮撰　民國十三年(1924)上海會文堂書局影印本　四冊

330000－1702－0004842　民 106/2502　集部/別集類/宋別集
蘇東坡尺牘四卷　(宋)蘇軾撰　民國十五年(1926)上海商務印書館鉛印本　四冊

330000－1702－0004843　民106/2503　集部/總集類/選集之屬/斷代

國文新範六卷　蔡郕輯　民國三年(1914)上海會文堂石印本　六册

330000－1702－0004846　民287/5796　經部/小學類/音韻之屬

音學五書　(清)顧炎武撰　民國上海鴻章書局石印本　六册　存四種

330000－1702－0004848　民106/2504　集部/别集類

樊山集二十四卷續集三十二卷批判十五卷公牘三卷二家詞鈔五卷二家詠古詩一卷二家試帖二卷　樊增祥撰　民國石印本　五册　存九卷(樊山集二十二至二十四、公牘一至三、二家詠古詩、二家試帖一至二)

330000－1702－0004849　民106/2505　集部/詩文評類/詩評之屬

重訂全唐詩話八卷　(宋)尤袤輯　(清)孫濤訂　民國石印本　六册　缺二卷(一至二)

330000－1702－0004851　民106/2506　子部/小説家類/雜事之屬

世説新語六卷　(南朝宋)劉義慶撰　(南朝梁)劉孝標注　民國掃葉山房石印本　六册

330000－1702－0004852　民106/2507　集部/詞類/詞話之屬

學詞百法一卷　劉坡公編　民國二十年(1931)上海世界書局鉛印本　一册

330000－1702－0004853　民106/2508　集部/詩文評類/詩評之屬

最淺學詩法不分卷　傅汝楫編　民國十四年(1925)上海大東書局石印本　一册

330000－1702－0004857　民106/2509　集部/詩文評類/詩評之屬

學詩百法一卷　劉坡公編　民國二十四年(1935)上海世界書局鉛印本　一册

330000－1702－0004859　民106/2511　子部/雜著類/雜纂之屬

諸子文粹六十二卷續編十卷　李寶洤纂　民國二十三年(1934)上海商務印書館鉛印本　二十册

330000－1702－0004860　民106/2512　集部/總集類/選集之屬/通代

廣註紀事文自修讀本四卷首一卷　陸翔評選　鄒志鶴註釋　民國十三年(1924)上海廣文書局石印本　一册　存二卷(三至四)

330000－1702－0004862　民106/2513　類叢部/叢書類/彙編之屬

四部備要　中華書局編　民國二十五年(1936)上海中華書局鉛印本(經義考卷二百八十六、二百九十九至三百,東塾讀書記卷十三至十四、十七至二十、二十二至二十五原缺)　六册　存一種

330000－1702－0004863　民106/2514　集部/别集類/宋别集

姜白石全集十六卷　(宋)姜夔撰　民國上海掃葉山房石印本　四册

330000－1702－0004868　民106/2518　集部/總集類/選集之屬/斷代

千首宋人絶句十卷　(清)嚴長明輯　民國二十四年(1935)上海商務印書館鉛印本　一册

330000－1702－0004869　民106/2519　集部/總集類/選集之屬/斷代

千首宋人絶句十卷　(清)嚴長明輯　民國上海商務印書館鉛印本　一册　存五卷(一至五)

330000－1702－0004870　民106/2520　集部/總集類/選集之屬/斷代

千首宋人絶句十卷　(清)嚴長明輯　民國上海商務印書館鉛印本　二册

330000－1702－0004871　民106/2515－2516　類叢部/叢書類/彙編之屬

四部備要　中華書局編　民國二十五年(1936)上海中華書局鉛印本(經義考卷二百八十六、二百九十九至三百,東塾讀書記卷十三至十四、十七至二十、二十二至二十五原缺)　十七册　存二種

330000 - 1702 - 0004877 民 286/5780 類叢部/叢書類/郡邑之屬

湖北先正遺書七十二種七百二十七卷 盧靖編 民國十二年(1923)沔陽盧氏慎始基齋影印本 一冊 存一種

330000 - 1702 - 0004878 民 286/5781 集部/詩文評類/詩評之屬

越縵堂詩話三卷 (清)李慈銘撰 蔣瑞藻編 民國十四年(1925)上海商務印書館鉛印本 二冊

330000 - 1702 - 0004879 民 286/5782 集部/總集類/選集之屬/通代

歷代詩文評註讀本 王文濡編 民國上海文明書局鉛印本 三冊 存一種

330000 - 1702 - 0004880 民 286/5783 - 5784 類叢部/叢書類/彙編之屬

四部叢刊 張元濟等編 民國八年(1919)上海商務印書館影印本 二冊 存二種

330000 - 1702 - 0004881 民 109/2620 子部/藝術類/書畫之屬/法帖

宋拓黃山谷題中興頌崖下詩原刻孤本一卷 (宋)黃庭堅書 民國上海藝苑真賞社影印本 一冊

330000 - 1702 - 0004882 民 106/2522 集部/總集類/選集之屬/斷代

唐絕句選十二卷 邵裴子輯 民國二十五年(1936)上海商務印書館鉛印本 二冊

330000 - 1702 - 0004883 民 193/4828 史部/地理類/雜志之屬

雲南銅礦土法說略一卷 陳祖基撰 **推廣蠶桑議稿一卷** 吳錫忠撰 稿本 一冊

330000 - 1702 - 0004885 民 265/5274 類叢部/叢書類/彙編之屬

四部叢刊 張元濟等編 民國十八年(1929)上海商務印書館影印本 五冊 存一種

330000 - 1702 - 0004888 民 106/2523 - 2525、民 106/2527 類叢部/叢書類/彙編之屬

四部備要 中華書局編 民國二十五年(1936)上海中華書局鉛印本(經義考卷二百八十六、二百九十九至三百,東塾讀書記卷十三至十四、十七至二十、二十二至二十五原缺) 十四冊 存五種

330000 - 1702 - 0004889 民 106/2528 集部/總集類/選集之屬/通代

廣註古今體詩自修讀本二卷附淺說一卷 張廷華編輯 民國十年(1921)上海世界書局石印本 一冊

330000 - 1702 - 0004891 民 106/2529 集部/別集類

秋扇集二卷 釋蘊光撰 民國二十五年(1936)一笑廬鉛印本 一冊

330000 - 1702 - 0004893 民 106/2530 集部/總集類/選集之屬/通代

血淚詩文選二卷 劉不同輯錄 民國南京王吉源印書館鉛印本 一冊

330000 - 1702 - 0004896 民 106/2531 集部/別集類

祖武雜詩初稿三卷 徐祖武撰 民國二十二年(1933)鉛印本 三冊

330000 - 1702 - 0004897 民 106/2532 集部/詞類/別集之屬

稼軒長短句十二卷補遺一卷 (宋)辛棄疾撰 **校記一卷** 林大椿撰 民國二十四年(1935)上海商務印書館鉛印本 四冊

330000 - 1702 - 0004898 民 106/2533 集部/詞類/別集之屬

稼軒長短句十二卷補遺一卷 (宋)辛棄疾撰 **校記一卷** 林大椿撰 民國二十四年(1935)上海商務印書館鉛印本 四冊

330000 - 1702 - 0004901 民 106/2534 集部/總集類/選集之屬/通代

續文選十四卷著作人姓名錄一卷 (明)胡震亨撰 民國九年(1920)上海進化書局影印本 六冊

330000 - 1702 - 0004902 民 106/2535 集

部/詞類/别集之屬

歐陽文忠公近體樂府三卷　(宋)歐陽修撰　**歐陽文忠近體樂府校記一卷**　林大椿撰　民國二十四年(1935)上海商務印書館鉛印本　一册

330000－1702－0004903　民 286/5792　史部/紀傳類/正史之屬

清史稿五百三十六卷目錄五卷　趙爾巽等撰　民國十六年(1927)清史館鉛印本　一百三十一册

330000－1702－0004904　民 106/2536　集部/别集類/清别集

小倉山房詩集三十七卷補遺二卷　(清)袁枚撰　民國上海文明書局石印本　九册

330000－1702－0004905　民 106/2537　史部/傳記類/總傳之屬/斷代

曲園瑣記二十卷　(清)俞樾撰　民國二年(1913)上海中華圖書館石印本　六册

330000－1702－0004907　民 106/2538　集部/小説類/長篇之屬

上下古今談四卷二十回　吴敬恒撰　民國十六年(1927)上海文明書局鉛印本　四册

330000－1702－0004908　民 106/2539　集部/詩文評類/詩評之屬

然脂餘韻六卷　王藴章輯　民國七年(1918)上海商務印書館鉛印本　三册

330000－1702－0004914　民 284/5742　集部/總集類/氏族之屬

吴越錢氏傳芳集一卷　(清)錢泳輯　民國二十六年(1937)錢文選鉛印本　一册

330000－1702－0004918　民 284/5746　集部/别集類/清别集

飴山詩集二十卷　(清)趙執信撰　民國五年(1916)掃葉山房石印本　四册

330000－1702－0004919　民 284/5747　集部/别集類/清别集

歸玄恭遺著一卷附詩鈔一卷　(清)歸莊撰　民國十二年(1923)上海中華書局鉛印本　一册

330000－1702－0004920　民 284/5748　集部/詩文評類/詩評之屬

詩人玉屑二十卷　(宋)魏慶之撰　民國三年(1914)上海掃葉山房石印本　六册

330000－1702－0004922　民 284/5751　集部/别集類

壁山閣存稿一卷　黄華表撰　民國二十四年(1935)鉛印本　一册

330000－1702－0004925　民 284/5753　史部/傳記類/總傳之屬

玉臺畫史五卷　(清)湯漱玉輯　**玉臺書史一卷**　(清)厲鶚撰　民國八年(1919)上海掃葉山房石印本　四册

330000－1702－0004926　民 284/5754　類叢部/叢書類/彙編之屬

四部叢刊續編七十七種　張元濟等編　民國二十三年(1934)上海商務印書館影印本(儀禮疏卷三十二至三十七、周易要義卷三至六、禮記要義卷一至二、麟臺故事卷四至五原缺)　三册　存一種

330000－1702－0004928　民 106/2540　集部/詞類/别集之屬

越縵堂詞錄二卷　(清)李慈銘撰　由雲龍校訂　民國二十四年(1935)上海商務印書館鉛印本　一册

330000－1702－0004929　民 106/2541　集部/别集類/清别集

越縵堂詩初集十卷　(清)李慈銘撰　民國二十四年(1935)上海商務印書館鉛印本　三册

330000－1702－0004930　民 106/2542　集部/總集類/選集之屬/斷代

太平天國文鈔一卷詩鈔一卷聯語鈔一卷附錄三卷補遺二卷　羅邕　沈祖基輯　民國二十四年(1935)上海商務印書局鉛印本　二册

330000－1702－0004931　民 106/2543　集部/總集類/選集之屬/通代

古今滑稽文選六卷　雷瑨輯　民國十一年

(1922)上海掃葉山房石印本　六冊

330000－1702－0004932　民 284/5756　子部/雜著類/雜說之屬
冷廬雜識八卷　(清)陸以湉撰　民國十八年(1929)掃葉山房石印本　八冊

330000－1702－0004936　民 106/2544　集部/總集類/選集之屬/通代
歷代詩文評註讀本　王文濡編　民國上海文明書局鉛印本　四冊　存一種

330000－1702－0004937　民 106/2545　類叢部/叢書類/彙編之屬
四部叢刊　張元濟等編　民國上海商務印書館影印本　十冊　存一種

330000－1702－0004938　民 107/2564　史部/金石類/石之屬/通考
校碑隨筆不分卷　方若撰　民國上海大成書局石印本　四冊

330000－1702－0004942　民 107/2565　子部/小說家類/雜事之屬
讀書堂西征隨筆一卷　(清)汪景祺撰　民國十七年(1928)故宮博物院圖書館掌故部鉛印本　一冊

330000－1702－0004943　民 107/2567　史部/目録類/書志之屬/提要
讀書敏求記四卷　(清)錢曾撰　民國三年(1914)上海掃葉山房石印本　四冊

330000－1702－0004944　民 107/2568　史部/目録類/版本之屬/書影
明代版本圖錄初編十二卷　潘承弼　顧廷龍纂　民國三十年(1941)開明書店影印本暨鉛印本　四冊

330000－1702－0004945　民 106/2521　集部/總集類/郡邑之屬
滬瀆同聲集不分卷　郁葆青輯　陳詩選　民國二十二年(1933)鉛印本　一冊

330000－1702－0004949　民 283/5706　類叢部/叢書類/彙編之屬
選印宛委別藏四十種　故宮博物院編　民國二十四年(1935)上海商務印書館影印本　四十五冊　存八種

330000－1702－0004950　民 107/2570　子部/藝術類/書畫之屬/畫譜
王小梅百美畫譜二卷　(清)王素繪　民國十五年(1926)上海世界書局石印本　一冊

330000－1702－0004951　民 107/2571　子部/雜著類/雜編之屬
濟世靈丹一卷　吳志福纂修　民國九年(1920)上海宏大紙號石印本　一冊

330000－1702－0004952　民 107/2572　子部/宗教類/佛教之屬/總録
天上玉堂森寶書一卷　民國二十四年(1935)杭州環達印務局石印本　一冊

330000－1702－0004953　民 107/2573　集部/別集類/宋別集
宋岳鄂王文集三卷　(宋)岳飛撰　錢汝雯編　民國十三年(1924)鉛印本　二冊

330000－1702－0004966　民 283/5717　類叢部/叢書類/郡邑之屬
關中叢書五十三種　宋聯奎輯　民國二十三年至二十五年(1934－1936)陝西通志館鉛印本　七冊　存五種

330000－1702－0004967　民 107/2575　集部/詞類/別集之屬
黃山樵唱一卷　朱師轍撰　民國二十一年(1932)燕京刻本　一冊

330000－1702－0004969　民 283/5718　集部/別集類
蠲戲齋詩編年集八卷避寇集一卷芳杜詞賸一卷　馬浮撰　**蠲戲齋詩前集二卷**　馬浮撰　張立民　楊蔭林輯錄　民國二十九年(1940)、三十六年(1947)刻本　一冊　存二卷(避寇集、芳杜詞賸)

330000－1702－0004970　民 107/2577　集部/小說類/長篇之屬
蔗餘閣考訂精忠血史八卷首一卷附錄二卷

張明彝修纂　民國六年(1917)蓉垣張氏鉛印本　十冊

330000－1702－0004972　民 283/5720　史部/地理類/山川之屬/山志
雁蕩山圖一卷　羅覺清撰　民國十四年(1925)急先學社石印本　一冊

330000－1702－0004973　民 283/5721　子部/雜著類/雜說之屬
勵堂日記類鈔二卷　顧家相撰　顧燮光編輯　民國十四年(1925)顧燮光鉛印勵堂遺書本　胡栗長跋　一冊

330000－1702－0004975　民 283/5723　子部/農家農學類/畜牧之屬
馬學三章　陸軍訓練總監編輯局編　民國訓練總監編輯局鉛印本　一冊

330000－1702－0004984　民 282/5674　集部/別集類/清別集
思僭室詩集一卷　(清)施寯撰　**問雲閣詩集一卷**　(清)宋實綺撰　民國八年(1919)鉛印本　一冊

330000－1702－0004985　民 282/5675　集部/別集類/清別集
甲後吟草一卷　程天錫撰　程海寰輯　民國二十一年(1932)鉛印本　一冊

330000－1702－0004986　民 282/5676　子部/雜著類/雜說之屬
椶窗雜記四卷　汪兆鏞撰　民國三十二年(1943)鉛印本　一冊

330000－1702－0004988　民 108/2582　子部/小說家類
古今筆記精華錄二十四卷　古今圖書局編譯部編纂　民國四年(1915)上海古今圖書局石印本　十九冊　缺四卷(十一、十八、二十一、二十四)

330000－1702－0004998　民 282/5688　類叢部/叢書類/自著之屬
學鐸社叢書五種　楊踐形撰　易學研究會編　民國十四年(1925)世界書局鉛印本　四冊

330000－1702－0004999　民 109/2629　類叢部/類書類/專類之屬
廣四十家小說四十種　(明)顧元慶編輯　民國四年(1915)上海文明書局石印本　六冊

330000－1702－0005000　民 109/2630　類叢部/類書類/專類之屬
廣四十家小說四十種　(明)顧元慶編輯　民國四年(1915)上海文明書局石印本　六冊

330000－1702－0005004　民 282/5690　經部/小學類/文字之屬/說文/專著
說文匡鄦不分卷　石廣權撰　民國二十年(1931)上海商務印書館石印本　一冊

330000－1702－0005006　民 282/5692　集部/別集類/清別集
焚餘草一卷　(清)張琚撰　民國十五年(1926)鉛印本　一冊

330000－1702－0005008　民 282/5694　史部/目録類/總録之屬/彙刻
古書流通處舊書目錄一卷　古書流通處編　民國古書流通處石印本　一冊

330000－1702－0005009　民 282/5695　子部/藝術類/書畫之屬/法帖
鶴巢老人墨寶不分卷　(清)顧淳慶書　民國十六年(1927)石印本　一冊

330000－1702－0005010　民 110/2635　類叢部/叢書類/彙編之屬
說庫一百七十種　王文濡編　民國四年(1915)上海文明書局石印本(浮生六記卷五至六原缺)　六十冊

330000－1702－0005012　民 282/5697　史部/金石類/甲骨之屬/文字
殷商書契考釋不分卷　羅振玉撰　民國抄本　二冊

330000－1702－0005013　民 109/2634　類叢部/叢書類/彙編之屬
寶顏堂祕笈二百二十八種　(明)陳繼儒編　民國十一年(1922)上海文明書局石印本　四十八冊

330000－1702－0005015　民 282/5700　史部/目録類/書志之屬/提要

四部寓眼錄二卷　(清)周廣業撰　民國二十二年(1933)上虞羅振常蟫隱廬鉛印本　一冊

330000－1702－0005016　民 282/5701　類叢部/叢書類/自著之屬

小雙寂庵叢書十九種　張惟驤撰　民國武進張氏小雙寂庵刻本　一冊　存一種

330000－1702－0005017　民 110/2684　集部/詩文評類/詩評之屬

五代詩話八卷　(清)王士禛撰　民國上海朝記書莊石印本　四冊

330000－1702－0005018　民 110/2685　集部/詩文評類/詩評之屬

五代詩話八卷　(清)王士禛撰　民國上海朝記書莊石印本　四冊

330000－1702－0005019　民 110/2686　子部/小說家類/雜事之屬

虞初新志二十卷　(清)張潮輯　**虞初續志十二卷**　(清)鄭澍若編　民國上海文瑞樓石印本　十冊

330000－1702－0005020　民 110/2687　子部/小說家類/雜事之屬

虞初新志二十卷　(清)張潮輯　**虞初續志十二卷**　(清)鄭澍若編　民國上海文瑞樓石印本　十冊

330000－1702－0005023　民 282/5704　子部/雜著類/雜品之屬

新增格古要論十三卷　(明)曹昭撰　(明)王佐校增　民國上海自強書局石印本　八冊

330000－1702－0005026　民 110/2689　集部/總集類/選集之屬/斷代

唐人萬首絕句選七卷　(宋)洪邁選　(清)王士禛輯　民國二十四年(1935)上海商務印書館鉛印本　二冊

330000－1702－0005027　民 110/2690　集部/總集類/選集之屬/斷代

近代文評註讀本三卷　王文濡評選　沈鎔等註釋　民國十八年(1929)上海文明書局鉛印本　三冊

330000－1702－0005028　民 110/2692　集部/總集類/選集之屬/通代

評校音註續古文辭類纂三十四卷　王先謙輯　王文濡校注　民國十三年(1924)上海中華書局鉛印本　八冊

330000－1702－0005029　民 110/2691　集部/總集類/選集之屬/通代

評校音註古文辭類纂七十四卷　(清)姚鼐輯　王文濡校注　民國十二年(1923)上海中華書局鉛印本　八冊　存三十七卷(一至三十七)

330000－1702－0005030　民 281/5612　子部/雜著類/雜說之屬

歸田錄二卷補遺一卷　(宋)歐陽修撰　民國二十三年(1934)上海商務印書館鉛印本　一冊

330000－1702－0005032　民 110/2694　集部/詞類/總集之屬

古今詞選十二卷　(清)沈時棟選　民國十四年(1925)上海掃葉山房石印本　三冊

330000－1702－0005033　民 281/5614　集部/別集類

畏廬文集一卷續集一卷三集一卷詩存二卷論文一卷瑣記一卷　林紓撰　民國十四年(1925)上海商務印書館鉛印本　一冊　存一卷(論文)

330000－1702－0005034　民 110/2696　集部/總集類/選集之屬/通代

歷代詩文評註讀本　王文濡編　民國上海文明書局鉛印本　四冊　存一種

330000－1702－0005036　民 110/2698　集部/總集類/選集之屬/通代

歷代詩文評註讀本　王文濡編　民國上海文明書局鉛印本　四冊　存一種

330000－1702－0005037　民 110/2699　集部/總集類/選集之屬/通代

歷代詩文評註讀本　王文濡編　民國上海文明書局鉛印本　三冊　存一種

330000－1702－0005038　民 110/2700　子部/小說家類/異聞之屬
鬼董狐五卷　民國上海商務印書館鉛印本　一冊

330000－1702－0005039　民 281/5617　集部/別集類
樊山詩鈔六卷文鈔四卷　樊增祥撰　民國元年(1912)上海廣益書局石印本　二冊　存六卷(詩鈔一至六)

330000－1702－0005042　民 110/2703　集部/總集類/選集之屬/斷代
當代八家文鈔　胡君復輯　民國十五年(1926)上海商務印書館鉛印本　四冊　存一種

330000－1702－0005043　民 110/2705　集部/總集類/選集之屬/通代
古文辭類纂七十四卷　(清)姚鼐纂輯　民國上海鴻章書局石印本　十四冊　存六十七卷(三至六十九)

330000－1702－0005046　民 110/2638－2682　子部/叢編
清代筆記叢刊四十一種　文明書局編　民國上海文明書局石印本　三冊　存二種

330000－1702－0005047　民 281/5628　類叢部/叢書類/自著之屬
天馬山房叢箸六種　馬敘倫撰　民國鉛印本　一冊

330000－1702－0005052　民 111/2715　集部/總集類/選集之屬/通代
歷代詩文評註讀本　王文濡編　民國上海文明書局鉛印本　二冊　存一種

330000－1702－0005053　民 111/2716　集部/總集類/選集之屬/通代
歷代詩文評註讀本　王文濡編　民國上海文明書局鉛印本　二冊　存一種

330000－1702－0005054　民 111/2717　集部/總集類/選集之屬/通代
宛鄰書屋古詩錄十二卷　(清)張琦輯　民國五年(1916)掃葉山房石印本　四冊

330000－1702－0005055　民 111/2718　集部/別集類/清別集
鈍吟集三卷　(清)馮班撰　民國十二年(1923)上海掃葉山房石印本　一冊

330000－1702－0005056　民 111/2719　集部/詞類/總集之屬
歷朝名人詞選十三卷　(清)夏秉衡輯　民國四年(1915)上海掃葉山房石印本　六冊

330000－1702－0005058　民 281/5633　集部/總集類/酬唱之屬
池上存稿一卷　張鳳輯　民國二十年(1931)嘉善張氏訓字堂鉛印本　周梅安題記　一冊

330000－1702－0005060　民 111/2720　集部/楚辭類
楚辭集註八卷後語六卷辯證二卷　(宋)朱熹撰　民國四年(1915)掃葉山房石印本　四冊

330000－1702－0005062　民 111/2722－2725、民 111/2727－2729、民 111/2732－2734、民 111/2737　類叢部/叢書類/彙編之屬
四部叢刊　張元濟等編　民國上海商務印書館影印本　五十冊　存十一種

330000－1702－0005064　民 111/2726、民 111/2738　類叢部/叢書類/彙編之屬
四部叢刊續編七十七種　張元濟等編　民國二十三年(1934)上海商務印書館影印本(儀禮疏卷三十二至三十七、周易要義卷三至六、禮記要義卷一至二、麟臺故事卷四至五原缺)　十六冊　存二種

330000－1702－0005067　民 111/2730　子部/雜著類/雜纂之屬
兩般秋雨盦隨筆八卷　(清)梁紹壬撰　民國二年(1913)上海掃葉山房石印本　四冊

330000－1702－0005068　民 111/2731　集

部/總集類/選集之屬/斷代

千首宋人絶句十卷 (清)嚴長明輯 民國上海商務印書館鉛印本 二册

330000－1702－0005070 民 111/2736 子部/雜著類/雜纂之屬

兩般秋雨盦隨筆八卷 (清)梁紹壬撰 民國二年(1913)上海掃葉山房石印本 四册

330000－1702－0005074 民 279/5568 子部/藝術類/書畫之屬/畫譜

楊士猷先生雜畫不分卷 楊士猷繪 民國上海新民社石印本 一册

330000－1702－0005079 民 111/2756 集部/别集類

栩園近稿四卷 陳栩撰 **翠樓近草二卷** 陳璻撰 民國二十二年(1933)鉛印本 一册

330000－1702－0005081 民 112/2765 集部/詞類/總集之屬

歷朝名人詞選十三卷 (清)夏秉衡輯 民國上海掃葉山房石印本 五册 存十一卷(一至十一)

330000－1702－0005084 民 112/2770 集部/詩文評類/詩評之屬

隨園詩話十六卷補遺十卷 (清)袁枚撰 民國上海掃葉山房石印本 六册

330000－1702－0005086 民 278/5550 類叢部/叢書類/彙編之屬

四部叢刊 張元濟等編 民國二十五年(1936)上海商務印書館影印本 四册 存一種

330000－1702－0005088 民 112/2772 集部/别集類/宋别集

東坡禪喜集一卷 (宋)蘇軾撰 劉仁航輯 民國二十二年(1933)上海商務印書館鉛印本 一册

330000－1702－0005089 民 112/2773 集部/别集類/宋别集

東坡禪喜集一卷 (宋)蘇軾撰 劉仁航輯 民國二十二年(1933)上海商務印書館鉛印本 一册

330000－1702－0005090 民 112/2774 集部/詞類/别集之屬

東坡樂府箋三卷 (宋)蘇軾撰 朱祖謀編年 圈點 龍沐勛校箋 民國二十五年(1936)上海商務印書館鉛印本 二册

330000－1702－0005091 民 112/2775 集部/詞類/詞話之屬

詞謔四卷 (明)□□撰 盧前校 民國二十五年(1936)中華書局鉛印本 曼伽跋 一册

330000－1702－0005093 民 112/2777 史部/雜史類/斷代之屬

唐語林八卷附校勘記一卷 (宋)王讜撰 民國十八年(1929)上海商務印書館鉛印本 四册

330000－1702－0005096 民 287/5556 經部/小學類/文字之屬/説文/專著

説文古籀補十四卷補遺一卷附錄一卷 (清)吳大澂撰 民國二年(1913)上海掃葉山房石印本 四册

330000－1702－0005097 民 112/2778 集部/總集類/選集之屬/斷代

唐人八家詩四十二卷 (明)毛晉輯 民國十五年(1926)上海涵芬樓據明海虞毛氏汲古閣刻本影印本 八册

330000－1702－0005098 民 112/2779 類叢部/叢書類/自著之屬

譚瀏陽全集六種附續編一卷 (清)譚嗣同撰 民國六年(1917)上海文明書局鉛印本 六册

330000－1702－0005099 民 287/5558 經部/詩類/專著之屬

毛詩品物圖攷七卷 (日本)岡元鳳纂輯 民國十三年(1924)上海掃葉山房石印本 二册

330000－1702－0005100 民 112/2780 子部/雜著類/雜考之屬

評點百二十子二十六卷補遺十三卷 (明)歸有光輯 (明)文震孟參訂 民國十一年

(1922)上海會文堂書局石印本　三十册　缺十卷(十至十九)

330000－1702－0005101　民 278/5559　集部/總集類/選集之屬/通代

六朝文絜箋注十二卷　(清)許槤輯並評　(清)黎經誥箋注　民國十七年(1928)上海掃葉山房石印本　二册

330000－1702－0005102　民 278/5560　集部/總集類/選集之屬/斷代

清朝駢體正宗評本十二卷　(清)曾燠輯　(清)姚燮評　民國上海文瑞樓石印本　四册

330000－1702－0005104　民 4/98　經部/小學類/文字之屬/說文/傳說

說文解字注十五卷附六書音均表五卷　(清)段玉裁撰　**說文部目分韵一卷**　(清)陳煥編　**說文通檢十四卷首一卷末一卷**　(清)黎永椿編　**說文提要一卷**　(清)陳建侯撰　**徐星伯說文段注札記一卷**　(清)徐松撰　(清)劉肇隅編　**龔定菴說文段注札記一卷**　(清)龔自珍撰　(清)劉肇隅編　**桂未谷說文段注鈔一卷補鈔一卷**　(清)桂馥撰　(清)劉肇隅編　民國十九年(1930)上海掃葉山房石印本　十三册

330000－1702－0005106　民 112/2783　集部/總集類/選集之屬/通代

六朝文絜四卷　(清)許槤輯並評　民國二年(1913)上海掃葉山房石印本　二册

330000－1702－0005107　民 112/2784　集部/總集類/選集之屬/通代

六朝文絜四卷　(清)許槤輯並評　民國二年(1913)上海掃葉山房石印本　二册

330000－1702－0005108　民 112/2785　集部/總集類/選集之屬/通代

六朝文絜箋注十二卷　(清)許槤輯並評　(清)黎經誥箋注　民國上海朝記書莊石印本　四册

330000－1702－0005109　民 112/2786　集部/總集類/選集之屬/通代

詳註六朝文絜八卷　吳承烜註釋　民國六年(1917)上海國華書局鉛印本　四册

330000－1702－0005110　民 4/103　經部/四書類/總義之屬/傳說

新註四書白話解說三十六卷　江希張注　民國十五年(1926)上海書業公所石印本　甲豐題記　十四册

330000－1702－0005111　民 112/2787　集部/別集類/宋別集

朱淑真斷腸詩集十卷補遺一卷後集七卷斷腸詞一卷　(宋)朱淑真撰　(宋)鄭元佐注　民國中華圖書館石印本　二册

330000－1702－0005113　民 277/5534　集部/總集類/選集之屬/通代

百家評註續文章軌範四卷　(明)鄒守益選　(明)王世貞註　(明)李廷機輯　民國十六年(1927)上海掃葉山房石印本　二册

330000－1702－0005114　民 277/5535　集部/別集類

靜觀軒詩鈔一卷　許觀撰　民國二十二年(1933)鉛印本　一册

330000－1702－0005115　民 277/5536　集部/總集類/氏族之屬

畢燕衍堂四世詩存四卷　(清)畢灝等撰　畢冶金編　民國二十二年(1933)上海宏大善書局石印本　一册

330000－1702－0005116　民 277/5545　子部/小說家類/雜事之屬

世說新語六卷首一卷　(南朝宋)劉義慶撰　(南朝梁)劉孝標注　民國元年(1912)鄂官書處刻本　四册

330000－1702－0005119　民 112/2788　集部/總集類/選集之屬/斷代

註釋唐詩三百首六卷　(清)孫洙編　民國中華書局鉛印本　一册

330000－1702－0005121　民 4/107－110　類叢部/叢書類/彙編之屬

四部叢刊　張元濟等編　民國八年(1919)上

海商務印書館影印本　七冊　存四種

330000－1702－0005124　民 276/5519　集部/別集類

張季子詩錄十卷　張謇撰　民國五年(1916)文藝雜志社石印本　一冊

330000－1702－0005125　民 5/124　類叢部/叢書類/彙編之屬

抱經堂叢書七種　朱遂翔編　民國二十四年(1935)杭州朱氏抱經堂彙印本　四冊　存一種

330000－1702－0005127　民 276/5526、民 276/5528、民 276/5530　類叢部/叢書類/彙編之屬

四部備要　中華書局編　民國二十五年(1936)上海中華書局鉛印本(經義考卷二百八十六、二百九十九至三百,東塾讀書記卷十三至十四、十七至二十、二十二至二十五原缺)　三冊　存七種

330000－1702－0005129　民 112/2805　集部/曲類/曲韻曲譜曲律之屬

六也曲譜　(清)殷溎深撰　民國十八年(1929)校經山房成記書局石印本　二十四冊

330000－1702－0005130　民 275/5471　子部/藝術類/書畫之屬/畫譜

煙雨樓叢畫六卷　邵敬之等繪　民國十三年(1924)嘉興圖書館石印本　三冊

330000－1702－0005131　民 275/5472　經部/小學類/文字之屬/字書/通論

文字通詮八卷　楊譽龍編　民國十四年(1925)上海中華書局石印本　四冊

330000－1702－0005133　民 113/2807　子部/小說家類/異聞之屬

分類廣註閱微草堂筆記五卷　(清)紀昀撰　沈禹鐘編輯　民國十五年(1926)上海世界書局石印本　五冊

330000－1702－0005134　民 113/2808　集部/總集類/選集之屬/通代

歷代詩文評註讀本　王文濡編　民國上海文明書局鉛印本　二冊　存一種

330000－1702－0005135　民 113/2809　集部/總集類/選集之屬/通代

歷代詩文評註讀本　王文濡編　民國上海文明書局鉛印本　二冊　存一種

330000－1702－0005136　民 275/5480　子部/藝術類/書畫之屬/總論

江村銷夏錄三卷　(清)高士奇撰　民國上海文瑞樓石印本　三冊

330000－1702－0005138　民 275/5482　類叢部/叢書類/彙編之屬

知不足齋叢書一百九十五種　(清)鮑廷博輯　(清)鮑士恭續輯　民國十年(1921)上海古書流通處據清鮑氏刻本影印本　周梅安題記　十六冊　存十種

330000－1702－0005139　民 275/5483　子部/叢編

六子全書　(明)顧春輯　民國三年(1914)右文社據明嘉靖十二年(1533)吳郡顧氏世德堂刻本影印本　三冊　存一種

330000－1702－0005140　民 275/5484　集部/別集類/清別集

亭林詩集五卷文集六卷餘集一卷　(清)顧炎武撰　民國十三年(1924)上海昌明書局石印本　二冊

330000－1702－0005141　民 113/2811　集部/曲類/曲韻曲譜曲律之屬

崑曲粹存初集不分卷　崑山國學保存會輯　民國八年(1919)上海朝記書莊石印本　六冊

330000－1702－0005142　民 113/2812　集部/曲類/曲韻曲譜曲律之屬

崑曲粹存初集不分卷　崑山國學保存會輯　民國八年(1919)上海朝記書莊石印本　六冊

330000－1702－0005147　民 274/5465　集部/總集類/選集之屬/通代

歷代詩文評註讀本　王文濡編　民國上海文明書局鉛印本　二冊　存一種

330000－1702－0005148　民 274/5466　集部/别集類/清别集

香屑集十八卷首一卷末一卷　（清）黄之雋撰　（清）陳邦直注　民國十五年(1926)上海掃葉山房石印本　四册

330000－1702－0005149　民 274/5467　集部/别集類/唐五代别集

李長吉集四卷外卷一卷　（唐）李賀撰　（清）黄淳耀評　（清）黎簡批點　民國六年(1917)上海會文堂書局石印本　二册

330000－1702－0005152　民 113/2823　集部/别集類/清别集

曉霞軒詩詞焚餘集一卷　（清）梁壽賢撰　民國八年(1919)鉛印本　一册

330000－1702－0005153　民 113/2826　類叢部/叢書類/彙編之屬

蒹葭樓叢書　民國上海商務印書館鉛印本　一册　存一種

330000－1702－0005155　民 113/2813/1　子部/藝術類/書畫之屬/畫法畫品

蝶野論畫四種四卷　陳蘧撰　民國漢文書局鉛印本　二册

330000－1702－0005156　民 113/2813/2　子部/藝術類/書畫之屬/畫法畫品

蝶野論畫四種　陳蘧撰　民國漢文書局鉛印本　一册　存二種

330000－1702－0005157　民 113/2813/3　子部/雜著類/雜説之屬

銷夏雜録一卷　陳蘧撰　民國漢文書局鉛印本　一册

330000－1702－0005158　民 113/2813/4　集部/别集類

蝶野詩存三卷　陳蘧撰　民國鉛印本　一册

330000－1702－0005160　民 273/5456　集部/别集類/宋别集

王臨川全集二十四卷　（宋）王安石撰　民國十二年(1923)上海掃葉山房石印本　十二册

330000－1702－0005161　民 113/2832　集部/總集類/選集之屬/通代

新體廣註古文觀止十二卷　（清）吴乘權　（清）吴大職輯　黄築巖　劉再蘇註釋　民國十年(1921)上海廣文書局石印本　六册

330000－1702－0005163　民 272/5414　子部/醫家類/醫話醫論之屬

證治心得十二卷　（清）吴炳撰　民國十五年(1926)惜陰書屋鉛印本　四册

330000－1702－0005167　民 272/5421　集部/别集類

鏡波文存四卷　徐兆光撰　民國十七年(1928)天津廣源印刷局鉛印本　一册

330000－1702－0005168　民 272/5422　集部/總集類/題詠之屬

珠沉題咏集一卷　劉思誠輯　民國二十七年(1938)鉛印本　一册

330000－1702－0005169　民 272/5423　集部/别集類

吹萬樓詩十八卷　高燮撰　民國三十六年(1947)袖海堂鉛印本　四册

330000－1702－0005170　民 113/2837　集部/小説類/長篇之屬

繪圖繡像第五才子書水滸全傳十二卷七十回引首一卷　（明）施耐庵撰　（清）金人瑞評釋　民國十七年(1928)上海掃葉山房石印本　十二册

330000－1702－0005171　民 272/5424　集部/别集類

寄心瑣語一卷　余其鏘撰　民國七年(1918)鉛印本　一册

330000－1702－0005172　民 272/5425　集部/别集類

漢當研室詩鈔八卷　俞壽璋撰　民國二十七年(1938)鉛印本　四册

330000－1702－0005174　民 114/2840　集部/總集類/選集之屬/通代

古文辭類纂七十五卷　（清）姚鼐纂輯　**續古**

文辭類纂三十四卷　王先謙輯　民國七年(1918)上海會文堂書局石印本　十二冊　存七十五卷(一至七十五)

330000－1702－0005178　民 272/5435　類叢部/叢書類/彙編之屬
四部叢刊　張元濟等編　民國二十五年(1936)上海商務印書館影印本　二十冊　存一種

330000－1702－0005181　民 114/2845－2848、民 114/2851　類叢部/叢書類/彙編之屬
景印元明善本叢書十種　商務印書館編　民國二十六年至二十九年(1937－1940)上海商務印書館影印本　一百二十八冊　存五種

330000－1702－0005186　民 271/5390　集部/別集類
市聲艸四卷　王禮錫撰　民國二十二年(1933)上海神州國光社鉛印本　一冊

330000－1702－0005188　民 115/2866－3096　類叢部/叢書類/彙編之屬
四庫全書珍本初集二百三十種　中央圖書館籌備處輯　民國二十三年至二十四年(1934－1935)上海商務印書館據文淵閣本影印本(原缺六十六卷)　一千九百六十冊

330000－1702－0005189　民 271/5397　集部/詩文評類/詩評之屬
續詩人玉屑八卷　(清)蔣瀾纂輯　民國十二年(1923)上海掃葉山房石印本　四冊

330000－1702－0005199　民 269/5352　經部/小學類/文字之屬/字書/字典
分類辭源三十卷　世界書局編輯所編　民國十五年(1926)上海世界書局石印本　四冊　存九卷(二十二至三十)

330000－1702－0005201　民 9/175　史部/地理類/方志之屬/郡縣志
[光緒]杭州府志一百七十八卷首八卷　(清)陳璚等修　(清)王棻等纂　屈映光續修　陸懋勳續纂　齊耀珊重修　吳慶坻重纂　**杭州府志校勘記一卷**　(清)吳憲奎等編　民國十一年至十五年(1922－1926)鉛印本　八十一冊

330000－1702－0005202　民 8/172　史部/地理類/方志之屬/郡縣志
[光緒]杭州府志一百七十八卷首八卷　(清)陳璚等修　(清)王棻等纂　屈映光續修　陸懋勳續纂　齊耀珊重修　吳慶坻重纂　**杭州府志校勘記一卷**　(清)吳憲奎等編　民國十一年至十五年(1922－1926)鉛印本　八十一冊

330000－1702－0005204　民 9/176　史部/地理類/方志之屬/郡縣志
[光緒]杭州府志一百七十八卷首八卷　(清)陳璚等修　(清)王棻等纂　屈映光續修　陸懋勳續纂　齊耀珊重修　吳慶坻重纂　**杭州府志校勘記一卷**　(清)吳憲奎等編　民國十一年至十五年(1922－1926)鉛印本　八十一冊

330000－1702－0005206　民 51/802　史部/金石類/總志之屬/圖像
金石經眼録一卷　(清)褚峻摹　民國影印本　一冊

330000－1702－0005208　民 269/5357　類叢部/叢書類/自著之屬
章氏叢書十三種　章炳麟撰　民國六年至八年(1917－1919)浙江圖書館刻本　二冊　存一種

330000－1702－0005210　民 269/5359　類叢部/叢書類/自著之屬
章氏叢書十三種　章炳麟撰　民國十三年(1924)上海古書流通處據浙江圖書館刻本影印本　二十冊

330000－1702－0005211　民 269/5360　集部/別集類/清別集
陳檢討四六二十卷　(清)陳維崧撰　(清)程師恭注　民國上海文瑞樓鴻章書局石印本　四冊

330000－1702－0005214　民 269/5362　集部/總集類/選集之屬/斷代

唐文粹簡編六卷　（清）厲鶚　（清）譚獻評點　張相編　民國五年（1916）上海中華書局鉛印本　六册

330000－1702－0005216　民 269/5365　集部/楚辭類

楚辭章句十七卷　（漢）王逸撰　（宋）洪興祖補注　民國上海文瑞樓鴻章書局石印本　四册

330000－1702－0005217　民 103/2377　集部/别集類

回風堂文集一卷續集一卷　馮幵撰　民國孫詒抄本　孫詒跋　一册

330000－1702－0005218　民 183/4255　史部/傳記類/總傳之屬/家乘

［浙江衢州］孔氏南宗考略二卷　徐映璞纂輯　民國三十七年（1948）鉛印本　戴維璞題記　一册

330000－1702－0005219　民 183/4256　集部/戲劇類/雜劇之屬

桃谿雪二卷二十齣　（清）黄燮清撰　（清）李光溥評文　民國八年（1919）上海掃葉山房石印本　二册

330000－1702－0005220　民 103/2378　集部/别集類

回風堂文集二卷　馮幵撰　民國十九年（1930）錢詵抄本　一册　存一卷（一）

330000－1702－0005222　民 269/5368　經部/小學類/文字之屬/説文

説文解字十五卷標目一卷　（漢）許慎撰　（宋）徐鉉等校定　民國三年（1914）上海商務印書館據藤花榭刻本影印本　四册

330000－1702－0005235　民 183/4274　史部/目録類/總録之屬/私撰

郘亭知見傳本書目十六卷　（清）莫友芝撰　民國石印本　二册

330000－1702－0005236　民 183/4275　史部/目録類/總録之屬/私撰

郘亭知見傳本書目十六卷　（清）莫友芝撰　民國七年（1918）上海掃葉山房石印本　六册

330000－1702－0005238　民 183/4276　史部/目録類/總録之屬/官修

浙江省立圖書館善本書目甲編四卷　毛春翔編　民國二十五年（1936）浙江省立圖書館鉛印本　一册

330000－1702－0005239　民 268/5348　經部/群經總義類/傳説之屬

經義述聞三十二卷　（清）王引之撰　民國上海鴻章書局石印本　四册　存十六卷（十七至三十二）

330000－1702－0005241　民 183/4279　史部/目録類/總録之屬/禁燬

清代禁燬書目四種索引四卷　民國二十年（1931）杭州抱經堂書局鉛印本　一册

330000－1702－0005242　民 183/4277　史部/目録類/總録之屬/禁燬

清代禁燬書目四種四卷　（清）姚覲元編　民國杭州抱經堂書局石印本　四册

330000－1702－0005243　民 183/4278　史部/目録類/專録之屬

道藏目錄詳註四卷　（明）白雲霽撰　民國天津徐氏退耕堂影印文津閣四庫全書本　四册

330000－1702－0005244　民 183/4254　子部/宗教類/佛教之屬/經

一切如來心秘密全身舍利寶篋印陁羅尼經一卷　（唐）釋不空譯　民國刻本　一卷

330000－1702－0005245　民 183/4280　史部/目録類/總録之屬/私撰

詒莊樓書目八卷　王修藏並撰　民國十九年（1930）長興王修鉛印本　四册

330000－1702－0005246　民 183/4281　史部/目録類/總録之屬/彙刻

叢書書目彙編不分卷補遺一卷　沈乾一編纂　民國十七年（1928）上海醫學書局鉛印本　四册

330000－1702－0005247　民 268/5349　集部/别集類/唐五代别集

玉谿生詩詳註六卷首一卷　(唐)李商隱撰 (清)馮浩注　民國三年(1914)中華圖書館石印本　八册

330000－1702－0005249　民 184/4284　史部/目録類/總録之屬/私撰

八千卷樓書目二十卷　(清)丁丙藏　丁立中編　民國十二年(1923)錢塘丁氏鉛印本　十册

330000－1702－0005251　民 184/4288　史部/目録類/總録之屬/官修

北平圖書館善本書目四卷補遺一卷　趙萬里撰集　民國二十二年(1933)刻本　四册

330000－1702－0005252　民 184/4289　史部/目録類/總録之屬/私撰

鄞范氏天一閣書目内編十卷　馮貞羣編　民國二十六年至二十九年(1937－1940)寧波重修天一閣委員會鉛印本　四册

330000－1702－0005253　民 185/4322　史部/政書類/邦計之屬/錢幣

雲南整理金融錫税公債條例一卷　民國鉛印本　一册

330000－1702－0005254　民 267/5304　類叢部/叢書類/彙編之屬

選印宛委别藏四十種　故宫博物院編　民國二十四年(1935)上海商務印書館影印本　四十九册　存九種

330000－1702－0005255　民 184/4291　史部/目録類/書志之屬/提要

四部備要書目提要四卷　中華書局編　民國二十五年(1936)上海中華書局鉛印本　四册

330000－1702－0005256　民 185/4324　史部/政書類/邦計之屬

雲南紗廠獎勵票發行章程一卷　民國鉛印本　一册

330000－1702－0005257　民 185/4325　史部/政書類/邦計之屬

雲南實業公文彙鈔一卷　民國油印本　一册

330000－1702－0005258　民 185/4326　史部/地理類/雜志之屬

雲南礦產資料一卷　民國抄本　一册

330000－1702－0005259　民 185/4327　史部/政書類/邦計之屬/地政

調查禄豐村山場報告書一卷　稿本　一册

330000－1702－0005261　民 267/5307　類叢部/叢書類/彙編之屬

四部備要　中華書局編　民國二十五年(1936)上海中華書局鉛印本(經義考卷二百八十六、二百九十九至三百,東塾讀書記卷十三至十四、十七至二十、二十二至二十五原缺)　十册　存一種

330000－1702－0005262　民 185/4328　史部/政書類/邦計之屬

整頓雲南實業辦法一卷　民國油印本　一册

330000－1702－0005263　民 185/4329　史部/政書類/邦計之屬

羅次縣實業所填報民國十三年度實業年鑑録一卷　羅次縣實業所填報　稿本　一册

330000－1702－0005264　民 267/5308、民 267/5320、民 267/5330　類叢部/叢書類/彙編之屬

涵芬樓祕笈五十一種　孫毓修等輯　民國五年至十五年(1916－1926)上海商務印書館影印本暨鉛印本　七册　存三種

330000－1702－0005265　民 185/4331　史部/政書類/邦計之屬/通紀

雲南省曲靖縣實業狀況表一卷　稿本　一册

330000－1702－0005266　民 185/4333　史部/地理類/雜志之屬

雲南鑛產概況一卷　民國抄本　一册

330000－1702－0005267　民 185/4334　史部/政書類/邦計之屬

調查箇舊附近地質礦務報告書一卷　民國抄本　一册

330000－1702－0005268　民 185/4332　史部/政書類/邦計之屬

雲南省嵩明縣實業狀況表一卷　稿本　一冊

330000－1702－0005269　民 185/4335　史部/政書類/邦計之屬

維持滇省金融管見一卷　童振藻撰　稿本　一冊

330000－1702－0005272　民 185/4337　史部/政書類/邦交之屬

美英法義日五國關於戰時禁用潛艇及毒氣條約一卷　民國抄本　一冊

330000－1702－0005273　民 185/4338　史部/政書類/邦交之屬

雲南各團體歡迎美公使舒爾曼博士演說詞一卷　童振藻撰　稿本　一冊

330000－1702－0005274　民 185/4340　史部/地理類/外紀之屬

朝鮮經濟地理一卷　童振藻撰　稿本　一冊

330000－1702－0005275　民 185/4341　史部/政書類/軍政之屬

整頓國防意見書一卷　童振藻撰　稿本　一冊

330000－1702－0005276　民 185/4342　新學/兵制

裁兵問題一卷　白平撰　稿本　一冊

330000－1702－0005277　民 185/4343　史部/職官類/官制之屬/專志

昆明市警察獎罰規則一卷　民國鉛印本　一冊

330000－1702－0005278　民 267/5312　子部/小說家類/雜事之屬

金壺七墨六種　（清）黄鈞宰撰　民國元年(1912)上海掃葉山房石印本　四冊

330000－1702－0005279　民 185/4344　史部/政書類/軍政之屬/團練

團保現行條例施行細則一卷　民國鉛印本　一冊

330000－1702－0005280　民 185/4345　史部/政書類/邦計之屬

論兵匪之禍害及治理辦法一卷　雲南實業改進會撰　稿本　一冊

330000－1702－0005281　民 185/4346　史部/政書類/軍政之屬

各省軍備狀況表一卷　童振藻撰　稿本　一冊

330000－1702－0005282　民 185/4347　新學/法律制度/律例

東京河内上議院新議華人身稅嚴例七十四條一卷　民國抄本　一冊

330000－1702－0005283　民 185/4348　史部/政書類/軍政之屬

調查雲南各屬團務報告表一卷　民國抄本　一冊

330000－1702－0005284　民 185/4349　史部/政書類/邦計之屬/地政

殖邊條陳文一卷　周聯科撰　民國抄本　一冊

330000－1702－0005285　民 185/4350　史部/政書類/邦交之屬

中國外交地理一卷　童振藻撰　稿本　一冊

330000－1702－0005286　民 185/4351　史部/政書類/邦交之屬

美英法義日五國關於限制海軍軍備條約一卷　民國抄本　一冊

330000－1702－0005287　民 267/5313　經部/小學類/訓詁之屬/字詁

字說一卷　（清）吴大澂撰　民國十二年(1923)蘇州振新書社影印本　一冊

330000－1702－0005288　民 267/5314　子部/雜著類/雜纂之屬

兩般秋雨盦隨筆八卷　（清）梁紹壬撰　民國四年(1915)上海掃葉山房石印本　四冊

330000－1702－0005289　民 267/5315、民 267/5322、民 267/5325－5326、民 267/5331

類叢部/叢書類/彙編之屬

知不足齋叢書一百九十五種　(清)鮑廷博輯　(清)鮑士恭續輯　民國十年(1921)上海古書流通處據清鮑氏刻本影印本　六册　存五種

330000－1702－0005290　民 267/5316　子部/醫家類/喉科口齒之屬/白喉

洞主仙師白喉忌表抉微一卷後論一卷　(清)耐修子錄並注　民國抄本　一册

330000－1702－0005291　民 185/4352　史部/政書類/邦交之屬

中國外交地理一卷中外市政一卷　童振藻編　**中國外交史一卷政治地理一卷**　張介石撰　**中國文化史一卷**　袁嘉穀授　民國鉛印本　一册

330000－1702－0005292　民 185/4353　史部/政書類/邦計之屬/通紀

視察雲南各縣各項實業報告書不分卷　何毓芳撰　稿本　五册

330000－1702－0005293　民 185/4354　史部/政書類/邦計之屬/通紀

視察雲南各縣各項實業表册不分卷　何毓芳撰　稿本　二册

330000－1702－0005295　民 267/5318　集部/别集類

遊戲山人詩稿不分卷　遊戲山人撰　稿本　嘯白題記　一册

330000－1702－0005297　民 185/4356　史部/政書類/邦交之屬

兹將委赴越南調查各事項摘要一卷　童振藻撰　稿本　一册

330000－1702－0005298　民 185/4358　新學/交涉/交涉

土耳其要求恢復海峽武裝之討論一卷　童振藻撰　稿本　一册

330000－1702－0005300　民 185/4359　史部/政書類/軍政之屬

中央及各省區陸軍經費表一卷　民國抄本　童振藻題記　一册

330000－1702－0005301　民 185/4360/1　史部/政書類/邦計之屬

廣西鑛業志不分卷　童振藻撰　稿本　一册

330000－1702－0005302　民 185/4360/2　史部/政書類/邦計之屬

廣西鑛業志不分卷　童振藻撰　稿本　一册

330000－1702－0005303　民 185/4361　史部/政書類/邦計之屬/通紀

民初雲南財經調查資料一卷　童振藻輯　稿本　一册

330000－1702－0005304　民 185/4362　史部/政書類/邦計之屬/通紀

雲南全省各縣知事經辦實業成績比較表一卷　童振藻輯　稿本　一册

330000－1702－0005305　民 185/4364　史部/政書類/邦計之屬

雲南省中華民國十一年度省地方歲入歲出預算表一卷　民國抄本　一册

330000－1702－0005306　民 185/4365　史部/政書類/邦計之屬/通紀

雲南省中華民國九年度國家省地方歲入歲出預算草案一卷　民國抄本　一册

330000－1702－0005308　民 185/4366　史部/政書類/邦計之屬

雲南財政司中華民國十五年五月分支出預算書一卷　雲南財政司編　稿本　一册

330000－1702－0005309　民 185/4367　史部/政書類/邦計之屬/通紀

雲南省中華民國十三年度省地方歲入歲出預算草案一卷　民國抄本　一册

330000－1702－0005310　民 185/4368　史部/政書類/邦計之屬/通紀

全國財政統計調查表式通則一卷　民國抄本　一册

330000－1702－0005312　民 185/4370　史部/政書類/邦計之屬

視察昭通縣各項實業表式冊一卷 何毓芳撰 稿本 一冊

330000－1702－0005314 民 185/4377 史部/政書類/公牘檔冊之屬

雲南省立牧場章程一卷 童振藻撰 稿本 一冊

330000－1702－0005315 民 185/4379 史部/政書類/邦計之屬

創設雲南實業巡行講演團案一卷 雲南省行政公署撰 民國五年(1916)油印本 一冊

330000－1702－0005316 民 185/4380 史部/政書類/公牘檔冊之屬

公文雜鈔五種一卷 民國油印本 一冊

330000－1702－0005317 民 185/4381 史部/政書類/邦計之屬

雲南實業改進會宣言書一卷 童振藻撰 稿本 一冊

330000－1702－0005319 民 185/4384 史部/政書類/公牘檔冊之屬

昆明市政公所呈請核獎祕書課長技正督察長文一卷 昆明市政公所撰 稿本 一冊

330000－1702－0005320 民 185/4386 史部/傳記類/總傳之屬/郡邑

雲南各縣實業員花名冊一卷 童振藻撰 稿本 一冊

330000－1702－0005321 民 185/4390 史部/政書類/邦計之屬

任巡按使有關云南實業文六種一卷 任可澄撰 民國油印本 一冊

330000－1702－0005322 民 185/4387 史部/政書類/律令之屬/治獄

各案彙集一卷 童振藻輯 稿本 一冊

330000－1702－0005323 民 185/4388 史部/政書類/公牘檔冊之屬

雲南全省各屬實業機關表一卷 民國抄本 一冊

330000－1702－0005324 民 185/4389 史部/政書類/儀制之屬/專志/科舉校規

昆明學校教員生徒登記冊一卷 民國抄本 一冊

330000－1702－0005326 民 267/5335 史部/地理類/專志之屬/古跡

麥積山石窟志不分卷 馮國瑞編輯 民國三十年(1941)隴南叢書編印社石印本 一冊

330000－1702－0005327 民 185/4391 新學/政治法律/制度

擬試辦昆明市不動產登記說明書一卷 童振藻撰 稿本 一冊

330000－1702－0005328 民 185/4392 史部/政書類/邦計之屬/貿易

昆明市廉價商店組織大綱一卷 童振藻修改 稿本 一冊

330000－1702－0005329 民 266/5279 集部/別集類/清別集

校訂定盦全集十卷 (清)龔自珍撰 **定盦年譜藁本一卷** 黄守恆撰 民國九年(1920)上海掃葉山房石印本 六冊

330000－1702－0005330 民 185/4393 子部/雜著類/雜說之屬

風俗改良會規約一卷 民國鉛印本 一冊

330000－1702－0005331 民 185/4394 史部/政書類/邦計之屬/貿易

平定物價之商榷一卷 童振藻撰 稿本 一冊

330000－1702－0005332 民 185/4395 史部/政書類/公牘檔冊之屬

雲南各縣改設林蠶棉各行政專員簡章一卷 童振藻修改 稿本 一冊

330000－1702－0005333 民 185/4396 史部/政書類/公牘檔冊之屬

雲南省立牧場章程一卷 童振藻撰 稿本 一冊

330000－1702－0005335 民 266/5283 集部/詞類/別集之屬

改正夢窗詞選箋釋二卷 （宋）吴文英撰　楊鐵夫箋釋　**吴夢窗事蹟考略一卷**　楊鐵夫撰　民國二十二年(1933)上海人文印書館鉛印本　一册

330000－1702－0005336　民185/4399　史部/政書類/邦計之屬/地政

雲南單行墾殖規程一卷　雲南全省墾殖總局撰　民國鉛印本　一册

330000－1702－0005337　民185/4400　史部/政書類/公牘檔册之屬

昆明市條例草案一卷　民國童振藻抄本　一册

330000－1702－0005338　民185/4401　史部/政書類/公牘檔册之屬

民治黨成立大會文稿一卷　童振藻代撰　稿本　一册

330000－1702－0005340　民185/4403　史部/政書類/公牘檔册之屬

雜稿一卷　童振藻輯　稿本　一册

330000－1702－0005341　民185/4404　史部/政書類/公牘檔册之屬

雜稿一卷　童振藻輯　稿本　一册

330000－1702－0005343　民185/4405　史部/政書類/邦計之屬

雜稿一卷　童振藻輯　稿本　一册

330000－1702－0005344　民185/4406　史部/政書類/邦計之屬

雲南全省調查統計彙表二卷滇省財政税入各論一卷雲南各縣呈報十二年度縣地方歲入歲出預算表一卷　稿本　一册

330000－1702－0005346　民185/4408　史部/政書類/公牘檔册之屬

雲南省長公署公文底稿匯編一卷　童振藻纂輯　稿本　一册

330000－1702－0005347　民185/4409　史部/政書類/邦計之屬

公記實業組合信條一卷　童振藻撰　稿本　一册

330000－1702－0005348　民185/4410　新學/政治法律/制度

四川省自治組織法案一卷　陳敢修撰　民國抄本　一册

330000－1702－0005349　民185/4411　史部/傳記類/總傳之屬/郡邑

雲南商務總會分會總協理姓名等項一覽表一卷　民國抄本　一册

330000－1702－0005354　民185/4413　史部/政書類/公牘檔册之屬

雲南巡按使公署就大總統諭興辦森林一案復農商部文及飭各道尹文一卷　童振藻修改稿本　一册

330000－1702－0005355　民185/4414　史部/政書類/儀制之屬/專志/科舉校規

謹擬整頓小學教育以維國本意見案一卷　鄧扶漢等撰　民國抄本　一册

330000－1702－0005356　民103/2407　類叢部/叢書類/自著之屬

崇雅堂叢書十四種　楊晨撰　民國二十五年(1936)楊紹翰鉛印本　一册　存二種

330000－1702－0005357　民185/4416　史部/政書類/公牘檔册之屬

準農商部咨請辦理貧民工廠一案擬具辦法簽請廳長衡核轉陳示遵文一卷　雲南省行政公署政務廳實業科撰　童振藻修改　稿本　一册

330000－1702－0005359　民193/4833　史部/政書類/邦計之屬/通紀

本省實業計劃案一卷推廣蠶桑辦法一卷雲南省長公署實業巡行講演團章程一卷　民國鉛印本　一册

330000－1702－0005360　民193/4834　史部/史評類/史學之屬

讀史札記一卷　童振藻輯　稿本　一册

330000－1702－0005361　民193/4835　史

部/政書類/邦計之屬

調查會澤實業事項一卷 稿本 一册

330000－1702－0005362 民 193/4836 史部/政書類/公牘檔冊之屬

雲南第三區實業視察報告一卷 民國九年(1920)稿本 一册

330000－1702－0005364 民 193/4840 史部/政書類/公牘檔冊之屬

雲南第四區實業視察報告一卷 稿本 一册

330000－1702－0005365 民 193/4839 史部/政書類/公牘檔冊之屬

雲南各縣實業事項一卷 稿本 一册

330000－1702－0005366 民 185/4415 史部/詔令奏議類/奏議之屬

擬由童振藻代理實業科科長職務文一卷 李卓元撰 稿本 一册

330000－1702－0005367 民 185/4417 史部/詔令奏議類/奏議之屬

雲南省行政公署就創設雲南實業巡行講演團一案咨覆雲南省議會文一卷 雲南省行政公署撰 稿本 一册

330000－1702－0005368 民 185/4418 史部/政書類/邦計之屬

呈民政長擬訂墾殖辦法文一卷 童振藻代擬 稿本 一册

330000－1702－0005369 民 185/4419 史部/政書類/邦計之屬

提魯榮絕產興辦實業詳都督府文一卷 童振藻撰 稿本 一册

330000－1702－0005371 民 193/4838 史部/政書類/邦計之屬/通紀

開發雲南實業意見書一卷整頓雲南實業辦法一卷雲南分年籌辦實業大綱一卷統籌實業機關之組織一卷 童振藻撰 民國八年(1919)油印本 一册

330000－1702－0005372 民 185/4421 史部/政書類/邦計之屬

擬設雲南實業巡行講演團並擬訂章程文一卷 童振藻撰 稿本 一册

330000－1702－0005373 民 185/4422 史部/政書類/邦計之屬

擬設農事演說會場文及霑益州振興林業章程一卷 童振藻撰 稿本 一册

330000－1702－0005374 民 185/4423 史部/政書類/公牘檔冊之屬

雲南省長公署指令模範工藝廠廠長蔡榮謙文一卷 童振藻擬 稿本 一册

330000－1702－0005375 民 185/4424 史部/政書類/律令之屬

童振藻與弟媳陳氏糾紛案呈文一卷 童振藻撰 稿本 一册

330000－1702－0005376 民 185/4425 新學/兵制

瑞士聯邦之消極防空要旨一卷 □奇譯 民國童振藻抄本 一册

330000－1702－0005377 民 185/4426 史部/政書類/軍政之屬

民眾防空備覽一卷 童振藻撰 稿本 一册

330000－1702－0005378 民 185/4427 史部/政書類/軍政之屬

民眾防空備覽一卷 童振藻撰 稿本 一册

330000－1702－0005379 民 185/4428 史部/政書類/軍政之屬

民眾防空備覽資料彙鈔一卷 童振藻編 稿本 一册

330000－1702－0005380 民 185/4429 史部/政書類

民政月刊內容改良辦法一卷 童振藻撰 稿本 一册

330000－1702－0005381 民 193/4841 史部/政書類/公牘檔冊之屬

雲南民政資料彙編一卷 稿本 一册

330000－1702－0005382 民 193/4843 史部/政書類/公牘檔冊之屬

雲南第三區第四區實業視察報告書二卷 何毓芳撰 稿本 一冊

330000－1702－0005384 民 193/4845 史部/政書類/公牘檔冊之屬

雲南霑益州統計年鑑不分卷 稿本 三冊

330000－1702－0005385 民 193/4846 史部/地理類/雜志之屬

雲南礦產概況一卷 童振藻編 民國鉛印本 一冊

330000－1702－0005386 民 185/4430 史部/政書類/公牘檔冊之屬

各類公文雜稿一卷 童振藻編 稿本 一冊

330000－1702－0005387 民 185/4431 史部/政書類/軍政之屬

防空資料雜鈔一卷 童振藻編 稿本 一冊

330000－1702－0005388 民 185/4432 史部/政書類/軍政之屬

中國警察制度之演進一卷 童振藻撰 稿本 一冊

330000－1702－0005389 民 185/4433 史部/政書類/軍政之屬

中國警察制度之演進一卷 童振藻撰 稿本 一冊

330000－1702－0005392 民 185/4437 史部/政書類/邦計之屬/通紀

改進縣政之意見一卷 童振藻撰 稿本 一冊

330000－1702－0005393 民 185/4438 史部/政書類

民國一統志宜着手編纂一卷 童振藻撰 稿本 一冊

330000－1702－0005394 民 185/4439 史部/地理類/總志之屬/斷代

元大一統志考一卷 童振藻撰 稿本 一冊

330000－1702－0005395 民 185/4441 史部/政書類/邦計之屬

雲南第四區調查事項一卷 稿本 一冊

330000－1702－0005396 民 185/4435 史部/政書類/公牘檔冊之屬

擬設文獻館蒐纂民國文獻意見書暨擬設民國一統志館編輯民國一統志意見書一卷 童振藻撰 稿本 一冊

330000－1702－0005397 民 265/5264 集部/別集類/清別集

帶經堂集七種九十二卷 (清)王士禛撰 (清)程哲編 民國十年(1921)上海錦文堂石印本 十一冊 缺十二卷(詩集十一至二十二)

330000－1702－0005399 民 185/4442 史部/政書類/邦計之屬

特派第十區民國三年調查日記表一卷 熊朝樑撰 稿本 熊朝樑題記 一冊

330000－1702－0005400 民 185/4443 史部/政書類/邦計之屬

雲南紗廠獎勵票發行章程一卷 民國鉛印本 一冊

330000－1702－0005401 民 185/4444 史部/地理類/雜志之屬

雲南彌勒縣地志資料調查表一卷 胡道文撰 稿本 一冊

330000－1702－0005402 民 185/4445 史部/政書類/邦計之屬/通紀

元謀縣籌商辦法折暨元謀縣調查事項折一卷 稿本 一冊

330000－1702－0005403 民 185/4446 集部/別集類

擇抄聽濤軒詩鈔關於本省歷史地及物產各節一卷 魯大宗稿 童振藻摘抄 稿本 一冊

330000－1702－0005404 民 185/4447 史部/地理類/雜志之屬

直錄說庫內關於雲南事實一卷 童振藻直錄 稿本 一冊

330000－1702－0005405 民 185/4448 史部/地理類/雜志之屬

遵將清稗類鈔中關於雲南之事實摘錄一卷

徐珂撰　童振藻摘錄　稿本　一冊

330000－1702－0005406　民 185/4449　史部/地理類/專志之屬/古跡

雲南省各屬各縣古蹟名勝表一卷　民國童振藻抄本　一冊

330000－1702－0005407　民 185/4450　史部/地理類/雜志之屬

滇邊夷務實紀一卷　童振藻輯　稿本　一冊

330000－1702－0005409　民 185/4452　史部/地理類/雜志之屬

滇史紀畧一卷　趙清澄撰　民國抄本　一冊

330000－1702－0005410　民 185/4453　史部/地理類/雜志之屬

雲南陸良縣地理調查表一卷　俞應休等撰　稿本　一冊

330000－1702－0005411　民 185/4454　史部/地理類/雜志之屬

雲南陸良縣地理調查表一卷　俞應休等撰　稿本　一冊

330000－1702－0005412　民 185/4455　史部/地理類/雜志之屬

雲南省墨江縣地理調查表一卷　張廷標撰　稿本　張廷標題記　一冊

330000－1702－0005413　民 185/4456　史部/地理類/雜志之屬

維西見聞紀一卷　（清）余慶遠撰　民國抄本　一冊

330000－1702－0005414　民 185/4457　史部/地理類/雜志之屬

雲南猛卯行政區地誌資料二卷　段文逵輯　稿本　二冊

330000－1702－0005415　民 185/4458　史部/地理類/雜志之屬

霑益治略四卷　童振藻撰　稿本　八冊

330000－1702－0005416　民 185/4459　史部/地理類/輿圖之屬

填繪雲南各屬分圖圖紙說明書一卷　雲南學會編　民國石印本　一冊

330000－1702－0005418　民 185/4461　史部/地理類/雜志之屬

雲南瀾滄縣地誌資料一卷　稿本　一冊

330000－1702－0005419　民 185/4462　史部/地理類/雜志之屬

雲南鎮沅縣地誌資料一卷　稿本　一冊

330000－1702－0005420　民 185/4463　史部/地理類/雜志之屬

雲南祿豐縣地誌資料一卷　稿本　一冊

330000－1702－0005421　民 185/4464　史部/地理類/方志之屬

青海新疆調查實錄一卷　青海電訊社撰　稿本　一冊

330000－1702－0005422　民 185/4483　史部/地理類/總志之屬/通代

灰畫集節鈔不分卷　（清）李培輯　童振藻節鈔　民國童振藻抄本　一冊

330000－1702－0005423　民 185/4486　史部/地理類/雜志之屬

雲南銅業資料摘錄一卷　稿本　一冊

330000－1702－0005424　民 185/4487　史部/地理類/雜志之屬

雲南尋甸縣地誌資料調查表一卷　尋甸縣勸學所編　稿本　一冊

330000－1702－0005425　民 185/4488　史部/地理類/雜志之屬

蒙自縣地誌資料一卷　曾傳武編　稿本　一冊

330000－1702－0005426　民 263/5197、民 263/5213　類叢部/叢書類/彙編之屬

四部叢刊　張元濟等編　民國八年(1919)上海商務印書館影印本　三冊　存二種

330000－1702－0005428　民 193/4854　集部/別集類

作新學舍第八期校士試題答卷一卷　童振藻撰　稿本　一冊

330000－1702－0005429　民 193/4855　史部/史評類/史論之屬

史論一卷　童振藻撰　稿本　一冊

330000－1702－0005430　民 193/4856　史部/史評類/史論之屬

史論一卷　童振藻撰　稿本　一冊

330000－1702－0005431　民 263/5199－2　子部/叢編

大字精校圈點注釋三十六子全書□□種　(清)孫星衍撰　民國上海掃葉山房石印本　二冊　存一種

330000－1702－0005432　民 193/4857　史部/政書類/邦計之屬

中國古代市政考不分卷　童振藻撰　稿本　四冊

330000－1702－0005433　民 263/5201－5202、民 263/5206、民 263/5208　類叢部/叢書類/彙編之屬

四部備要　中華書局編　民國二十五年(1936)上海中華書局鉛印本(經義考卷二百八十六、二百九十九至三百,東塾讀書記卷十三至十四、十七至二十、二十二至二十五原缺)　十五冊　存四種

330000－1702－0005434　民 103/2413　類叢部/叢書類/家集之屬

武林丁氏家集十三種　丁立誠　丁立中撰　民國錢塘丁氏嘉惠堂鉛印本　一冊　存一種

330000－1702－0005436　民 263/5212　集部/別集類/清別集

猶存草堂詩鈔十二卷　(清)金玉撰　民國三年(1914)中華圖書館鉛印本　二冊

330000－1702－0005437　民 193/4858　史部/政書類/邦計之屬

雲南林業概況不分卷　稿本　一冊

330000－1702－0005438　民 193/4859　史部/政書類/考工之屬/雜志

東川銅鑛概況及復興籌策一卷　童振藻撰　稿本　一冊

330000－1702－0005439　民 193/4860　新學/礦務/礦學

貴州鑛產述略及開發意見一卷　童振藻撰　稿本　一冊

330000－1702－0005440　民 193/4861　新學/礦務/礦學

貴州鑛產考略及開發方法一卷　童振藻撰　稿本　一冊

330000－1702－0005441　民 263/5214　類叢部/叢書類/自著之屬

直介堂叢刻初編十種續編五種鼻烟叢刻四種　劉聲木撰　民國十八年(1929)廬江劉氏鉛印本　二冊　存二種

330000－1702－0005442　民 193/4862　史部/政書類/邦計之屬

廣西鑛產及開發方策一卷　童振藻撰　稿本　一冊

330000－1702－0005443　民 263/5215　集部/別集類/清別集

讀書樓詩集六卷　(清)吳應奎撰　民國五年(1916)安吉吳氏雍睦堂影印本　一冊　存三卷(四至六)

330000－1702－0005444　民 185/4489　史部/地理類/雜志之屬

雲南學會徵集雲南省地誌資料細目一卷　尋甸縣勸學所編　稿本　一冊

330000－1702－0005445　民 185/4490　史部/地理類/雜志之屬

富州縣地誌資料調查表冊一卷　稿本　一冊

330000－1702－0005446　民 186/4491　新學/地學/地理學

地震及日本大地震一卷　王獻芻演講　張行忠　甘梅生記述　民國抄本　一冊

330000－1702－0005447　民 186/4492　史部/地理類/雜志之屬

雲南迤西十一縣地質調查資料報告二卷　朱庭祜著輯　稿本　二冊

330000－1702－0005448　民 186/4493　史部/地理類/雜志之屬

雲南地理資料摘抄一卷　童振藻摘抄　民國童振藻抄本　一冊

330000－1702－0005449　民 186/4494　史部/地理類/雜志之屬

遵將古學彙刊中關於雲南事實摘錄一卷　童振藻摘錄　稿本　一冊

330000－1702－0005450　民 186/4496　史部/地理類/雜志之屬

雲南省菖蒲桶等九行政區地誌資料調查表一卷　稿本　一冊

330000－1702－0005451　民 186/4497　史部/地理類/雜志之屬

雲南省晉寧縣地誌資料一卷　李鼎鐘識　稿本　一冊

330000－1702－0005452　民 186/4499　史部/政書類/邦計之屬

雲南省彙辦元年度內務統計表二卷　稿本　一冊

330000－1702－0005453　民 186/4500　史部/地理類/雜志之屬

元江縣志資料一卷　童振藻輯　稿本　一冊

330000－1702－0005454　民 186/4501　史部/地理類/雜志之屬

雲南普思延邊行政總局暨八區分局區域地誌資料一卷　童振藻編　稿本　一冊

330000－1702－0005460　民 193/4867　史部/地理類/專志之屬/書院

考察紀略一卷　童振藻撰　稿本　一冊

330000－1702－0005463　民 253/5029　經部/小學類/文字之屬/字書/字典

正草隸篆四體大字典十二集二十四卷部首檢查表一卷難字檢查表一卷　陳龢祥等編　**文字源流攷一卷**　王大錯纂述　**正草隸篆名人楹聯大觀四卷**　民國十五年(1926)上海掃葉山房石印本　二十四冊　缺四卷(楹聯大觀一至四)

330000－1702－0005464　民 253/5030　經部/小學類/文字之屬/字書/字典

中華新字典初編十二卷續編十二卷檢字一卷　王文濡等編纂　民國六年(1917)上海廣益書局、中華圖書館石印本　六冊

330000－1702－0005465　民 253/5031　經部/小學類/文字之屬/字書/字典

康熙字典十二集三十六卷總目一卷檢字一卷辨似一卷等韻一卷補遺一卷備考一卷　(清)張玉書等纂修　民國上海錦章圖書局石印本　十二冊

330000－1702－0005466　民 193/4869　史部/政書類/邦計之屬

雲南東川廾業股分有限公司章程一卷　民國元年(1912)鉛印本　一冊

330000－1702－0005467　民 193/4870　史部/政書類/邦計之屬

創設雲南農工銀行意見書一卷　民國鉛印本　一冊

330000－1702－0005468　民 193/4871　史部/政書類/邦計之屬

殖邊銀行條例一卷附招股章程一卷創辦費集股章程一卷　民國三年(1914)鉛印本　一冊

330000－1702－0005470　民 193/4873　史部/政書類/邦計之屬/通紀

視察彌勒縣實業報告一卷　李文麟撰　稿本　一冊

330000－1702－0005471　民 186/4502　史部/地理類/雜志之屬

雲南上帕行政區地誌資料一卷　楊潤蘭編　稿本　戴維璞題簽　一冊

330000－1702－0005472　民 186/4503　史部/地理類/雜志之屬

雲南知子羅行政區地誌資料一卷　莫與衡編　稿本　戴維璞題簽　一冊

330000－1702－0005473　民 186/4504　史部/地理類/雜志之屬

雲南苴却行政區地誌資料一卷　李家祺編

稿本　戴維璞題簽　一冊

330000－1702－0005474　民 186/4505　史部/地理類/雜志之屬

雲南麻栗坡對汛特别區地誌資料一卷　稿本　戴維璞題簽　一冊

330000－1702－0005475　民 186/4506　史部/地理類/雜志之屬

雲南干崖行政區地誌資料一卷　稿本　戴維璞題簽　一冊

330000－1702－0005476　民 186/4507　史部/地理類/雜志之屬

雲南鄧川縣地誌資料四卷　稿本　戴維璞題簽　四冊

330000－1702－0005477　民 186/4508　史部/地理類/雜志之屬

雲南靖邊行政區地誌資料一卷　稿本　戴維璞題簽　一冊

330000－1702－0005478　民 186/4509　史部/地理類/雜志之屬

雲南河口對汛地誌資料一卷　稿本　戴維璞題簽　一冊

330000－1702－0005479　民 186/4510　史部/地理類/雜志之屬

雲南金河行政區地誌資料一卷　稿本　戴維璞題簽　一冊

330000－1702－0005480　民 186/4511　史部/地理類/雜志之屬

雲南隴川行政區地誌資料一卷　稿本　戴維璞題簽　一冊

330000－1702－0005482　民 196/4970　類叢部/叢書類/彙編之屬

己卯叢編四種　趙詒琛　王大隆輯　民國二十八年(1939)鉛印本　一冊　存一種

330000－1702－0005486　民 193/4874　新學/商務

實業講話一卷　童振藻撰　稿本　一冊

330000－1702－0005487　民 193/4875　史部/政書類/邦計之屬/通紀

雲南分年籌辦實業大綱一卷　民國油印本　一冊

330000－1702－0005488　民 193/4876　史部/政書類/邦計之屬/通紀

雲南各縣遵章改組實業所一覽表一卷　稿本　一冊

330000－1702－0005489　民 193/4877　史部/政書類/邦計之屬/通紀

馬關縣實業調查報告一卷　稿本　一冊

330000－1702－0005490　民 196/4980　史部/傳記類/總傳之屬/通代

百歲敘譜六卷　(清)丁文策　(清)陳師錫　(清)沈九如輯　民國二十五年(1936)上海中華書局鉛印本　六冊

330000－1702－0005491　民 196/4981　子部/叢編

清人說薈初集二十種二集二十種　雷瑨輯　民國六年(1917)上海掃葉山房石印本　十二冊

330000－1702－0005494　民 196/4983－1　集部/詩文評類/詩評之屬

餘墨偶談八卷續集八卷　(清)孫橒編　民國二年(1913)中華藝文社鉛印本　二冊　存四卷(餘墨偶談一至四)

330000－1702－0005495　民 196/4983－2　集部/詩文評類/詩評之屬

餘墨偶談八卷續集八卷　(清)孫橒編　民國六年(1917)上海振民編輯社鉛印本　六冊　存十二卷(餘墨偶談五至八、續集一至八)

330000－1702－0005496　民 196/4984　子部/藝術類/音樂之屬/樂譜

養正軒琵琶譜三卷附錄一卷　沈瀚編注　民國十八年(1929)南滙養正軒鉛印本　三冊

330000－1702－0005497　民 196/4985　史部/雜史類/斷代之屬

庚子西狩叢談四卷　吳永口述　劉治襄筆記　民國十七年(1928)北京廣華印刷局鉛印本

二册

330000－1702－0005498　民 193/4878　史部/政書類/邦計之屬/通紀

查報調查雲南各縣實業應興革改良辦法清折不分卷　何毓芳撰　稿本　四册

330000－1702－0005499　民 193/4879　史部/傳記類/總傳之屬/斷代

翰墨志緣一卷　童振藻撰　稿本　一册

330000－1702－0005500　民 193/4880　史部/政書類

擴張雲南實業教育意見書一卷　童振藻撰　稿本　一册

330000－1702－0005501　民 196/4987　史部/目録類/專録之屬

中日現代繪畫展覽會出品目錄中國之部一卷附補編一卷　民國鉛印本　一册

330000－1702－0005502　民 193/4881　史部/政書類/邦計之屬

雲南各屬實業所經費一覽表一卷　民國十年(1921)稿本　一册

330000－1702－0005503　民 196/4988　集部/别集類

市聲艸四卷　王禮錫撰　民國二十二年(1933)上海神州國光社鉛印本　一册

330000－1702－0005504　民 193/4882　史部/政書類/邦計之屬/通紀

雲南七縣各項實業調查報告書一卷　何毓芳編　民國九年(1920)稿本　一册

330000－1702－0005505　民 193/4883　史部/政書類/考工之屬/雜志

調查雲南省域附近區域地質礦產報告一卷　朱庭祜撰　稿本　一册

330000－1702－0005506　民 196/4989　集部/總集類/酬唱之屬

徐虞于喁集三卷　徐翻　虞和欽撰　民國十六年(1927)鉛印本　一册

330000－1702－0005507　民 193/4884　史部/政書類/公牘檔冊之屬

雲南省議案一卷　稿本　一册

330000－1702－0005508　民 193/4885　史部/政書類/公牘檔冊之屬

昆明市財政計畫書一卷　童振藻撰　稿本　一册

330000－1702－0005509　民 196/4991　集部/别集類/清别集

沈四山人詩錄六卷附錄一卷　(清)沈謹學撰　民國鉛印本　一册

330000－1702－0005510　民 196/4992　集部/總集類/題詠之屬

珠沉題咏集一卷　劉思誠輯　民國二十七年(1938)鉛印本　一册

330000－1702－0005511　民 196/4993　集部/别集類

安樂鄉人詩四卷續一卷七十後詩一卷藥夢詞二卷續一卷七十後詞一卷　金兆蕃撰　民國二十年至二十八年(1931－1939)嘉興金氏刻本　一册

330000－1702－0005512　民 196/4995　子部/工藝類/日用器物之屬/雕刻

竹人錄二卷　(清)金元鈺撰　民國二十七年(1938)鄞縣秦彥沖睿識閣鉛印本　一册

330000－1702－0005513　民 193/4886　史部/政書類/邦計之屬

調查雲南各屬辦理實業事項表一卷　童振藻編　稿本　一册

330000－1702－0005514　民 186/4512　史部/地理類/雜志之屬

雲南盞達行政區地誌資料一卷　稿本　戴維璞題簽　一册

330000－1702－0005515　民 186/4513　史部/地理類/雜志之屬

雲南瀘水行政區地誌資料一卷　吳潔編　稿本　戴維璞題簽　一册

330000－1702－0005516　民 186/4514　史

部/地理類/雜志之屬

雲南菖蒲桶行政區地誌資料一卷　梁之彦編　稿本　戴維璞題簽　一册

330000－1702－0005517　民 186/4515　史部/地理類/雜志之屬

雲南元江縣地誌資料一卷　稿本　一册

330000－1702－0005518　民 186/4516　史部/地理類/方志之屬

清史稿地理志雲南部分摘鈔一卷　民國抄本　童振藻批校並跋　一册

330000－1702－0005519　民 186/4517　史部/地理類/雜志之屬

雲南晉寧縣地誌資料六卷　稿本　戴維璞題簽　六册

330000－1702－0005520　民 186/4518　史部/地理類/雜志之屬

雲南學會徵集雲南省地誌資料不分卷　稿本　戴維璞題記　一册

330000－1702－0005521　民 186/4519　史部/地理類/雜志之屬

浙江疆域在兩漢三國時郡國名稱考一卷　童振藻輯著　稿本　一册

330000－1702－0005522　民 186/4520　史部/地理類/雜志之屬

彝良縣地誌資料一卷　稿本　一册

330000－1702－0005523　民 186/4521　史部/地理類/雜志之屬

雲南楚雄縣征集地誌資料一卷　稿本　戴維璞題簽並記　一册

330000－1702－0005524　民 193/4887　史部/地理類/雜志之屬

雲南各縣調查表不分卷　稿本　一册

330000－1702－0005525　民 193/4888　史部/政書類/邦計之屬

雲南各屬實業雜抄一卷　童振藻編　稿本　一册

330000－1702－0005526　民 193/4889　史部/地理類/雜志之屬

雲南漁業調查表一卷　稿本　一册

330000－1702－0005527　民 193/4890　史部/政書類/公牘檔冊之屬

雲南實業雜稿一卷　稿本　一册

330000－1702－0005528　民 196/4996　集部/別集類/清別集

紫竹山房遺稿一卷　(清)朱承勳撰　(清)朱文治重錄　民國二十二年(1933)上海中華書局鉛印本　一册

330000－1702－0005529　民 196/4997　集部/别集類

寄心瑣語一卷　余其鏘撰　民國七年(1918)鉛印本　一册

330000－1702－0005530　民 196/4998　集部/别集類

寄心瑣語一卷　余其鏘撰　民國七年(1918)鉛印本　一册

330000－1702－0005532　民 186/4523　史部/地理類/方志之屬/郡縣志

阿迷縣地誌一卷　稿本　戴維璞題簽　二册

330000－1702－0005533　民 186/4524　新學/礦務/礦學

貴重鑛石考一卷　稿本　四册

330000－1702－0005534　民 186/4525　史部/金石類/石之屬/通考

漢建武孟孝琚碑考不分卷　童振藻輯　稿本　二册

330000－1702－0005535　民 186/4526　史部/地理類/山川之屬/水志

雲南之河湖泉二卷　劉慶福輯　童振藻整理　稿本　戴維璞題簽　二册

330000－1702－0005536　民 186/4527　史部/地理類/水利之屬

測勘南河情形説畧一卷　湯祖珍撰　稿本　戴維璞題簽　一册

330000－1702－0005537　民 186/4528　子

部/雜著類/雜纂之屬

雜鈔一卷 童振藻輯 稿本 一册

330000－1702－0005538 民 186/4529 史部/地理類/水利之屬

牂牁江考一卷西江水系一卷 童振藻撰 稿本 一册

330000－1702－0005539 民 186/4530 史部/地理類/山川之屬

録雲南省全屬地誌資料中山脈高度一卷 民國抄本 一册

330000－1702－0005540 民 186/4531 史部/地理類/山川之屬/山志

雲南省山脈一卷 劉慶福編輯 童振藻修改 稿本 一册

330000－1702－0005541 民 186/4532 史部/政書類/公牘檔册之屬

雲南水利分局章程一卷 童振藻撰 稿本 一册

330000－1702－0005542 民 186/4533 史部/政書類/邦計之屬

雜鈔一卷 童振藻輯 稿本 一册

330000－1702－0005543 民 186/4534 史部/地理類/雜志之屬

雞足山志節録一卷 童振藻節録 民國抄本 一册

330000－1702－0005544 民 186/4535 類叢部/叢書類/郡邑之屬

續雲南備徵志 秦光玉編纂 稿本 一册 存一種

330000－1702－0005545 民 186/4536 史部/地理類/方志之屬/郡縣志

[民國]片馬小誌一卷 稿本 戴維璞題簽 一册

330000－1702－0005547 民 193/4892 史部/政書類/公牘檔册之屬

雲南諸縣調查農工商礦各實業表册一卷 稿本 一册

330000－1702－0005548 民 193/4893 史部/政書類/公牘檔册之屬

對於雲南創設紗紡廠之意見一卷 童振藻撰 稿本 一册

330000－1702－0005549 民 193/4894 史部/地理類/雜志之屬

雲南諸縣銀礦調查報告一卷 稿本 一册

330000－1702－0005550 民 51/807 史部/史表類/通代之屬

歷代方鎮年表五十六卷 吴廷燮撰 民國吴氏景杜堂鉛印本 十四册 存十六卷(一至十六)

330000－1702－0005552 民 193/4895 史部/政書類/邦計之屬/地政

聯合耕地貸款制度研究一卷 稿本 一册

330000－1702－0005553 民 193/4896 史部/政書類/邦計之屬/賦税

滇省各屬每年額徵條公商牲税當課調查情形一卷 稿本 一册

330000－1702－0005554 民 193/4897 史部/政書類/邦計之屬

雲南各屬實業狀況一卷 童振藻撰 稿本 一册

330000－1702－0005555 民 193/4898 史部/地理類/雜志之屬

滇緬滇越鐵路資料一卷 童振藻輯 稿本 一册

330000－1702－0005556 民 193/4899 史部/地理類/雜志之屬

雲南交通講話一卷 童振藻輯 稿本 一册

330000－1702－0005558 民 196/5005 集部/别集類/清别集

有不為齋詩存二卷 (清)陸襄鉞撰 民國元年(1912)上海商務印書館鉛印本 二册

330000－1702－0005560 民 103/2416 類叢部/叢書類/家集之屬

武林丁氏家集十三種 丁立誠 丁立中撰

民國錢塘丁氏嘉惠堂鉛印本　一冊　存二種

330000－1702－0005561　民196/5010　集部/別集類

花消英氣集一卷　陳星煒撰　民國三十六年(1947)鉛印本　一冊

330000－1702－0005562　民186/4537　史部/政書類/公牘檔冊之屬

勘查龍泉觀復命書一卷　楊惠撰　稿本　一冊

330000－1702－0005563　民186/4538　新學/地學

雜文一卷　童振藻輯　稿本　一冊

330000－1702－0005564　民186/4539　史部/地理類/雜志之屬

雲南地震考一卷　童振藻纂　稿本　一冊

330000－1702－0005565　民186/4540　史部/地理類/專志之屬/寺觀

雲南各屬寺廟概況表一卷　稿本　一冊

330000－1702－0005566　民186/4541　集部/總集類/尺牘之屬

函件一卷　童振藻輯　稿本　一冊

330000－1702－0005567　民186/4542　子部/宗教類/佛教之屬

管理寺廟條例一卷　民國鉛印本　一冊

330000－1702－0005568　民186/4543　史部/政書類/公牘檔冊之屬

雲南暫行寺廟註冊施行細則一卷　民國鉛印本　一冊

330000－1702－0005569　民186/4544　史部/地理類/雜志之屬

雲南各屬地質一卷　稿本　一冊

330000－1702－0005571　民186/4546　史部/地理類/水利之屬

雲南各屬水利一覽表一卷　稿本　一冊

330000－1702－0005572　民186/4547　史部/地理類/專志之屬/寺觀

昆明太華寺平面圖及其説明一卷　稿本　戴維璞題簽　一冊

330000－1702－0005573　民186/4548/1　史部/地理類/雜志之屬

滇池紀遊一卷　童振藻撰　稿本　戴維璞題簽　一冊

330000－1702－0005574　民186/4548/2　史部/地理類/雜志之屬

滇池紀遊一卷　童振藻撰　稿本　戴維璞題簽並記　一冊

330000－1702－0005575　民186/4549　史部/地理類/山川之屬/山志

黄山襍鈔一卷　童振藻輯　稿本　二冊

330000－1702－0005576　民186/4550　子部/雜著類/雜編之屬

游滇觀風實記一卷　童振藻輯　稿本　戴維璞題記　一冊

330000－1702－0005577　民193/4900　史部/政書類/邦計之屬

雲南各屬實業行政要略一卷　童振藻撰　稿本　一冊

330000－1702－0005578　民193/4901　史部/政書類/邦計之屬

雲南各屬實業事項不分卷　稿本　二冊

330000－1702－0005579　民193/4902　新學/學校

雲南各屬教育情況調查一卷　稿本　一冊

330000－1702－0005580　民196/5012　集部/別集類/清別集

緯堂詩鈔四卷　(清)湯大奎撰　民國三十七年(1948)鉛印本　一冊

330000－1702－0005581　民169/5013　集部/別集類/清別集

愧庵遺著集要五卷　(清)楊甲仁撰　民國十年(1921)刻本　一冊

330000－1702－0005582　民196/5014　集部/總集類/彙編之屬

雲間兩徵君集二種　嚴昌堉輯　民國三十八

年(1949)鉛印本　一冊

330000－1702－0005583　民 196/1015　集部/總集類/彙編之屬

雲間兩徵君集二種　嚴昌堉輯　民國三十八年(1949)鉛印本　一冊

330000－1702－0005584　民 193/4903　新學/學校

雲南各屬地方教育行政要略一卷調查各屬教育報告一卷　童振藻撰　稿本　一冊

330000－1702－0005585　民 193/4904　史部/政書類/邦計之屬

滇屬産業調查情形一卷　童振藻輯　稿本　一冊

330000－1702－0005586　民 196/5016　子部/小説家類/雜事之屬

墨餘録四卷　(清)毛祥麟撰　民國十二年(1923)上海文明書局石印本　三冊

330000－1702－0005588　民 193/4906　史部/地理類/雜志之屬

雲南礦産志略一卷　童振藻編　稿本　一冊

330000－1702－0005589　民 193/4907　史部/政書類/考工之屬/雜志

雲南各屬調查礦産狀況不分卷　稿本　一冊

330000－1702－0005590　民 193/4908　史部/政書類/邦計之屬

雲南各屬積穀報告一卷　稿本　一冊

330000－1702－0005591　民 193/4909　史部/政書類/邦計之屬

雲南辦理商團事項不分卷　稿本　一冊

330000－1702－0005592　民 186/4551　史部/目録類/專録之屬

廣西省志書概況一卷　廣西統計局編　民國童振藻抄本　一冊

330000－1702－0005593　民 186/4552　史部/地理類/山川之屬/山志

蒼山志一卷　童振藻輯　稿本　一冊

330000－1702－0005594　民 186/4553　史部/地理類/雜志之屬

滇省野人山及野人資料摘録一卷　童振藻輯　稿本　一冊

330000－1702－0005595　民 186/4554　史部/地理類/山川之屬/山志

蒼山紀勝一卷　童振藻輯　稿本　二冊

330000－1702－0005596　民 186/4555　史部/地理類/雜志之屬

兩粤猺苗雜記一卷　童振藻摘録　**綏靖興全灌龍猺變始末一卷**　謝祖莘編　稿本　戴維璞題簽並題記　一冊

330000－1702－0005597　民 186/4556　史部/地理類/雜志之屬

雲南省各縣風俗調查綱要一卷　童振藻摘鈔　稿本　一冊

330000－1702－0005598　民 186/4557　新學/雜著/雜記

日本溫泉志不分卷　童振藻撰　稿本　一冊

330000－1702－0005599　民 186/4558　新學/雜著/雜記

日本溫泉志不分卷　童振藻撰　稿本　八冊

330000－1702－0005600　民 186/4559　史部/金石類/陶之屬

河南石器時代之着色陶器一卷　(瑞典)阿爾納撰　樂森璕譯　民國童振藻抄本　一冊

330000－1702－0005601　民 186/4560　史部/金石類/石之屬/目録

瀛洲石刻待訪録一卷　童振藻輯　稿本　一冊

330000－1702－0005604　民 195/4955　史部/傳記類/日記之屬

越縵堂日記補不分卷(清咸豐四年三月十四日至同治二年三月三十日)　(清)李慈銘撰　民國二十六年(1937)上海商務印書館影印本　十三冊

330000－1702－0005605　民 193/4912　史部/政書類/邦計之屬

調查曲靖縣屬實業報告一卷　稿本　一冊

330000－1702－0005606　民193/4913　史部/政書類/邦計之屬

擬定考核各屬辦理實業成績辦法一卷　童振藻編　民國油印本　童振藻跋　一冊

330000－1702－0005607　民193/4914　史部/政書類/邦計之屬

對於雲南刱設紡紗廠之意見一卷　童振藻撰　民國油印本　一冊

330000－1702－0005608　民193/4915　史部/政書類/邦計之屬

雲南省實業計劃案一卷　稿本　一冊

330000－1702－0005609　民193/4916　史部/政書類/邦計之屬

雲南各屬實業所經費一覽表一卷　民國十年(1921)稿本　一冊

330000－1702－0005610　民193/4917　史部/政書類/考工之屬/雜志

礦務成案一卷　稿本　一冊

330000－1702－0005612　民193/4919　史部/政書類/邦計之屬

調查馬龍實業各項表一卷　稿本　一冊

330000－1702－0005613　民186/4561　史部/金石類/郡邑之屬

摘抄雲南各縣明以前之金石碑文一卷　民國抄本　一冊

330000－1702－0005614　民186/4562　史部/金石類

流沙墜簡摘鈔一卷　羅振玉　王國維編著　民國童振藻抄本　一冊

330000－1702－0005615　民186/4563　史部/金石類/總志之屬/題跋

潛研堂金石文跋尾六卷　(清)錢大昕撰　民國童振藻抄本　一冊　存四卷(一至四)

330000－1702－0005616　民186/4564　史部/金石類/郡邑之屬/目録

直録金石萃編金石續編中關於雲南金石一卷　民國抄本　一冊

330000－1702－0005617　民186/4565　史部/目録類

雲南年鑑目錄一卷　陳葆仁擬　童振藻修改　稿本　一冊

330000－1702－0005618　民186/4567－4568　集部/别集類

童振藻集□□卷　童振藻撰　稿本　二冊　存六卷(九、十一至十五)

330000－1702－0005619　民186/4569　集部/别集類

雜文三篇一卷　童振藻撰　稿本　一冊

330000－1702－0005620　民186/4570　史部/傳記類/總傳之屬/儒林

清代儒林一卷　童振藻編　稿本　一冊

330000－1702－0005621　民186/4571　史部/金石類/石之屬/目録

浙江歷代碑刻目錄一卷　童振藻編　稿本　一冊

330000－1702－0005622　民186/4572　子部/工藝類/日用器物之屬/陶瓷

調查龍泉青瓷第二次報告一卷　陳萬里撰　民國油印本　一冊

330000－1702－0005623　民186/4573　史部/金石類/郡邑之屬/目録

雲南金石記一卷　童振藻輯　稿本　一冊

330000－1702－0005624　民195/4956　集部/小說類/長篇之屬

俠義童子十四回　民國抄本　一冊　存十二回(三至十四)

330000－1702－0005625　民195/4957　新學/雜著/小說

妬術二十回　(英國)洛司克禮佛撰　金佛徒譯　民國抄本　一冊

330000－1702－0005626　民195/4958　子部/藝術類/書畫之屬/總論

內務部古物陳列所書畫目錄十四卷附三卷補

遺二卷　何煜纂　謝剛國　吳瀛編　民國十四年(1925)北京京華印書局鉛印本　十冊

330000－1702－0005628　民 195/4962　子部/藝術類/書畫之屬/法帖
翁松禪手札十集　(清)翁同龢撰並書　民國十五年(1926)上海有正書局石印本　十冊

330000－1702－0005629　民 193/4920　史部/政書類/邦計之屬/通紀
開發雲南實業意見書一卷　童振藻撰　民國八年(1919)油印本　一冊

330000－1702－0005630　民 193/4921　史部/政書類/邦計之屬
統籌實業機關之組織一卷　童振藻撰　民國油印本　一冊

330000－1702－0005631　民 193/4922　史部/地理類/雜志之屬
滇鑛考略一卷　稿本　一冊

330000－1702－0005632　民 193/4923　史部/政書類/邦計之屬
滇邕滇蜀兩路資料一卷　童振藻編　稿本　一冊

330000－1702－0005633　民 193/4924　史部/政書類/邦計之屬
中國古代市政考一卷　童振藻撰　稿本　一冊

330000－1702－0005635　民 193/4928　史部/政書類/邦計之屬
周禮市政考一卷　童振藻撰　民國十一年(1922)稿本　一冊

330000－1702－0005636　民 193/4929　史部/傳記類/别傳之屬/事狀
明史鄭和傳集注一卷　童振藻編輯　稿本　一冊

330000－1702－0005637　民 193/4925　史部/政書類/邦計之屬
雲南各種物產表一卷　稿本　一冊

330000－1702－0005638　民 186/4574　史部/金石類/金之屬/通考
銅鼓考校補一卷　童振藻輯　稿本　一冊

330000－1702－0005639　民 186/4575　史部/目録類/專録之屬
雲南方志目不分卷　童振藻輯　稿本　一冊

330000－1702－0005640　民 186/4577　史部/目録類/專録之屬
東洋文庫地方志目錄一卷　(日本)東洋文庫編　民國童振藻抄本　一冊

330000－1702－0005641　民 186/4576　史部/目録類/專録之屬
雲南方志考五卷　童振藻輯　稿本　三冊

330000－1702－0005642　民 186/4578　子部/藝術類/書畫之屬/書法書品
兩漢三國東西晉草書家攷略一卷　童振藻撰　稿本　一冊

330000－1702－0005643　民 186/4579　子部/藝術類/書畫之屬/書法書品
自漢洎晉草書攷一卷　童振藻輯　稿本　一冊

330000－1702－0005644　民 186/4580　子部/雜著類/雜纂之屬
雜鈔一卷　童振藻輯　稿本　一冊

330000－1702－0005645　民 186/4581　史部/政書類/邦計之屬
各縣應從事統計之編製一卷　童振藻撰　稿本　一冊

330000－1702－0005646　民 186/4582　史部/政書類/邦計之屬
各縣應從事統計之編製一卷　童振藻撰　稿本　一冊

330000－1702－0005647　民 186/4584　子部/農家農學類/園藝之屬/花卉
雲南茶花譜一卷　童振藻輯　稿本　一冊

330000－1702－0005648　民 186/4583　子部/農家農學類/園藝之屬/花卉
雲南茶花譜稿一卷　童振藻輯　稿本　一冊

330000－1702－0005649　民 186/4585　子部/雜著類/雜纂之屬

雜纂不分卷　童振藻輯　民國剪輯本　一冊

330000－1702－0005650　民 186/4586　子部/雜著類/雜纂之屬

雜纂不分卷　童振藻輯　稿本　一冊

330000－1702－0005651　民 186/4587　子部/雜著類/雜纂之屬

報刊資料雜鈔不分卷　童振藻鈔　稿本　一冊

330000－1702－0005652　民 186/4588　子部/雜著類/雜纂之屬

童振藻雜稿不分卷　童振藻輯　稿本　一冊

330000－1702－0005653　民 193/4926　史部/政書類/公牘檔冊之屬

雲南省各縣試辦縣地方預算表式一卷　民國石印本　一冊

330000－1702－0005654　民 195/4965　史部/雜史類/斷代之屬

趨庭隅錄一卷　楊景烇等輯　**附楊味雲先生創興棉業記一卷**　顧濳撰　民國三十年(1941)鉛印本　一冊

330000－1702－0005656　民 193/4931　集部/總集類/選集之屬/斷代

清詩小集一卷　童振藻編　稿本　一冊

330000－1702－0005659　民 193/4934　經部/春秋總義類/傳說之屬

春秋論一卷　童振藻撰　稿本　一冊

330000－1702－0005660　民 193/4935　史部/史評類/史論之屬

史論一卷　童振藻撰　稿本　一冊

330000－1702－0005661　民 186/4589　子部/雜著類/雜纂之屬

雜稿不分卷　童振藻輯　稿本　一冊

330000－1702－0005662　民 186/4590　史部/傳記類/別傳之屬/事狀

海濱播越一卷附遺跡一卷　童振藻編　稿本　一冊

330000－1702－0005663　民 186/4591　子部/雜著類/雜纂之屬

雜錄不分卷　童振藻輯　稿本　一冊

330000－1702－0005664　民 186/4592　子部/雜著類/雜纂之屬

雜錄不分卷　童振藻輯　稿本　一冊

330000－1702－0005665　民 186/4593　子部/雜著類/雜纂之屬

雜錄不分卷　童振藻輯　稿本　一冊

330000－1702－0005666　民 186/4594　子部/雜著類/雜纂之屬

雜錄不分卷　童振藻輯　稿本　一冊

330000－1702－0005667　民 186/4595　子部/雜著類/雜纂之屬

雜稿不分卷　童振藻輯　稿本　一冊

330000－1702－0005668　民 186/4596　史部/政書類/邦計之屬

推廣蠶桑辦法一卷　民國鉛印本　一冊

330000－1702－0005669　民 186/4597　子部/農家農學類

調查貴州遵義橡蠶報告書一卷　文宗潞編　民國鉛印本　一冊

330000－1702－0005670　民 186/4598　子部/農家農學類

調查貴州正安桑蠶切近辦法報告書一卷　文宗潞編　民國鉛印本　一冊

330000－1702－0005671　民 193/4936　史部/政書類/邦計之屬/衡制

雲南各縣權度統計一卷　稿本　一冊

330000－1702－0005673　民 193/4938　史部/政書類/公牘檔冊之屬

雲南全省教育統計表不分卷　雲南省長公署政務廳教育科編　稿本　一冊

330000－1702－0005674　民 193/4939　史部/傳記類/別傳之屬

程煥文履歷表一張　程煥文撰　稿本　一張

330000－1702－0005675　民 193/4940　史部/傳記類/别傳之屬/事狀

童振藻履歷表三張　稿本　三張

330000－1702－0005676　民 191/4786、民 191/4788　類叢部/叢書類/彙編之屬

四部叢刊　張元濟等編　民國八年(1919)上海商務印書館影印本　四十七册　存二種

330000－1702－0005677　民 191/4787　子部/雜著類/雜纂之屬

兩般秋雨盦隨筆八卷　(清)梁紹壬撰　民國四年(1915)上海掃葉山房石印本　四册

330000－1702－0005679　民 191/4789　集部/總集類/選集之屬/斷代

珠玉集一卷　宋汝楨纂　民國抄本　一册

330000－1702－0005682　民 191/4792　集部/總集類/酬唱之屬

秋海棠唱和初集一卷　(清)徐德元等撰　民國抄本　一册

330000－1702－0005684　民 191/4793　史部/傳記類/總傳之屬/仕宦

元祐黨人傳十卷　(清)陸心源纂　賦梅花館主人鈔　民國三十二年(1943)抄本　一册

330000－1702－0005686　民 187/4599　子部/農家農學類/農藝之屬/災害防治

棉花除害法一卷　雲南巡按使署實業科編　民國鉛印本　一册

330000－1702－0005687　民 187/4600　史部/政書類/邦計之屬

雲南棉業總機關附設阿迷棉業試驗場第一次報告書一卷　民國雲南官印局鉛印本　一册

330000－1702－0005689　民 187/4602　子部/雜著類/雜纂之屬

雜鈔不分卷　童振藻輯　稿本　一册

330000－1702－0005690　民 187/4603　子部/農家農學類/園藝之屬

雲南各屬地誌資料所載竹蘭菊菌一卷　童振藻輯　稿本　一册

330000－1702－0005691　民 187/4604　新學/動植物學/植物學

雲南省經濟植物生產情形一卷　童振藻輯　稿本　一册

330000－1702－0005692　民 187/4605　子部/農家農學類/園藝之屬

蘭竹菌茶花四譜一卷　童振藻輯　稿本　一册

330000－1702－0005693　民 187/4606　子部/農家農學類/園藝之屬/花卉

木棉譜一卷　童振藻編　稿本　一册

330000－1702－0005694　民 187/4607　子部/農家農學類/鳥獸蟲之屬

犬之研究一卷　童振藻撰　稿本　一册

330000－1702－0005695　民 187/4608　子部/農家農學類/鳥獸蟲之屬

談犬一卷　童振藻撰　稿本　一册

330000－1702－0005696　民 187/4609　新學/農政/樹藝

調查祿豐村森林復命書一卷　(日本)薗部一郎撰　民國抄本　一册

330000－1702－0005697　民 187/4610　史部/政書類/公牘檔册之屬

提議附設雲南學會意見書一卷雲南省長公署指令模範工藝廠廠長蔡榮謙文一卷　童振藻撰　稿本　一册

330000－1702－0005698　民 187/4611　史部/政書類/公牘檔册之屬

雲南馬龍縣報民國十三年度雲南年鑑一卷　韓焜報　**補報一卷**　汪鈺龍報　稿本　一册

330000－1702－0005699　民 187/4612　史部/政書類/掌故瑣記之屬

羅次縣知事填造民國十三年份年鑑目錄表一卷　羅次縣知事填造　稿本　一册

330000－1702－0005701　民 191/4799　史部/詔令奏議類/奏議之屬

嶺海焚餘三卷　(明)金堡撰　**閩行隨筆一卷**

（清）范光文撰　民國三十三年（1944）抄本　一冊

330000－1702－0005704　民 191/4806　類叢部/叢書類/彙編之屬

四部備要　中華書局編　民國二十五年（1936）上海中華書局鉛印本（經義考卷二百八十六、二百九十九至三百，東塾讀書記卷十三至十四、十七至二十、二十二至二十五原缺）　十二冊　存一種

330000－1702－0005705　民 193/4944　史部/傳記類/別傳之屬/事狀

六十回憶詩一卷　童振藻撰　稿本　四冊

330000－1702－0005706　民 193/4945　史部/傳記類/別傳之屬/事狀

沈雲英事蹟一卷　童振藻輯　稿本　一冊

330000－1702－0005707　民 193/4946　史部/政書類/考工之屬/雜志

廣西礦產述要一卷　童振藻撰　稿本　一冊

330000－1702－0005709　民 189/4724　史部/目録類/總録之屬/彙刻

景印四庫全書珍本初集目錄一卷　商務印書館編　民國二十四年（1935）上海商務印書館鉛印本　一冊

330000－1702－0005710　民 189/4725　史部/目録類/總録之屬/官修

欽定四庫全書總目二百卷首一卷　（清）紀昀等撰　**四庫未收書目提要五卷**　（清）阮元撰　**四庫全書總目未收書目索引四卷**　陳乃乾編纂　**四庫全書書目表四卷**　（清）李滋然編　**清代禁燬書目四種四卷**　（清）姚覲元輯　民國十九年（1930）上海大東書局石印本暨鉛印本　四十四冊

330000－1702－0005711　民 187/4664　子部/雜著類/雜纂之屬

童振藻雜稿之六不分卷　童振藻撰　稿本　一冊

330000－1702－0005712　民 189/4729　史部/雜史類/斷代之屬

壬午甲申兩抗戰記二卷　徐映璞撰　稿本　一冊

330000－1702－0005713　民 189/4730　子部/雜著類/雜編之屬

家庭雜誌三卷　民國三年（1914）稿本　三冊

330000－1702－0005714　民 187/4613　史部/目録類

雲南年鑑目錄一卷　陳葆仁擬　童振藻修改　稿本　一冊

330000－1702－0005715　民 187/4614　子部/雜著類/雜說之屬

廢省存道與廢道存省之得失一卷　羅錫章撰　稿本　一冊

330000－1702－0005716　民 187/4615　子部/雜著類/雜說之屬

雲南獸醫實習所開學訓詞一卷　童振藻代擬　稿本　一冊

330000－1702－0005717　民 187/4616　子部/醫家類/養生之屬

勸人快起來拒毒一卷　童振藻撰　稿本　一冊

330000－1702－0005718　民 187/4617　類叢部/叢書類/自著之屬

童振藻稿二種二卷　童振藻撰　稿本　一冊

330000－1702－0005719　民 187/4618　子部/醫家類/養生之屬

鴉片與衛生一卷　童振藻撰　稿本　一冊

330000－1702－0005720　民 187/4619　子部/農家農學類/園藝之屬/花卉

蘭竹菌譜一卷　童振藻纂　稿本　一冊

330000－1702－0005721　民 187/4620　新學/農政/樹藝

中國樹木誌略雲南資料摘鈔一卷　陳嶸撰　民國抄本　一冊

330000－1702－0005722　民 187/4621　史部/地理類/雜志之屬

粵屑摘鈔一卷　（清）劉世馨輯　童振藻摘鈔

民國童振藻抄本　一册

330000－1702－0005723　民 187/4622　新學/議論/論政

粵局澈底辦法一卷　伍莊撰　稿本　一册

330000－1702－0005724　民 187/4623　子部/農家農學類/園藝之屬/花卉

月季花譜一卷　（清）評花館主撰　民國童振藻抄本　一册

330000－1702－0005725　民 187/4624　子部/宗教類/其他宗教之屬/基督教

摘抄中國基督教事業統計一卷　民國抄本　二册

330000－1702－0005726　民 187/4625　子部/宗教類/其他宗教之屬/基督教

雲南省基督教事業統計一卷　稿本　戴維璞題簽　二册

330000－1702－0005727　民 187/4626　子部/雜著類/雜纂之屬

雜録一卷　童振藻輯　稿本　一册

330000－1702－0005728　民 187/4627　子部/雜著類/雜纂之屬

雜録一卷　童振藻輯　稿本　一册

330000－1702－0005729　普 189/4731　集部/小説類/長篇之屬

紅學叢鈔八編三十五卷　黄鉢隱編　稿本　八册

330000－1702－0005730　民 189/4733　史部/雜史類/斷代之屬

十六國春秋一百卷　（北魏）崔鴻撰　民國十五年(1926)萍廬抄本　一册　存五卷（一至五）

330000－1702－0005731　民 189/4735　史部/傳記類/別傳之屬/年譜

宋岳鄂王[飛]年譜六卷首一卷末一卷　錢汝雯編　民國十三年(1924)鉛印本　四册

330000－1702－0005732　民 187/4700　史部/政書類/邦計之屬

民國二年度農林統計一卷調查金沙江報告一卷　稿本　一册

330000－1702－0005733　民 187/4701　子部/雜著類/雜纂之屬

童振藻什抄一卷　童振藻輯　稿本　一册

330000－1702－0005734　民 187/4702　史部/政書類/邦計之屬

改良滇省實業教育意見書一卷　童振藻撰　稿本　一册

330000－1702－0005735　民 187/4703　史部/政書類/公牘檔册之屬

雲南巡按使公署為咨陳大總統諭興辦森林一案事一卷　民國抄本　一册

330000－1702－0005736　民 189/4736　史部/地理類/雜志之屬

接待寺記一卷三天竺記一卷北高峯記一卷　民國抄本　一册

330000－1702－0005737　民 187/4653　史部/地理類/雜志之屬

邊雪鴻泥一卷　高士勳撰　稿本　一册

330000－1702－0005738　民 187/4654　集部/別集類

感秋詩一卷　童虚靈撰　稿本　一册

330000－1702－0005739　民 187/4655　集部/總集類/彙編之屬

詩林一卷　童振藻編　稿本　一册

330000－1702－0005740　民 187/4656　史部/政書類/邦計之屬/通紀

雲南財政問題之研究一卷　童振藻撰　稿本　一册

330000－1702－0005741　民 187/4658　子部/農家農學類/總論之屬

雲南農業經濟研究一卷　童振藻編輯　稿本　一册

330000－1702－0005742　民 187/4657　類叢部/叢書類/自著之屬

木硯齋叢書　童振藻撰　民國鉛印本　一册

存一種

330000－1702－0005743　民 187/4704　史部/金石類/總志之屬

兩漢金石記二十二卷　（清）翁方綱撰　民國抄本　一册　存二卷(一至二)

330000－1702－0005744　民 187/4705　史部/地理類/山川之屬/水志

雲南溫泉志一卷　李坤纂輯　童振藻編輯　稿本　一册

330000－1702－0005745　民 187/4707　史部/政書類/邦計之屬

童振藻雜稿一卷　童振藻撰　稿本　一册

330000－1702－0005746　民 187/4706　類叢部/叢書類/自著之屬

木硯齋叢書　童振藻撰　民國鉛印本　一册　存一種

330000－1702－0005747　民 187/4659　子部/雜著類/雜纂之屬

童振藻雜稿之一不分卷　童振藻輯　稿本　一册

330000－1702－0005748　民 187/4660　子部/雜著類/雜纂之屬

童振藻雜稿之二不分卷　童振藻輯　稿本　一册

330000－1702－0005749　民 187/4661　子部/雜著類/雜纂之屬

童振藻雜稿之三不分卷　童振藻輯　稿本　一册

330000－1702－0005750　民 187/4662　子部/雜著類/雜纂之屬

童振藻雜稿之四不分卷　童振藻輯　稿本　一册

330000－1702－0005751　民 187/4663　子部/雜著類/雜纂之屬

童振藻雜稿之五不分卷　童振藻輯　稿本　一册

330000－1702－0005752　民 187/4628　新學/商務

實業週刊發刊詞一卷　稿本　一册

330000－1702－0005753　民 187/4629　新學/議論/通論

都市發達與社會進化的關係一卷　（美國）路韋撰　民國抄本　一册

330000－1702－0005754　民 187/4630　子部/雜著類/雜說之屬

木硯齋雜箸一卷　童振藻撰　稿本　一册

330000－1702－0005755　民 187/4632　子部/雜著類/雜纂之屬

童振藻雜稿一卷　童振藻輯　稿本　一册

330000－1702－0005756　民 187/4633　新學/農政/樹藝

雲南各屬林業現狀一卷　民國抄本　一册

330000－1702－0005757　民 187/4634　史部/政書類/邦計之屬

棉織業資料雜鈔一卷　童振藻輯　稿本　一册

330000－1702－0005758　民 187/4635　新學/動植物學/動物學

美國旅行隊在中國調查後之動物學報告一卷　（美國）Eliot Blackwelder 撰　盧崧譯　民國抄本　一册

330000－1702－0005759　民 187/4636　子部/雜著類/雜纂之屬

童振藻雜稿一卷　童振藻輯　稿本　一册

330000－1702－0005760　民 187/4637　子部/雜著類/雜纂之屬

童振藻雜稿一卷　童振藻輯　稿本　一册

330000－1702－0005761　民 187/4638　子部/雜著類/雜纂之屬

童振藻雜稿一卷　童振藻撰　稿本　一册

330000－1702－0005762　民 187/4639　子部/雜著類/雜纂之屬

童振藻散稿一卷　童振藻撰　稿本　一册

330000－1702－0005763　民 187/4640　史

部/地理類/雜志之屬

雲南資料彙編一卷 童振藻輯 民國油印本 一册

330000－1702－0005764 民 187/4665 史部/地理類/專志之屬/園林

自由空地制一卷 童振藻撰 稿本 一册

330000－1702－0005765 民 187/4666 史部/政書類/邦計之屬

雲南實業日報發刊辭一卷 童振藻撰 稿本 一册

330000－1702－0005766 民 187/4667 史部/政書類/邦計之屬

雲南實業改進會季刊簡章一卷 童振藻撰 稿本 一册

330000－1702－0005767 民 187/4668 史部/政書類/邦計之屬

我的物產品評會之批評一卷 童振藻撰 稿本 一册

330000－1702－0005768 民 187/4669 集部/總集類/選集之屬/斷代

風雅宜人一卷 童振藻輯 稿本 一册

330000－1702－0005769 民 187/4670 史部/政書類/通制之屬

政黨意義一卷 童振藻撰 稿本 一册

330000－1702－0005770 民 187/4671－4672 集部/總集類/課藝之屬

摘錄經正書院課藝雜文一卷詩歌一卷 童振藻輯 民國抄本 二册

330000－1702－0005772 民 187/4673 史部/政書類/邦計之屬/衡制

勸滇省商家照用新度量衡以昭劃一而免爭議說一卷 童振藻撰 稿本 一册

330000－1702－0005773 民 187/4674 史部/政書類/邦計之屬

雲南實業改進會辦事細則一卷 童振藻撰 稿本 一册

330000－1702－0005774 民 187/4675 史部/傳記類/總傳之屬/仕宦

因利治範四卷 童振藻輯 稿本 一册

330000－1702－0005775 民 187/4676 子部/雜著類

山陵于人生之關係一卷 童振藻撰 稿本 一册

330000－1702－0005776 民 187/4677 史部/政書類/公牘檔册之屬

雲南學會會章說明書一卷 童振藻撰 稿本 一册

330000－1702－0005777 民 187/4678 子部/雜著類/雜纂之屬

童振藻雜稿之七不分卷 童振藻輯 稿本 一册

330000－1702－0005778 民 187/4679 集部/別集類

童振藻序跋一卷 童振藻撰 稿本 一册

330000－1702－0005779 民 187/4680 子部/雜著類/雜纂之屬

童振藻雜稿之八不分卷 童振藻輯 稿本 一册

330000－1702－0005780 民 187/4708 子部/雜著類/雜編之屬

雜稿一卷 童振藻撰 稿本 一册

330000－1702－0005781 民 187/4709 子部/雜著類/雜編之屬

雜稿一卷 童振藻撰 稿本 一册

330000－1702－0005782 民 187/4681 子部/農家農學類/農藝之屬/作物種植

棉業新法圖說一卷美國棉業考署一卷 民國抄本 一册

330000－1702－0005783 民 187/4710 史部/政書類/邦計之屬/通紀

查報調查雲南各縣實業應興革改良辦法清折不分卷 何毓芳撰 民國抄本 一册

330000－1702－0005784 民 187/4711 史部/政書類/邦計之屬/通紀

視察雲南各縣各項實業報告書不分卷　何毓芳撰　民國抄本　三冊

330000－1702－0005785　民 187/4682　子部/雜著類/雜纂之屬

童振藻讀書札記一卷　童振藻撰　稿本　一冊

330000－1702－0005786　民 187/4683　集部/别集類/漢魏六朝别集

鄭高密集二卷　（漢）鄭玄撰　童振藻輯　**鄭高密著述攷略一卷**　童振藻撰　民國二十年（1931）稿本　一冊

330000－1702－0005787　民 187/4641　子部/雜著類/雜纂之屬

雜錄一卷　童振藻輯　稿本　一冊

330000－1702－0005788　民 187/4642　子部/雜著類/雜纂之屬

雜錄一卷　童振藻輯　稿本　一冊

330000－1702－0005789　民 187/4643　子部/雜著類/雜纂之屬

雜錄一卷　童振藻輯　稿本　一冊

330000－1702－0005790　民 187/4644　子部/雜著類/雜纂之屬

雜纂一卷　童振藻輯　稿本　一冊

330000－1702－0005791　民 187/4645　類叢部/叢書類/郡邑之屬

雲南叢書初編一百四十一種二編三十七種　趙藩　陳榮昌等輯　民國雲南叢書處刻本　一冊　存一種

330000－1702－0005792　民 187/4646　史部/政書類/邦計之屬

滇省試辦橡蠶計畫書一卷　文宗潞擬　民國鉛印本　一冊

330000－1702－0005793　民 187/4647　史部/政書類/邦計之屬

雲南督辦棉業章程一卷　民國鉛印本　一冊

330000－1702－0005794　民 187/4648　史部/政書類/邦計之屬

雲南督辦棉業章程一卷　民國鉛印本　一冊

330000－1702－0005795　民 187/4649　史部/政書類/公牘檔冊之屬

中華孔學會章程一卷　民國鉛印本　一冊

330000－1702－0005796　民 187/4650　子部/雜著類/雜考之屬

雜考一卷　童振藻撰　稿本　一冊

330000－1702－0005797　民 187/4684　集部/别集類

滇遊集一卷　童振藻撰　稿本　一冊

330000－1702－0005798　民 187/4685　集部/詩文評類/詩評之屬

讀倪文正詩之感觸一卷　童振藻撰　稿本　一冊

330000－1702－0005799　民 187/4686　集部/詩文評類/詩評之屬

宜秋館詩話一卷　李之鼎撰　民國童振藻抄本　一冊

330000－1702－0005801　民 187/4688　集部/别集類/明别集

倪文正公遺稿二卷　（明）倪元璐撰　（明）顧予咸選　（明）唐九經評　民國童振藻抄本　一冊

330000－1702－0005802　民 187/4691　史部/地理類/山川之屬/水志

陳澧漢書地理志水道圖說一卷　（清）陳澧撰　童振藻輯　稿本　一冊

330000－1702－0005803　民 187/4712　史部/地理類/雜志之屬

溫嶺縣勢調查一卷　民國抄本　一冊

330000－1702－0005804　民 187/4713　史部/政書類/公牘檔冊之屬

昆明各項實業事項調查報告一卷　稿本　一冊

330000－1702－0005805　民 187/4714　史部/地理類/雜志之屬

泰順縣縣勢調查一卷　泰順縣政府編　民國

抄本　一冊

330000－1702－0005806　民 187/4715　史部/地理類/雜志之屬
崇德縣勢調查一卷　崇德縣政府編　民國抄本　一冊

330000－1702－0005807　民 187/4692　史部/地理類/雜志之屬
鄞縣縣勢調查一卷　鄞縣縣政府編　民國抄本　一冊

330000－1702－0005808　民 187/4693　史部/地理類/雜志之屬
浙江麗水縣縣勢調查報告書一卷　丘遠雄編　民國抄本　一冊

330000－1702－0005809　民 187/4694　史部/傳記類/總傳之屬/家乘
雲南石屏縣世襲虧容甸副長官司土職孫蔭宗世系一卷　民國抄本　一冊

330000－1702－0005810　民 187/4695　史部/地理類/山川之屬/水志
滇池考目錄一卷　童振藻輯　稿本　一冊

330000－1702－0005811　民 187/4696　史部/地理類/專志之屬/園林
中國園林調查不分卷　童振藻輯　稿本　一冊

330000－1702－0005812　民 187/4651　子部/雜著類/雜說之屬
雲南當注重山陵學之研究一卷　童振藻撰　稿本　一冊

330000－1702－0005813　民 187/4652　集部/總集類/郡邑之屬
昆明市詩抄一卷　稿本　一冊

330000－1702－0005814　民 187/4697　史部/政書類/邦計之屬/通紀
雲南各縣自治學務實業警務團務統計表一卷　民國抄本　一冊

330000－1702－0005816　民 192/4814　史部/雜史類/斷代之屬
杭州兵禍不分卷　鍾毓龍撰　民國杏軒抄本　四冊

330000－1702－0005817　民 192/4815　史部/地理類/雜志之屬
杭州橋樑二節不分卷　鍾毓龍撰　民國杏軒抄本　一冊

330000－1702－0005820　民 187/4721　史部/傳記類/別傳之屬/事狀
淮陰侯事蹟不分卷　童特中輯　童振藻補錄　稿本　三冊

330000－1702－0005821　民 187/4720　史部/傳記類/別傳之屬/事狀
淮陰侯事蹟不分卷　童特中輯　童振藻補錄　稿本　二冊

330000－1702－0005822　民 193/4863　史部/政書類
雲南財政司收支總表不分卷　民國石印本　二張

330000－1702－0005823　民 187/4716　史部/地理類/雜志之屬
浙江各縣縣勢調查表不分卷　童振藻撰　稿本　十九張

330000－1702－0005824　民 187/4717　子部/農家農學類/農藝之屬
雲南緬寧縣麻業情況調查表一卷　民國抄本　十一張

330000－1702－0005826　民 187/4690　史部/地理類/輿圖之屬/軍事
川藏滇緬交界圖一卷　稿本　一張

330000－1702－0005827　民 187/4719　子部/天文曆算類/天文之屬
雲南昆明及各縣 1927－1929 年氣象資料一卷　童振藻輯　稿本　一冊

330000－1702－0005828　民 187/4718　子部/雜著類/雜纂之屬
童振藻散稿不分卷　童振藻撰　稿本　一件

330000－1702－0005832　民 323/6798　子

部/醫家類/方書之屬/單方驗方

方選一卷 民國抄本 一册

330000－1702－0005834 民 323/6799 子部/醫家類/方書之屬/單方驗方

醫方備覽一卷 民國抄本 一册

330000－1702－0005835 民 323/6801 史部/目録類/總録之屬/私撰

杭州抱經堂書局第十一期舊書目錄不分卷 杭州抱經堂書局編 民國二十三年(1934)杭州抱經堂書局石印本 一册

330000－1702－0005836 民 323/6802 史部/目録類/總録之屬/私撰

杭州抱經堂書局第四期舊書目錄不分卷 杭州抱經堂書局編 民國十八年(1929)杭州抱經堂書局石印本 一册

330000－1702－0005837 民 323/6803 史部/目録類/總録之屬/私撰

中國書店金石拓本目錄一卷 中國書店編 民國十七年(1928)石印本 一册

330000－1702－0005838 民 323/6804 史部/目録類/總録之屬/私撰

宋經樓新舊書目第八期一卷 宋經樓書店編 民國二十八年(1939)杭州石印本 一册

330000－1702－0005841 民 5/129 子部/天文曆算類/曆法之屬

殷曆譜上編四卷下編十卷 董作賓撰 民國三十四年(1945)國立中央研究院歷史語言研究所石印本 董作賓題記 二册 缺三卷(下編一至三)

330000－1702－0005842 民 19/317/2 史部/地理類/專志之屬/寺觀

東天目山昭明禪寺志十二卷 釋慈壽輯 陳兆元編 民國三年(1914)杭州文粹印局鉛印本 一册 存六卷(一至六)

330000－1702－0005843 民 139/3266 新學/議論/論政

合作民生一卷 羅濟撰 稿本 一册

330000－1702－0005845 民 254/5039 子部/藝術類/書畫之屬/法帖

草字彙十二卷附補 (清)石梁輯 民國十年(1921)上海掃葉山房石印本 六册

330000－1702－0005846 民 254/5040 經部/小學類/文字之屬/字書/字典

正草字典四卷 (清)潘廷侯臨積 民國十一年(1922)上海掃葉山房石印本 二册

330000－1702－0005847 民 254/5041 子部/藝術類/書畫之屬/法帖

歷代名人法帖彙輯草書大字典二十四卷拾遺一卷 掃葉山房主人編 民國十三年(1924)上海掃葉山房石印本 二十四册

330000－1702－0005850 民 276/5521/1 類叢部/叢書類/彙編之屬

四部叢刊 張元濟等編 民國八年(1919)上海商務印書館影印本 一册 存一種

330000－1702－0005852 民 281/5638 子部/工藝類/日用器物之屬/器具

清秘藏二卷 (明)張應文稿 (清)張鳳評校 民國二十五年(1936)油印本 一册

330000－1702－0005853 民 294/6271 子部/藝術類/書畫之屬/法帖

張黑女誌一卷 民國十一年(1922)上海有正書局影印本 一册

330000－1702－0005854 民 296/6377 子部/藝術類/書畫之屬/法帖

歐陽詢行書習字範本一卷 (唐)歐陽詢書 民國四年(1915)上海有正書局影印本 一册

330000－1702－0005855 民 318/6754/2 史部/目録類/總録之屬/私撰

東來閣書目一卷 東來閣書店編 民國二十三年(1934)北平東來閣書店鉛印本 一册

330000－1702－0005856 民 323/6810 史部/目録類/總録之屬/私撰

杭州抱經堂書局殘本書目不分卷 杭州抱經堂書局編 民國十九年(1930)杭州城站抱經堂書局石印本 一册

330000－1702－0005857　民 323/6811　史部/地理類/雜志之屬

雲南各屬少數民族調查一卷　童振藻編　稿本　一冊

330000－1702－0005858　民 323/6812　史部/地理類/雜志之屬

雲南會澤縣地誌資料一卷　稿本　一冊

330000－1702－0005859　民 323/6813　史部/地理類/雜志之屬

雲南省調查表一卷　稿本　戴維璞題記　一冊

西泠印社社務委員會
民國時期傳統裝幀書籍普查登記目録

國家圖書館出版社
National Library of China Publishing House

浙江省民國時期傳統裝幀書籍普查登記目録·杭州

《西泠印社社務委員會民國時期傳統裝幀書籍普查登記目録》

編委會

主　編：鄧　京

編　委：劉　瑜　趙杭波

《西泠印社社務委員會民國時期傳統裝幀書籍普查登記目録》

前　言

印譜是鑒賞家專門彙輯歷代璽印和名家篆刻精品的書籍,它富有兩個基本功能:一是爲篆刻愛好者提供臨摹、借鑒的藍本,二是供人們欣賞、研究、收藏。因此,印譜歷來受到篆刻家、收藏愛好者的普遍珍愛。

我國的印譜雖起源於北宋,却皆因散失而不傳。明朝後期至民國這幾百年間,隨着篆刻藝術的發展、金石學的興起,輯録印譜之風日趨熾熱,印譜的製作從明末的原印鈐蓋發展到木刻翻摹、影印、石印、鉛板拓製等不同類型;印譜内容從集古印譜、摹古印譜發展到流派印譜、自刻印譜和主題印譜等。

尤其是清末至民國初期,中國印譜史上第一次出現了以組織爲核心的印譜出版活動,這其中尤以“保存金石,研究印學”爲立社之本的西泠印社爲代表。社員丁仁、王福庵、高洛園、葛昌楹、張魯庵等均以所藏輯成多部印譜,而抗戰歲月中艱難輯成的《丁丑劫餘印存》,其藴含的人文價值已遠遠超越了印譜本身,其内在的悲壯之美在中國篆刻史上已經樹起高聳的豐碑。

西泠印社社員吳隱,利用先進的製版技術,將原印拍照製成鋅板,再手工鈐拓成印譜。這樣既基本保留印章的原貌,又對原印進行了保護。僅30年,出版印譜20餘部200多册,爲印譜的推廣和普及做出無可比擬的貢獻。

印譜的發展在這一時期達到了空前的興盛和繁榮,可以説進入到了“黄金時代”。

目前,西泠印社藏有民國時期出版印譜260餘種,製作形式有原石拓製,也有鉛板拓製以及石印本、影印本、刻本等,印譜内容有古璽,也有流派印。印譜的製作有個人製作,也有故宫博物院、浙江正楷印書局、西泠印社、有正書局、上海商務印書館等單位出版。由於各書局的參與,印譜的製作從少量手工製作發展到大批量機器印刷,印譜的製作由繁到簡,成本由高到低,出版數量由少到多。一系列的變革,使得印譜的受衆面越來越廣,一個持續二百年的小衆文化印譜,由於出版製作的工業化,逐步走向了民間,走入千家萬户。

本目録共收西泠印社所藏民國時期傳統裝幀書籍267部,其中大部分爲印譜。希望本目録的出版,能對研究中國篆刻和篆刻發展史的人士有所幫助。

鄧　京

2017年12月26日

330000－1799－0000001　XC－5400　子部/藝術類/篆刻之屬/印譜

二金蜨堂印譜初集不分卷　(清)趙之謙篆　民國西泠印社鈐拓本　四册

330000－1799－0000010　XC－5401　子部/藝術類/篆刻之屬/印譜

悲盦印賸不分卷　(清)趙之謙篆　丁仁輯　民國三年(1914)西泠印社鈐拓本　三册

330000－1799－0000035　XC－5619　子部/藝術類/篆刻之屬/印譜

二金蜨堂印譜不分卷　(清)趙之謙篆　石廬輯　民國石廬鈐拓本　八册

330000－1799－0000041　XC－5412　子部/藝術類/篆刻之屬/印譜

拊焦桐館印存不分卷　蔡真篆刻　民國十八年(1929)上海慎修書社石印本　二册

330000－1799－0000043　XC－5415　子部/藝術類/篆刻之屬/印譜

趙古泥印存不分卷　趙石篆　龐士龍輯　民國三十年(1941)蘭石軒鈐印本　四册

330000－1799－0000045　XC－5408　子部/藝術類/篆刻之屬/印譜

寒月齋主印存不分卷　張寒月(張政)篆　民國十八年(1929)鈐印本　二册

330000－1799－0000047　XC－5422　子部/藝術類/篆刻之屬/印譜

鋤月廬仿古印集二卷　周啟人篆　民國二十四年(1935)浙江正楷印書局鈐印本　二册

330000－1799－0000048　XC－5426　子部/藝術類/篆刻之屬/印譜

賓鴻堂藏印四卷　(清)趙之琛篆　朱鴻達輯　民國二十四年(1935)鈐拓本　四册

330000－1799－0000051　XC－5442　子部/藝術類/篆刻之屬/印譜

西泠印社同人印傳不分卷　高式熊篆　民國三十七年(1948)鈐拓本　二册

330000－1799－0000055　XC－5495　子部/藝術類/篆刻之屬/印譜

明清名人刻印彙存十二卷　葛昌楹　胡洤編次　方約監拓　民國三十二年(1943)宣和印社鈐拓本　十二册

330000－1799－0000059　XC－5523　子部/藝術類/篆刻之屬/印譜

悲盦印賸不分卷　(清)趙之謙篆　丁仁輯　民國三年(1914)西泠印社鈐拓本　三册

330000－1799－0000060　XC－5525　史部/金石類/璽印之屬

遯盦秦漢古銅印譜不分卷　吳隱輯　民國三年(1914)西泠印社鈐印本　八册

330000－1799－0000063　XC－5527　子部/藝術類/篆刻之屬/印譜

缶廬印集不分卷　吳昌碩篆刻　民國西泠印社鈐拓本　四册

330000－1799－0000064　XC－5528　子部/藝術類/篆刻之屬/印譜

缶廬印集不分卷　吳昌碩篆刻　民國西泠印社鈐拓本　四册

330000－1799－0000065　XC－5529　子部/藝術類/篆刻之屬/印譜

缶廬印集不分卷　吳昌碩篆刻　民國三年(1914)西泠印社鈐拓本　四册

330000－1799－0000068　XC－5532　子部/藝術類/篆刻之屬/印譜

吉羅居士印譜不分卷　(清)蔣仁篆　民國西泠印社鈐拓本　一册

330000－1799－0000070　XC－5534　子部/藝術類/篆刻之屬/印譜

黟山人黃牧甫印存不分卷　(清)黃士陵篆　民國宣和印社鈐拓本　四册

330000－1799－0000071　XC－5535　子部/藝術類/篆刻之屬/印譜

完白山人印譜不分卷　(清)鄧石如篆　吳隱輯　民國五年(1916)西泠印社鈐拓本　二册

330000－1799－0000072　XC－5537　子部/

藝術類/篆刻之屬/印譜

金樞山人印存不分卷 (清)徐三庚篆刻 吳隱輯 民國西泠印社鈐拓本 三册

330000－1799－0000073 XC－5542 子部/藝術類/篆刻之屬/印譜

伏廬選藏鉩印彙存不分卷 陳漢第藏並輯 民國二十九年(1940)上海西泠印社石印本 三册

330000－1799－0000074 XC－5536 子部/藝術類/篆刻之屬/印譜

秦漢百壽印譜不分卷 吳隱輯 民國六年(1917)西泠印社鈐印本 二册

330000－1799－0000076 XC－5543 史部/金石類/玉之屬

古玉印匯不分卷 方巖鉤摹編訂 民國二十一年(1932)玉篆樓石印本 周志蠡題記 一册

330000－1799－0000077 XC－5539 子部/藝術類/篆刻之屬/印譜

鐵廬印譜不分卷 (清)錢松篆 民國西泠印社鈐拓本 四册

330000－1799－0000079 XC－5544、XC－5545 史部/金石類/璽印之屬

漢印臨存三卷留畊堂印存一卷 (清)劉家謨輯 民國二十四年(1935)漱翠山房石印本 四册

330000－1799－0000080 XC－5546 子部/藝術類/篆刻之屬/印譜

伏廬藏印十二卷 陳漢第藏並輯 民國三十一年(1942)上海商務印書館影印本 六册

330000－1799－0000081 XC－5548 子部/藝術類/篆刻之屬/印譜

趙撝叔印譜初集四卷二集四卷 (清)趙之謙篆 吳隱輯 民國六年(1917)西泠印社鈐印本 八册

330000－1799－0000083 XC－5549 子部/藝術類/篆刻之屬/印譜

童子彫瑑不分卷 童大年篆刻 王秀仁拓 民國三十三年(1944)鈐拓本 四册

330000－1799－0000091 XC－5554 子部/藝術類/篆刻之屬/印譜

金薤留珍五集 (清)蔣溥輯 民國十五年(1926)北平故宮博物院古物館鈐印本 五册

330000－1799－0000092 XC－5555 子部/藝術類/篆刻之屬/印譜

黃小松印譜四卷 (清)黃易篆 民國西泠印社鈐拓本 四册

330000－1799－0000096 XC－5557 子部/藝術類/篆刻之屬/印譜

吳讓之印存不分卷 (清)吳熙載篆 西泠印社輯 民國西泠印社鈐拓本 一册

330000－1799－0000109 XC－5599 子部/藝術類/篆刻之屬/印譜

吳趙印存不分卷 (清)吳熙載 (清)趙之謙篆刻 葛昌楹輯 民國三十二年(1943)平湖葛氏傳樸堂鈐拓本 六册

330000－1799－0000111 XC－5609 子部/藝術類/篆刻之屬/印譜

西泠八家印選四卷 丁仁編 民國十四年(1925)鈐拓本 四册

330000－1799－0000113 XC－5602 史部/金石類/璽印之屬/文字

赫連泉館古印存一卷續存一卷 羅振玉輯 民國五年(1916)鈐印本 二册

330000－1799－0000121 XC－5605 史部/金石類

海嶽樓金石叢編 山東省立圖書館編 民國二十三年(1934)鉛印本暨影印本 三册 存一種

330000－1799－0000124 XC－5601 子部/藝術類/篆刻之屬/印譜

伏廬鉩印十一卷 陳漢第藏 方約監拓 民國三十五年(1946)上海宣和印社鈐印本 十一册

330000－1799－0000125 XC－5600 子部/

藝術類/篆刻之屬/印譜

安心室集印不分卷 張熙輯 民國三十四年(1945)鈐拓本 張咀英題簽 三冊

330000－1799－0000126 XC－5611 子部/藝術類/篆刻之屬/印譜

麋研齋印存不分卷 王禔輯並刻 宣和印社輯 民國二十五年(1936)宣和印社鈐拓本 二十冊

330000－1799－0000130 XC－5610 史部/金石類/璽印之屬

璽印錄不分卷 劉體智輯 民國十九年(1930)鈐印本 十六冊

330000－1799－0000140 XC－5625 子部/藝術類/篆刻之屬/印譜

樂只室印譜一集三卷二集二卷三集三卷四集一卷附集一卷 高時敷輯 民國三十三年(1944)鈐拓本 十一冊

330000－1799－0000146 XC－5639 子部/藝術類/篆刻之屬/印譜

傳樸堂藏印菁華十二卷 葛昌楹 葛昌枌鑒定 民國十四年(1925)鈐拓本 十二冊

330000－1799－0000155 XC－5649 子部/藝術類/篆刻之屬/印譜

麋研齋印存重輯本不分卷 王禔篆刻 宣和印社編 民國三十二年(1943)鈐拓本 四冊

330000－1799－0000156 XC－5648 子部/藝術類/篆刻之屬/印譜

鄧印存真不分卷 (清)鄧石如篆 葛昌楹輯 民國三十三年(1944)當湖葛氏傳樸堂鈐拓本 葛昌楹題記 二冊

330000－1799－0000158 XC－5651 史部/金石類/璽印之屬

濱虹草堂藏古鉨印不分卷 黃賓虹藏 民國鈐印本 八冊

330000－1799－0000159 XC－5652 史部/金石類/璽印之屬

濱虹草堂藏古鉨印不分卷 黃賓虹藏 民國十八年(1929)鈐印本 八冊

330000－1799－0000163 XC－5657 子部/藝術類/篆刻之屬/印譜

聽雨艸堂印集不分卷 (清)吳讓之篆 民國鈐印本 黃質、潘飛聲題記 四冊

330000－1799－0000166 XC－5660 史部/金石類/璽印之屬

秦漢古銅印存不分卷 黃吉園輯 民國九年(1920)鈐印本 五冊

330000－1799－0000175 XC－5668 子部/藝術類/篆刻之屬/印譜

魯盦印選不分卷 張咀英編 民國二十八年(1939)張氏孝水望雲草堂鈐拓本 六冊

330000－1799－0000178 XC－5671 子部/藝術類/篆刻之屬/印譜

明清名人刻印彙存十二卷 葛昌楹 胡洤編次 方約監拓 民國三十二年(1943)宣和印社鈐拓本 十二冊

330000－1799－0000186 XC－5679 子部/藝術類/篆刻之屬/印譜

漢玉鈎室印存不分卷 吳昌碩篆 民國九年(1920)鈐印本 二冊

330000－1799－0000191 XC－5685 史部/金石類/璽印之屬

澂秋館印存不分卷 陳寶琛輯 民國十四年(1925)鈐印本 十冊

330000－1799－0000192 XC－5680 子部/藝術類/篆刻之屬/印譜

金薤留珍五集 (清)蔣溥輯 民國十五年(1926)北平故宮博物院古物館鈐印本 二十四冊

330000－1799－0000194 XC－5687 史部/金石類/璽印之屬

樂只室古璽印存不分卷 高時敷輯 民國三十三年(1944)鈐印本 十冊

330000－1799－0000200 XC－5693 子部/藝術類/篆刻之屬/印譜

童子彫瑑不分卷 童大年篆刻 王秀仁拓 民國三十三年(1944)鈐拓本 四冊

330000－1799－0000204　XC－5697　子部/藝術類/篆刻之屬/印譜
郘亭印存一卷　(清)莫友芝篆　吳載和輯　民國二十五年(1936)鈐印本　一冊

330000－1799－0000212　XC－5708　史部/金石類/璽印之屬
毓慶宮藏漢銅印不分卷　马衡輯　民國十六年(1927)故宮博物院古物館鈐印本　二冊

330000－1799－0000214　XC－5710　子部/藝術類/篆刻之屬/印譜
楓園集古印譜二卷　(日本)太田孝太郎鑑藏　民國二十一年(1932)鈐拓本　二冊

330000－1799－0000216　XC－5709　子部/藝術類/篆刻之屬/印譜
楓園集古印譜不分卷　(日本)太田孝太郎鑑藏　民國十七年(1928)鈐印本　十冊

330000－1799－0000217　XC－5712　子部/藝術類/篆刻之屬/印譜
退庵印寄不分卷　(清)趙次閑篆　張咀英輯　民國二十九年(1940)孝水望雲草堂鈐印本　四冊

330000－1799－0000218　XC－5713　子部/藝術類/篆刻之屬/印譜
魯盦仿完白山人印譜不分卷　(清)鄧石如篆　張咀英摹刻　民國三十一年(1942)張咀英孝水望雲草堂鈐印本　張咀英題記　二冊

330000－1799－0000219　XC－5714　子部/藝術類/篆刻之屬/印譜
金罍印摭不分卷　(清)徐三庚篆刻　張咀英輯　民國二十九年(1940)張氏孝水望雲草堂鈐印本　四冊

330000－1799－0000224　XC－5719　子部/藝術類/篆刻之屬/印譜
鍴廬印稿一卷　馬衡輯　民國鈐印本　一冊

330000－1799－0000227　XC－5705　史部/金石類/璽印之屬
貞松堂唐宋以來官印集存不分卷　羅振玉輯　民國十二年(1923)鈐印本　一冊

330000－1799－0000247　XC－5742　子部/藝術類/篆刻之屬/印譜
娑羅花樹館藏印不分卷　周肇祥輯　民國三年(1914)鈐印本　周肇祥題記　四冊

330000－1799－0000250　XC－5745　子部/藝術類/篆刻之屬/印譜
橫雲山民印聚不分卷　(清)胡遠篆刻　張咀英輯　民國二十四年(1935)孝水張咀英望雲草堂鈐拓本　二冊

330000－1799－0000251　XC－5749　子部/藝術類/篆刻之屬/印譜
郘亭印存一卷　(清)莫友芝篆　吳載和輯　民國二十五年(1936)鈐印本　吳載和題記　一冊

330000－1799－0000252　XC－5750　子部/藝術類/篆刻之屬/印譜
郘亭印存一卷　(清)莫友芝篆　吳載和輯　民國二十五年(1936)鈐印本　一冊

330000－1799－0000255　XC－5751　子部/藝術類/篆刻之屬/印譜
吳趙印存不分卷　(清)吳熙載　(清)趙之謙篆刻　葛昌楹輯　民國二十年(1931)平湖葛氏傳樸堂鈐拓本　十冊

330000－1799－0000256　XC－5754　子部/藝術類/篆刻之屬/印譜
松窗遺印不分卷　(清)褚德彝篆　張咀英輯　民國三十二年(1943)孝水望雲草堂鈐拓本　二冊

330000－1799－0000267　XC－5762　史部/金石類/璽印之屬
意園古今官印勾八卷　侯汝承編輯　民國十四年(1925)刻鈐印本　八冊

330000－1799－0000268　XC－5763　子部/藝術類/篆刻之屬/印譜
碧葭精舍印存不分卷　(清)張修府輯　民國十六年(1927)鈐印本　八冊

330000－1799－0000270　XC－5764　子部/藝術類/篆刻之屬/印譜

列仙印翫不分卷　葉銘篆　民國鈐印本　四冊

330000－1799－0000275　XC－5769　子部/藝術類/篆刻之屬/印譜

增訂趙古泥印存不分卷　趙古泥篆　民國三十年(1941)蘭石軒鈐印本　四冊

330000－1799－0000277　XC－5772　子部/藝術類/篆刻之屬

畏齋藏鉥一卷　劉公魯藏　民國鈐印本　一冊

330000－1799－0000278　XC－5771　子部/藝術類/篆刻之屬/印譜

瑞安林氏印存不分卷　(清)趙之琛篆　林大同拓　民國瑞安林氏鈐拓本　一冊

330000－1799－0000279　XC－5773　子部/藝術類/篆刻之屬/印譜

琴齋印留不分卷　簡經綸篆並輯　民國二十七年(1938)西泠印社鈐印本　簡經綸題記　四冊

330000－1799－0000280　XC－5774　子部/藝術類/篆刻之屬/印譜

春草廬印存不分卷　謝磊明輯　民國鈐印本　方嚴題記　六冊

330000－1799－0000282　XC－5776　史部/金石類/璽印之屬

古印甄初集不分卷　周氏石言齋藏　民國二十一年(1932)鈐印本　易穭園題記　四冊

330000－1799－0000286　XC－5780　子部/藝術類/篆刻之屬/印譜

荔盦印選二卷　俞人萃輯　民國二十九年(1940)俞人萃鈐拓本　二冊

330000－1799－0000288　XC－5782　子部/藝術類/篆刻之屬/印譜

古印菁華不分卷　羅福成輯　民國七年(1918)鈐印本　二冊

330000－1799－0000289　XC－5783　史部/金石類/璽印之屬/雜著

秦漢小私印選不分卷　張咀英輯　民國三十三年(1944)孝水望雲草堂鈐印本　二冊

330000－1799－0000291　XC－5785　史部/金石類/璽印之屬

匪石居秦漢官私印存不分卷　秦遇賡輯　民國四年(1915)鈐印本　四冊

330000－1799－0000292　XC－5786　子部/藝術類/篆刻之屬/印譜

何雪漁印存不分卷　張咀英藏並編　民國三十三年(1944)孝水張咀英望雲草堂拓鈐印本　二冊

330000－1799－0000296　XC－5790　子部/藝術類/篆刻之屬/印譜

蒍華盦印存不分卷　(清)徐星州篆　民國七年(1918)鈐印本　四冊

330000－1799－0000299　XC－5793　子部/藝術類/篆刻之屬/印譜

吝飛館印留一卷　吴澤篆　民國三十七年(1948)鈐印本　一冊

330000－1799－0000303　XC－5797　子部/藝術類/篆刻之屬/印譜

黟山人黄牧甫印存不分卷　(清)黄士陵篆　民國二十六年(1937)鈐印本　二冊

330000－1799－0000305　XC－5801　子部/藝術類/篆刻之屬/印譜

志盧藏印不分卷　朱鴻達輯　民國十八年(1929)鈐印本　四冊

330000－1799－0000307　XC－5800　子部/藝術類/篆刻之屬/印譜

醉石山農印稾一卷　唐源鄴輯　民國三十七年(1948)鈐印本　王禔題簽　一冊

330000－1799－0000309　XC－5804　子部/藝術類/篆刻之屬/印譜

鍾喬申印存不分卷　鍾以敬篆　張咀英輯　民國二十二年(1933)鈐拓本　四冊

330000－1799－0000317　XC－5814　子部/藝術類/篆刻之屬/印譜

盍齋藏印不分卷　陳巨來篆　民國三十七年(1948)鈐印本　二册

330000－1799－0000328　XC－5829　子部/藝術類/篆刻之屬/印譜

善吾廬印譜一卷　金銓輯　民國八年(1919)鈐印本　一册

330000－1799－0000333　XC－5836　史部/金石類/璽印之屬

夢坡室金玉印痕九卷　周慶雲輯　民國十三年(1924)周氏夢坡室鈐拓本　九册

330000－1799－0000341　XC－5843　史部/金石類/璽印之屬

遯盦秦漢印選四卷　吴隱輯　民國十二年(1923)西泠印社鈐印本　二十四册

330000－1799－0000344　XC－5845　子部/藝術類/篆刻之屬/印譜

宋元明犀象璽印留真六卷　當湖葛氏藏　民國十四年(1925)當湖葛氏傳樸堂刻鈐印本　六册

330000－1799－0000350　XC－5851　子部/藝術類/篆刻之屬/印譜

餐霞閣印藁不分卷　吴載和篆並輯　民國十五年(1926)鈐印本　吴載和題記　一册

330000－1799－0000365　XC－5871　子部/藝術類/篆刻之屬/印譜

侶鴻軒印稾不分卷　吴芷舲藏　民國二十六年(1937)影印本　一册

330000－1799－0000366　XC－5876　子部/藝術類/篆刻之屬/印譜

西夏官印集存一卷　羅振玉輯　民國十六年(1927)上虞羅氏石印本　一册

330000－1799－0000368　XC－5879　子部/藝術類/篆刻之屬/印譜

松月居士集印不分卷　慶寬輯　民國十二年(1923)鈐印本　十六册

330000－1799－0000369　XC－5880　子部/藝術類/篆刻之屬/印譜

鏡齋印賸不分卷　徐文鏡篆刻　民國十六年(1927)徐文鏡大雅社鈐拓本　四册

330000－1799－0000370　XC－5887　子部/藝術類/篆刻之屬/印譜

潛泉印叢　吴隱輯　民國西泠印社鈐印本　四册　存一種

330000－1799－0000382　XC－5903　子部/藝術類/篆刻之屬/印譜

待時軒印艸一卷　羅福頤篆　民國十二年(1923)石印本　二册

330000－1799－0000388　XC－5909　子部/藝術類/篆刻之屬/印譜

望益齋印得不分卷　蔣石秀輯　民國二十八年(1939)鈐印本　二册

330000－1799－0000389　XC－5910　子部/藝術類/篆刻之屬/印譜

蘭石軒印草劫餘集一卷　龐裁篆　民國二十八年(1939)鈐印本　一册

330000－1799－0000392　XC－5915　子部/藝術類/篆刻之屬/印譜

佩果齋印存一卷　鍾碩年篆　民國十二年(1923)鈐印本　一册

330000－1799－0000393　XC－5916　子部/藝術類/篆刻之屬/印譜

遂園印稿不分卷　徐宗浩篆　民國二年(1913)鈐印本　四册

330000－1799－0000403　XC－5927　子部/藝術類/篆刻之屬/印譜

寒月齋主印存不分卷　張寒月(張政)篆　民國十九年(1930)鈐印本　二册

330000－1799－0000405　XC－5929　子部/藝術類/篆刻之屬/印譜

潛泉印叢　吴隱輯　民國西泠印社鈐印本　二册　存一種

330000－1799－0000406　XC－5930　史部/金石類/璽印之屬

周秦古鉢不分卷　民國八年(1919)鈐印本

二册

330000－1799－0000408　XC－5933　子部/藝術類/篆刻之屬/印譜

小飛鴻堂印譜不分卷　汪承啟輯　民國五年(1916)西泠印社鈐印本　六册

330000－1799－0000409　XC－5935　子部/藝術類/篆刻之屬/印譜

秦漢丁氏印緒不分卷　丁仁輯　民國五年(1916)西泠印社鈐印本　一册

330000－1799－0000414　XC－5940　子部/藝術類/篆刻之屬/印譜

古笏廬印譜一卷　錢世權篆刻　秦康祥輯　民國三十八年(1949)鈐印本　一册

330000－1799－0000420　XC－5948　子部/藝術類/篆刻之屬/印譜

潛泉印叢　吳隱輯　民國西泠印社鈐印本　四册　存一種

330000－1799－0000423　XC－5951　子部/藝術類/篆刻之屬/印譜

綠天盦印集一卷　董璠篆　民國鈐印本　一册

330000－1799－0000424　XC－5952　子部/藝術類/篆刻之屬/印譜

潛泉印叢　吳隱輯　民國西泠印社鈐印本　四册　存一種

330000－1799－0000425　XC－5953　子部/藝術類/篆刻之屬/印譜

千石樓印識一卷　簡經綸篆　民國二十七年(1938)鈐拓本　一册

330000－1799－0000427　XC－5955　子部/藝術類/篆刻之屬/印譜

潛泉印叢　吳隱輯　民國西泠印社鈐印本　四册　存一種

330000－1799－0000432　XC－5962　子部/藝術類/篆刻之屬/印譜

王禹襄先生印存二卷　王禹襄篆　民國榮寶齋鈐印本　二册

330000－1799－0000450　XC－5982　子部/藝術類/篆刻之屬/印譜

太上感應篇印譜四卷　葉鴻翰篆　民國十年(1921)永嘉葉鴻翰懷古齋刻鈐印本　四册

330000－1799－0000453　XC－5984　子部/藝術類/篆刻之屬/印譜

完白山人印譜不分卷　(清)鄧石如篆　吳隱輯　民國五年(1916)西泠印社鈐拓本　二册

330000－1799－0000454　XC－5985　子部/藝術類/篆刻之屬/印譜

鳳山樓印誌八卷　宋岐藏　民國五年(1916)鈐印本　八册

330000－1799－0000456　XC－5987　子部/藝術類/篆刻之屬/印譜

謝直齋印海不分卷　謝直齋輯　民國鈐印本　二册

330000－1799－0000458　XC－5989　子部/藝術類/篆刻之屬/印譜

趙撝叔印譜初集四卷二集四卷　(清)趙之謙篆　吳隱輯　民國六年(1917)西泠印社鈐印本　八册

330000－1799－0000459　XC－5991　子部/藝術類/篆刻之屬/印譜

古笏廬印譜一卷　錢世權篆刻　秦康祥輯　民國三十八年(1949)鈐印本　一册

330000－1799－0000460　XC－5992　子部/藝術類/篆刻之屬/印譜

魯盦藏印不分卷　張咀英輯　民國孝水望雲草堂鈐印本　一册

330000－1799－0000461　XC－5993　子部/藝術類/篆刻之屬/印譜

魯盦藏印不分卷　張咀英輯　民國張咀英孝水望雲草堂鈐印本　五册

330000－1799－0000512　XC－7255　子部/藝術類/篆刻之屬/印譜

巢章甫海天廔古印集不分卷　巢章甫篆　民國海天樓鈐印本　十册

330000－1799－0000513　XC－7256　子部/藝術類/篆刻之屬/印譜

磊齋鉨印選存不分卷　林熊光鑑藏　民國二十三年(1934)鈐印本　四册

330000－1799－0000514　XC－7257　子部/藝術類/篆刻之屬/印譜

壽鉨鑄夢廬藏印不分卷　壽璽輯　民國二十五年(1936)鈐拓本　四册

330000－1799－0000515　XC－7258　子部/藝術類/篆刻之屬/印譜

吴昌碩先生印蜕遺珍一卷　吴昌碩篆　民國二十八年(1939)鈐拓本　一册

330000－1799－0000516　XC－7259　子部/藝術類/篆刻之屬/印譜

讀雪齋印譜不分卷　(清)孫汝梅藏　孫壯輯　民國十三年(1924)上海商務印書館涵芬樓影印本　二册

330000－1799－0000552　XC－7418　子部/藝術類/篆刻之屬/印譜

待時軒印艸一卷　羅福頤篆　民國十二年(1923)石印本　羅隨祖跋　一册

330000－1799－0000553　XC－7416　子部/藝術類/篆刻之屬/印譜

吴讓之印存不分卷　(清)吴熙載篆　西泠印社輯　民國西泠印社鈐拓本　十册

330000－1799－0000554　XC－7415　子部/藝術類/篆刻之屬/印譜

盍齋藏印不分卷　楊朋之輯　民國三十三年(1944)鈐拓本　二册

330000－1799－0000557　XC－7726　子部/藝術類/篆刻之屬/印譜

二金蜨堂印譜不分卷　(清)趙之謙篆　民國西泠印社鈐拓本　八册

330000－1799－0000559　XC－7749　子部/藝術類/篆刻之屬/印譜

傳樸堂藏印菁華不分卷　童大年篆　民國十四年(1925)鈐拓本　四册

330000－1799－0000560　XC－7750　史部/金石類/璽印之屬

樂只室古璽印存不分卷　高時敷輯　民國三十三年(1944)鈐印本　一册

330000－1799－0000561　XC－7748　子部/藝術類/篆刻之屬/印譜

缶廬印集不分卷　吴昌碩篆刻　民國三年(1914)西泠印社鈐拓本　十六册

330000－1799－0000562　XC－7751　子部/藝術類/篆刻之屬/印譜

印譜一卷　民國鈐印剪貼本　一册

330000－1799－0000563　XC－7753　子部/藝術類/篆刻之屬/印譜

賓鴻堂藏印十二卷　朱鴻達輯　民國二十三年(1934)鈐拓本　六册

330000－1799－0000566　XC－7756　子部/藝術類/篆刻之屬/印譜

宋元明犀象璽印留真六卷　當湖葛氏藏　民國十四年(1925)當湖葛氏傳樸堂刻鈐印本　一册　存一卷(□)

330000－1799－0000567　XC－7757　子部/藝術類/篆刻之屬/印譜

佳爽樓藏印不分卷　陸廷掄等篆　民國鈐拓本　二册

330000－1799－0000568　XC－7794　子部/藝術類/篆刻之屬/印譜

古鉨集林不分卷　黄濬輯　民國十七年(1928)石印本　六册

330000－1799－0000569　XC－7795　子部/藝術類/篆刻之屬/印譜

嵩雲居藏印不分卷　徐夢華輯　民國鈐拓本　四册

330000－1799－0000570　XC－7840　子部/藝術類/篆刻之屬/印譜

謝磊明印痕一卷　謝磊明篆　民國三十年(1941)鈐拓本　一册

330000－1799－0000572　XC－7844　子部/

藝術類/篆刻之屬/印譜

清朱子治家格言印譜一卷 （法國）龍樂恆藏 民國鈐印本 一冊

330000－1799－0000574 XC－8090 子部/藝術類/篆刻之屬/印譜

削觚廬印存一卷 吳昌碩篆 民國鈐拓本 一冊

330000－1799－0000575 XC－8091 子部/藝術類/篆刻之屬/印譜

吟蓮館印存不分卷 （清）李嘉福輯 （清）吳待秋藏印 民國十六年（1927）鈐拓本 八冊

330000－1799－0000576 XC－5531 子部/藝術類/篆刻之屬/印譜

匋齋藏印初集不分卷二集不分卷三集不分卷四集不分卷 （清）端方藏 民國有正書局影印本 四冊

330000－1799－0000577 XC－5822 子部/藝術類/篆刻之屬/印譜

鄧石如印存二卷 （清）鄧石如篆 民國上海有正書局石印本 二冊

330000－1799－0000578 XC－5823 子部/藝術類/篆刻之屬/印譜

冰鐵戡印印五卷 王大炘篆 民國十五年（1926）印刷本 五冊

330000－1799－0000579 XC－5825 子部/藝術類/篆刻之屬/印譜

古鉨集林不分卷 黃濬輯 民國十七年（1928）石印本 六冊

330000－1799－0000580 XC－5706 史部/金石類/璽印之屬

隋唐以来官印集存一卷附錄一卷 羅振玉撰集 民國五年（1916）影印本 一冊

330000－1799－0000581 XC－5826 史部/金石類/璽印之屬

尊古齋古鉨集林第一集六卷第二集六卷 黃濬輯 民國十七年至二十六年（1928－1937）北平尊古齋石印本 十二冊

330000－1799－0000582 XC－5848 子部/藝術類/篆刻之屬/印譜

續百家姓印譜一卷 （清）吳大澂輯 民國五年（1916）影印本 一冊

330000－1799－0000583 XC－5865 子部/藝術類/篆刻之屬/印譜

鉢印集林不分卷 林廷勳輯 民國二十七年（1938）長沙商務印書館石印本 吳昌碩跋 四冊

330000－1799－0000585 XC－5870 子部/藝術類/篆刻之屬/印譜

小鉢彙存不分卷 吳樸篆刻 方約編拓 民國三十四年（1945）宣和印社鈐印本 四冊

330000－1799－0000589 XC－5881 子部/藝術類/篆刻之屬/印譜

吳倉石印譜不分卷 吳昌碩篆 民國有正書局鈐拓本 四冊

330000－1799－0000590 XC－5882 子部/藝術類/篆刻之屬/印譜

楊龍石印存不分卷 （清）楊澥篆 民國有正書局鈐拓本 二冊

330000－1799－0000591 XC－5883 子部/藝術類/篆刻之屬/印譜

趙撝叔手刻印存不分卷 （清）趙之謙篆 民國有正書局鈐拓本 二冊

330000－1799－0000592 XC－5885 史部/金石類/璽印之屬

歷代古印大觀二集不分卷 汪厚昌輯 民國六年（1917）鈐印本 八冊

330000－1799－0000593 XC－5886 子部/藝術類/篆刻之屬/印譜

鄧石如印存不分卷 （清）鄧石如篆 民國有正書局石印本 二冊

330000－1799－0000594 XC－5888 子部/藝術類/篆刻之屬/印譜

近代名賢印選不分卷 秦伯未 錢季寅輯 民國十四年（1925）石印本 四冊

330000－1799－0000595　XC－5898　子部/藝術類/篆刻之屬/印譜

程荔江印譜不分卷　程從龍輯　民國十三年(1924)上海商務印書館涵芬樓影印本　二册

330000－1799－0000596　XC－5901　子部/藝術類/篆刻之屬/印譜

讀雪齋印譜不分卷　(清)孫汝梅藏　孫壯輯　民國十三年(1924)上海商務印書館涵芬樓影印本　二册

330000－1799－0000600　XC－5902　子部/藝術類/篆刻之屬/印譜

二樹紫藤花館印選不分卷　(清)周彦篆　民國四年(1915)印刷本　四册

330000－1799－0000601　XC－5908　子部/藝術類/篆刻之屬/印譜

秦漢規模不分卷　(清)傅文卿輯　民國影印本　二册

330000－1799－0000602　XC－5912　子部/藝術類/篆刻之屬/印譜

錢君匋印存不分卷　陳宗秀手拓　民國三十三年(1944)印刷本　二册

330000－1799－0000603　XC－5914　子部/藝術類/篆刻之屬/印譜

太上感應篇印譜一卷　蘇潤寬篆　民國十二年(1923)滬上朱墨套色石印本　一册

330000－1799－0000604　XC－5917　子部/藝術類/篆刻之屬/印譜

染倉室印存不分卷　陳衡恪篆　王伯沆藏　民國二十五年(1936)南京襄社影印本　四册

330000－1799－0000605　XC－5931　子部/藝術類/篆刻之屬/印譜

拊焦桐館印存不分卷　蔡真篆刻　民國十八年(1929)上海慎修書社石印本　二册

330000－1799－0000606　XC－5934　子部/藝術類/篆刻之屬/印譜

匋齋藏印初集不分卷二集不分卷三集不分卷四集不分卷　(清)端方藏　民國影印本　十六册

330000－1799－0000607　XC－5941　史部/金石類/璽印之屬/文字

清代玉璽譜一卷　民國十九年(1930)上海會文堂新記書局影印本　一册

330000－1799－0000608　XC－5947　子部/藝術類/篆刻之屬/印譜

丁黄印存合册不分卷　(清)丁敬　(清)黄易篆　民國印刷本　四册

330000－1799－0000609　XC－5958　子部/藝術類/篆刻之屬/印譜

甄古齋印譜一卷　王石經篆刻　民國十三年(1924)上海商務印書館影印本　一册

330000－1799－0000610　XC－5960　子部/藝術類/篆刻之屬/印譜

陳師曾先生印譜不分卷　陳衡恪篆　民國二十三年(1934)影印本　二册

330000－1799－0000611　XC－5971　子部/藝術類/篆刻之屬/印譜

鄰古閣印存一卷　戴景遷篆　戴譽輯　民國二十七年(1938)影印本　一册

330000－1799－0000612　XC－6075　子部/藝術類/書畫之屬/總論

歷代書畫舫十二卷　(明)張丑撰　民國十五年(1926)上海錦文堂石印本　八册

330000－1799－0000613　XC－6076　類叢部/叢書類/彙編之屬

四部叢刊　張元濟等編　民國上海商務印書館影印本　一册　存一種

330000－1799－0000614　XC－6077　史部/傳記類/總傳之屬/技藝

墨林今話十八卷　(清)蔣寶齡撰　**續編一卷**　(清)蔣茝生撰　民國十四年(1925)上海中華書局鉛印本　六册

330000－1799－0000615　XC－6078　史部/傳記類/總傳之屬

玉臺畫史五卷　(清)湯漱玉輯　**玉臺書史一卷**　(清)厲鶚撰　民國八年(1919)上海掃葉山房石印本　四册

330000－1799－0000616　XC－6079　史部/目録類/通論之屬/掌故瑣記

書林清話十卷　葉德輝撰　民國八年(1919)葉啟崟刻本　五册

330000－1799－0000617　XC－6082－1　子部/藝術類/書畫之屬/畫法畫品

畫法要錄十七卷首一卷　余紹宋撰　民國十九年(1930)上海中華書局鉛印本　四册

330000－1799－0000618　XC－6082－2　子部/藝術類/書畫之屬/畫法畫品

畫法要錄二編十卷首一卷末一卷初編補遺一卷　余紹宋撰　民國二十二年(1933)上海中華書局鉛印本　四册

330000－1799－0000619　XC－6087　史部/傳記類/總傳之屬/文苑

中國畫家人名辭典不分卷　孫濌公撰　民國三十三年(1944)鉛印本　一册

330000－1799－0000621　XC－6091　子部/藝術類/書畫之屬/畫譜

梅花喜神譜二卷　(宋)宋伯仁編　梅王閣藏　民國影印本　二册

330000－1799－0000622　XC－6092　集部/總集類/彙編之屬

碧城仙館女弟子詩十種　吳隱輯　民國四年(1915)杭州西泠印社吳隱木活字印本　二册

330000－1799－0000626　XC－6103　子部/藝術類/書畫之屬

全韻畫梅詩一卷　丁仁撰　民國十八年(1929)鉛印本　一册

330000－1799－0000627　XC－6104　子部/藝術類/書畫之屬/總論

中國文人畫之研究不分卷　(日本)大邨西崖述　陳衡恪譯　民國三十年(1941)中華書局鉛印本　一册

330000－1799－0000630　XC－6107　子部/工藝類/日用器物之屬/雕刻

竹人錄二卷　(清)金元鈺撰　民國二十七年(1938)鄞縣秦彦沖睿識閣鉛印本　一册

330000－1799－0000631　XC－6108　子部/工藝類/日用器物之屬/雕刻

竹人續錄一卷　褚德彝輯　民國十九年(1930)刻本　一册

330000－1799－0000633　XC－6110　子部/工藝類/日用器物之屬/陶瓷

飲流齋說瓷十卷　許之衡撰　民國十三年(1924)上海朝記書莊鉛印本　四册

330000－1799－0000634　XC－6111　子部/藝術類/書畫之屬/書法書品

藝舟雙楫六卷　(清)包世臣撰　民國十三年(1924)上海古今圖書店鉛印本　一册

330000－1799－0000640　XC－6117　史部/傳記類/總傳之屬/技藝

東皋印人傳二卷　(清)黃學圯輯　民國西泠印社鉛印本　一册

330000－1799－0000644　XC－6121　集部/詞類/別集之屬

東海漁歌四卷補遺一卷　(清)顧春撰　民國三年(1914)西泠印社木活字印本　二册

330000－1799－0000647　XC－6126　史部/目録類/總録之屬

西泠印社書目四卷(第二十期)　西泠印社編　民國十二年(1923)上海西泠印社鉛印本　一册

330000－1799－0000648　XC－6125　集部/總集類/題詠之屬

詠西泠印社同人詩不分卷　西泠印社輯　民國元年(1912)鉛印本　一册

330000－1799－0000651　XC－6131　子部/藝術類/篆刻之屬/印譜

丁丑劫餘印存小傳二十卷　丁仁等輯　民國二十八年(1939)鉛印本　一册

330000－1799－0000653　XC－6133　類叢部/叢書類/彙編之屬

遯盦叢編甲集四種乙集七種　吳隱編　民國二年至五年(1913－1916)西泠印社木活字印本　三册　存一種

330000－1799－0000654　XC－6134　子部/藝術類/篆刻之屬

遯盦印學叢書十七種　吳隱輯　民國十年(1921)山陰吳氏西泠印社木活字印本　二冊　存一種

330000－1799－0000655　XC－6135　集部/總集類/題詠之屬

東洲艸堂金石詩不分卷　(清)何紹基輯　民國西泠印社鉛印本　二冊

330000－1799－0000657　XC－6137　子部/藝術類/書畫之屬/書法書品

法帖釋文及其他二種不分卷　王雲五編　民國二十五年(1936)影印本　一冊

330000－1799－0000658　XC－6138　子部/藝術類/篆刻之屬

古墨齋金石跋六卷　趙紹祖輯　民國二十五年(1936)鉛印本　一冊

330000－1799－0000659　XC－6139　史部/金石類/石之屬

夢碧簃石言六卷　顧燮光撰　民國十四年(1925)上海科學儀器館鉛印本　三冊

330000－1799－0000661　XC－6143　類叢部/叢書類/彙編之屬

適園叢書七十四種　張鈞衡編　民國二年至六年(1913－1917)烏程張氏刻本(唐大詔令集卷十四至二十四、八十七至九十八原缺)　四冊　存一種

330000－1799－0000662　XC－6144　經部/小學類/文字之屬/說文

說文解字彙纂條例一卷最目一卷引用書目一卷　(清)孫禮煜撰　民國十七年(1928)長興印書局鉛印本　一冊

330000－1799－0000663　XC－6141　史部/金石類/總志之屬/目録

古誌彙目六卷　顧燮光輯　民國二十三年(1934)印刷本　二冊

330000－1799－0000664　XC－6142　史部/金石類

非儒非俠齋金石叢著十種　顧燮光撰　民國會稽顧氏金佳石好樓石印本暨鉛印本　二冊　存一種

330000－1799－0000665　XC－6146　經部/小學類/文字之屬/字書

說文易檢十四卷附識一卷末二卷　(清)史恩綿編　民國六年(1917)上海商務印書館影印本　十冊

330000－1799－0000666　XC－6147　經部/小學類/文字之屬/說文

說文解字十五卷標目一卷　(漢)許慎撰　(宋)徐鉉等校定　民國十年(1921)上海廣華書局石印本　四冊

330000－1799－0000670　XC－6150　史部/目録類/專録之屬

說文目錄一卷存目一卷附說文解字詁林序及纂例一卷　丁福保編　民國十三年(1924)無錫丁氏鉛印本　一冊

330000－1799－0000671　XC－6151　子部/藝術類/書畫之屬/法帖

吳清卿書說文解字建首一卷　(清)吳大澂書　民國十年(1921)上海商務印書館石印本　一冊

330000－1799－0000673　XC－6153　經部/小學類/文字之屬/說文/專著

說文古文疏證一卷　舒連景撰　民國二十六年(1937)上海商務印書館石印本　一冊

330000－1799－0000674　XC－6154　史部/金石類/石之屬/文字

石鼓釋文十卷　強運開撰　民國二十四年(1935)上海商務印書館石印本　二冊

330000－1799－0000675　XC－6155　子部/藝術類/書畫之屬/法帖

王福盦書說文部目一卷　王禔書　民國二十二年(1933)上海西泠印社石印本　一冊

330000－1799－0000676　XC－6156　子部/藝術類/篆刻之屬/印譜

印字類纂十二卷　孟昭鴻纂摹　民國二十二

年(1933)上海西泠印社石印本　四冊

330000－1799－0000677　XC－6157　經部/小學類/文字之屬/字書/古文

六朝別字記一卷　(清)趙之謙撰　民國十五年(1926)上海商務印書館影印本　一冊

330000－1799－0000678　XC－6159　經部/小學類/文字之屬/說文/專著

許氏說文解字部首不分卷　童斐撰　民國十八年(1929)鉛印本　一冊

330000－1799－0000680　XC－6160　子部/藝術類/篆刻之屬/印論

篆刻鍼度八卷　(清)陳克恕撰　民國三年(1914)石印本　二冊

330000－1799－0000681　XC－6161　史部/金石類/璽印之屬/文字

漢印分韻三集二卷　孟昭鴻纂摹　民國二十二年(1933)上海西泠印社石印本　二冊

330000－1799－0000682　XC－6162　經部/小學類/文字之屬/字書/字體

隸辨八卷　(清)顧藹吉撰　民國十二年(1923)掃葉山房石印本　八冊

330000－1799－0000683　XC－6163　子部/藝術類/書畫之屬/法帖

安刻草正書譜合刊不分卷　周鍾麟輯　民國二十一年(1932)上海求古齋書帖局影印本　四冊

330000－1799－0000686　XC－6166　史部/金石類/石之屬/通考

漢劉熊碑攷二卷　顧燮光編輯　民國二十三年(1934)石印本　一冊

330000－1799－0000687　XC－6167　史部/金石類/甲骨之屬/通考

甲骨年表一卷　董作賓　胡厚宣編　民國二十六年(1937)上海商務印書館鉛印本　一冊

330000－1799－0000689　XC－6169　史部/金石類

遯盦金石叢書十五種　吴隱輯　民國三年至十年(1914－1921)山陰吴氏西泠印社木活字印本　六冊　存一種

330000－1799－0000691　XC－6172　子部/藝術類/篆刻之屬

集古虎符魚符攷一卷　瞿中溶編輯　民國十年(1921)百一廬影印本　一冊

330000－1799－0000693　XC－6173　子部/藝術類/篆刻之屬

古石抱守錄不分卷　廣倉學宭編　民國石印本　二冊

330000－1799－0000694　XC－6175　史部/金石類

藝術叢編十七種　姬佛陀编　民國五年至九年(1916－1920)上海倉聖明智大學影印本　一冊　存一種

330000－1799－0000695　XC－6176　史部/金石類

藝術叢編十七種　姬佛陀编　民國五年至九年(1916－1920)上海倉聖明智大學影印本　一冊　存二種

330000－1799－0000696　XC－6177　史部/金石類/金之屬

攈古錄金文三卷　(清)吴式芬撰　民國三年(1914)西泠印社刻本　九冊

330000－1799－0000701　XC－6182　史部/傳記類/總傳之屬

金石學錄續補二卷附錄一卷拾遺一卷　褚德彝撰　民國八年(1919)餘杭褚氏石畫樓鉛印本　一冊

330000－1799－0000704　XC－6205　集部/别集類/清别集

種榆仙館詩鈔二卷　(清)陳鴻壽撰　民國四年(1915)西泠印社吴氏木活字印本　四冊

330000－1799－0000705　XC－6206　史部/金石類

石廬金石叢刊　林鈞輯　民國十八年(1929)福州西泠石廬鉛印本　一冊　存一種

330000－1799－0000707　XC－6208　子部/藝術類/書畫之屬/畫法畫品

畫法要錄二編十卷首一卷末一卷初編補遺一卷　余紹宋撰　民國二十五年(1936)上海中華書局鉛印本　四冊

330000－1799－0000708　XC－6209　子部/藝術類/書畫之屬/畫法畫品

畫法要錄十七卷首一卷　余紹宋撰　民國二十年(1931)上海中華書局鉛印本　一冊　存七卷(十一至十七)

330000－1799－0000709　XC－6210　類叢部/叢書類/彙編之屬

四部叢刊　張元濟等編　民國上海商務印書館影印本　二冊　存一種

330000－1799－0000710　XC－6211　子部/藝術類/篆刻之屬/印譜

吴昌碩印略一卷　吴昌碩篆　民國鈐印本　三冊

330000－1799－0000711　XC－6212　子部/藝術類/書畫之屬/法帖

草字彙十二卷附補　(清)石梁輯　民國文滙書局石印本　六冊

330000－1799－0000714　XC－6213　子部/藝術類/書畫之屬/法帖

悲盦銘志集存一卷　(清)趙之謙書　吴熊輯　民國十三年(1924)影印本　二冊

330000－1799－0000715　XC－6217　子部/藝術類/書畫之屬

全韻畫梅詩一卷　丁仁撰　民國十八年(1929)鉛印本　一冊

330000－1799－0000716　XC－6218　子部/工藝類/日用器物之屬/雕刻

竹人錄二卷　(清)金元鈺撰　民國二十七年(1938)鄞縣秦彦沖睿識閣鉛印本　二冊

330000－1799－0000717　XC－6219　經部/小學類/音韻之屬/韻書

中華新韻一卷　教育部國語推行委員會編　民國三十年(1941)刻朱印本　一冊

330000－1799－0000718　XC－6220　子部/藝術類/篆刻之屬/印論

篆刻要言一卷　張孝申撰　民國十八年(1929)上海中華書局石印本　一冊

330000－1799－0000720　XC－6221　子部/藝術類/書畫之屬

故宮書畫集四十五集　北平故宮博物院古物館編　民國故宮博物院影印本　四冊　存四集(六、二十四、三十一至三十二)

330000－1799－0000726　XC－6225　經部/小學類/文字之屬/說文

說文解字彙纂條例一卷最目一卷引用書目一卷　(清)孫禮煜撰　民國十七年(1928)長興印書局鉛印本　三冊

330000－1799－0000728　XC－6230　史部/政書類/公牘檔冊之屬

西泠印社三十週紀念刊一卷　葉爲銘編　民國二十二年(1933)影印本　一冊

330000－1799－0000730　XC－6235　史部/金石類/金之屬/文字

貞松堂集古遺文十六卷續編三卷補遺三卷　羅振玉輯　民國二十年(1931)、二十三年(1934)石印本　十四冊

330000－1799－0000731　XC－6237　集部/總集類/選集之屬/通代

古文觀止十二卷　(清)吴乘權　(清)吴大職輯　民國上海商務印書館鉛印本　六冊

330000－1799－0000732　XC－6239　經部/小學類/文字之屬/字書/字典

麋研齋作篆通叚稾本不分卷　王禔撰　民國五年(1916)稿本　二冊

330000－1799－0000737　XC－6243　子部/藝術類/書畫之屬/法帖

王福盦篆阮嗣宗詠懷詩一卷　王禔書　民國十九年(1930)上海西泠印社石印本　一冊

330000－1799－0000738　XC－6245　子部/藝術類/書畫之屬/法帖

王福盦臨石鼓文集成一卷　王禔書　民國五

年(1916)稿本　一冊

330000－1799－0000740　XC－6246　子部/藝術類/書畫之屬/法帖

王福盦書石鼓文手跡一卷　王禔書　稿本　一冊

330000－1799－0000741　XC－6247　子部/藝術類/書畫之屬/法帖

王福盦書陰符經一卷說文解字部首一卷　王禔書　民國五年(1916)稿本　二冊

330000－1799－0000742　XC－6248　子部/藝術類/書畫之屬/法帖

王福盦臨帖手跡十卷　王禔書　稿本　十冊

330000－1799－0000743　XC－6249　子部/藝術類/書畫之屬/法帖

王福盦書說文部目一卷　王禔書　民國十六年(1927)稿本　一冊

330000－1799－0000745　XC－6251　子部/藝術類/書畫之屬/法帖

王福盦書淵明四言詩七章手跡不分卷　王禔書　民國二十四年(1935)稿本　六冊

330000－1799－0000746　XC－6252　子部/藝術類/書畫之屬/法帖

王福盦書九歌等手跡不分卷　王禔書　民國八年至九年(1919－1920)稿本　四冊

330000－1799－0000747　XC－6253　子部/藝術類/書畫之屬/法帖

王福盦書篆書詩篇手跡不分卷　王禔書　民國十八年至二十四年(1929－1935)稿本　八冊

330000－1799－0000758　XC－8703　子部/藝術類/書畫之屬/法帖

蘇東坡書武昌西山詩一卷　(宋)蘇軾書　民國四年(1915)商務印書館影印本　一冊

330000－1799－0000759　XC－8704　子部/藝術類/書畫之屬/法帖

右軍草法至寶一卷　(晉)王羲之書　民國石印本　一冊

330000－1799－0000768　XC－5467　史部/金石類/璽印之屬

古銅鉢印押一卷　童大年輯　民國鈐印本　一冊

330000－1799－0000769　XC－5468　史部/金石類/璽印之屬

周秦銅鉢一卷　童大年輯　民國鈐印本　一冊

330000－1799－0000770　XC－5469　史部/金石類/璽印之屬

漢銅印譜一卷　童大年輯　民國鈐印本　一冊

330000－1799－0000771　XC－5470　子部/藝術類/篆刻之屬/印譜

漢魏唐宋元印譜一卷　童大年輯　民國鈐印本　一冊

330000－1799－0000772　XC－5471　史部/金石類/璽印之屬

周秦漢魏唐宋元印譜一卷　童大年輯　民國鈐印本　一冊

330000－1799－0000773　XC－5472　史部/金石類/璽印之屬

周秦金玉鉢文橅本一卷　童大年輯　民國鈐印本　一冊

330000－1799－0000774　XC－5473　史部/金石類/璽印之屬

漢銅官私印摹本一卷　童大年輯　民國鈐印本　一冊

330000－1799－0000775　XC－5474　史部/金石類/璽印之屬

瓦當印譜一卷　童大年輯　民國鈐印本　一冊

330000－1799－0000776　XC－5475　子部/藝術類/篆刻之屬/印譜

無雙印譜一卷　童大年篆刻　民國鈐印本　一冊

杭州師範大學圖書館民國時期傳統裝幀書籍普查登記目録

浙江省民國時期傳統裝幀書籍普查登記目録 · 杭州

國家圖書館出版社
National Library of China Publishing House

《杭州師範大學圖書館民國時期傳統裝幀書籍普查登記目録》

編委會

主　編： 何立芳

副主編： 范玉紅

編　委： 范玉紅　張　穎　劉　敏

《杭州師範大學圖書館民國時期傳統裝幀書籍普查登記目録》

前　言

杭州師範大學辦學歷史悠久,前身可追溯到創建於1908年的浙江官立兩級師範學堂,1913年更名爲浙江省立第一師範學校,1978年經國務院批准建立杭州師範學院。2000年以來,杭州教育學院、杭州醫學高等專科學校等相繼并入,組建了新的杭州師範學院,2007年更名爲杭州師範大學。在這悠久的辦學歷程中,杭州師範大學圖書館注重古籍和民國綫裝書的搜集與保護工作。我館館藏古籍和民國綫裝書的來源大致可以分爲三種情況:一是自主購買;二是校區資源整合;三是私人捐贈。校區合并後,校圖書館對館藏古籍和民國綫裝書按經史子集叢的傳統方法進行了統一編目,但這樣的編目帶來了新的問題:由於這批古籍和民國綫裝書與後來的影印綫裝書混放在一起,從而造成了古籍和民國綫裝書編目不清、古籍和民國綫裝書數量不明的情況。

爲配合全國古籍普查工作,我館於2014年4月制訂了古籍普查計劃并全面實施古籍普查工作。在浙江省古籍保護中心的關心支持和普查工作人員的共同努力下,歷時兩年半,於2016年10月圓滿完成本館所藏古籍的普查任務,摸清了館藏古籍和民國綫裝書的基本情況。

杭州師範大學館藏民國綫裝書共610種10132册,館藏民國綫裝書雖數量不多,但種類較全,經史子集叢各類都有收藏。在普查中發現了一些具有特色的圖書,比如民國四明張氏約園刻《四明叢書·鼠璞》爲藍印本,另還發現一些圖書在浙江省内属我館獨有的藏品,比如民國十八年(1929)刻本《寫憂賸稿》、民國三十一年(1942)鉛印本《自蘇室燼餘藁》等。

通過此次普查,理清了館藏和民國綫裝書古籍的種類,確定了館藏古籍和民國綫裝書的數量。此外,爲有效保護這批古籍和民國綫裝書,學校在倉前校區新圖書館的建設中,首次依國家標準建設了專門的古籍書庫,從而改善了古籍的保存條件。

此次古籍普查工作的完成和登記目録的出版,首先要感謝浙江省古籍保護中心的悉心指導和杭州師範大學圖書館領導的關心和支持,同時要感謝范玉紅、張穎、劉敏三位普查編目人員付出的辛勤勞動。

古籍普查登記工作是難度大、專業性强、要求高的工作，限於我們的學識水平，本登記目録中疏漏之處在所難免，敬請方家批評指正，以便進一步完善。

杭州師範大學圖書館
2017 年 11 月 14 日

330000－1750－0000001　普 0001　集部/別集類/明別集

方正學先生遜志齋全集二十四卷首一卷　(明)方孝孺撰　(明)張紹謙纂　民國二年(1913)上海共和圖書館石印本　十二冊

330000－1750－0000002　普 0002　集部/別集類

自蘇室燼餘藁四卷附錄三卷　李自蘇撰　民國三十一年(1942)鉛印本　一冊

330000－1750－0000003　普 0003　史部/地理類/遊記之屬/紀行

吴郡西山訪古記五卷附鎮揚遊記一卷　李根源撰　民國十五年(1926)上海泰東圖書局鉛印本　一冊

330000－1750－0000004　普 0004　集部/別集類/宋別集

象山先生全集三十六卷　(宋)陸九淵撰　**附錄少湖徐先生學則辯一卷**　(明)徐階撰　民國十五年(1926)中原書局石印本　八冊

330000－1750－0000005　普 0005　集部/總集類/氏族之屬

陟岡集四卷附錄一卷　金兆梓輯　民國三十八年(1949)中華書局鉛印本　三冊

330000－1750－0000006　普 0006　子部/藝術類/書畫之屬/畫譜

費曉樓臨耕烟十萬圖不分卷　(清)費丹旭繪　民國十一年(1922)上海有正書局影印本　一冊

330000－1750－0000008　普 0008　集部/別集類/唐五代別集

李翰林集十卷　(唐)李白撰　民國六年(1917)上海掃葉山房石印本　二冊

330000－1750－0000010　普 0010　類叢部/叢書類/彙編之屬

復性書院叢刊二十七種　馬浮編　民國二十九年至三十七年(1940－1948)復性書院刻本暨鉛印本　一冊　存一種

330000－1750－0000011　普 0011　史部/金石類

非儒非俠齋金石叢著十種　顧燮光撰　民國會稽顧氏金佳石好樓石印本暨鉛印本　一冊　存一種

330000－1750－0000013　普 0013　子部/法家類

鄧析子一卷　(春秋)鄧析撰　**尹文子一卷**　(戰國)尹文撰　民國影印本　一冊

330000－1750－0000014　普 0014　經部/群經總義類/文字音義之屬

經學歷史一卷　(清)皮錫瑞撰　民國二十二年(1933)上海商務印書館影印本　一冊

330000－1750－0000016　普 0016　集部/總集類/選集之屬/通代

名家圈點箋註批評古文辭類纂七十四卷　(清)姚鼐纂　徐斯異等編輯　民國十六年(1927)上海廣益書局石印本　十六冊

330000－1750－0000017　普 0017　史部/金石類/甲骨之屬

雙劍誃殷契駢枝續編一卷　于省吾撰　民國三十年(1941)石印本　一冊

330000－1750－0000018　普 0018　集部/別集類

樊山集七言艷詩鈔十卷　樊增祥撰　民國六年(1917)上海廣益書局鉛印本　四冊

330000－1750－0000019　普 0019　經部/小學類/文字之屬/字書

中國文字的構造法一卷　馬敘倫撰　民國十七年(1928)鉛印本　一冊

330000－1750－0000020　普 0020　史部/傳記類/總傳之屬/釋道

景德傳燈錄三十卷西來年表一卷附錄一卷　(宋)釋道原輯　民國三十三年(1944)普慧大藏經刊行會鉛印本　三冊

330000－1750－0000021　普 0021　史部/地理類/方志之屬/郡縣志

山陰縣志校記一卷　(清)李慈銘撰　民國十九年(1930)鉛印本　一冊

330000－1750－0000022　普 0022　類叢部/叢書類/自著之屬

海日樓遺書九種　沈曾植撰　民國姚家埭沈氏刻本　二册　存一種

330000－1750－0000023　普 0023　史部/地理類/方志之屬/郡縣志

[嘉慶]義烏縣志二十二卷首一卷　(清)諸自穀修　(清)程瑜　(清)李錫齡纂　(清)毛光焞繪圖　民國十八年(1929)灌聽圖書館石印本　十二册

330000－1750－0000025　普 0025　類叢部/叢書類/彙編之屬

宋人小説二十八種　涵芬樓編　民國上海商務印書館鉛印本　一册　存一種

330000－1750－0000027　普 0027　集部/別集類

山色夕陽樓吟草一卷　鄭霽光撰　民國十六年(1927)刻本　一册

330000－1750－0000028　普 0028　史部/地理類/方志之屬/郡縣志

乾隆紹興府志校記不分卷　(清)李慈銘撰　民國十八年(1929)鉛印本　一册

330000－1750－0000029　普 0029　類叢部/叢書類/彙編之屬

復性書院叢刊二十七種　馬浮編　民國二十九年至三十七年(1940－1948)復性書院刻本暨鉛印本　一册　存一種

330000－1750－0000030　普 0030　集部/別集類

畏廬文集一卷　林紓撰　民國元年(1912)上海商務印書館鉛印本　一册

330000－1750－0000032　普 0032　集部/別集類

畏廬續集一卷　林紓撰　民國二十三年(1934)上海商務印書館鉛印本　一册

330000－1750－0000033　普 0033　史部/雜史類/斷代之屬

明季史料零拾一卷　羅福頤輯　民國二十三年(1934)庫籍整理處石印本　一册

330000－1750－0000034　普 0034　集部/別集類

畏廬詩存二卷　林紓撰　民國二十三年(1934)上海商務印書館鉛印本　一册

330000－1750－0000035　普 0035　集部/別集類

畏廬論文一卷　林紓撰　民國二十三年(1934)上海商務印書館鉛印本　一册

330000－1750－0000036　普 0036　集部/別集類

畏廬三集一卷　林紓撰　民國十三年(1924)上海商務印書館鉛印本　一册

330000－1750－0000042　普 0042　集部/別集類

散原精舍詩二卷　陳三立撰　民國五年(1916)文藝雜志社石印本　二册

330000－1750－0000046　普 0046　史部/雜史類/斷代之屬

南疆逸史十卷紀略四卷　(清)溫睿臨撰　**南疆逸史跋一卷**　(清)楊鳳苞撰　民國四年(1915)上海國光書局鉛印本　六册

330000－1750－0000048　普 0048　子部/醫家類/類編之屬

喻氏醫書三種十六卷　(明)喻昌著　民國元年(1912)上海掃葉山房石印本　四册　缺四卷(醫門法律一至二、五至六)

330000－1750－0000049　普 0049　史部/傳記類/總傳之屬

闡義二十二卷　(清)吳肅公輯　民國二十年(1931)南陵徐氏影印本　四册

330000－1750－0000050　普 0050　集部/別集類

心太平室集十卷補遺一卷　張一麐撰　**心太平室集附錄一卷**　蔣中正等撰　**生餘留草一卷**　(清)張世棠撰　(清)張是彝錄　**甲申小陽賣餉天雄途存一卷**　(清)張是彝撰　民國三十六年(1947)鉛印本　四册

330000－1750－0000051　普 0051　集部/總集類/彙編之屬

章譚合鈔二種　章炳麟　(清)譚嗣同撰　民國上海中華圖書館石印本　六冊

330000－1750－0000052　普 0052　史部/地理類/雜志之屬

吳興合璧四卷首一卷　(清)陳文煜撰　民國十一年(1922)鉛印本　一冊

330000－1750－0000053　普 0053　集部/別集類/唐五代別集

司空表聖詩三卷附錄一卷　(唐)司空圖撰　民國三年(1914)吳興劉氏嘉業堂刻本　一冊

330000－1750－0000054　普 0054　史部/傳記類/總傳之屬

藩獻記四卷　(明)朱謀㙔撰　民國杭州抱經堂書局鉛印本　一冊

330000－1750－0000055　普 0055　史部/傳記類/總傳之屬

藩獻記四卷　(明)朱謀㙔撰　民國杭州抱經堂書局鉛印本　一冊

330000－1750－0000058　普 0058　類叢部/叢書類/自著之屬

聞雞軒叢書　王時潤撰　民國四年(1915)宏文圖書社鉛印本　二冊　存一種

330000－1750－0000060　普 0060　類叢部/叢書類/彙編之屬

留餘草堂叢書十一種　劉承幹編　民國吳興劉氏嘉業堂刻本　一冊　存一種

330000－1750－0000061　普 0061　經部/小學類/文字之屬/字書/字體

隸字彙十卷　(清)項懷述編錄　民國二年(1913)掃葉山房石印本　四冊

330000－1750－0000062　普 0062　集部/小說類/長篇之屬

繡像太平天國演義四集八卷五十四回　嵎世次郎撰　民國上海大成書局石印本　一冊　存四卷(三集一至二、四集一至二)

330000－1750－0000064　普 0064　史部/傳記類/總傳之屬/儒林

聖學宗傳十八卷　(明)周汝登撰　民國二十年(1931)吳興劉承幹影印本　八冊

330000－1750－0000068　普 0068　史部/地理類/遊記之屬/紀行

游杭紀略二卷　楊祚昌輯　民國十年(1921)杭州文元堂書莊鉛印本　一冊

330000－1750－0000069　普 0069　類叢部/叢書類/家集之屬

震澤先生別集四種七卷　(明)王永熙編　民國十年(1921)餠溪王氏刻本　二冊

330000－1750－0000070　普 0070　史部/紀傳類/正史之屬

二十四史附考證　民國上海涵芬樓據清乾隆武英殿刻本影印本　十四冊　存一種

330000－1750－0000072　普 0072　經部/小學類/音韻之屬/等韻

聲類表九卷首一卷　(清)戴震撰　民國十二年(1923)渭南嚴氏成都刻本　二冊

330000－1750－0000073　普 0073　類叢部/叢書類/彙編之屬

留餘草堂叢書十一種　劉承幹編　民國吳興劉氏嘉業堂刻本　六冊　存三種

330000－1750－0000074　普 0074　史部/政書類/考工之屬/營造

錢塘江橋開工紀念刊不分卷　錢塘江橋工程處編　民國二十三年(1934)錢塘江橋工程處鉛印本　一冊

330000－1750－0000077　普 0077　子部/儒家類/儒學之屬/禮教

金忠節公語錄二卷　(明)金聲撰　民國二十年(1931)留餘草堂滬上鉛印本　一冊

330000－1750－0000078　普 0078　經部/小學類/音韻之屬

聲韻考四卷　(清)戴震撰　民國十二年(1923)渭南嚴氏成都刻本　一冊

330000－1750－0000079　普0079　子部/儒家類/儒學之屬/性理

王陽明先生傳習錄三卷　（明）王守仁撰　（明）徐愛錄　民國十四年(1925)上海掃葉山房石印本　三冊

330000－1750－0000080　普0080　經部/小學類/音韻之屬/等韻

音學辨微一卷　（清）江永撰　**榕村等韻辨疑正誤一卷**　（清）李光地撰　**康熙字典等均圖辨惑一卷**　**常孰黄廷鑑三十六字母辨一卷**　（清）黄廷鑑撰　民國十二年(1923)渭南嚴式誨孝義家塾成都敦睦堂刻本　一冊

330000－1750－0000084　普0084　經部/小學類/訓詁之屬/爾雅

雅學攷一卷　（清）胡元玉撰　民國二十五年(1936)國立北京大學出版組鉛印本　一冊

330000－1750－0000085　普0085　史部/雜史類/斷代之屬

太平天國起義記一卷　（清）洪仁玕撰　（瑞士）韓山文撰　簡又文譯　民國二十四年(1935)燕京大學圖書館鉛印本　一冊

330000－1750－0000086　普0086　史部/雜史類/斷代之屬

太平天國起義記一卷　（清）洪仁玕撰　（瑞士）韓山文撰　簡又文譯　民國二十四年(1935)燕京大學圖書館鉛印本　一冊

330000－1750－0000088　普0088　經部/小學類/訓詁之屬/字詁

文始九卷　章炳麟撰　民國二年(1913)浙江圖書館據章炳麟手寫稿本影印本　一冊

330000－1750－0000089　普0089　經部/小學類/音韻之屬/韻書

江氏音學十書七種附一種十二卷　（清）江有誥撰　民國二十三年(1934)渭南嚴氏刻本　七冊

330000－1750－0000091　普0091　經部/四書類/孟子之屬/傳說

孟子文法讀本七卷　高步瀛集解　吳闓生評點　民國十四年(1925)北京直隸書局、北京佩文齋鉛印本　四冊

330000－1750－0000095　普0095　子部/藝術類/書畫之屬/題跋

明十大名家評校仿蘇寫本蘇黄題跋二種八卷　（清）黄嘉惠輯　民國十三年(1924)上海朝記書莊石印本　八冊

330000－1750－0000097　普0097　經部/小學類/文字之屬/字書/字典

康熙字典十二集三十六卷總目一卷檢字一卷辨似一卷等韻一卷補遺一卷備考一卷　（清）張玉書等纂修　民國中華書局據清光緒上海同文書局石印本影印本　四冊　缺十二卷（十六至二十七）

330000－1750－0000098　普0098　集部/別集類

茂泉實業文集不分卷　林修竹撰　申丙輯　民國十七年(1928)鉛印本　二冊

330000－1750－0000099　普0099　類叢部/叢書類/彙編之屬

曲石叢書二十種　李根源編　民國鉛印本　一冊　存一種

330000－1750－0000101　普0101　經部/詩類/文字音義之屬

毛詩古音考四卷讀詩拙言一卷附錄一卷　（明）陳第撰　（清）張海鵬校訂　龔道耕重校　民國二十二年(1933)渭南嚴氏成都刻本　四冊

330000－1750－0000103　普0103　子部/雜著類/雜說之屬

新唯識論一卷　熊十力撰　民國二十一年(1932)浙江省立圖書館鉛印本　一冊

330000－1750－0000106　普0106　集部/別集類

瓶粟齋詩存四卷　沈其光撰　民國三十七年(1948)大東書局鉛印本　一冊

330000－1750－0000113　普0113　經部/小學類/文字之屬/說文

說文解字十五卷標目一卷　(漢)許慎撰　(宋)徐鉉等校定　民國三年(1914)上海商務印書館影印藤花榭刻本　四冊

330000－1750－0000114　普0114　集部/別集類

成趣園詩鈔不分卷　鄭霽光撰　民國十四年(1925)鉛印本　一冊

330000－1750－0000116　普0116　子部/雜著類/雜纂之屬

清異錄二卷　(宋)陶穀撰　民國九年(1920)刻本　吳昌續跋　二冊

330000－1750－0000119　普0119　集部/別集類

北溟詩稿二卷補遺一卷　江起鯤撰　民國二十二年(1933)寧波鈞和公司鉛印本　一冊

330000－1750－0000123　普0123　類叢部/叢書類/彙編之屬

嘉業堂叢書五十七種　劉承幹編　民國吳興劉氏嘉業堂刻本　一冊　存一種

330000－1750－0000125　普0125　集部/別集類

槃盦詩鈔二卷　周家謙撰　民國十七年(1928)紫蓬山房刻本　二冊

330000－1750－0000126　普0126　史部/雜史類/通代之屬

明清史料乙編不分卷　國立中央研究院歷史語言研究所編　民國二十五年(1936)上海商務印書館鉛印本　十冊

330000－1750－0000127　普0127　史部/雜史類/通代之屬

明清史料丙編不分卷　國立中央研究院歷史語言研究所編　民國二十五年(1936)上海商務印書館鉛印本　十冊

330000－1750－0000128　普0128　史部/政書類/邦交之屬

籌辦夷務始末咸豐朝八十卷　(清)賈楨等撰　民國十九年(1930)故宮博物院據抄本影印本　四十冊

330000－1750－0000129　普0129　史部/地理類/雜志之屬

花谿閒筆初編一卷續編一卷　吳鼎昌撰　民國三十二年(1943)貴州企業股份有限公司印刷所鉛印本　二冊

330000－1750－0000131　普0131　經部/四書類/論語之屬/傳說

論語正義二十四卷　(清)劉寶楠撰　(清)劉恭冕述　民國埽葉山房影印本　四冊　存十二卷(十三至二十四)

330000－1750－0000132　普0132　集部/別集類/明別集

王次回疑雨集註四卷　(明)王彥泓撰　(□)句漏後裔釋　民國十四年(1925)上海文明書局石印本　四冊

330000－1750－0000137　普0137　經部/四書類/總義之屬/專著

我疑錄一卷　(清)陳德調撰　民國二十二年(1933)義烏黃侗鉛印本　一冊

330000－1750－0000139　普0139　史部/目録類/總録之屬/私撰

書目答問五卷別錄一卷國朝箸述諸家姓名略一卷　(清)張之洞撰　民國九年(1920)上海掃葉山房石印本　二冊

330000－1750－0000142　普0142　集部/別集類/唐五代別集

唐陸宣公集二十二卷　(唐)陸贄撰　民國六年(1917)上海會文堂書局石印本　四冊

330000－1750－0000144　普0144　史部/地理類/方志之屬/郡縣志

[民國]平湖縣鄉土志二卷　王積澂編　民國九年(1920)平湖綺春閣書莊鉛印本　二冊

330000－1750－0000146　普0146　經部/四書類/總義之屬/傳說

四書集註十九卷　(宋)朱熹撰　民國二十七年(1938)上海商務印書館鉛印本　六冊

330000－1750－0000147　普0147　經部/四書類/總義之屬/傳說

銅版四書集註　(宋)朱熹集註　民國二十四年(1935)大達圖書供應社銅活字印本　二册

330000－1750－0000148　普0148　子部/雜著類/雜說之屬
歸田錄二卷補遺一卷　(宋)歐陽修撰　民國二十二年(1933)上海商務印書館鉛印本　一册

330000－1750－0000150　普0150　子部/雜著類/雜說之屬
歸田錄二卷補遺一卷　(宋)歐陽修撰　民國二十三年(1934)上海商務印書館鉛印本　一册

330000－1750－0000153　普0153　經部/春秋左傳類/傳說之屬
左傳微十二卷　吳闓生撰　民國十二年(1923)文學社刻本　六册

330000－1750－0000165　普0165　史部/雜史類/斷代之屬
賊情彙纂十二卷　(清)張德堅等纂　民國二十一年(1932)南京國學圖書館影印本　六册

330000－1750－0000169　普0169　史部/傳記類/總傳之屬/儒林
宋元學案一百卷首一卷攷略一卷　(清)黃宗羲撰　(清)黃百家纂輯　(清)全祖望修定　民國上海文瑞樓石印本　三十二册

330000－1750－0000170　普0170　史部/詔令奏議類/奏議之屬
洪承疇章奏文册彙輯不分卷　國立北京大學研究院文史部編　民國二十六年(1937)上海商務印書館鉛印本　一册

330000－1750－0000171　普0171　史部/詔令奏議類/奏議之屬
順治元年内外官署奏疏不分卷　國立北京大學研究所國學門編　民國二十年(1931)國立北京大學研究所國學門影印本　一册

330000－1750－0000175　普0175　史部/雜史類
掌故叢編十輯　故宫博物院文獻館編　民國十七年至二十年(1928－1931)鉛印本　十册

330000－1750－0000176　普0176　史部/傳記類/總傳之屬/斷代
清史列傳八十卷　中華書局編　民國十七年(1928)上海中華書局鉛印本　八十册

330000－1750－0000181　普0181　史部/紀傳類/正史之屬
史記紀年考三卷　劉坦撰　民國二十六年(1937)上海商務印書館石印本　一册

330000－1750－0000185　普0185　集部/别集類/清别集
道古堂文集四十六卷詩集二十六卷　(清)杭世駿撰　民國上海掃葉山房石印本　十二册

330000－1750－0000186　普0186　史部/雜史類/斷代之屬
湘軍志十六卷　王闓運撰　民國十八年(1929)成都志古堂刻本　四册

330000－1750－0000188　普0188　子部/藝術類/書畫之屬/法帖
翁松禪相國尺牘真蹟不分卷　(清)翁同龢書　民國九年(1920)上海中華書局影印本　十二册

330000－1750－0000190　普0190　史部/傳記類/别傳之屬/事狀
魏文節公事略一卷　魏頌唐輯　民國二十五年(1936)鉛印本　一册

330000－1750－0000191　普0191　史部/傳記類/總傳之屬/郡邑
鴛湖求舊錄四卷　朱福清輯　民國八年(1919)刻本　二册

330000－1750－0000192　普0192　史部/雜史類/斷代之屬
庚子西狩叢談五卷附年譜一卷　吳永口述　劉治襄筆記　民國三十二年(1943)苕溪漁隱鉛印本　一册

330000－1750－0000193　普0193　類叢部/叢書類/彙編之屬

求恕齋叢書三十一種 劉承幹編 民國吳興劉氏嘉業堂刻本 一冊 存一種

330000－1750－0000194 普 0194 類叢部/叢書類/彙編之屬
求恕齋叢書三十一種 劉承幹編 民國吳興劉氏嘉業堂刻本 一冊 存一種

330000－1750－0000199 普 0199 史部/紀傳類/正史之屬
四史四百十五卷 劉承幹輯 民國吳興劉氏嘉業堂影宋刻本 二十一冊 存一種

330000－1750－0000202 普 0202 史部/紀傳類/正史之屬
二十四史附考證 民國十二年(1923)上海中華書局影印本 四冊 存二種

330000－1750－0000207 普 0207 經部/小學類/音韻之屬
音韻學叢書二十種 嚴式誨輯 民國渭南嚴氏成都刻本 二冊 存一種

330000－1750－0000208 普 0208 經部/小學類/音韻之屬/古今韻說
古韻標準四卷詩韻舉例一卷 (清)江永撰 (清)戴震參定 民國十五年(1926)渭南嚴式誨成都賁園刻本 六冊

330000－1750－0000210 普 0210 經部/小學類/音韻之屬
音學五書三十八卷 (清)顧炎武撰 民國二十二年(1933)渭南嚴氏成都刻本 十六冊

330000－1750－0000211 普 0211 史部/紀傳類/正史之屬
二十四史附考證 民國上海涵芬樓據清乾隆武英殿刻本影印本 十六冊 存一種

330000－1750－0000212 普 0212 史部/紀傳類/正史之屬
二十四史附考證 民國上海涵芬樓據清乾隆武英殿刻本影印本 十二冊 存一種

330000－1750－0000213 普 0213 史部/紀傳類/正史之屬
二十四史附考證 民國上海涵芬樓據清乾隆武英殿刻本影印本 六冊 存一種

330000－1750－0000214 普 0214 經部/易類
新註易經白話解說不分卷 張知睿解說 民國十年(1921)鉛印本 一冊

330000－1750－0000216 普 0216 經部/春秋左傳類/傳說之屬
春秋正議證釋四卷 吳佩孚等撰 民國二十七年至二十八年(1938－1939)刻本 四冊

330000－1750－0000217 普 0217 史部/傳記類/總傳之屬/通代
校正尚友錄統編二十四卷 (清)錢湖釣徒編 (清)張元聲輯 民國七年(1918)上海國學圖書局石印本 十二冊

330000－1750－0000218 普 0218 史部/紀傳類/正史之屬
漢書補注一百卷首一卷 王先謙撰 **姚惜抱先生前漢書評點一卷** (清)姚鼐撰 (清)吳汝綸輯 民國五年(1916)上海同文圖書館石印本 四十冊

330000－1750－0000220 普 0220 史部/雜史類/斷代之屬
戰國策補註三十三卷 吳曾祺撰 民國四年(1915)上海商務印書館鉛印本 四冊

330000－1750－0000221 普 0221 史部/傳記類/總傳之屬/技藝
歷代畫史彙傳七十二卷首一卷附錄二卷 (清)彭蘊璨編 民國二十九年(1940)上海錦章書局石印本 八冊

330000－1750－0000222 普 0222 史部/傳記類/總傳之屬/郡邑
於越有明一代三不朽圖贊一卷 (明)張岱撰 民國七年(1918)紹興印刷局鉛印本 一冊

330000－1750－0000229 普 0229 經部/小學類/文字之屬/說文/傳說
說文發疑六卷 (清)張行孚撰 民國杭州抱經堂書局影印本 三冊

330000－1750－0000232　普 0232　經部/小學類/文字之屬/說文

六書音韻表五卷　(清)段玉裁記　嚴式誨斠刊　龔道耕重斠　民國二十五年(1936)渭南嚴氏成都刻本　二冊

330000－1750－0000236　普 0236　經部/小學類/音韻之屬/等韻

四聲切韻表一卷　(清)江永編　**凡例一卷**　(清)夏燮撰　民國二十一年(1932)渭南嚴氏成都刻本　一冊

330000－1750－0000237　普 0237　經部/小學類/音韻之屬/古今韻說

切韻考六卷外篇三卷　(清)陳澧撰　民國十九年(1930)渭南嚴氏刻本　三冊

330000－1750－0000238　普 0238　經部/小學類/音韻之屬/等韻

切韻指掌圖二卷　(宋)司馬光撰　**檢例一卷**　(明)邵光祖撰　民國十八年(1929)渭南嚴氏成都刻本　一冊

330000－1750－0000240　普 0240　經部/詩類/文字音義之屬

詩古韻表二十二部集說二卷　(清)夏炘撰　民國十七年(1928)渭南嚴氏刻本　一冊

330000－1750－0000241　普 0241　經部/詩類/文字音義之屬

詩音表一卷　(清)錢坫撰　民國二十年(1931)渭南嚴氏刻本　一冊

330000－1750－0000244　普 0244　經部/詩類/文字音義之屬

詩聲類十二卷分例一卷　(清)孔廣森撰　民國十三年(1924)渭南嚴式誨成都賁園刻本　二冊

330000－1750－0000245　普 0245　經部/小學類/音韻之屬/韻書

增廣詩韻全璧五卷　(清)湯祥瑟輯　華鋸重編　民國九年(1920)上海章福記書局石印本　五冊

330000－1750－0000247　普 0247　經部/小學類/音韻之屬/古今韻說

古韻譜二卷　(清)王念孫撰　民國二十二年(1933)渭南嚴氏刻本　一冊

330000－1750－0000248　普 0248　經部/小學類/音韻之屬

古今韻考四卷　(清)李因篤撰　**校刻古今韻考附記一卷**　(清)楊傳第撰　民國二十年(1931)渭南嚴氏刻本　一冊

330000－1750－0000251　普 0251　經部/小學類/音韻之屬

屈宋古音義三卷　(明)陳第撰　民國二十二年(1933)渭南嚴氏成都刻本　二冊

330000－1750－0000252　普 0252　經部/小學類/文字之屬/說文/傳說

說文解字注箋十四卷　(清)段玉裁注　(清)徐灝箋　**說文檢字篇三卷說文重文檢字篇一卷說文疑難檢字篇一卷今文檢字篇一卷**　徐樾編　民國十七年(1928)上海中原書局石印本　八冊

330000－1750－0000253　普 0253　經部/小學類

說文聲類二卷說文聲類出入表一卷　(清)嚴可均撰　民國十三年(1924)渭南嚴氏刻本　二冊

330000－1750－0000255　普 0255　經部/小學類/訓詁之屬/字詁

助字辨略五卷　(清)劉淇撰　民國金粟齋石印本　四冊　存四卷(一至四)

330000－1750－0000257　普 0257　經部/小學類/文字之屬/說文/傳說

說文解字注十五卷附六書音均表五卷汲古閣說文訂一卷　(清)段玉裁撰　**說文部目分韵一卷**　(清)陳煥編　民國元年(1912)鄂官書處刻本　十八冊

330000－1750－0000262　普 0262　經部/小學類/文字之屬/字書

說文偏旁考二卷　(清)吳照輯　民國八年(1919)蘇州振新書社石印本　四冊

330000－1750－0000263　普 0263　子部/儒家類/儒學之屬/蒙學

龍文鞭影初集四卷　(明)蕭良有撰　(明)楊臣諍增訂　(清)李恩綬校補　**二集二卷**　(清)李暉吉　(清)徐瓚輯　民國十五年(1926)貴陽交通書局鉛印本　四册

330000－1750－0000264　普 0264　經部/小學類/文字之屬/字書/通論

字義類例不分卷　陳獨秀撰　民國十四年(1925)上海亞東圖書館石印本　一册

330000－1750－0000266　普 0266　經部/小學類/文字之屬/字書/通論

文字形義學不分卷　周兆沅述　民國二十四年(1935)上海商務印書館石印本　一册

330000－1750－0000271　普 0271　史部/雜史類/斷代之屬

南明野史三卷首一卷附錄一卷　(清)南沙三餘氏撰　民國二十四年(1935)上海商務印書館鉛印本　三册

330000－1750－0000273　普 0273　史部/傳記類/日記之屬

翁文恭公軍機處日記不分卷　(清)翁同龢撰　民國二十八年(1939)燕京大學圖書館影印本　二册

330000－1750－0000275　普 0275　史部/雜史類/斷代之屬

戰國策三十三卷　(漢)高誘注　**重刻剡川姚氏本戰國策札記三卷**　(清)黄丕烈撰　民國十三年(1924)上海掃葉山房石印本　六册

330000－1750－0000276　普 0276　經部/小學類/文字之屬/説文/傳説

説文解字三十二卷　(清)段玉裁注　**説文提要一卷**　陳建侯撰　**説文通檢十四卷首一卷末一卷**　(清)黎永椿編　民國十五年(1926)上海掃葉山房影印本　十三册

330000－1750－0000283　普 0283　類叢部/叢書類/彙編之屬

遯園叢書二十六種　羅振常編　民國上海蟫隱廬謄寫版印三十三年(1944)吳興周延年彙編印本　一册　存一種

330000－1750－0000292　普 0292　史部/目録類/專録之屬

曲海總目提要四十六卷　(清)黄文暘撰　民國十七年(1928)上海大東書局鉛印本　十六册

330000－1750－0000293　普 0293　子部/儒家類/儒學之屬/性理

泰和會語一卷附錄一卷　馬浮撰　民國二十七年(1938)鉛印本　一册

330000－1750－0000294　普 0294　子部/儒家類/儒學之屬/性理

泰和會語一卷附錄一卷　馬浮撰　民國二十七年(1938)鉛印本　一册

330000－1750－0000295　普 0295　子部/儒家類/儒學之屬/性理

泰和會語一卷附錄一卷　馬浮撰　民國二十七年(1938)鉛印本　一册

330000－1750－0000296　普 0296　子部/儒家類/儒學之屬/性理

泰和會語一卷附錄一卷　馬浮撰　民國二十七年(1938)鉛印本　一册

330000－1750－0000297　普 0297　子部/儒家類/儒學之屬/性理

泰和會語一卷附錄一卷　馬浮撰　民國二十七年(1938)鉛印本　一册

330000－1750－0000298　普 0298　子部/儒家類/儒學之屬/性理

泰和會語一卷附錄一卷　馬浮撰　民國二十七年(1938)鉛印本　一册

330000－1750－0000299　普 0299　子部/儒家類/儒學之屬/性理

泰和會語一卷附錄一卷　馬浮撰　民國二十七年(1938)鉛印本　一册

330000－1750－0000300　普 0300　子部/儒家類/儒學之屬/性理

泰和會語一卷附錄一卷　馬浮撰　民國二十七年(1938)鉛印本　一冊

330000－1750－0000301　普0301　子部/儒家類/儒學之屬/性理
泰和會語一卷附錄一卷　馬浮撰　民國二十七年(1938)鉛印本　一冊

330000－1750－0000302　普0302　子部/儒家類/儒學之屬/性理
泰和會語一卷附錄一卷　馬浮撰　民國二十七年(1938)鉛印本　一冊

330000－1750－0000303　普0303　子部/儒家類/儒學之屬/性理
泰和會語一卷附錄一卷　馬浮撰　民國二十七年(1938)鉛印本　一冊

330000－1750－0000304　普0304　子部/叢編
清人說薈初集二十種二集二十種　雷瑨輯　民國二年(1913)、十七年(1928)上海掃葉山房石印本　十二冊

330000－1750－0000305　普0305　類叢部/叢書類/彙編之屬
宋人小說二十八種　涵芬樓編　民國上海商務印書館鉛印本　一冊　存一種

330000－1750－0000308　普0308　集部/小說類/長篇之屬
第一才子書十六卷一百二十回　(明)羅本撰　(清)毛宗崗　(清)金人瑞評　民國上海中新書局鉛印本　八冊

330000－1750－0000309　普0309　子部/雜著類/雜纂之屬
平等閣筆記六卷　狄葆賢撰　民國上海有正書局鉛印本　四冊　存四卷(一至四)

330000－1750－0000311　普0311　類叢部/叢書類/彙編之屬
四部叢刊　張元濟等編　民國上海商務印書館影印本　一冊　存一種

330000－1750－0000316　普0316　集部/別集類
總理遺教不分卷　孫文撰　民國二十年(1931)鉛印本　二冊

330000－1750－0000317　普0317　子部/小說家類/雜事之屬
庸盦筆記六卷　(清)薛福成撰　民國二年(1913)上海掃葉山房石印本　三冊

330000－1750－0000318　普0318　子部/雜著類/雜說之屬
石林避暑錄話四卷　(宋)葉夢得撰　民國十八年(1929)上海商務印書館鉛印本　二冊

330000－1750－0000323　普0323　子部/儒家類/儒學之屬/禮教/家訓
顏氏家訓七卷重校正一卷附錄一卷　(北齊)顏之推撰　(清)趙曦明注　(清)盧文弨補　民國十七年(1928)成都祥記書莊刻本　三冊　缺二卷(七、附錄)

330000－1750－0000324　普0324　集部/別集類/唐五代別集
柳河東詩集二卷　(唐)柳宗元撰　民國八年(1919)掃葉山房石印本　四冊

330000－1750－0000325　普0325　集部/別集類
潛廬文稿一卷　高煌撰　民國三十八年(1949)鉛印本　一冊

330000－1750－0000327　普0327　類叢部/叢書類/郡邑之屬
吳興叢書六十六種　劉承幹編　民國吳興劉氏嘉業堂刻本　六冊　存一種

330000－1750－0000329　普0329　經部/禮記類/傳說之屬
禮記集說四十九卷　(清)莊有可撰　民國二十四年(1935)上海商務印書館影印本　八冊

330000－1750－0000330　普0330　經部/禮記類/傳說之屬
禮記集說四十九卷　(清)莊有可撰　民國二十四年(1935)上海商務印書館影印本　八冊

330000－1750－0000332　普 0332　類叢部/叢書類/彙編之屬
求恕齋叢書三十一種　劉承幹編　民國吳興劉氏嘉業堂刻本　一册　存一種

330000－1750－0000333　普 0333　子部/醫家類/綜合之屬/通論
古吳童氏重校醫宗必讀十卷　(清)李中梓撰　民國三年(1914)上海錦章圖書局石印本　五册

330000－1750－0000337　普 0337　集部/別集類
惺園文鈔二卷詩鈔一卷　王式一撰　民國二十四年(1935)鉛印本　二册

330000－1750－0000338　普 0338　集部/別集類
惺園文鈔二卷詩鈔一卷　王式一撰　民國二十四年(1935)鉛印本　二册

330000－1750－0000339　普 0339　集部/別集類/唐五代別集
評註陸宣公奏議十五卷首一卷　(唐)陸贄撰　(宋)郎曄注　馬傳庚評點　劉鐵冷補正　民國二十二年(1933)上海中原書局鉛印本　六册

330000－1750－0000340　普 0340　集部/別集類/唐五代別集
重刊五百家註音辯昌黎先生文集四十卷　(唐)韓愈撰　民國上海鴻章書局石印本　十二册

330000－1750－0000341　普 0341　子部/醫家類/類編之屬
六科準繩六種　(明)王肯堂撰　民國十四年(1925)上海鴻寶齋書局石印本　三册　存三種

330000－1750－0000342　普 0342　類叢部/叢書類/郡邑之屬
吳興叢書六十六種　劉承幹編　民國吳興劉氏嘉業堂刻本　一册　存一種

330000－1750－0000347　普 0347　子部/宗教類/佛教之屬
廣弘明集四十卷　(唐)釋道宣輯　民國元年(1912)常州天寧寺刻本　十册

330000－1750－0000349　普 0349　子部/雜著類/雜說之屬
腳氣集一卷　(宋)車若水撰　民國十七年(1928)上海商務印書館鉛印本　一册

330000－1750－0000350　普 0350　子部/宗教類/佛教之屬
佛學叢書　丁福保輯　民國上海醫學書局鉛印本　二册　存一種

330000－1750－0000351　普 0351　子部/道家類
老子古義二卷　楊樹達撰　民國十五年(1926)上海中華書局鉛印本　一册

330000－1750－0000353　普 0353　子部/道家類
老子考證一卷　湯仰暉撰　民國二十八年(1939)鉛印本　金石壽跋　一册

330000－1750－0000358　普 0358　子部/農家農學類/園藝之屬/總志
佩文齋廣羣芳譜一百卷目錄二卷　(清)汪灝等撰　民國上海錦章圖書局石印本　二十四册

330000－1750－0000361　普 0361　集部/別集類/唐五代別集
習之先生文集二卷　(唐)李翱撰　民國九年(1920)上海會文堂書局石印本　一册

330000－1750－0000364　普 0364　子部/農家農學類/總論之屬
欽定授時通考七十八卷　(清)鄂爾泰等撰　民國上海實業研究社影印本　六册

330000－1750－0000367　普 0367　集部/楚辭類
楚辭集註八卷後語六卷辯證二卷　(宋)朱熹撰　民國十二年(1923)上海掃葉山房石印本　四册

330000－1750－0000370　普 0370　集部/別集類/唐五代別集

杜詩鏡銓二十卷附諸家論杜一卷杜工部年譜一卷　(清)楊倫輯　**讀書堂杜工部文集註解二卷**　(清)張溍撰　民國二年(1913)廣州登雲閣刻本　十二冊

330000－1750－0000371　普 0371　集部/小說類/長篇之屬

繪像結水滸全傳八卷七十回　(清)俞萬春撰　(清)范辛來　(清)邵祖恩參評　民國十七年(1928)上海江東茂記書局石印本　八冊

330000－1750－0000374　普 0374　類叢部/叢書類/彙編之屬

德育叢書十種　民國十三年(1924)上海掃葉山房石印本　十二冊

330000－1750－0000376　普 0376　子部/醫家類/醫案之屬

增補臨證指南醫案八卷　(清)葉桂著　民國石印本　一冊　存四卷(五至八)

330000－1750－0000379　普 0379　集部/別集類

觀堂集林二十卷　王國維撰　民國十二年(1923)烏程蔣氏密韻樓鉛印本　六冊

330000－1750－0000382　普 0382　子部/小說家類

筆記小說大觀二百二十二種　進步書局輯　民國上海進步書局石印本　四冊　存一種

330000－1750－0000384　普 0384　子部/雜著類/雜考之屬

日知錄集釋三十二卷首一卷棸誤二卷續棸誤二卷　(清)黃汝成撰　民國上海錦章圖書局石印本　六冊

330000－1750－0000385　普 0385　集部/別集類/清別集

春在堂隨筆十卷小浮梅閒話一卷　(清)俞樾撰　民國元年(1912)國華書局石印本　四冊

330000－1750－0000391　普 0391　類叢部/叢書類/彙編之屬

宋人小說二十八種　涵芬樓輯　民國上海商務印書館鉛印本　一冊　存一種

330000－1750－0000392　普 0392　子部/藝術類/書畫之屬/畫法畫品

松壺畫憶二卷　(清)錢杜撰　民國上海有正書局石印本　一冊

330000－1750－0000393　普 0393　子部/宗教類/佛教之屬

佛學叢書　民國上海商務印書館鉛印本　一冊　存一種

330000－1750－0000395　普 0395　類叢部/叢書類/彙編之屬

求恕齋叢書三十一種　劉承幹編　民國吳興劉氏嘉業堂刻本　四冊　存一種

330000－1750－0000398　普 0398　子部/工藝類/日用器物之屬/錦繡

絲繡叢刊　朱啓鈐輯　民國存素堂鉛印本　一冊　存一種

330000－1750－0000400　普 0400　類叢部/叢書類/彙編之屬

嘉業堂叢書五十七種　劉承幹編　民國吳興劉氏嘉業堂刻本　一冊　存一種

330000－1750－0000401　普 0401　類叢部/叢書類/彙編之屬

嘉業堂叢書五十七種　劉承幹編　民國吳興劉氏嘉業堂刻本　一冊　存一種

330000－1750－0000406　普 0406　類叢部/叢書類/彙編之屬

中國民俗學會叢書　中國民俗學會編　民國二十五年(1936)鉛印本　一冊　存一種

330000－1750－0000408　普 0408　子部/藝術類/書畫之屬

中國繪畫上的六法論一卷　劉海粟著　民國二十五年(1936)中華書局鉛印本　一冊

330000－1750－0000411　普 0411　子部/藝術類/書畫之屬/畫譜

張子祥課徒畫稿四卷　丁寶書臨摹　民國二

十五年(1936)上海中華書局影印本　四冊

330000－1750－0000412　普 0412　子部/藝術類/書畫之屬

中華古今畫範不分卷　丁寶書摹　民國上海中華書局影印本　三冊

330000－1750－0000414　普 0414　子部/藝術類/書畫之屬/畫譜

扇面第四冊一卷　民國十三年(1924)上海有正書局影印本　一冊

330000－1750－0000415　普 0415　子部/藝術類/書畫之屬/畫譜

南田花卉山水合冊不分卷　(清)惲南田繪　民國上海有正書局影印本　一冊

330000－1750－0000417　普 0417　子部/藝術類/書畫之屬/畫譜

清宫藏宋宣和六鶴圖一卷　民國七年(1918)上海有正書局影印本　一冊

330000－1750－0000418　普 0418　子部/藝術類/書畫之屬/畫譜

吴漁山石谷小像補圖一卷　(清)吴歷繪　民國十三年(1924)文明書局影印本　一冊

330000－1750－0000419　普 0149　子部/藝術類/書畫之屬

韞輝齋藏唐宋以來名畫集不分卷　鄭振鐸編輯　民國三十六年(1947)上海出版公司影印本　一冊

330000－1750－0000424　普 0424　子部/小説家類/異聞之屬

詳註閱微草堂筆記二十四卷　(清)紀昀撰　謝璿　陸鍾渭詳註　民國二十年(1931)上海會文堂書局石印本　十冊

330000－1750－0000429　普 0429　史部/史評類/考訂之屬

校史偶得不分卷　陳寶烘撰　民國九年(1920)鉛印本　一冊

330000－1750－0000434　普 0434　史部/金石類/錢幣之屬/圖像

古今錢譜不分卷　(清)馮雲鵬　(清)馮雲鵷輯　民國七年(1918)上海千頃堂書局石印本　四冊

330000－1750－0000438　普 0438　史部/金石類/甲骨之屬/文字

甲骨文字研究二卷附録一卷　郭沫若撰　民國二十年(1931)上海大東書局石印本　二冊

330000－1750－0000439　普 0439　史部/目録類/總録之屬/官修

江蘇省立國學圖書館圖書總目四十四卷補編十二卷　江蘇省立國學圖書館編　民國二十二年至二十五年(1933－1936)江蘇省立國學圖書館鉛印本　三十冊

330000－1750－0000440　普 0440　史部/目録類/專録之屬

國立北平圖書館方志目錄二編不分卷索引不分卷　國立北平圖書館編　民國二十五年(1936)國立北平圖書館鉛印本　一冊

330000－1750－0000442　普 0442　史部/目録類/版本之屬/書影

吴興劉氏嘉業堂善本書景五卷　劉承幹輯　民國十八年(1929)吴興劉氏嘉業堂影印本　五冊

330000－1750－0000443　普 0443　史部/目録類/總録之屬/私撰

書髓樓藏書目八卷附録一卷　徐世昌撰　民國二十四年(1935)鉛印本　四冊

330000－1750－0000445　普 0445　史部/目録類/總録之屬

故宫普通書目六卷　故宫博物院圖書館編　民國二十三年(1934)北平故宫博物院圖書館鉛印本　三冊

330000－1750－0000446　普 0446　史部/目録類/總録之屬/彙刻

彙刻書目二十卷　(清)顧修輯　(清)朱學勤補輯　**彙刻書目二編十卷**　周毓邠輯　民國八年(1919)上海千頃堂書局石印本　十六冊

330000－1750－0000447　普 0447　史部/目

録類/專録之屬

國立中央大學圖書目錄不分卷 民國三十二年(1943)鉛印本 一册

330000－1750－0000448 普0448 史部/政書類/邦交之屬

清季各國照會目錄四卷 張德澤編 民國二十四年至二十五年(1935－1936)國立北平故宫博物院文獻館鉛印本 一册 存一卷(四)

330000－1750－0000449 普0449 類叢部/叢書類/自著之屬

晨風廬叢刊十八種 周慶雲撰 民國吳興周氏夢坡室刻本 一册 存一種

330000－1750－0000451 普0451 史部/金石類

嘉業堂金石叢書五種 劉承幹輯 民國吳興劉氏刻本 二册 存一種

330000－1750－0000452 普0452 史部/金石類

嘉業堂金石叢書五種 劉承幹輯 民國吳興劉氏刻本 六册 存一種

330000－1750－0000454 普0454 史部/目録類/版本之屬/書影

吳興劉氏嘉業堂善本書景五卷 劉承幹輯 民國十八年(1929)吳興劉氏嘉業堂影印本 五册

330000－1750－0000455 普0455 史部/目録類/總録之屬/官修

故宫殿本書庫現存目三卷附錄一卷 陶湘編 民國二十二年(1933)北平故宫博物院圖書館鉛印本 三册

330000－1750－0000456 普0456 類叢部/叢書類/彙編之屬

適園叢書七十四種 張鈞衡編 民國二年至六年(1913－1917)烏程張氏刻本 四册 存一種

330000－1750－0000458 普0458 史部/目録類/書志之屬/提要

四部寓眼錄二卷 (清)周廣業撰 民國二十二年(1933)上虞羅振常蟫隱廬鉛印本 一册

330000－1750－0000459 普0459 史部/目録類/書志之屬/提要

四部備要書目提要四卷 中華書局編 民國二十五年(1936)上海中華書局鉛印本 四册

330000－1750－0000460 普0460 類叢部/叢書類/彙編之屬

求恕齋叢書三十一種 劉承幹編 民國吳興劉氏嘉業堂刻本 四册 存一種

330000－1750－0000461 普0461 史部/地理類/方志之屬/郡縣志

杭州府志風俗物產單行本八卷 (清)陳璚等修 (清)王棻等纂 屈映光續修 陸懋勳續纂 齊耀珊重修 吳慶坻重纂 民國十三年(1924)鉛印本 二册

330000－1750－0000463 普0463 史部/目録類

中華圖書館協會叢書 民國二十一年至二十五年(1932－1936)中華圖書館協會鉛印本 一册 存一種

330000－1750－0000464 普0464 史部/目録類/通論之屬/義例

校讐新義十卷 杜定友撰 民國十九年(1930)上海中華書局鉛印本 二册

330000－1750－0000468 普0468 子部/藝術類/書畫之屬/法帖

六朝墓誌菁華四集不分卷 上海有正書局輯 民國九年(1920)上海有正書局影印本 十六册

330000－1750－0000469 普0469 史部/地理類/遊記之屬

江浙旅行記一卷 梁聘儒撰 民國十二年(1923)鉛印本 一册

330000－1750－0000472 普0472 史部/目録類/總録之屬/官修

四庫目略四卷 楊立誠編 民國十八年(1929)浙江省立圖書館鉛印本 四册

330000－1750－0000473　普 0473　史部/政書類/邦交之屬

清季外交史料六種　(清)王彥威輯　王亮編　民國二十一年至二十四年(1932－1935)北平外交史料編纂處鉛印本　二十四冊　存一種

330000－1750－0000476　普 0476　史部/政書類/邦交之屬

清季外交史料六種　(清)王彥威輯　王亮編　民國二十一年至二十四年(1932－1935)北平外交史料編纂處鉛印本　八十冊　存二種

330000－1750－0000477　普 0477　史部/地理類/方志之屬/郡縣志

[光緒]光福志十二卷首一卷補編一卷附錄一卷　(清)徐傅編　王鏞等補輯　民國十八年(1929)蘇城毛上珍鉛印本　二冊

330000－1750－0000484　普 0484　史部/目録類/總録之屬/彙刻

古佚書錄叢輯　民國二十二年(1933)國立北平圖書館、中華圖書館協會鉛印本　一冊　存一種

330000－1750－0000488　普 0488　史部/地理類

邊疆叢書甲集六種　禹貢學會輯　民國二十六年(1937)禹貢學會鉛印本　一冊　存一種

330000－1750－0000492　普 0492　史部/地理類/遊記之屬/紀勝

廬山新導游不分卷　朱偰撰　民國二十四年(1935)廬山管理局鉛印本　一冊

330000－1750－0000493　普 0493　史部/地理類/遊記之屬/紀勝

天目山游記一卷詩一卷和詩一卷金華北山游記一卷　錢文選撰　民國二十四年(1935)浙江正楷印書局鉛印本　一冊

330000－1750－0000494　普 0494　類叢部/叢書類/彙編之屬

求恕齋叢書三十一種　劉承幹編　民國吳興劉氏嘉業堂刻本　二冊　存一種

330000－1750－0000497　普 0497　類叢部/叢書類/自著之屬

崇雅堂叢書十四種　楊晨撰　民國二十五年(1936)黃巖楊紹翰鉛印本　二冊　存一種

330000－1750－0000498　普 0498　史部/地理類/山川之屬/山志

普陀洛迦新志十二卷首一卷　許止淨述　王亨彥輯　民國二十五年(1936)鉛印本　二冊

330000－1750－0000499　普 0499　史部/政書類/律令之屬

中國歷代法制考初編不分卷　徐德源編　民國二年(1913)直隸官書局石印本　三冊

330000－1750－0000503　普 0503　史部/地理類/方志之屬/郡縣志

[民國]鎮海縣新志備稿二卷附地圖集　董祖羲纂　民國二十年(1931)上海蔚文印刷局鉛印本　三冊

330000－1750－0000511　普 0511　史部/地理類/方志之屬/郡縣志

[民國]景寧縣續志十七卷首一卷　吳呂熙修　柳景元纂　民國二十二年(1933)刻本　六冊

330000－1750－0000512　普 0512　集部/總集類/選集之屬/斷代

太平天國文鈔一卷詩鈔一卷聯語鈔一卷附錄三卷補遺二卷　羅邕　沈祖基輯　民國二十四年(1935)上海商務印書館鉛印本　二冊

330000－1750－0000513　普 0513　史部/地理類/方志之屬/郡縣志

[民國]景寧縣續志十七卷首一卷　吳呂熙修　柳景元纂　民國二十二年(1933)刻本　六冊

330000－1750－0000526　普 0526　史部/地理類/方志之屬/通志

[民國]重修浙江通志初稿不分卷　浙江通志館修　余紹宋等纂　民國三十七年(1948)鉛印本　四冊

330000－1750－0000528　普 0528　史部/地

理類/方志之屬/郡縣志

[民國]雙林鎮志三十二卷首一卷 （清）蔡蓉升纂　蔡蒙續纂　民國六年（1917）上海商務印書館鉛印本　四册

330000－1750－0000529　普 0529　史部/地理類/方志之屬/郡縣志

[民國]蕭山縣志稿三十三卷首一卷末一卷 彭延慶　陳曾蔭　張宗海修　楊鍾羲　姚瑩俊　楊士龍纂　民國二十四年（1935）鉛印本　十六册

330000－1750－0000530　普 0530　史部/地理類/方志之屬/郡縣志

[民國]海寧州志稿四十一卷首一卷末一卷附志餘一卷藝文志補遺一卷 （清）李圭修　（清）許傳霈等纂　劉蔚仁續修　朱錫恩續纂　民國十一年（1922）鉛印本　三十二册

330000－1750－0000533　普 0533　史部/地理類/方志之屬/郡縣志

[民國]嵊縣志三十二卷首一卷 牛蔭麐　羅毅修　丁謙　余重耀纂　民國二十四年（1935）鉛印本　二十册

330000－1750－0000534　普 0534　史部/地理類/方志之屬/郡縣志

[民國]臨海縣志稿四十二卷首一卷 孫熙鼎　張寅修　何奏簧纂　民國二十四年（1935）鉛印本　二十二册

330000－1750－0000539　普 0539　史部/地理類/方志之屬/郡縣志

澉水志彙編四種 程煦元輯　民國二十四年（1935）鉛印本　五册　存三種

330000－1750－0000543　普 0543　類叢部/叢書類/郡邑之屬

屏廬叢刻十五種二十四卷 金鉞編　民國十三年（1924）天津金氏刻本　一册　存一種

330000－1750－0000544　普 0544　類叢部/叢書類/郡邑之屬

四明叢書一百六十七種 張壽鏞編　民國四明張氏約園刻本　二册　存一種

330000－1750－0000552　普 0552　史部/地理類/方志之屬/郡縣志

[民國]鎮海縣志四十五卷首一卷 洪錫範　盛鴻燾修　王榮商　楊敏曾纂　民國二十年（1931）上海蔚文印刷局鉛印本　二十一册　缺三卷（首、一至二）

330000－1750－0000553　普 0553　史部/地理類/方志之屬/郡縣志

[民國]臨海縣志稿四十二卷首一卷 孫熙鼎　張寅修　何奏簧纂　民國二十四年（1935）鉛印本　二十二册

330000－1750－0000554　普 0554　史部/地理類/方志之屬/郡縣志

[民國]定海縣志十六卷首一卷 陳訓正　馬瀛纂修　民國十三年（1924）旅滬同鄉會鉛印本　六册

330000－1750－0000555　普 0555　史部/地理類/方志之屬/郡縣志

[民國]定海縣志十六卷首一卷 陳訓正　馬瀛纂修　民國十三年（1924）旅滬同鄉會鉛印本　六册

330000－1750－0000557　普 0557　史部/地理類/方志之屬/郡縣志

[民國]吳縣志八十卷 曹允源等纂修　民國二十二年（1933）蘇州文新公司鉛印本　四十册

330000－1750－0000558　普 0558　史部/地理類/方志之屬/郡縣志

[民國]台州府志一百四十卷首一卷 喻長霖修　柯驊威等纂　民國二十五年（1936）鉛印本　三十六册

330000－1750－0000561　普 0561　史部/地理類/方志之屬/郡縣志

[民國]濮院志三十卷 夏辛銘纂　民國十六年（1927）刻本　六册

330000－1750－0000563　普 0563　史部/地理類/山川之屬/水志

蕭山湘湖志八卷外編一卷續志一卷 周易藻

編　民國十六年(1927)周氏鉛印本　五冊

330000－1750－0000565　普0565　史部/地理類/方志之屬/郡縣志
[乾隆]烏青鎮志十二卷　(清)董世寧纂修　民國七年(1918)鉛印本　二冊

330000－1750－0000566　普0566　類叢部/叢書類/彙編之屬
求恕齋叢書三十一種　劉承幹編　民國吳興劉氏嘉業堂刻本　一冊　存一種

330000－1750－0000567　普0567　類叢部/叢書類/彙編之屬
求恕齋叢書三十一種　劉承幹編　民國吳興劉氏嘉業堂刻本　一冊　存一種

330000－1750－0000568　普0568　類叢部/叢書類/彙編之屬
求恕齋叢書三十一種　劉承幹編　民國吳興劉氏嘉業堂刻本　一冊　存一種

330000－1750－0000569　普0569　類叢部/叢書類/彙編之屬
求恕齋叢書三十一種　劉承幹編　民國吳興劉氏嘉業堂刻本　一冊　存一種

330000－1750－0000571　普0571　史部/地理類/方志之屬/郡縣志
嘉泰會稽志二十卷　(宋)沈作賓修　(宋)施宿等纂　民國十五年(1926)據清嘉慶十三年(1808)采鞠軒刻本影印本　九冊

330000－1750－0000572　普0572　史部/地理類/方志之屬/郡縣志
[寶慶]會稽續志八卷　(宋)張淏纂修　民國十五年(1926)據清嘉慶十三年(1808)刻本影印本　三冊

330000－1750－0000577　普0577　史部/地理類/山川之屬/山志
天台山方外志三十卷　(明)釋傳燈撰　民國十一年(1922)上海集雲軒鉛印本　八冊

330000－1750－0000578　普0578　史部/地理類/方志之屬/郡縣志
[民國]續修分水縣志十四卷首一卷　鍾詩傑修　臧承宣纂　民國三十一年(1942)鉛印本　二冊

330000－1750－0000579　普0579　史部/地理類/方志之屬/通志
[民國]浙江新志三卷　姜卿雲編　民國二十五年(1936)杭州正中書局鉛印本　二冊

330000－1750－0000582　普0582　史部/地理類/方志之屬/郡縣志
[民國]松陽縣志十四卷首一卷末一卷　呂耀鈐　陳訓舒　秦豐元修　高煥然纂　民國十五年(1926)木活字印本　十冊

330000－1750－0000584　普0584　史部/地理類/專志之屬/祠墓
重修西湖錢王祠落成紀念冊一卷　錢文選編　民國二十九年(1940)鉛印本　一冊

330000－1750－0000585　普0585　史部/地理類/方志之屬/郡縣志
鄞縣通志人物編不分卷　陳訓正纂　民國二十七年(1938)鉛印本　二冊

330000－1750－0000586　普0586　類叢部/叢書類/彙編之屬
求恕齋叢書三十一種　劉承幹編　民國吳興劉氏嘉業堂刻本　六冊　存一種

330000－1750－0000592　普0592　集部/別集類
芬陀利館瓻稿五卷　周大封撰　民國八年(1919)鉛印本　一冊　存二卷(富春三日遊記、問瀨集)

330000－1750－0000596　普0596　史部/紀傳類/正史之屬
百五十名家評註史記一百三十卷補一卷　(漢)司馬遷著　(宋)裴駰集解　(唐)司馬貞索隱　(唐)張守節正義　民國上海文瑞樓石印本　二十冊

330000－1750－0000600　普0600　子部/雜著類/雜考之屬
古書疑義舉例七卷　(清)俞樾撰　民國十四

年(1925)上海古書流通處影印本　三冊

330000－1750－0000601　普0601　子部/雜著類/雜考之屬

古書疑義舉例七卷　(清)俞樾撰　民國十四年(1925)上海古書流通處影印本　三冊

330000－1750－0000602　普0602　史部/金石類

嘉業堂金石叢書五種　劉承幹輯　民國吳興劉氏刻本　四冊　存一種

330000－1750－0000607　普0607　史部/金石類/總志之屬

八瓊室金石補正一百三十卷目錄三卷札記四卷祛僞一卷元金石偶存一卷　(清)陸增祥撰　民國十四年(1925)吳興劉氏希古樓刻本　六十六冊

330000－1750－0000623　普0623　類叢部/類書類/通類之屬

增補事類統編九十三卷首一卷　(清)黄葆真增輯　民國三年(1914)上海文盛書局石印本　十二冊

330000－1750－0000625　普0625　類叢部/類書類/通類之屬

增補事類統編九十三卷首一卷　(清)黄葆真增輯　民國四年(1915)上海文盛書局石印本　十二冊

330000－1750－0000629　普0629　類叢部/叢書類/彙編之屬

求恕齋叢書三十一種　劉承幹編　民國吳興劉氏嘉業堂刻本　十六冊　存一種

330000－1750－0000631　普0631　集部/別集類

滄舟吟稿八卷　鍾九撰　民國三十七年(1948)鉛印本　二冊

330000－1750－0000638　普0638　集部/詞類/詞譜之屬

攷正白香詞譜三卷附錄一卷　陳小蝶編　**增訂晚翠軒詞韻一卷**　陳祖耀校正　民國七年(1918)春草軒鉛印本暨石印本　四冊

330000－1750－0000645　普0645　類叢部/叢書類/自著之屬

十力叢書　熊十力撰　民國三十六年(1947)鉛印本　四冊　存一種

330000－1750－0000647　普0647　集部/總集類/酬唱之屬

霞景樓同人唱和集二卷　程景溪輯　民國油印本　一冊

330000－1750－0000648　普0648　史部/傳記類/總傳之屬/技藝

歷代畫史彙傳補編四卷　吳心穀編　民國十八年(1929)鉛印本　二冊

330000－1750－0000649　普0649　集部/詩文評類/文評之屬

汪文摘謬一卷　(清)葉燮撰　民國十四年(1925)無錫丁氏鉛印本　一冊

330000－1750－0000651　普0651　集部/總集類/選集之屬/通代

詳註分類咏物詩選八卷　(清)俞琰輯　(清)易開縉　(清)孫洊鳴註　民國十四年(1925)上海大通書局石印本　八冊

330000－1750－0000652　普0652　類叢部/叢書類/家集之屬

武林丁氏家集十三種　丁立誠　丁立中撰　民國錢塘丁氏嘉惠堂鉛印本　一冊　存一種

330000－1750－0000653　普0653　集部/別集類/明別集

疑雨集註四卷　(明)王彦泓撰　丁國鈞注　民國八年(1919)上海掃葉山房石印本　四冊

330000－1750－0000654　普0654　集部/別集類

海藏樓詩十三卷　鄭孝胥撰　民國三年至二十六年(1914－1937)武昌刻本　四冊

330000－1750－0000657　普0657　集部/別集類/清別集

鴻雪樓詩選初集四卷外集一卷名媛詩話八卷　(清)沈善寶撰　民國十三年(1924)沈敏元鉛印本　二冊　存五卷(初集一至四、外集)

330000－1750－0000659　普0659　集部/別集類/清別集

厚莊詩文續集文六卷文外二卷詩四卷　劉紹寬撰　民國二十六年(1937)鉛印本　六冊

330000－1750－0000660　普0660　子部/藝術類/遊藝之屬/聯語

采唐集三卷附錄一卷　呂佩芬編　民國二十五年(1936)上海商務印書館石印本　三冊

330000－1750－0000661　普0661　類叢部/叢書類/自著之屬

玩芳艸堂叢書　(清)王棻撰　民國上海國光書局鉛印本　八冊　存一種

330000－1750－0000662　普0662　類叢部/叢書類/彙編之屬

四部叢刊　張元濟等編　民國上海商務印書館影印本　二冊　存一種

330000－1750－0000663　普0663　類叢部/叢書類/自著之屬

周愨慎公全集十種　周馥撰　民國十一年(1922)秋浦周氏石印本　三十六冊

330000－1750－0000665　普0665　類叢部/叢書類/彙編之屬

四部叢刊　張元濟等編　民國十八年(1929)上海商務印書館影印本　四冊　存一種

330000－1750－0000666　普0666　類叢部/叢書類/彙編之屬

四部叢刊　張元濟等編　民國十八年(1929)上海商務印書館影印本　四冊　存一種

330000－1750－0000667　普0667　子部/雜著類/雜說之屬

內院雜刊(入蜀之作一至七)不分卷　歐陽漸等撰　民國鉛印本　一冊

330000－1750－0000670　普0670　集部/別集類

味筍齋詩鈔一卷　姚琮撰　民國三十四年(1945)重慶鉛印本　一冊

330000－1750－0000676　普0676　集部/總集類/選集之屬/斷代

唐文評註讀本二卷　王文濡評選　張廷華　沈鎔　郭希汾註釋　民國五年(1916)上海文明書局鉛印本　二冊

330000－1750－0000677　普0677　集部/總集類/選集之屬/通代

評校音注古文辭類纂七十四卷　(清)姚鼐輯　王文濡校注　民國十五年(1926)上海文明書局鉛印本　十五冊　缺三卷(一至三)

330000－1750－0000678　普0678　史部/史評類/詠史之屬

清宮詞一卷　吳士鑑撰　民國二十六年(1937)吳秉澂鉛印本　一冊

330000－1750－0000679　普0679　集部/詩文評類/詩評之屬

遼詩紀事十二卷　陳衍輯　民國二十五年(1936)上海商務印書館鉛印本　一冊

330000－1750－0000685　普0685　集部/別集類

無恙初稿不分卷　楊無恙撰　民國十九年(1930)常熟開文社鉛印本　一冊

330000－1750－0000686　普0686　集部/總集類/彙編之屬

雲間兩徵君集二種　嚴昌堉輯　民國三十八年(1949)鉛印本　一冊

330000－1750－0000687　普0687　類叢部/叢書類/彙編之屬

嘉業堂叢書五十七種　劉承幹編　民國吳興劉氏嘉業堂刻本　六冊　存二種

330000－1750－0000689　普0689　集部/總集類/選集之屬/通代

古詩評註讀本三卷附教授法一卷　王文濡評選　金熙　汪處廬註釋　民國五年(1916)上海文明書局鉛印本　二冊

330000－1750－0000690　普0690　集部/詩文評類/類編之屬

歷代詩文評註讀本　王文濡編　民國上海文明書局鉛印本　四冊　存一種

330000－1750－0000692　普 0692　集部/總集類/選集之屬/通代

評校音註續古文辭類纂三十四卷　王先謙輯　王文濡校注　民國二十五年(1936)上海文明書局鉛印本　八冊

330000－1750－0000693　普 0693　子部/雜著類/雜纂之屬

諸子文粹六十二卷續編十卷　李寶洤纂　民國六年(1917)上海商務印書館鉛印本　二十冊

330000－1750－0000694　普 0694　集部/總集類/選集之屬/通代

古文辭類纂評註七十四卷　(清)姚鼐纂輯　沈伯經等評注　民國十二年(1923)上海文明書局鉛印本　十六冊

330000－1750－0000695　普 0695　集部/總集類/選集之屬/通代

評校音註續古文辭類纂三十四卷　王先謙輯　王文濡校注　民國十七年(1928)上海文明書局鉛印本　八冊

330000－1750－0000696　普 0696　集部/總集類/選集之屬/通代

詳註六朝文絜八卷　吳承烜註釋　民國六年(1917)上海國華書局鉛印本　四冊

330000－1750－0000697　普 0697　集部/總集類/選集之屬/通代

新古文辭類纂六十卷首一卷　蔣瑞藻纂集　民國十五年(1926)上海中華書局石印本　二十四冊

330000－1750－0000698　普 0698　集部/總集類/彙編之屬

戊戌六君子遺集九種　張元濟輯　民國二十六年(1937)上海商務印書館鉛印本　六冊

330000－1750－0000699　普 0699　集部/總集類/選集之屬/通代

六朝文絜箋注十二卷　(清)許槤輯並評　(清)黎經誥箋注　民國上海朝記書莊石印本　四冊

330000－1750－0000700　普 0700　集部/總集類/郡邑之屬

嶺南三大家詩選二十四卷　(清)王隼編　民國十年(1921)上海國華書局石印本　六冊

330000－1750－0000702　普 0702　集部/總集類/選集之屬/通代

漢魏六朝文繡四卷續鈔一卷　(清)淩德編　民國八年(1919)上海掃葉山房石印本　四冊

330000－1750－0000703　普 0703　集部/總集類/選集之屬/通代

十八家詩鈔二十八卷首一卷　(清)曾國藩輯　民國四年(1915)上海國華書局石印本　十八冊

330000－1750－0000705　普 0705　集部/總集類/選集之屬/通代

詳註經史百家雜鈔二十六卷　(清)曾國藩纂　民國上海會文堂書局石印本　十六冊

330000－1750－0000706　普 0706　類叢部/叢書類/彙編之屬

四部叢刊　張元濟等編　民國上海商務印書館影印本　五冊　存一種

330000－1750－0000707　普 0707　類叢部/叢書類/自著之屬

譚瀏陽全集六種附續編一卷　(清)譚嗣同撰　民國六年(1917)上海文明書局鉛印本　六冊

330000－1750－0000708　普 0708　集部/別集類

約園雜箸八卷　張壽鏞撰　民國二十五年(1936)鉛印本　三冊

330000－1750－0000711　普 0711　集部/總集類/選集之屬/通代

全漢三國晉南北朝詩五十四卷緒言一卷　丁福保輯　民國五年(1916)無錫丁氏鉛印本　二十冊

330000－1750－0000727　普 0727　集部/別集類

元八百遺民詩詠八卷　張其淦著　祁正注

民國二十一年(1932)鉛印本　二册

330000－1750－0000731　普0731　類叢部/叢書類/彙編之屬
四部叢刊　張元濟等編　民國上海商務印書館影印本　十六册　存一種

330000－1750－0000732　普0732　集部/別集類/明別集
音註歸震川文一卷　(清)曾滌生選本　王楚香音注　民國二十四年(1935)上海文明書局鉛印本　一册

330000－1750－0000733　普0733　史部/地理類/輿圖之屬/郡縣
鄞縣通志地圖不分卷　民國鉛印本　二十六幅

330000－1750－0000735　普0735　類叢部/叢書類/彙編之屬
雪堂叢刻(國學叢刊)五十二種　羅振玉編　民國四年(1915)上虞羅氏鉛印本　二十册

330000－1750－0000736　普0736　集部/詩文評類/詩評之屬
詩人玉屑二十卷　(宋)魏慶之撰　民國三年(1914)上海掃葉山房石印本　六册

330000－1750－0000737　普0737　類叢部/叢書類/彙編之屬
百陵學山九十八種　(明)王完輯　民國二十七年(1938)商務印書館影印本　十四册

330000－1750－0000741　普0741　集部/詩文評類
文學津梁十二種　周鍾游編　民國七年(1918)上海有正書局石印本　八册

330000－1750－0000742　普0742　集部/總集類/彙編之屬
明季三孝廉集　羅振玉輯　民國八年(1919)上虞羅氏鉛印本　十册

330000－1750－0000743　普0743　集部/詩文評類/詩評之屬
帶經堂詩話三十卷首一卷　(清)王士禛撰　(清)張宗柟輯　民國上海掃葉山房石印本　十册

330000－1750－0000746　普0746　集部/詩文評類/文評之屬
文心雕龍十卷　(南朝梁)劉勰撰　(清)黃叔琳注　(清)紀昀評　民國十三年(1924)上海啓新書局石印本　四册

330000－1750－0000747　普0747　集部/詩文評類/文評之屬
文心雕龍十卷　(南朝梁)劉勰撰　(清)黃叔琳注　(清)紀昀評　民國上海文瑞樓石印本　四册

330000－1750－0000749　普0749　集部/詩文評類/詩評之屬
名媛詩話八卷　(清)沈善寶撰　民國十二年(1923)沈敏元鉛印本　二册

330000－1750－0000750　普0750　集部/詞類/別集之屬
二窗詞客全集　周岸登撰　民國上海中華書局鉛印本　二册　存一種

330000－1750－0000751　普0751　集部/詩文評類/詩評之屬
石遺室詩話三十二卷　陳衍撰　民國十八年(1929)上海商務印書館鉛印本　四册

330000－1750－0000752　普0752　集部/戲劇類/傳奇之屬
長生殿二卷五十齣　(清)洪昇撰　民國十九年(1930)上海掃葉山房石印本　四册

330000－1750－0000753　普0753　類叢部/叢書類/彙編之屬
嘉業堂叢書五十七種　劉承幹編　民國吳興劉氏嘉業堂刻本　一册　存一種

330000－1750－0000754　普0754　類叢部/叢書類/彙編之屬
嘉業堂叢書五十七種　劉承幹編　民國吳興劉氏嘉業堂刻本　二册　存一種

330000－1750－0000755　普0755　類叢部/

叢書類/彙編之屬

嘉業堂叢書五十七種 劉承幹編 民國吳興劉氏嘉業堂刻本 十八冊 存一種

330000－1750－0000756 普0756 類叢部/叢書類/彙編之屬

嘉業堂叢書五十七種 劉承幹編 民國吳興劉氏嘉業堂刻本 二冊 存一種

330000－1750－0000757 普0757 類叢部/叢書類/彙編之屬

嘉業堂叢書五十七種 劉承幹編 民國吳興劉氏嘉業堂刻本 一冊 存一種

330000－1750－0000758 普0758 類叢部/叢書類/彙編之屬

嘉業堂叢書五十七種 劉承幹編 民國吳興劉氏嘉業堂刻本 二冊 存一種

330000－1750－0000759 普0759 類叢部/叢書類/彙編之屬

嘉業堂叢書五十七種 劉承幹編 民國吳興劉氏嘉業堂刻本 四冊 存一種

330000－1750－0000760 普0760 類叢部/叢書類/彙編之屬

嘉業堂叢書五十七種 劉承幹編 民國吳興劉氏嘉業堂刻本 六冊 存一種

330000－1750－0000761 普0761 類叢部/叢書類/彙編之屬

嘉業堂叢書五十七種 劉承幹編 民國吳興劉氏嘉業堂刻本 四冊 存一種

330000－1750－0000762 普0762 類叢部/叢書類/彙編之屬

嘉業堂叢書五十七種 劉承幹編 民國吳興劉氏嘉業堂刻本 二冊 存一種

330000－1750－0000763 普0763 類叢部/叢書類/彙編之屬

嘉業堂叢書五十七種 劉承幹編 民國吳興劉氏嘉業堂刻本 一冊 存一種

330000－1750－0000764 普0764 類叢部/叢書類/彙編之屬

嘉業堂叢書五十七種 劉承幹編 民國吳興劉氏嘉業堂刻本 一冊 存一種

330000－1750－0000765 普0765 類叢部/叢書類/彙編之屬

嘉業堂叢書五十七種 劉承幹編 民國吳興劉氏嘉業堂刻本 一冊 存一種

330000－1750－0000766 普0766 類叢部/叢書類/彙編之屬

嘉業堂叢書五十七種 劉承幹編 民國吳興劉氏嘉業堂刻本 六冊 存一種

330000－1750－0000767 普0767 類叢部/叢書類/彙編之屬

嘉業堂叢書五十七種 劉承幹編 民國吳興劉氏嘉業堂刻本 一冊 存一種

330000－1750－0000768 普0768 集部/別集類/宋別集

沈忠敏公龜谿集十二卷附錄一卷 (宋)沈與求撰 民國二年(1913)吳興劉氏嘉業堂刻本 四冊

330000－1750－0000770 普0770 經部/小學類/文字之屬/說文/傳說

說文段注訂補十四卷 (清)王紹蘭撰 民國三年(1914)吳興劉氏嘉業堂刻本 四冊

330000－1750－0000771 普0771 類叢部/叢書類/郡邑之屬

吳興叢書六十六種 劉承幹編 民國吳興劉氏嘉業堂刻本 四冊 存一種

330000－1750－0000772 普0772 類叢部/叢書類/郡邑之屬

吳興叢書六十六種 劉承幹編 民國吳興劉氏嘉業堂刻本 二冊 存一種

330000－1750－0000775 普0775 類叢部/叢書類/郡邑之屬

吳興叢書六十六種 劉承幹編 民國吳興劉氏嘉業堂刻本 一冊 存一種

330000－1750－0000777 普0777 類叢部/叢書類/郡邑之屬

吳興叢書六十六種　劉承幹編　民國吳興劉氏嘉業堂刻本　一册　存一種

330000－1750－0000779　普0779　類叢部/叢書類/郡邑之屬

吳興叢書六十六種　劉承幹編　民國吳興劉氏嘉業堂刻本　一册　存一種

330000－1750－0000781　普0781　類叢部/叢書類/郡邑之屬

吳興叢書六十六種　劉承幹編　民國吳興劉氏嘉業堂刻本　一册　存一種

330000－1750－0000782　普0782　類叢部/叢書類/郡邑之屬

吳興叢書六十六種　劉承幹編　民國吳興劉氏嘉業堂刻本　二十四册　存一種

330000－1750－0000783　普0783　類叢部/叢書類/郡邑之屬

吳興叢書六十六種　劉承幹編　民國吳興劉氏嘉業堂刻本　一册　存一種

330000－1750－0000784　普0784　類叢部/叢書類/郡邑之屬

吳興叢書六十六種　劉承幹編　民國吳興劉氏嘉業堂刻本　一册　存一種

330000－1750－0000785　普0785　類叢部/叢書類/郡邑之屬

吳興叢書六十六種　劉承幹編　民國吳興劉氏嘉業堂刻本　一册　存一種

330000－1750－0000786　普0786　類叢部/叢書類/郡邑之屬

吳興叢書六十六種　劉承幹編　民國吳興劉氏嘉業堂刻本　一册　存一種

330000－1750－0000787　普0787　類叢部/叢書類/郡邑之屬

吳興叢書六十六種　劉承幹編　民國吳興劉氏嘉業堂刻本　一册　存一種

330000－1750－0000788　普0788　類叢部/叢書類/郡邑之屬

吳興叢書六十六種　劉承幹編　民國吳興劉氏嘉業堂刻本　二册　存一種

330000－1750－0000789　普0789　類叢部/叢書類/郡邑之屬

吳興叢書六十六種　劉承幹編　民國吳興劉氏嘉業堂刻本　六册　存一種

330000－1750－0000790　普0790　類叢部/叢書類/彙編之屬

適園叢書七十四種　張鈞衡編　民國二年至六年（1913－1917）烏程張氏刻二十二年（1933）張乃熊重修本　一百九十二册

330000－1750－0000794　普0794　類叢部/叢書類/彙編之屬

古今説部叢書二百七十二種　國學扶輪社輯　民國四年（1915）中國圖書公司和記鉛印本　三十六册　存二百五種

330000－1750－0000797　普0797　類叢部/叢書類/彙編之屬

知不足齋叢書一百九十五種　（清）鮑廷博輯　（清）鮑士恭續輯　民國十年（1921）上海古書流通處據清鮑氏刻本影印本　三册　存一種

330000－1750－0000798　普0798　類叢部/叢書類/彙編之屬

庚辰叢編十種　趙詒琛　王大隆輯　民國二十九年（1940）鉛印本　四册

330000－1750－0000799　普0799　類叢部/叢書類/彙編之屬

戊寅叢編十種　趙詒琛輯　王大隆輯　民國二十七年（1938）鉛印本　四册

330000－1750－0000800　普0800　類叢部/叢書類/自著之屬

心史叢刊十六種　孟森撰　民國五年至六年（1916－1917）上海商務印書館鉛印本　一册　存三種

330000－1750－0000801　普0801　類叢部/叢書類/自著之屬

心史叢刊十四種　孟森撰　民國二十五年（1936）上海大東書局鉛印本　二册　存十

一種

330000－1750－0000802　普0802　類叢部/叢書類/彙編之屬

景印元明善本叢書十種　商務印書館編　民國上海商務印書館影印本　二十二冊　存一種

330000－1750－0000804　普0804　子部/叢編

清代筆記叢刊四十一種　文明書局編　民國上海文明書局石印本　一百六十冊

330000－1750－0000805　普0805　子部/小説家類

筆記小説大觀二百二十二種　進步書局輯　民國上海進步書局石印本　七十一冊　存四十四種

330000－1750－0000806　普0806　子部/小説家類

筆記小説大觀二百二十二種　進步書局輯　民國上海進步書局石印本　八冊　存三種

330000－1750－0000819　普0819　類叢部/叢書類/自著之屬

舜水遺書四種附錄一卷　（明）朱之瑜撰　民國二年（1913）山陰湯壽潛鉛印本　十二冊

330000－1750－0000821　普0821　類叢部/叢書類/郡邑之屬

豫章叢書六十種附一種　胡思敬編　民國四年至九年（1915－1920）南昌豫章叢書編刻局刻本　四冊　存二種

330000－1750－0000822　普0822　類叢部/叢書類/自著之屬

章氏叢書初集　章炳麟撰　民國上海右文社鉛印本　一冊　存一種

330000－1750－0000823　普0823　類叢部/叢書類/自著之屬

章氏叢書續編七種　章炳麟撰　民國三十二年（1943）成都薛氏崇禮堂刻本　四冊

330000－1750－0000825　普0825　類叢部/叢書類/自著之屬

船山遺書六十六種附一種　（清）王夫之撰　民國二十二年（1933）上海太平洋書店鉛印本　八十冊

330000－1750－0000826　普0826　類叢部/叢書類/自著之屬

陳新政遺集三種　陳文圖撰　民國十八年（1929）鉛印本　二冊

330000－1750－0000831　普0831　新學/報章

新聞報館三十年紀念冊不分卷　上海新聞報館編　民國十一年（1922）上海新聞報館鉛印本　一冊

330000－1750－0000833　普0833　集部/別集類

寫憂賸稿一卷　嚴昌堉撰　民國十八年（1929）鉛印本　一冊

330000－1750－0000838　普0838　類叢部/叢書類/彙編之屬

知不足齋叢書一百九十五種　（清）鮑廷博輯　（清）鮑士恭續輯　民國十年（1921）上海古書流通處據清鮑氏刻本影印本　一冊　存二種

330000－1750－0000845　普0845　史部/傳記類/總傳之屬/仕宦

光宣列傳四十卷前編二卷附編一卷　金梁輯　民國二十三年（1934）鉛印本　六冊

330000－1750－0000849　普0849　子部/雜著類

國學叢編不分卷　章炳麟等編　民國北平中國大學鉛印本　二冊

330000－1750－0000850　普0850　集部/別集類/清別集

巢經巢遺詩四卷逸詩一卷　（清）鄭珍撰　民國十七年至十八年（1928－1929）貴陽趙宗充鉛印本　二冊

330000－1750－0000851　普0851　史部/地理類/遊記之屬/紀勝

浭眉行卷一卷　陶闓士撰　民國鉛印本　一冊

330000－1750－0000852　普 0852　史部/政書類/邦計之屬/錢幣

制錢通考三卷　(清)唐與崑輯　民國上海聚珍倣宋印書局鉛印本　一冊

330000－1750－0000853　普 0853　集部/詩文評類/文評之屬

文學研究法四卷　姚永樸撰　民國上海商務印書館鉛印本　一冊　存一卷(一)

330000－1750－0000855　普 0855　子部/叢編

六子全書　(明)顧春輯　民國三年(1914)右文社據明嘉靖十二年(1533)吳郡顧氏世德堂刻本影印本　十冊　存三種

330000－1750－0000857　普 0857　集部/戲劇類/傳奇之屬

古僮文獻攟遺　民國五年(1916)上海國光書局鉛印本　一冊　存一種

330000－1750－0000858　普 0858　史部/史表類/斷代之屬

補遼史交聘表五卷　張亮采撰　民國石印本　一冊　缺二卷(四至五)

330000－1750－0000859　普 0859　類叢部/叢書類/彙編之屬

四部精華一百二十五種　陸翔選輯　民國十二年(1923)上海世界書局石印本　二十五冊　存一百十一種

330000－1750－0000860　普 0860　史部/紀傳類/正史之屬

二十四史附考證　民國十二年(1923)上海中華書局影印本　二冊　存一種

330000－1750－0000861　普 0861　史部/史抄類

二十四史輯要六十四卷附二十四史總目一卷二十四史四庫提要一卷　趙華基編　民國二十二年(1933)上海中華書局鉛印本　六冊　存二卷(總目、四庫提要)

330000－1750－0000863　普 0863　史部/紀傳類/正史之屬

百衲本二十四史　張元濟輯　民國上海商務印書館影印本　八百十九冊　缺六卷(後漢書志二十五至三十)

330000－1750－0000864　普 0864　史部/紀傳類/正史之屬

百衲本二十四史　張元濟輯　民國上海商務印書館影印本　二十四冊　存一種

330000－1750－0000865　普 0865　史部/紀傳類/正史之屬

百衲本二十四史　張元濟輯　民國上海商務印書館影印本　三十二冊　存一種

330000－1750－0000866　普 0866　史部/紀傳類/正史之屬

百衲本二十四史　張元濟輯　民國上海商務印書館影印本　二十四冊　存一種

330000－1750－0000867　普 0867　類叢部/叢書類/彙編之屬

四部叢刊　張元濟等編　民國上海商務印書館影印本　一百十三冊　存十一種

330000－1750－0000868　普 0868　類叢部/叢書類/彙編之屬

四部叢刊　張元濟等編　民國上海商務印書館影印本　三冊　存一種

330000－1750－0000869　普 0869　類叢部/叢書類/彙編之屬

四部叢刊　張元濟等編　民國上海商務印書館影印本　三冊　存一種

330000－1750－0000870　普 0870　類叢部/叢書類/彙編之屬

四部叢刊　張元濟等編　民國上海商務印書館影印本　二冊　存一種

330000－1750－0000871　普 0871　類叢部/叢書類/彙編之屬

四部叢刊　張元濟等編　民國上海商務印書館影印本　六冊　存一種

330000－1750－0000872　普 0872　類叢部/叢書類/彙編之屬
四部叢刊　張元濟等編　民國上海商務印書館影印本　二冊　存一種

330000－1750－0000873　普 0873　類叢部/叢書類/彙編之屬
四部叢刊　張元濟等編　民國上海商務印書館影印本　一百冊　存十一種

330000－1750－0000874　普 0874　類叢部/叢書類/彙編之屬
四部叢刊　張元濟等編　民國上海商務印書館影印本　一冊　存一種

330000－1750－0000875　普 0875　類叢部/叢書類/彙編之屬
四部叢刊　張元濟等編　民國八年(1919)上海商務印書館影印本　一冊　存一種

330000－1750－0000876　普 0876　類叢部/叢書類/彙編之屬
四部叢刊　張元濟等編　民國八年(1919)上海商務印書館影印本　十二冊　存一種

330000－1750－0000877　普 0877　類叢部/叢書類/彙編之屬
四部叢刊　張元濟等編　民國上海商務印書館影印本　六十四冊　存四種

330000－1750－0000878　普 0878　類叢部/叢書類/彙編之屬
四部叢刊　張元濟等編　民國八年(1919)上海商務印書館影印本　四十四冊　存二種

330000－1750－0000879　普 0879　類叢部/叢書類/彙編之屬
四部叢刊　張元濟等編　民國上海商務印書館影印本　五十五冊　存五種

330000－1750－0000880　普 0880　類叢部/叢書類/彙編之屬
四部叢刊　張元濟等編　民國上海商務印書館影印本　二冊　存一種

330000－1750－0000881　普 0881　類叢部/叢書類/彙編之屬
四部叢刊　張元濟等編　民國上海商務印書館影印本　二冊　存一種

330000－1750－0000882　普 0882　類叢部/叢書類/彙編之屬
四部叢刊　張元濟等編　民國上海商務印書館影印本　十一冊　存四種

330000－1750－0000883　普 0883　類叢部/叢書類/彙編之屬
四部叢刊　張元濟等編　民國十八年(1929)上海商務印書館影印本　二冊　存一種

330000－1750－0000884　普 0884　類叢部/叢書類/彙編之屬
四部叢刊　張元濟等編　民國十八年(1929)上海商務印書館影印本　二冊　存一種

330000－1750－0000885　普 0885　類叢部/叢書類/彙編之屬
四部叢刊　張元濟等編　民國上海商務印書館影印本　一冊　存一種

330000－1750－0000886　普 0886　類叢部/叢書類/彙編之屬
四部叢刊　張元濟等編　民國十八年(1929)上海商務印書館影印本　四冊　存一種

330000－1750－0000887　普 0887　類叢部/叢書類/彙編之屬
四部叢刊　張元濟等編　民國上海商務印書館影印本　二冊　存一種

330000－1750－0000888　普 0888　類叢部/叢書類/彙編之屬
四部叢刊　張元濟等編　民國上海商務印書館影印本　一冊　存一種

330000－1750－0000889　普 0889　類叢部/叢書類/彙編之屬
四部叢刊　張元濟等編　民國十八年(1929)上海商務印書館影印本　四冊　存一種

330000－1750－0000890　普 0890　類叢部/叢書類/彙編之屬

四部叢刊　張元濟等編　民國上海商務印書館影印本　六册　存一種

330000－1750－0000891　普 0891　類叢部/叢書類/彙編之屬

四部叢刊　張元濟等編　民國上海商務印書館影印本　十册　存一種

330000－1750－0000892　普 0892　類叢部/叢書類/彙編之屬

四部叢刊　張元濟等編　民國十八年(1929)上海商務印書館影印本　四册　存一種

330000－1750－0000893　普 0893　類叢部/叢書類/彙編之屬

四部叢刊　張元濟等編　民國十八年(1929)上海商務印書館影印本　四册　存一種

330000－1750－0000894　普 0894　類叢部/叢書類/彙編之屬

四部叢刊　張元濟等編　民國上海商務印書館影印本　四册　存二種

330000－1750－0000895　普 0895　類叢部/叢書類/彙編之屬

四部叢刊　張元濟等編　民國上海商務印書館影印本　十册　存二種

330000－1750－0000896　普 0896　類叢部/叢書類/彙編之屬

四部叢刊　張元濟等編　民國上海商務印書館影印本　四册　存一種

330000－1750－0000897　普 0897　類叢部/叢書類/彙編之屬

四部叢刊　張元濟等編　民國上海商務印書館影印本　四册　存一種

330000－1750－0000898　普 0898　類叢部/叢書類/彙編之屬

四部叢刊　張元濟等編　民國上海商務印書館影印本　八册　存一種

330000－1750－0000899　普 0899　類叢部/叢書類/彙編之屬

四部叢刊　張元濟等編　民國上海商務印書館影印本　二十七册　存四種

330000－1750－0000900　普 0900　類叢部/叢書類/彙編之屬

四部叢刊　張元濟等編　民國上海商務印書館影印本　六册　存一種

330000－1750－0000901　普 0901　類叢部/叢書類/彙編之屬

四部叢刊　張元濟等編　民國上海商務印書館影印本　二册　存一種

330000－1750－0000902　普 0902　類叢部/叢書類/彙編之屬

四部叢刊　張元濟等編　民國上海商務印書館影印本　二册　存一種

330000－1750－0000903　普 0903　類叢部/叢書類/彙編之屬

四部叢刊　張元濟等編　民國上海商務印書館影印本　二册　存一種

330000－1750－0000904　普 0904　類叢部/叢書類/彙編之屬

四部叢刊　張元濟等編　民國上海商務印書館影印本　一册　存一種

330000－1750－0000905　普 0905　類叢部/叢書類/彙編之屬

四部叢刊　張元濟等編　民國上海商務印書館影印本　八册　存一種

330000－1750－0000906　普 0906　類叢部/叢書類/彙編之屬

四部叢刊　張元濟等編　民國上海商務印書館影印本　八册　存一種

330000－1750－0000907　普 0907　類叢部/叢書類/彙編之屬

四部叢刊續編七十七種　張元濟等編　民國二十五年(1936)上海商務印書館影印本　二十三册　存十種

330000－1750－0000908　普 0908　類叢部/叢書類/彙編之屬

四部叢刊續編七十七種　張元濟等編　民國

二十三年(1934)上海商務印書館影印本　十冊　存一種

330000－1750－0000909　普 0909　類叢部/叢書類/彙編之屬
四部叢刊續編七十七種　張元濟等編　民國二十三年(1934)上海商務印書館影印本　八十五冊　存十種

330000－1750－0000910　普 0910　類叢部/叢書類/彙編之屬
四部叢刊續編七十七種　張元濟等編　民國二十五年(1936)上海商務印書館影印本　九冊　存三種

330000－1750－0000911　普 0911　類叢部/叢書類/彙編之屬
四部叢刊續編七十七種　張元濟等編　民國二十三年(1934)上海商務印書館影印本　一冊　存一種

330000－1750－0000912　普 0912　類叢部/叢書類/彙編之屬
四部叢刊續編七十七種　張元濟等編　民國二十五年(1936)上海商務印書館影印本　二冊　存一種

330000－1750－0000913　普 0913　類叢部/叢書類/彙編之屬
四部叢刊續編七十七種　張元濟等編　民國二十五年(1936)上海商務印書館影印本　六冊　存一種

330000－1750－0000914　普 0914　類叢部/叢書類/彙編之屬
四部叢刊續編七十七種　張元濟等編　民國二十五年(1936)上海商務印書館影印本　二冊　存一種

330000－1750－0000915　普 0915　類叢部/叢書類/彙編之屬
四部叢刊續編七十七種　張元濟等編　民國二十五年(1936)上海商務印書館影印本　二冊　存一種

330000－1750－0000916　普 0916　類叢部/叢書類/彙編之屬
四部叢刊三編七十一種　張元濟等編　民國二十四年至二十五年(1935－1936)上海商務印書館影印本　四冊　存三種

330000－1750－0000917　普 0917　類叢部/叢書類/彙編之屬
四部叢刊三編七十一種　張元濟等編　民國二十四年至二十五年(1935－1936)上海商務印書館影印本　一冊　存一種

330000－1750－0000918　普 0918　類叢部/叢書類/彙編之屬
四庫全書珍本初集二百三十種　中央圖書館籌備處輯　民國二十三年至二十四年(1934－1935)上海商務印書館據文淵閣本影印本　二十八冊　存三種

330000－1750－0000919　普 0919　類叢部/叢書類/彙編之屬
四部備要　中華書局編　民國二十五年(1936)上海中華書局鉛印本　二千四百九十二冊　存三百五十一種

330000－1750－0000920　普 0920　類叢部/叢書類/彙編之屬
四部備要　中華書局編　民國二十五年(1936)上海中華書局鉛印本　一百三十三冊　存十六種

330000－1750－0000921　普 0921　類叢部/叢書類/彙編之屬
四部備要　中華書局編　民國二十五年(1936)上海中華書局鉛印本　四十冊　存五種

330000－1750－0000922　普 0922　類叢部/叢書類/彙編之屬
四部備要　中華書局編　民國二十五年(1936)上海中華書局鉛印本　十八冊　存二種

330000－1750－0000923　普 0923　類叢部/叢書類/彙編之屬
四部備要　中華書局編　民國二十五年

(1936)上海中華書局鉛印本　罪非居士題記　二册　存一種

330000－1750－0000924　普0924　類叢部/叢書類/彙編之屬

四部備要　中華書局編　民國二十五年(1936)上海中華書局鉛印本　二册　存一種

330000－1750－0000925　普0925　類叢部/叢書類/彙編之屬

四部備要　中華書局編　民國二十五年(1936)上海中華書局鉛印本　十二册　存六種

330000－1750－0000926　普0926　類叢部/叢書類/彙編之屬

四部備要　中華書局編　民國二十五年(1936)上海中華書局鉛印本　八十三册　存九種

330000－1750－0000927　普0927　類叢部/叢書類/彙編之屬

四部備要　中華書局編　民國二十五年(1936)上海中華書局鉛印本　四册　存一種

330000－1750－0000928　普0928　類叢部/叢書類/彙編之屬

四部備要　中華書局編　民國二十五年(1936)上海中華書局鉛印本　八册　存二種

330000－1750－0000929　普0929　類叢部/叢書類/彙編之屬

四部備要　中華書局編　民國二十五年(1936)上海中華書局鉛印本　六十册　存九種

330000－1750－0000930　普0930　類叢部/叢書類/彙編之屬

四部備要　中華書局編　民國二十五年(1936)上海中華書局鉛印本　十一册　存二種

330000－1750－0000931　普0931　類叢部/叢書類/彙編之屬

四部備要　中華書局編　民國二十五年(1936)上海中華書局鉛印本　六册　存一種

330000－1750－0000932　普0932　類叢部/叢書類/彙編之屬

四部備要　中華書局編　民國二十五年(1936)上海中華書局鉛印本　三十七册　存十種

330000－1750－0000933　普0933　類叢部/叢書類/彙編之屬

四部備要　中華書局編　民國二十五年(1936)上海中華書局鉛印本　四十四册　存九種

330000－1750－0000934　普0934　類叢部/叢書類/彙編之屬

四部備要　中華書局編　民國二十五年(1936)上海中華書局鉛印本　五十册　存二種

330000－1750－0000935　普0935　類叢部/叢書類/彙編之屬

四部備要　中華書局編　民國二十五年(1936)上海中華書局鉛印本　六册　存一種

330000－1750－0000936　普0936　類叢部/叢書類/彙編之屬

四部備要　中華書局編　民國二十五年(1936)上海中華書局鉛印本　二册　存一種

330000－1750－0000937　普0937　類叢部/叢書類/彙編之屬

四部備要　中華書局編　民國二十五年(1936)上海中華書局鉛印本　四册　存一種

330000－1750－0000938　普0938　史部/目録類/版本之屬/書影

重印聚珍倣宋版五開大本四部備要樣本不分卷　中華書局編　民國二十三年(1934)中華書局鉛印本　一册

330000－1750－0000939　普0939　類叢部/叢書類/彙編之屬

四部備要　中華書局編　民國二十五年(1936)上海中華書局鉛印本　三十八册　存三種

330000－1750－0000940　普0940　類叢部/

叢書類/彙編之屬
四部備要　中華書局編　民國二十五年(1936)上海中華書局鉛印本　四冊　存一種

330000－1750－0000941　普 0941　類叢部/叢書類/彙編之屬
四部備要　中華書局編　民國二十五年(1936)上海中華書局鉛印本　十二冊　存一種

330000－1750－0000942　普 0942　類叢部/叢書類/彙編之屬
四部備要　中華書局編　民國二十五年(1936)上海中華書局鉛印本　八冊　存一種

330000－1750－0000943　普 0943　類叢部/叢書類/彙編之屬
四部備要　中華書局編　民國二十五年(1936)上海中華書局鉛印本　四十九冊　存五種

330000－1750－0000944　普 0944　類叢部/叢書類/彙編之屬
四部備要　中華書局編　民國二十五年(1936)上海中華書局鉛印本　三十四冊　存三種

330000－1750－0000945　普 0945　類叢部/叢書類/彙編之屬
四部備要　中華書局編　民國二十五年(1936)上海中華書局鉛印本　三十二冊　存二種

330000－1750－0000946　普 0946　類叢部/叢書類/彙編之屬
四部備要　中華書局編　民國二十五年(1936)上海中華書局鉛印本　三十六冊　存一種

330000－1750－0000947　普 0947　類叢部/叢書類/彙編之屬
四部備要　中華書局編　民國十三年(1924)上海中華書局鉛印本　十二冊　存一種

330000－1750－0000948　普 0948　類叢部/叢書類/彙編之屬
四部備要　中華書局編　民國二十五年(1936)上海中華書局鉛印本　二十四冊　存三種

330000－1750－0000949　普 0949　類叢部/叢書類/彙編之屬
四部備要　中華書局編　民國二十五年(1936)上海中華書局鉛印本　六冊　存一種

330000－1750－0000950　普 0950　類叢部/叢書類/彙編之屬
四部備要　中華書局編　民國二十五年(1936)上海中華書局鉛印本　八冊　存一種

330000－1750－0000951　普 0951　類叢部/叢書類/彙編之屬
四部備要　中華書局編　民國二十五年(1936)上海中華書局鉛印本　八冊　存一種

330000－1750－0000952　普 0952　類叢部/叢書類/彙編之屬
四部備要　中華書局編　民國二十五年(1936)上海中華書局鉛印本　二十二冊　存二種

330000－1750－0000953　普 0953　類叢部/叢書類/彙編之屬
四部備要　中華書局編　民國二十五年(1936)上海中華書局鉛印本　二冊　存一種

330000－1750－0000954　普 0954　類叢部/叢書類/彙編之屬
四部備要　中華書局編　民國二十五年(1936)上海中華書局鉛印本　四冊　存一種

330000－1750－0000955　普 0955　類叢部/叢書類/彙編之屬
四部備要　中華書局編　民國二十五年(1936)上海中華書局鉛印本　一冊　存一種

330000－1750－0000956　普 0956　類叢部/叢書類/彙編之屬
四部備要　中華書局編　民國二十五年(1936)上海中華書局鉛印本　四冊　存一種

330000－1750－0000957　普 0957　類叢部/

叢書類/彙編之屬

四部備要 中華書局編 民國二十五年(1936)上海中華書局鉛印本 四册 存一種

330000－1750－0000958 普0958 史部/目録類/版本之屬/書影

重印聚珍倣宋版五開大本四部備要樣本不分卷 中華書局編 民國二十三年(1934)中華書局鉛印本 一册

330000－1750－0000959 普0959 類叢部/類書類/通類之屬

古今圖書集成考證二十四卷 (清)蔣廷錫 (清)陳夢雷等輯 民國二十三年(1934)中華書局影印本 六册 缺六卷(十九至二十四)

330000－1750－0000960 普0960 類叢部/類書類/通類之屬

古今圖書集成考證二十四卷 (清)蔣廷錫 (清)陳夢雷等輯 民國二十三年(1934)中華書局影印本 八册

330000－1750－0000961 普0961 類叢部/類書類/通類之屬

古今圖書集成考證二十四卷 (清)蔣廷錫 (清)陳夢雷等輯 民國二十三年(1934)中華書局影印本 八册

330000－1750－0000962 普0962 類叢部/類書類/通類之屬

欽定古今圖書集成一萬卷目錄四十卷 (清)蔣廷錫 (清)陳夢雷等輯 **古今圖書集成考證二十四卷** 民國二十三年(1934)中華書局影印本 七百八十七册 缺一百七十四卷(博物彙編草木典二百三十六至二百四十九、理學彙編字學典一至一百六十)

330000－1750－0000963 普0963 類叢部/類書類/通類之屬

欽定古今圖書集成一萬卷目錄四十卷 (清)蔣廷錫 (清)陳夢雷等輯 **古今圖書集成考證二十四卷** 民國二十三年(1934)中華書局影印本 六册 存四十卷(目錄一至四十)

330000－1750－0000964 普0964 類叢部/類書類/通類之屬

欽定古今圖書集成一萬卷目錄四十卷 (清)蔣廷錫 (清)陳夢雷等輯 **古今圖書集成考證二十四卷** 民國二十三年(1934)中華書局影印本 二册 存十四卷(目錄十四至二十七)

330000－1750－0000965 普0965 類叢部/類書類/通類之屬

古今圖書集成目錄四十卷 (清)蔣廷錫 (清)陳夢雷等輯 民國二十三年(1934)中華書局影印本 八册 存六卷(三十五至四十)

330000－1750－0000966 普0966 類叢部/叢書類/郡邑之屬

四明叢書一百六十七種 張壽鏞編 民國四明張氏約園刻本 六百三十二册

330000－1750－0000967 普0967 類叢部/叢書類/郡邑之屬

四明叢書一百六十七種 張壽鏞編 民國四明張氏約園刻本 一百八十七册 存六十五種

330000－1750－0000968 普0968 類叢部/叢書類/郡邑之屬

四明叢書一百六十七種 張壽鏞編 民國四明張氏約園刻本 四百六册 存一百種

330000－1750－0000969 普0969 子部/儒家類/儒家之屬

荀子集解二十卷首一卷 (唐)楊倞注 王先謙集解 民國上海商務印書館據清光緒十七年(1891)長沙王氏刻本影印本 六册

330000－1750－0000971 普0971 類叢部/叢書類/彙編之屬

四部叢刊續編七十七種 張元濟等編 民國二十五年(1936)上海商務印書館影印本 一册 存一種

330000－1750－0000972 普0972 集部/別集類

慧業精舍吟草一卷 釋啓聖撰 民國二十一年(1932)鉛印本 一册

330000－1750－0000974　普0974　類叢部/叢書類/彙編之屬

國立北京大學研究院文史叢刊　國立北京大學研究院文史部編　民國上海商務印書館鉛印本暨影印本　一册　存一種

330000－1750－0000977　普0977　類叢部/叢書類/彙編之屬

四部備要　中華書局編　民國二十五年(1936)上海中華書局鉛印本　四册　存一種

330000－1750－0000978　普0978　類叢部/叢書類/彙編之屬

四部叢刊　張元濟等編　民國上海商務印書館影印本　四册　存一種

330000－1750－0000979　普0979　子部/雜著類/雜考之屬

鼠璞二卷　(宋)戴埴撰　民國二十年(1931)四明張氏約園刻藍印本　一册

330000－1750－0000982　普0982　子部/藝術類/書畫之屬

欽定石渠寶笈三編總目不分卷　民國六年(1917)上虞羅振玉影印本　三册

330000－1750－0000984　普0984　經部/小學類/音韻之屬/韻書

江氏音學十書七種附一種十二卷　(清)江有誥撰　民國二十三年(1934)渭南嚴氏刻本　一册

330000－1750－0000985　普0985　子部/藝術類/書畫之屬/畫譜

石濤和尚山水集二不分卷　(清)釋道濟繪　民國二十一年(1932)上海中華書局影印本　一册

330000－1750－0000986　普0986　子部/藝術類/書畫之屬/畫譜

石濤和尚山水集四不分卷　(清)釋道濟繪　民國二十一年(1932)上海中華書局影印本　一册

330000－1750－0000987　普0987　子部/藝術類/書畫之屬/畫譜

黄瘿瓢人物山水集錦一卷　(清)黄慎繪　民國二十三年(1934)上海中華書局影印本　一册

330000－1750－0000988　普0988　子部/藝術類/書畫之屬/畫譜

陳白陽花卉册不分卷　(明)陳淳繪　民國十八年(1929)上海中華書局影印本　一册

330000－1750－0000989　普0989　子部/藝術類/書畫之屬/畫譜

李穀齋山水册不分卷　(清)李世倬繪　民國二十三年(1934)上海中華書局影印本　一册

330000－1750－0000990　普0990　子部/藝術類/書畫之屬/畫譜

王石谷臨安山色圖卷不分卷　(清)王翬繪　民國十二年(1923)上海中華書局影印本　一册

330000－1750－0000991　普0991　子部/藝術類/書畫之屬/畫譜

華新羅寫景山水册不分卷　(清)華喦繪　民國十七年(1928)文明書局影印本　一册

330000－1750－0000992　普0992　子部/藝術類/書畫之屬/畫譜

黄瘿瓢人物册一卷　(清)黄慎繪　民國十九年(1930)上海文明書局影印本　一册

330000－1750－0000993　普0993　子部/藝術類/書畫之屬/畫譜

吴待秋花卉册不分卷　吴徵繪　民國二十三年(1934)上海文明書局、中華書局影印本　一册

330000－1750－0000994　普0994　子部/藝術類/書畫之屬/畫譜

馬扶曦花鳥草蟲册不分卷　(清)馬元馭繪　民國二十九年(1940)文明書局影印本　一册

330000－1750－0000995　普0995　子部/藝術類/書畫之屬/畫譜

觚廬畫屏不分卷　吴觀岱繪　民國十年(1921)上海文明書局影印本　一册

330000－1750－0000996　普 0996　子部/藝術類/書畫之屬

王師子書畫冊不分卷　王師子書並繪　民國十四年(1925)影印本　一冊

330000－1750－0000997　普 0997　子部/藝術類/書畫之屬/畫録

白龍山人畫選不分卷　王震繪　民國二十五年(1936)影印本　一冊

330000－1750－0000998　普 0998　子部/藝術類/書畫之屬/畫譜

蔣南沙花卉冊不分卷　(清)蔣廷錫繪　民國八年(1919)上海中華書局影印本　一冊

330000－1750－0000999　普 0999　子部/藝術類/書畫之屬/畫録

白龍山人畫選不分卷　王震繪　民國二十五年(1936)影印本　一冊

330000－1750－0001000　普 1000　子部/藝術類/書畫之屬/書法書品

寐叟題跋一集二卷二集二卷　沈曾植撰並書　民國十五年(1926)上海商務印書館石印本　二冊　存二卷(二集一至二)

330000－1750－0001001　普 1001　子部/藝術類/書畫之屬/法帖

唐搨溫泉銘一卷　(唐)太宗李世民撰並書　民國二十九年(1940)上海文明書局影印本　一冊

330000－1750－0001002　普 1002　子部/藝術類/書畫之屬/畫譜

張子祥課徒畫稿四卷　丁寶書臨摹　民國十二年(1923)上海中華書局影印本　二冊　存二卷(二、四)

330000－1750－0001003　普 1003　子部/藝術類/書畫之屬/畫譜

新羅山人畫冊精品不分卷　(清)華嵒繪　民國二十八年(1939)長沙商務印書館影印本　一冊

330000－1750－0001004　普 1004　子部/藝術類/書畫之屬/法帖

宋仲溫臨書譜真蹟不分卷　(明)宋克書　民國十七年(1928)上海文明書局影印本　一冊

330000－1750－0001005　普 1005　子部/藝術類/書畫之屬/法帖

鍾繇草書道德經不分卷　(三國魏)鍾繇書　民國三十五年(1946)廣倉學宭影印本　一冊

330000－1750－0001006　普 1006　子部/藝術類/書畫之屬/法帖

名人真蹟　民國中華書局影印本　一冊　存一種

330000－1750－0001007　普 1007　子部/藝術類/書畫之屬/法帖

黃石齋書王忠文祠記一卷　(明)黃道周書　民國十八年(1929)上海神州國光社影印本　一冊

330000－1750－0001008　普 1008　子部/藝術類/書畫之屬

媚秋堂藏名人書畫不分卷　馬氏媚秋堂藏　民國二十五年(1936)上海商務印書館影印本　一冊

330000－1750－0001009　普 1009　子部/藝術類/書畫之屬

媚秋堂藏名人書畫不分卷　馬氏媚秋堂藏　民國二十五年(1936)上海商務印書館影印本　一冊

330000－1750－0001010　普 1010　子部/藝術類/書畫之屬

墨巢秘笈藏影第一集不分卷　李宣龔藏　民國二十四年(1935)上海商務印書館影印本　一冊

330000－1750－0001011　普 1011　子部/藝術類/書畫之屬/畫譜

沈石田山水冊不分卷　(明)沈周繪　民國十六年(1927)無錫理工社製版所影印本　一冊

330000－1750－0001012　普 1012　子部/藝術類/書畫之屬/畫譜

黃子久山水長卷不分卷　(元)黃公望繪　民國二十年(1931)上海神州國光社影印本

一冊

330000－1750－0001013　普 1013　子部/藝術類/書畫之屬/畫譜

董思翁山水兩種合冊　(明)董其昌繪　民國上海有正書局影印本　一冊

330000－1750－0001014　普 1014　子部/藝術類/書畫之屬/法帖

曾農髯臨夏承碑全文一卷　曾熙書　民國七年(1918)上海震亞圖書局影印本　一冊

330000－1750－0001015　普 1015　子部/藝術類/書畫之屬/畫譜

石溪谿山無盡圖卷一卷　(清)釋髡殘繪　民國二十三年(1934)上海商務印書館影印本　周郇跋　一冊

330000－1750－0001016　普 1016　子部/藝術類/書畫之屬/畫譜

石濤山水冊一卷　(清)釋道濟繪　民國十八年(1929)上海商務印書館影印本　一冊

330000－1750－0001017　普 1017　子部/藝術類/書畫之屬/畫譜

華新羅寫景山水冊不分卷　(清)華喦繪　民國十七年(1928)文明書局影印本　一冊

330000－1750－0001018　普 1018　子部/藝術類/書畫之屬/畫譜

明周白川潑墨山水不分卷　(明)周用繪　民國十八年(1929)上海神州國光社影印本　一冊

330000－1750－0001019　普 1019　子部/藝術類/書畫之屬/畫譜

高且園書畫扇集不分卷　(清)高其佩繪　民國二十四年(1935)上海商務印書館影印本　一冊

330000－1750－0001020　普 1020　子部/藝術類/書畫之屬/畫譜

梅瞿山黃山十九景不分卷　(清)梅清繪　民國二十三年(1934)上海商務印書館影印本　一冊

330000－1750－0001021　普 1021　子部/藝術類/書畫之屬/畫譜

古代名畫　民國天繪閣影印本　一冊　存一種

330000－1750－0001022　普 1022　子部/藝術類/書畫之屬/畫譜

邵僧彌畫冊不分卷　(清)邵彌繪　民國二十年(1931)上海神州國光社影印本　一冊

330000－1750－0001023　普 1023　子部/藝術類/書畫之屬/畫譜

王仲山水墨畫冊不分卷　(明)王問繪　民國十九年(1930)上海神州國光社影印本　一冊

330000－1750－0001024　普 1024　子部/藝術類/書畫之屬/畫譜

譚海陵藏頤公伯年虛谷神品不分卷　(清)邊壽民等繪　民國二十三年(1934)上海華商書局影印本　一冊

330000－1750－0001025　普 1025　子部/藝術類/書畫之屬/畫録

悲鴻畫集不分卷　徐悲鴻繪　民國二十一年(1932)上海中華書局影印本　一冊

330000－1750－0001026　普 1026　子部/藝術類/書畫之屬/畫譜

王仲山水墨畫冊不分卷　(明)王問繪　民國十九年(1930)上海神州國光社影印本　一冊

330000－1750－0001027　普 1027　子部/藝術類/書畫之屬/畫譜

吳侃叔山水冊不分卷　(清)吳東發繪　民國十五年(1926)西泠印社影印本　一冊

330000－1750－0001028　普 1028　子部/藝術類/書畫之屬/畫譜

郭忠恕輞川圖卷不分卷　(宋)郭忠恕繪　民國十五年(1926)上海商務印書館影印本　周郇跋　一冊

330000－1750－0001029　普 1029　子部/藝術類/書畫之屬/畫譜

松柏名畫集不分卷　(明)胡靖等繪　陳伏廬藏　民國二十年(1931)上海商務印書館影印

本　一册

330000－1750－0001030　普 1030　子部/藝術類/書畫之屬/畫譜

顧弢庵畫冊不分卷　(清)顧鶴慶繪　民國十七年(1928)上海商務印書館影印本　一册

330000－1750－0001031　普 1031　子部/藝術類/書畫之屬/畫譜

吴仲圭漁父圖卷一卷　(元)吴鎮繪　民國二十五年(1936)上海商務印書館影印本　一册

330000－1750－0001032　普 1032　子部/藝術類/書畫之屬/畫譜

陳老蓮畫冊不分卷　(清)陳洪綬繪　民國二十三年(1934)上海商務印書館影印本　一册

330000－1750－0001033　普 1033　子部/藝術類/書畫之屬/畫譜

宋畫集錦山水不分卷　民國二十年(1931)神州國光社影印本　一册

330000－1750－0001034　普 1034　子部/藝術類/書畫之屬/畫譜

石濤紀遊圖詠一卷　(清)釋道濟繪　民國十八年(1929)上海商務印書館影印本　一册

330000－1750－0001035　普 1035　子部/藝術類/書畫之屬/畫譜

蕭尺木山水冊一卷　(清)蕭雲從繪　民國二十五年(1936)上海墨緣堂影印本　一册

330000－1750－0001036　普 1036　子部/藝術類/書畫之屬/畫譜

費曉樓東軒吟社圖不分卷　(清)費丹旭繪　民國影印本　一册

330000－1750－0001037　普 1037　史部/金石類/石之屬/文字

鄭文公碑一卷　民國上海有正書局影印本　一册

330000－1750－0001039　普 1039　子部/藝術類/書畫之屬/法帖

宋搨祖石絳帖不分卷　(晉)王羲之書　民國有正書局影印本　一册

330000－1750－0001040　普 1040　子部/藝術類/書畫之屬

泰山殘石樓藏畫　民國影印本　十册　存十種

330000－1750－0001041　普 1041　子部/藝術類/書畫之屬/畫譜

泰山殘石樓藏畫集錦不分卷　高邕藏　民國十八年(1929)美術製版社影印本　一册

330000－1750－0001042　普 1042　類叢部/叢書類/彙編之屬

四部叢刊　張元濟等編　民國上海商務印書館影印本　二册　存一種

330000－1750－0001043　普 1043　類叢部/叢書類/彙編之屬

四部叢刊　張元濟等編　民國上海商務印書館影印本　十二册　存一種

330000－1750－0001044　普 1044　集部/别集類/清别集

清邃堂遺詩六卷　(清)顔宗儀撰　民國三十二年(1943)上海涵芬樓據海鹽顔氏大海明月樓寫本影印本　二册

330000－1750－0001045　普 1045　類叢部/叢書類/彙編之屬

求恕齋叢書三十一種　劉承幹編　民國吴興劉氏嘉業堂刻本　四册　存一種

330000－1750－0001046　普 1046　史部/目録類/總録之屬/私撰

粹芬閣珍藏善本書目一卷　沈知方編　民國二十三年(1934)上海世界書局鉛印本　一册

330000－1750－0001047　普 1047　史部/地理類/遊記之屬/紀勝

子午山紀遊冊不分卷　趙愷　豐子愷　李瑜編　民國三十一年(1942)遵義孤兒所石印本　一册

330000－1750－0001048　普 1048　類叢部/叢書類/彙編之屬

求恕齋叢書三十一種　劉承幹編　民國吴興劉氏嘉業堂刻本　四册　存一種

330000－1750－0001049　普 1049　史部/地理類/方志之屬/郡縣志

嘉泰會稽志二十卷　(宋)沈作賓修　(宋)施宿等纂　民國十五年(1926)據清嘉慶十三年(1808)采鞠軒刻本影印本　九冊

330000－1750－0001051　普 1051　史部/地理類/方志之屬/郡縣志

[寶慶]會稽續志八卷　(宋)張淏纂修　民國十五年(1926)據清嘉慶十三年(1808)刻本影印本　三冊

330000－1750－0001052　普 1052　類叢部/叢書類/彙編之屬

嘉業堂叢書五十七種　劉承幹編　民國吳興劉氏嘉業堂刻本　一冊　存一種

330000－1750－0001053　普 1053　史部/史表類/通代之屬

嘉慶一統志表二十卷　(清)穆彰阿纂修　胡文楷輯　民國二十四年(1935)上海商務印書館影印本　十冊

330000－1750－0001054　普 1054　子部/工藝類/日用器物之屬/雕刻

竹人錄二卷　(清)金元鈺撰　民國二十七年(1938)鄞縣秦彥沖睿識閣鉛印本　一冊

330000－1750－0001055　普 1055　類叢部/叢書類/彙編之屬

金陵大學中國文化研究所叢刊　民國金陵大學中國文化研究所刻本、鉛印本暨影印本　一冊　存一種

330000－1750－0001056　普 1056　史部/地理類/方志之屬/郡縣志

[民國]南潯志六十卷首一卷　周慶雲纂　民國九年至十一年(1920－1922)刻本　十六冊

330000－1750－0001058　普 1058　史部/傳記類/總傳之屬/儒林

台學統一百卷　(清)王棻輯　民國七年(1918)吳興劉氏嘉業堂刻本　四十冊

330000－1750－0001059　普 1059　類叢部/叢書類/彙編之屬

嘉業堂叢書五十七種　劉承幹編　民國吳興劉氏嘉業堂刻本　一冊　存一種

330000－1750－0001060　普 1060　史部/紀傳類/正史之屬

四史四百十五卷　劉承幹輯　民國吳興劉氏嘉業堂影宋刻本　五十四冊　存一種

330000－1750－0001061　普 1061　史部/傳記類/別傳之屬/年譜

徐俟齋先生年譜一卷附錄一卷　羅振玉輯　民國八年(1919)鉛印本　一冊

330000－1750－0001062　普 1062　類叢部/叢書類/自著之屬

柯劭忞先生遺著三種　柯劭忞撰　民國十六年(1927)國立北京大學研究院文史部鉛印本　一冊　存一種

330000－1750－0001063　普 1063　史部/紀傳類/正史之屬

四史四百十五卷　劉承幹輯　民國吳興劉氏嘉業堂影宋刻本　四十冊　存一種

330000－1750－0001064　普 1064　類叢部/叢書類/彙編之屬

四部備要　中華書局編　民國二十五年(1936)上海中華書局鉛印本　一冊　存一種

330000－1750－0001065　普 1065　類叢部/叢書類/彙編之屬

四部叢刊　張元濟等編　民國上海商務印書館影印本　一冊　存一種

330000－1750－0001067　普 1067　類叢部/叢書類/彙編之屬

求恕齋叢書三十一種　劉承幹編　民國吳興劉氏嘉業堂刻本　一冊　存一種

杭州市蕭山圖書館
民國時期傳統裝幀書籍普查登記目録

浙江省民國時期傳統裝幀書籍普查登記目録 · 杭州

國家圖書館出版社
National Library of China Publishing House

《杭州市蕭山圖書館民國時期傳統裝幀書籍普查登記目録》

編委會

主　編： 朱軍華

副主編： 龐曉敏　陳　勇　邵歡歡

編　委： 羅群英　陳　萍　孫　燕　龔林奇
李關春　劉　冰

《杭州市蕭山圖書館民國時期傳統裝幀書籍普查登記目録》

前　言

民國綫裝書是前人留給我們的一筆珍貴的文化財富，距現今也已經歷了上百年的風雨。因飽受存儲條件所限，民國綫裝書的現狀也令館内同仁擔憂。本館借助此次古籍普查的契機，也同時對館藏的民國綫裝書進行了普查。本目録所收録的爲本館所藏的民國時期傳統裝幀書籍，共計46部509册，雖然數量不多，但經、史、子、集等内容均有涉及。今後，本館仍將努力加强監管措施及修復工作，保護好我們珍貴的財富。

杭州市蕭山圖書館
2017年11月

330000－1706－0000001　普 515400　子部/雜著類/雜纂之屬
明德經緯不分卷　張培甫輯　民國十七年(1928)杭州彙商印刷公司鉛印本　一冊

330000－1706－0000002　普 513237－252
史部/地理類/雜志之屬
紹興縣志資料第一輯不分卷　紹興縣修志委員會輯　民國二十六年至二十八年(1937－1939)紹興縣修志委員會鉛印本　十六冊

330000－1706－0000003　普 513356－360
史部/地理類/山川之屬/水志
蕭山湘湖志八卷外編一卷續志一卷　周易藻編　民國十六年(1927)周氏鉛印本　五冊

330000－1706－0000004　普 513227－233
史部/地理類/方志之屬/郡縣志
嘉慶山陰縣志三十卷首一卷　(清)徐元梅修　(清)朱文翰編輯　民國二十五年(1936)紹興縣修志委員會鉛印本　七冊

330000－1706－0000008　普 515662　集部/總集類/選集之屬/斷代
鹿鳴社稿初集二卷　汪張黻　徐映璞編　民國三十五年(1946)鉛印本　一冊

330000－1706－0000011　普 515665－374
集部/別集類/明別集
明農山堂彙草三十四卷首一卷　(明)周光鎬撰　民國三年(1914)周耀南鉛印本　十冊

330000－1706－0000013　普 515663　集部/總集類/選集之屬/斷代
南社叢刻　南社編輯　民國鉛印本　一冊　存一種

330000－1706－0000017　普 515771－776
集部/總集類/選集之屬/通代
玉臺新詠十卷　(南朝陳)徐陵編　(清)吳兆宜注　(清)程琰刪補　民國四年(1915)上海掃葉山房石印本　六冊

330000－1706－0000019　普 515806－811
集部/總集類/郡邑之屬
姚江詩錄八卷　謝寶書編　民國二十年(1931)中華書局鉛印本　六冊

330000－1706－0000022　普 510061－063
經部/書類/傳說之屬
書經體註大全合參六卷　民國刻本　三冊　存五卷(二至六)

330000－1706－0000023　普 515822－845
集部/總集類/選集之屬/斷代
近代詩鈔不分卷　陳衍輯　民國十二年(1923)上海商務印書館鉛印本　二十四冊

330000－1706－0000024　普 515356－363
集部/別集類/清別集
金聖歎全集八卷　(清)金人瑞撰　民國上海錦文堂石印本　八冊

330000－1706－0000026　普 515404　類叢部/叢書類/自著之屬
趣園六種不分卷　(清)蔡丕撰　民國六年(1917)交通圖書館石印本　一冊

330000－1706－0000027　普 515409－414
集部/別集類/宋別集
韓魏公集二十卷　(宋)韓琦撰　民國十年(1921)義橋書錦堂木活字印本　六冊

330000－1706－0000030　普 515420－431
子部/雜著類/雜考之屬
讀書雜志八十二卷餘編二卷　(清)王念孫撰　民國上海文瑞樓石印本　十二冊　缺四十一卷(墨子雜志一至六,荀子雜志一至八、補遺,淮南內篇雜志一至二十二、補遺,漢隸拾遺一、餘編一至二)

330000－1706－0000031　普 513010－017
史部/傳記類/總傳之屬/家乘
[浙江餘姚]餘姚梁弄橫街黃氏譜二十一卷首一卷末一卷　黃廷範纂　民國十一年(1922)永思堂木活字印本　八冊　存二十二卷(首,一至九、十一至二十一,末)

330000－1706－0000032　普 515477－482
集部/別集類/唐五代別集
河東先生文集六卷　(唐)柳宗元撰　民國十五年(1926)石印本　六冊

330000－1706－0000033　普 515631－636
集部/別集類/清別集
校訂定盦全集十卷　(清)龔自珍撰　**定盦年譜藁本一卷**　黄守恆撰　民國七年(1918)上海掃葉山房石印本　六冊

330000－1706－0000035　普 512899－966
史部/傳記類/總傳之屬/家乘
[浙江蕭山]湘南韓氏宗譜六十八卷　韓殿揚編纂　民國三十七年(1948)書錦堂木活字印本　六十八冊　存六十四卷(一至二十九、三十二至六十三、六十六至六十八)

330000－1706－0000037　普 515138－139
集部/別集類/清別集
杏花香雪齋詩十一卷補一卷　(清)李慈銘撰　吳道晉輯　民國二十八年(1939)中華書局鉛印本　二冊

330000－1706－0000039　普 512734－761
史部/傳記類/總傳之屬/家乘
[浙江蕭山]孔氏宗譜二十六卷　孔繼昌修　孔昭楨纂　民國七年(1918)詩禮堂木活字印本　二十八冊

330000－1706－0000040　普 512537　史部/傳記類/總傳之屬/家乘
孔氏南宗考略二卷　徐鏡泉纂輯　民國三十七年(1948)鉛印本　一冊

330000－1706－0000044　普 515197－200
子部/雜著類/雜纂之屬
兩般秋雨盦隨筆八卷　(清)梁紹壬撰　民國十三年(1924)上海掃葉山房石印本　四冊

330000－1706－0000045　普 515213－224
類叢部/叢書類/自著之屬
舜水遺書四種附錄一卷　(明)朱之瑜撰　民國二年(1913)山陰湯壽潛鉛印本　十二冊

330000－1706－0000046　普 513018－025
史部/傳記類/總傳之屬/家乘
[浙江寧波]甬上盧氏敬睦堂宗譜八卷首一卷　盧大章修　袁廷澤　盧宗侃纂　民國三十六年(1947)敬睦堂木活字印本　八冊

330000－1706－0000047　普 517780－783
史部/傳記類/總傳之屬/家乘
[浙江蕭山]蕭山倪氏宗譜四卷　倪炳炎　倪春和修　倪丙森纂　民國七年(1918)世德堂木活字印本　四冊

330000－1706－0000058　普 514636－645
子部/小說家類/異聞之屬
詳註閱微草堂筆記二十四卷　(清)紀昀撰　謝璿　陸鍾渭詳註　民國七年(1918)上海會文堂書局石印本　十冊

330000－1706－0000062　普 515089－092
集部/別集類
蠲戲齋詩編年集八卷避寇集一卷芳杜詞賸一卷　馬浮撰　**蠲戲齋詩前集二卷**　馬浮撰　張立民　楊蔭林輯錄　民國二十九年(1940)、三十六年(1947)刻本　四冊　存八卷(編年集一至二、五至八,前集一至二)

330000－1706－0000063　普 515081－088
集部/別集類/唐五代別集
杜詩鏡銓二十卷附諸家論杜一卷杜工部年譜一卷　(清)楊倫輯　**讀書堂杜工部文集註解二卷**　(清)張溍撰　民國三年(1914)著易堂書局石印本　八冊

330000－1706－0000066　普 513324－339
史部/地理類/方志之屬/郡縣志
[民國]蕭山縣志稿三十三卷首一卷末一卷　彭延慶　陳曾蔭　張宗海修　楊鍾羲　姚瑩俊　楊士龍纂　民國二十四年(1935)鉛印本　十七冊

330000－1706－0000069　普 512656－667
史部/傳記類/總傳之屬/家乘
[浙江蕭山]蕭山藍田莊章氏宗譜十二卷　章以珪纂修　民國十九年(1930)樹德堂木活字印本　十二冊

330000－1706－0000070　普 513863－883
子部/醫家類/本草之屬/歷代綜合本草
本草綱目五十二卷圖三卷瀕湖脈學一卷奇經八脈攷一卷脈訣考證一卷　(明)李時珍撰　**本草萬方鍼線八卷本草藥品總目一卷**　(清)

蔡烈先輯　**本草綱目拾遺十卷**　(清)趙學敏輯　民國元年(1912)鴻賓齋石印本　二十一冊　缺四卷(圖一至三、藥品總目)

330000－1706－0000071　普 516126－141
集部/總集類/選集之屬/通代
評註昭明文選十五卷首一卷葉星衛附註一卷　(清)于光華輯　民國八年(1919)上海掃葉山房石印本　十六冊

330000－1706－0000074　普 517464－468
類叢部/叢書類/自著之屬
亭林遺書二十二種附三種　(清)顧炎武撰　(清)席威　(清)朱記榮編　民國上海文瑞樓石印本　五冊　存十二種

330000－1706－0000078　普 512806－810
史部/傳記類/總傳之屬/家乘
[浙江蕭山]蕭山孫氏宗譜四卷附一卷　孫履華修　孫問卿纂　民國十三年(1924)守正堂木活字印本　五冊

330000－1706－0000079　普 512784－805
史部/傳記類/總傳之屬/家乘
[浙江蕭山]蕭山湘湖孫氏宗譜二十四卷　孫樹笙修　孫保纂　民國十七年(1928)映雪堂木活字印本　二十二冊　缺一卷(十五)

330000－1706－0000080　普 516853－884
集部/總集類/選集之屬/通代
漢魏六朝百三名家集一百十八卷　(明)張溥輯　民國十四年(1925)上海掃葉山房石印本　三十二冊　存六十九種

330000－1706－0000086　普 516998－7005
子部/叢編
子書三十六種　民國七年(1918)上海育文書局石印本　八冊　存二種

330000－1706－0000087　普 511812－821
史部/編年類/通代之屬
資治通鑑二百九十四卷　(宋)司馬光撰　(元)胡三省音注　民國十五年(1926)上海大中書局石印本　十冊　存七十一卷(一至五十三、一百二至一百十一、二百三十四至二百四十一)

330000－1706－0000089　普 516905－934
集部/總集類/選集之屬/通代
古今文綜不分卷　張相輯　民國五年(1916)上海中華書局鉛印本　三十冊　存三十冊(十一至四十)

330000－1706－0000090　普 515984－991
集部/總集類/選集之屬/通代
古文辭類纂評註七十四卷　(清)姚鼐纂輯　沈伯經等評注　民國上海文明書局鉛印本　八冊　存三十卷(一至三十)

330000－1706－0000093　普 514023　子部/醫家類/方書之屬/單方驗方
醫方集要不分卷　汪玉鳴輯　民國六年(1917)稿本　一冊

330000－1706－0000101　普 514049　子部/醫家類/喉科口齒之屬/白喉
白喉全生集不分卷　(清)李紀方輯　民國六年(1917)蕭山城內合義和印書局鉛印本　一冊

330000－1706－0000105　普 517342－48　集部/詩文評類/文法之屬/函牘格式
新撰詳註分類尺牘大成不分卷　周蓮第編　民國九年(1920)上海鴻寶齋書局石印本　七冊

330000－1706－0000108　普 517349－64　集部/詩文評類/文法之屬/函牘格式
詳註分類文學尺牘大全集二十卷　(明)鍾惺纂輯　(明)馮夢龍訂釋　民國十年(1921)碧梧山莊鉛印本　十六冊

330000－1706－0000116　普 512877－98　史部/傳記類/總傳之屬/家乘
[浙江蕭山]山陰岳山張氏宗譜十六卷首一卷　張紹良纂修　民國十五年(1926)木活字印本　二十二冊

杭州市蕭山區博物館
民國時期傳統裝幀書籍普查登記目録

浙江省民國時期傳統裝幀書籍普查登記目録 · 杭州

國家圖書館出版社
National Library of China Publishing House

《杭州市蕭山區博物館民國時期傳統裝幀書籍普查登記目録》

編委會

主　編： 楊國梅

副主編： 蔡敏芳

編　委： 蔡敏芳　張學惠　王興海　任芳琴

嚴曉卓　謝紅英

《杭州市蕭山區博物館民國時期傳統裝幀書籍普查登記目録》

前　言

杭州市蕭山區博物館是一座地方性綜合博物館，藏品門類齊全。2012年我館根據上級文件的精神與指示開展了浙江省古籍普查的各項工作，安排人員負責普查，組織人員參加古籍普查培訓班，提高普查工作人員的業務能力與專業素養，并配備電腦、相機、書影拍攝臺等一系列硬件設備，采購古籍書目、古籍辭典等古籍著録參考書，爲古籍普查工作做好準備。這次普查的對象爲館藏的633册古籍，共上傳58條數據到全國古籍普查平臺，其中民國時期傳統裝幀書籍共2種6册。由於第一次參加古籍普查工作，在經驗、專業知識等方面可能有所欠缺，難免有疏漏謬誤之處，敬請方家批評指正。

杭州市蕭山區博物館
2017年12月

330000－4785－0000039　0000515　子部/藝術類/篆刻之屬/印譜

削觚廬印存一卷　吳昌碩篆　民國鈐拓本　二册

330000－4785－0000057　0000506　子部/藝術類/書畫之屬/畫法畫品

小東閣畫絮六卷　何榦撰　民國二十七年(1938)稿本　徐映璞題記　四册　缺二卷(戊丁編續、畫學)

杭州市餘杭區圖書館民國時期傳統裝幀書籍普查登記目録

浙江省民國時期傳統裝幀書籍普查登記目録·杭州

國家圖書館出版社
National Library of China Publishing House

《杭州市餘杭區圖書館民國時期傳統裝幀書籍普查登記目録》

編委會

主　編：羅素潔

副主編：陳益女　任　晴

編　委：韋蓮蓮　衛　芳　宋　琦　吴　丹　沈雅雯

《杭州市餘杭區圖書館民國時期傳統裝幀書籍普查登記目録》

前　言

餘杭區圖書館館藏古籍分爲兩批。第一批古籍爲歷史遺留的公共藏書,主要來源於杭縣通俗圖書館、餘杭縣縣立圖書館、杭縣教育會等公藏單位。第二批古籍是20世紀90年代初,餘杭縣博物館移交給圖書館的。在開展古籍普查工作之前,餘杭區圖書館歷史上共組織過兩次古籍整理編目工作。第一次是20世紀90年代初,本館對館藏第一批8000餘册古籍(含民國綫裝書及少量現代影印綫裝書)進行整理編目,於1994年印刷裝訂了内部資料《餘杭市圖書館古籍簡目》。第二次是2006年,本館古籍工作人員對館藏第二批2000餘册古籍(含民國時期文獻)進行整理編目,於2009年完成了手寫《餘杭區圖書館館藏第二批古籍簡目》及《餘杭區圖書館館藏第二批古籍目録提要》。隨着"中華古籍保護計劃"的實施,餘杭區圖書館的古籍整理保護工作進一步加强。從2009年開始,餘杭區圖書館深入領會浙江省古籍保護工作會議有關精神,并根據本館的具體情況,積極部署"摸清家底"的古籍普查工作。根據《浙江省文化廳關於開展全省古籍普查項目申報的通知》,餘杭區圖書館於2012年4月制訂古籍普查計劃,并向省古籍保護中心申報"餘杭圖書館古籍普查"項目,項目預定開展時間爲2012年4月至2014年12月。在本館普查人員的共同努力下,於2014年12月按計劃完成了館藏所有古籍的普查著録工作。

《餘杭區圖書館民國時期傳統裝幀書籍普查登記目録》收録389條2981册民國古籍數據。從古籍版本類型來看,以石印本居多,有少量鉛印本和抄本。從内容分類而言,館藏民國古籍主要分爲經、史、子、集及類叢部。其中,子部書籍數據最多,有160條,類叢部書籍的册數最多,有1726册。此外,經部書籍71條,史部書籍52條,集部書籍81條,類叢部書籍23條,新學類書籍2條。從古籍裝幀形式來講,館藏民國傳統裝幀書籍均爲綫裝。館藏民國古籍中有一些地方文獻類資料,如餘杭籍家譜、《餘杭縣志》等各類餘杭志書以及餘杭籍人士著作、手稿等,也是彌足珍貴的特色文獻資源。

古籍普查是一項重要的基礎性古籍工作。經過此次普查,我們對館藏古籍家底有了更清晰的認識,也發現了本館古籍存在保存條件不佳、破損情況較爲嚴重、書卡不符、排架混亂等問題。對此,本館通過改善古籍藏用條件、提高工作人員的專業能力、積極開展古籍基礎維護、數字化等工作,進一步加强了古籍保護工作。今後,本館將繼續遵循"保護爲主、搶救第一、合理利用、加强管理”的保護理念，努力做好古籍的保護與利用工作，最大限度地保護及開發利用古籍，使其發揮更大的作用。

《餘杭區圖書館民國時期傳統裝幀書籍普查登記目録》是餘杭區圖書館古籍普查工作的產物，它能順利付梓，與本館古籍工作人員多年來的辛苦勞動密不可分，在此，對參與古籍普查工作的韋蓮蓮、衛芳、宋琦、吴丹、沈雅雯等人員表示衷心的感謝。另外，囿於編者能力與學識，此書目可能存在紕漏之處，敬請方家批評指正！

杭州市餘杭區圖書館
2017 年 11 月 15 日

330000－1707－0000067　A0088　類叢部/叢書類/彙編之屬

守山閣叢書一百十二種　(清)錢熙祚輯　民國十二年(1923)鉛印本　二冊　存一種

330000－1707－0000069　A0092　經部/小學類/文字之屬/說文/傳說

說文解字句讀三十卷　(清)王筠撰　民國上海涵芬樓據清王氏家刻本影印本　十冊　缺七卷(七至八、十七至十八、二十三至二十四、三十)

330000－1707－0000086　A0107、0110、0113、0118、0121、0126－0127、0131、0133、0136、0139、0142－0143、0145－0146、0149、0151、0153、0156　史部/紀傳類/正史之屬

二十四史附考證　民國十二年(1923)上海中華書局據清乾隆武英殿本影印本　一百三十二冊　存十九種

330000－1707－0000094　A0097　史部/紀傳類/正史之屬

百衲本二十四史　張元濟輯　民國上海商務印書館影印本　九冊　存一種

330000－1707－0000102　A0060　經部/詩類/傳說之屬

毛詩二十卷　(漢)毛亨傳　(漢)鄭玄箋　民國上海涵芬樓影印本　四冊

330000－1707－0000103　A0065　經部/詩類/三家詩之屬

韓詩外傳十卷　(漢)韓嬰撰　民國涵芬樓鉛印本　一冊　存三卷(三至五)

330000－1707－0000123　A1209－A1220　類叢部/叢書類/自著之屬

章氏叢書十三種　章炳麟撰　民國六年至八年(1917－1919)浙江圖書館刻本　二十四冊

330000－1707－0000124　A1221－A1222　類叢部/叢書類/自著之屬

章氏叢書續編七種　章炳麟撰　民國二十二年(1933)北平刻本　二冊　存五種

330000－1707－0000130　A0180　類叢部/叢書類/郡邑之屬

湖北先正遺書七十二種七百二十七卷　盧靖編　民國十二年(1923)沔陽盧氏慎始基齋影印本　一冊　存一種

330000－1707－0000135　A0181　史部/傳記類/總傳之屬/斷代

東山國語不分卷　(清)查繼佐撰　民國二十五年(1936)管偉抄本　管偉批、題簽並記　一冊

330000－1707－0000137　A0183　史部/雜史類/斷代之屬

滿清稗史十六種附二種　陸保璿輯　民國二年(1913)新中國圖書局鉛印本　十冊　存十種

330000－1707－0000148　A0195　史部/傳記類/總傳之屬/斷代

清史列傳八十卷　中華書局編　民國十七年(1928)上海中華書局鉛印本　七十二冊　缺八卷(一至八)

330000－1707－0000155　史B0042　史部/傳記類/別傳之屬/事狀

簡君照南[耀登]哀輓錄不分卷　簡日華等編　民國十二年(1923)簡日華等石印本　三冊

330000－1707－0000156　A0202　史部/傳記類/總傳之屬/仕宦

歷代名臣言行錄二十四卷　(清)朱桓輯　民國石印本　三冊　存十卷(五至十一、二十二至二十四)

330000－1707－0000160　A0207－1　史部/地理類/方志之屬/郡縣志

[嘉慶]餘杭縣志四十卷　(清)張吉安修　(清)朱文藻纂　(清)崔應榴　(清)董作棟續纂　民國八年(1919)吳蘭孫鉛印本　四冊　存十九卷(十一至二十、二十五至三十三)

330000－1707－0000162　A0212　史部/地理類/方志之屬/郡縣志

[民國]海寧州志稿四十一卷首一卷末一卷附志餘一卷藝文志補遺一卷　(清)李圭修

（清）許傳霈等纂　劉蔚仁續修　朱錫恩續纂　盧兆周繪圖　民國十一年（1922）鉛印本　十六冊　缺二十卷（三、八至二十六）

330000－1707－0000163　A0213　史部/地理類/方志之屬/郡縣志

［民國］鄞縣通志六志五十一編附圖一函　張傳保　汪煥章修　陳訓正　馬瀛纂　民國二十四年（1935）至一九五一年寧波鄞縣通志館鉛印本　十七冊　存三十一編（輿地志甲、乙、丙、丁、戊、己、庚、辛、壬、癸、子、丑、寅、卯、辰、巳，博物志甲、乙，食貨志甲、乙、丙、丁、戊、己、庚，工程志甲、乙、丙、丁、戊、己）

330000－1707－0000164　A0214　史部/地理類/方志之屬/郡縣志

［民國］定海縣志十六卷首一卷　陳訓正　馬瀛纂修　施臯　顏聖介　張紀隆測繪　民國十三年（1924）旅滬同鄉會鉛印本　六冊

330000－1707－0000165　A0215　史部/地理類/方志之屬/郡縣志

［民國］川沙縣志二十四卷首一卷　方鴻鎧　陸炳麟修　黃炎培纂　俞乃文　陸修澤　茅人駿測繪　民國二十六年（1937）上海國光書局鉛印本　十二冊

330000－1707－0000187　A0237　集部/別集類/清別集

名山藏副本初集二卷贈言集一卷　（清）齊周華撰　民國九年（1920）杭州武林印書館鉛印本　一冊　存一卷（一）

330000－1707－0000192　A0247　子部/藝術類/篆刻之屬/印譜

石禪印存一卷　經亨頤篆並輯　民國二年（1913）鈐拓本　一冊

330000－1707－0000198　A0256　子部/叢編

六子全書　（明）顧春輯　民國三年（1914）右文社據明嘉靖十二年（1533）吳郡顧氏世德堂刻本影印本　六冊　存一種

330000－1707－0000202　A0257　子部/儒家類/儒學之屬/經濟

中說十卷　（隋）王通撰　（宋）阮逸注　民國三年（1914）右文社影印本　二冊

330000－1707－0000214　A0279　子部/雜著類/雜說之屬

覺源語錄續刊集賢談話錄一卷　民國蔡萬順號鉛印本　一冊

330000－1707－0000221　A0284　子部/墨家類

墨子閒詁十五卷目錄一卷附錄一卷後語二卷　（清）孫詒讓撰　**定本墨子閒詁校補二卷附編一卷**　（清）孫詒讓撰　李笠撰　民國上海商務印書館影印本　九冊　缺三卷（墨子閒詁七至九）

330000－1707－0000227　A0292　子部/雜家類

呂氏春秋二十六卷　（漢）高誘注　民國影印本　三冊　存十三卷（一至十三）

330000－1707－0000241　A0309　類叢部/類書類/專類之屬

佩文韻府一百六卷索隱一卷　（清）張玉書等輯　**韻府拾遺一百六卷**　（清）汪灝等輯　民國上海掃葉山房石印本　八十五冊　缺一百四十九卷（佩文韻府十三至三十四上、四十九至六十九，拾遺一至一百六）

330000－1707－0000244　A0312－A0313　子部/叢編

六子全書　（明）顧春輯　民國三年（1914）右文社據明嘉靖十二年（1533）吳郡顧氏世德堂刻本影印本　三冊　存二種

330000－1707－0000247　A0316　子部/道家類

莊子義證三十三卷附錄二卷校補記一卷　馬敘倫撰　民國十九年（1930）上海商務印書館鉛印本　六冊

330000－1707－0000257　A0323　類叢部/叢書類/自著之屬

船山遺書六十六種附一種　（清）王夫之撰　民國二十二年（1933）上海太平洋書店鉛印本

六十三册　存五十八種

330000－1707－0000275　A0345－A0346、A0348、A0352　類叢部/叢書類/家集之屬

武林丁氏家集十三種　丁立誠　丁立中撰　民國錢塘丁氏嘉惠堂鉛印本　八册　存四種

330000－1707－0000281　A0372　集部/别集類/唐五代别集

樊諫議集附録甲級一卷補遺一卷乙級一卷補遺一卷　（唐）樊宗師撰　樊鎮輯　民國十年（1921）紹興樊氏綿絳書屋鉛印本　一册

330000－1707－0000283　A0362　集部/别集類/清别集

鴻雪樓詩選初集四卷外集一卷名媛詩話八卷　（清）沈善寶撰　民國十三年（1924）沈敏元鉛印本　一册

330000－1707－0000284　A0359－A0360　類叢部/叢書類/彙編之屬

四部備要　中華書局編　民國二十五年（1936）上海中華書局鉛印本　三册　存一種

330000－1707－0000286　A0365　集部/總集類/題詠之屬

松聲琴韻集不分卷　方濟川輯　民國三十八年（1949）鉛印本　一册

330000－1707－0000293　A0374、A0384－A0392　集部/總集類/選集之屬/通代

全漢三國晉南北朝詩五十四卷緒言一卷　丁福保輯　民國五年（1916）無錫丁氏鉛印本　十五册　缺十二卷（全梁詩一至十二）

330000－1707－0000294　A0376、A0399　集部/總集類/選集之屬/通代

唐宋文舉要甲編八卷乙編四卷　高步瀛撰　民國二十四年（1935）北平直隸書局鉛印本　十一册

330000－1707－0000297　A0380　類叢部/叢書類/彙編之屬

四部備要　中華書局編　民國二十五年（1936）上海中華書局鉛印本　一册　存一種

330000－1707－0000298　A0382　類叢部/叢書類/彙編之屬

蒹葭樓叢書　民國上海商務印書館鉛印本　一册　存一種

330000－1707－0000300　A0400　集部/詩文評類/詩評之屬

唐宋詩舉要八卷　高步瀛撰　民國鉛印本　五册

330000－1707－0000306　A0396　集部/别集類/清别集

金粟山房吟草一卷　（清）管湘撰　民國抄本　一册

330000－1707－0000308　A0398　集部/詩文評類/詩評之屬

鴻雪樓詩選初集四卷外集一卷名媛詩話八卷　（清）沈善寶撰　民國十二年（1923）沈敏元鉛印本　二册　存八卷（名媛詩話一至八）

330000－1707－0000312　A0315　子部/道家類

南華經節録四卷　□□輯　稿本　一册

330000－1707－0000341　經B0007　經部/書類/傳説之屬

書經簡明白話解六卷首一卷　陳善撰　民國十五年（1926）上海群學書社石印本　二册

330000－1707－0000348　經B0011　經部/詩類/傳説之屬

詩經集傳八卷　（宋）朱熹撰　民國上海天機書局石印本　四册

330000－1707－0000354　經B0022　經部/春秋左傳類/傳説之屬

春秋左傳句解六卷　（清）韓菼重訂　民國三年（1914）上海商務印書館鉛印本　五册　存五卷（一至五）

330000－1707－0000355　經B0023　經部/春秋左傳類/傳説之屬

評點春秋綱目左傳句解彙雋六卷　（清）韓菼重訂　民國上海廣益書局石印本　六册

330000 – 1707 – 0000357 經 B0024 經部/春秋左傳類/傳說之屬

春秋左傳五十卷 (晉)杜預 (宋)林堯叟註釋 (唐)陸德明音義 民國上海商務印書館鉛印本 三册 存十一卷(一至三、三十四至四十一)

330000 – 1707 – 0000359 集 B0002 集部/别集類/漢魏六朝别集

陶淵明文集十卷 (晉)陶潛撰 民國石印本 一册 存四卷(五至八)

330000 – 1707 – 0000360 經 B0029 經部/春秋左傳類/傳說之屬

曲江書屋新訂批註左傳快讀十八卷首一卷 (清)李紹崧輯 民國九年(1920)上海天寶書局石印本 十册 缺三卷(十二至十三、十五)

330000 – 1707 – 0000361 經 B0025 經部/春秋左傳類/傳說之屬

評點春秋綱目左傳句解彙雋六卷 (清)韓菼重訂 民國九年(1920)上海天寶書局石印本 六册

330000 – 1707 – 0000362 經 B0026 經部/春秋左傳類/傳說之屬

評點春秋左傳綱目句解彙雋六卷 (清)韓菼重訂 民國上海進步書局石印本 一册 存三卷(一至三)

330000 – 1707 – 0000366 經 B0033 經部/四書類/總義之屬/傳說

四書集註十九卷 (宋)朱熹撰 民國石印本 一册 存二卷(論語一至二)

330000 – 1707 – 0000367 經 B0037 經部/四書類/總義之屬/傳說

四書讀本十九卷 (宋)朱熹集註 民國元年(1912)上海、漢口鑄記書棧石印本 一册 存一種

330000 – 1707 – 0000368 經 B0038 經部/四書類/總義之屬/傳說

新註四書白話解說三十六卷 江希張注 民國上海育才書館石印本 二册 缺二十六卷(新註論語白話解說一至五、十六至三十六)

330000 – 1707 – 0000369 經 B0039 類叢部/叢書類/彙編之屬

四部叢刊 張元濟等編 民國上海商務印書館影印本 一册 存一種

330000 – 1707 – 0000370 經 B0040 經部/四書類/孟子之屬/傳說

孟子新讀本七卷 唐文治撰 民國上海徐家匯工業專門學校鉛印本 一册 存二卷(四至五)

330000 – 1707 – 0000371 經 B0041 經部/四書類/總義之屬/傳說

銅版四書集註 (宋)朱熹撰 民國上海鴻寶齋石印本 一册 存一種

330000 – 1707 – 0000375 經 B0034 經部/四書類/論語之屬/傳說

論語話解十卷 (清)陳濬撰 民國上海元益公司石印本 一册 缺七卷(一至七)

330000 – 1707 – 0000376 經 B0035 – 經 B0036 經部/四書類/總義之屬/傳說

言文對照廣註四書讀本 世界書局編輯所編輯 民國十四年(1925)上海世界書局石印本 六册 存二種

330000 – 1707 – 0000380 經 B0048 經部/四書類/大學之屬/傳說

大學章句一卷 (宋)朱熹撰 民國浙紹墨潤堂書局石印本 一册

330000 – 1707 – 0000384 經 B0050 經部/四書類/中庸之屬/傳說

中庸章句二卷 (宋)朱熹撰 民國浙紹育新書局石印本 一册 存一卷(一)

330000 – 1707 – 0000390 史 B0006 子部/天文曆算類/曆法之屬

漢書律歷志補注訂誤一卷 周正權編 民國九年(1920)周氏楚風樓鉛印本 一册

330000 – 1707 – 0000392 史 B0009 史部/

史抄類

史記菁華錄六卷 (清)姚祖恩輯評 民國九年(1920)上海鴻寶齋石印本 六冊

330000－1707－0000396 經 B0055 經部/四書類/總義之屬/傳說

新式標點四書白話註解十九卷 琴石山人注解 民國上海會文堂書局石印本 十四冊 缺一卷(孟子一)

330000－1707－0000399 經 B0057 經部/四書類/總義之屬/傳說

四書味根錄三十九卷 (清)金澂撰 民國十六年(1927)鴻寶齋書局石印本 六冊

330000－1707－0000400 經 B0058 經部/四書類/總義之屬/傳說

銅版四書集註 (宋)朱熹撰 民國上海大新書局石印本 一冊 存一種

330000－1707－0000401 經 B0058_1 經部/四書類/總義之屬/傳說

銅版四書集註 (宋)朱熹撰 民國上海昌文書局石印本 一冊 存一種

330000－1707－0000402 經 B0062 經部/四書類/總義之屬/傳說

新訂四書補註備旨十卷 (明)鄧林撰 (清)鄧煜編 (清)杜定基增訂 民國上海中華書局石印本 一冊 存二卷(論語一至二)

330000－1707－0000405 經 B0059 經部/四書類/總義之屬/傳說

四書集註十九卷 (宋)朱熹撰 民國啟智書局石印本 一冊 存十二卷(大學、中庸、論語一至十)

330000－1707－0000406 經 B0059_1 經部/四書類/孟子之屬/傳說

孟子集注十四卷 (宋)朱熹撰 民國上海世界書局影印本 一冊

330000－1707－0000407 經 B0060 類叢部/叢書類

辨僞叢刊 民國二十二年(1933)北平樸社鉛印本 一冊 存一種

330000－1707－0000408 經 B0063－經 B0064、經 B0067 經部/四書類/總義之屬/傳說

新註四書白話解說三十六卷 江希張注 民國上海書業公所石印本 八冊 缺十二卷(新註論語白話解說一至五,新註孟子白話解說一至六、十四)

330000－1707－0000409 經 B0063_1、經 B0065 經部/四書類/總義之屬/傳說

新註四書白話解說三十六卷 江希張注 民國二十六年(1937)上海書業公所石印本 四冊 存十五卷(新註論語白話解說十一至十三、十五至二十,新註孟子白話解說一至二、十一至十四)

330000－1707－0000410 經 B0061 經部/詩類/專著之屬

詩經研究五卷 謝無量撰 民國上海商務印書館鉛印本 一冊

330000－1707－0000412 經 B0066 經部/四書類/總義之屬/傳說

四書集註十九卷 (宋)朱熹撰 民國上海進步書局石印本 一冊 存二卷(孟子四至五)

330000－1707－0000414 經 B0068 經部/四書類/總義之屬

繪圖四書正文七卷 民國石印本 二冊 存二卷(中庸、論語一)

330000－1707－0000418 經 B0070 子部/儒家類/儒學之屬/蒙學

便蒙四書 (宋)朱熹章句 民國石印本 一冊 存一種

330000－1707－0000419 經 B0069 子部/儒家類/儒學之屬/蒙學

便蒙四書 (宋)朱熹撰 民國紹興墨潤堂鉛印本 一冊 存一種

330000－1707－0000420 經 B0071 經部/四書類/總義之屬/傳說

四書集註十九卷 (宋)朱熹撰 民國上海鴻寶齋石印本 一冊 存五卷(論語一至五)

330000－1707－0000424　史 B0020　史部/編年類/通代之屬

自修讀本廣註綱鑑總論四卷　薛振聲註　民國上海廣益書局石印本　一冊　存一卷(三)

330000－1707－0000426　經 B0074　經部/四書類/總義之屬/傳說

四書集註十九卷　(宋)朱熹撰　民國石印本　一冊　存一卷(大學)

330000－1707－0000427　史 B0022　史部/編年類/通代之屬

通鑑補正略三卷　(明)嚴衍撰　民國二十四年(1935)上海商務印書館鉛印本　一冊

330000－1707－0000428　子 B0168　子部/醫家類/本草之屬/歷代綜合本草

本草品彙精要四十二卷　(明)徐鎮等纂修　民國鉛印本　五冊

330000－1707－0000432　經 B0078　經部/小學類/文字之屬/說文/專著

許氏說文解字部首不分卷　童斐撰　民國二十二年(1933)管山亭長抄本　管山亭長題記　一冊

330000－1707－0000433　經 B0079　子部/藝術類/書畫之屬/書法書品

說文解字建首不分卷　(清)吳大澂書　民國二十六年(1937)上海商務印書館石印本　一冊

330000－1707－0000434　經 B0080　經部/小學類/文字之屬/字書

說部首字一卷　民國抄本　一冊

330000－1707－0000439　經 B0086　子部/雜著類/雜考之屬

古書疑義舉例七卷　(清)俞樾撰　民國上海古書流通處影印本　一冊　存三卷(一至三)

330000－1707－0000440　經 B0087　經部/小學類/文字之屬/字書

今字解剖不分卷附補遺一篇　王有宗撰　民國二十四年(1935)上海商務印書館石印本　一冊　存一冊(一)

330000－1707－0000444　經 B0091　經部/小學類/文字之屬/說文/專著

說文部首述義八卷六書辨一卷　徐紹楨撰　民國十九年(1930)上海中原書局石印本　一冊

330000－1707－0000447　經 B0093　經部/小學類/文字之屬/字書/通論

六書解例不分卷　馬敘倫撰　民國二十二年(1933)上海商務印書館石印本　一冊

330000－1707－0000448　經 B0094　經部/小學類/文字之屬/說文/專著

說文匡鄦不分卷　石廣權撰　民國二十二年(1933)上海商務印書館石印本　一冊

330000－1707－0000449　經 B0095　類叢部/叢書類/彙編之屬

中國大學國學叢書　民國中國大學出版部鉛印本　一冊　存一種

330000－1707－0000450　經 B0096　類叢部/叢書類/彙編之屬

東南大學叢書□□種　民國二十一年(1932)上海商務印書館石印本　一冊　存一種

330000－1707－0000454　史 B0024　史部/編年類/通代之屬

增修補註歷代通鑑輯覽一百四十卷　王文濡等撰　民國七年(1918)文明書局鉛印本　六十四冊

330000－1707－0000458　史 B0027　史部/雜史類/斷代之屬

國語二十一卷　(三國吳)韋昭解　**校刊明道本韋氏解國語札記一卷**　(清)黃丕烈撰　民國五年(1916)上海鴻寶齋石印本　三冊

330000－1707－0000459　史 B0028　史部/雜史類/斷代之屬

國語韋解補正二十一卷　吳曾祺撰　朱元善校訂　民國上海商務印書館鉛印本　二冊　缺九卷(一至三、十至十五)

330000－1707－0000460　史 B0029　史部/雜史類/斷代之屬

國語詳注二十一卷　沈鎔輯注　民國五年(1916)上海文明書局、中華書局鉛印本　一冊　存六卷(四至九)

330000－1707－0000461　史 B0030－史 B0031　史部/雜史類/斷代之屬
戰國策三十三卷　(漢)高誘注　**重刻剡川姚氏本戰國策札記三卷**　(清)黃丕烈撰　民國五年(1916)上海鴻寶齋石印本　五冊

330000－1707－0000462　子 B0169　子部/醫家類/本草之屬/歷代綜合本草
本草備要八卷　(清)汪昂撰　民國二十四年(1935)上海商務印書館鉛印本　四冊

330000－1707－0000463　史 B0032　史部/雜史類/斷代之屬
戰國策補註三十三卷　吳曾祺撰　民國上海商務印書館鉛印本　一冊　缺二十五卷(一至十七、二十六至三十三)

330000－1707－0000466　史 B0034　史部/雜史類/斷代之屬
痛史二十一種附九種　樂天居士輯　民國六年(1917)上海商務印書館鉛印本　十四冊　存八種

330000－1707－0000470　史 B0039　史部/地理類/總志之屬/斷代
大清一統志五百六十卷　(清)穆彰阿等纂　民國二十三年(1934)上海商務印書館影印本　一冊　存五卷(五百三十九至五百四十三)

330000－1707－0000471　史 B0040　史部/傳記類/總傳之屬/通代
中國名相傳二卷　潘博編輯　民國十三年(1924)上海世界書局鉛印本　一冊

330000－1707－0000474　子 B0177　子部/醫家類/本草之屬/本草藥性
雷公炮製藥性解六卷　(清)李中梓輯　**珍珠囊指掌補遺藥性賦四卷**　(金)李杲輯　民國共和書局石印本　一冊　存六卷(藥性解一至六)

330000－1707－0000478　子 B0178　子部/醫家類/本草之屬/本草藥性
雷公炮製藥性解六卷　(清)李中梓輯　民國上海廣益書局石印本　二冊

330000－1707－0000480　史 B0052　集部/別集類/清別集
名山藏副本初集二卷贈言集一卷　(清)齊周華撰　民國九年(1920)杭州武林印書館鉛印本　一冊　缺一卷(一)

330000－1707－0000481　史 B0053　史部/地理類/山川之屬/山志
武夷山袖珍便覽不分卷　王伯鎮編輯　民國崇安修志局稿本　一冊

330000－1707－0000482　經 B0104　經部/小學類/文字之屬/字書/字典
玉堂新字典不分卷　孫企雲撰　民國二十四年(1935)石印本　一冊

330000－1707－0000483　經 B0105　經部/小學類/文字之屬/字書/字典
新字典十二卷拾遺一卷檢字一卷附錄一卷勘誤一卷補編一卷　陸爾奎等編纂　民國三年(1914)上海商務印書館鉛印本　一冊　存一卷(檢字)

330000－1707－0000486　經 B0106　經部/小學類/文字之屬/字書/字典
孜正字彙二卷　(清)陳淏子撰　民國石印本　三冊

330000－1707－0000487　史 B0056　史部/傳記類/別傳之屬/事狀
呂廬老人[王同]行述一卷　王綺等述　**遺墨一卷**　民國八年(1919)鉛印本暨石印本　一冊

330000－1707－0000496　史 B0062　史部/政書類/邦計之屬/賦稅
印花稅案牘彙編第五輯不分卷　民國六年(1917)財政部印刷局鉛印本　三冊

330000－1707－0000503　史 B0065　史部/目録類/專録之屬
清華醫室藏書類目二卷　釋清華編　民國十

年(1921)掃葉山房鉛印本　一册　存一卷(二)

330000－1707－0000504　史 B0066　史部/目録類/版本之屬/書影

重印聚珍倣宋版五開大本四部備要樣本不分卷　中華書局編　民國二十三年(1934)中華書局鉛印本　一册

330000－1707－0000505　史 B0067　史部/目録類/總録之屬/私撰

東來閣書目一卷　東來閣書店編　民國二十三年(1934)北平東來閣書店鉛印本　一册

330000－1707－0000506　史 B0068　史部/目録類/總録之屬/禁燬

禁書總録二卷附錄一卷　陳乃乾校輯　民國二十一年(1932)海寧陳乃乾慎初堂鉛印本　二册

330000－1707－0000507　子 B0172　子部/醫家類/本草之屬/本草藥性

增補本草備要八卷　(清)汪昂著輯　民國上海錦章圖書局石印本　四册　缺一卷(八)

330000－1707－0000509　史 B0073　史部/史評類/史論之屬

最新史事論十二卷　雷瑨輯　民國三年(1914)上海埽葉山房石印本　六册

330000－1707－0000510　子 B0173　子部/醫家類/本草之屬/本草藥性

辨藥指南十四卷　(清)賈所學輯著　民國石印本　一册

330000－1707－0000511　史 B0078　史部/政書類/律令之屬/刑制

中華民國現行新刑律二卷　司法部刪定　民國石印本　一册　存一卷(二)

330000－1707－0000514　經 B0118　經部/小學類/文字之屬/字書/字典

康熙字典十二集三十六卷檢字一卷辨似一卷等韻一卷補遺一卷備考一卷　(清)張玉書等纂修　民國二年(1913)上海鴻文恆記書局石印本　六册

330000－1707－0000515　經 B0117　經部/小學類/文字之屬/字書/字典

康熙字典十二集三十六卷總目一卷檢字一卷辨似一卷等韻一卷補遺一卷備考一卷　(清)張玉書等纂修　民國商務印書館石印本　四册　存三十一卷(子集上中下、丑集上中下、寅集上中下、卯集上中下、辰集上中下、未集上中下、申集上中下、酉集上中下、戌集上中下,總目,檢字,辨似,等韻)

330000－1707－0000516　經 B0119　經部/小學類/文字之屬/字書/字典

康熙字典十二集三十六卷總目一卷檢字一卷辨似一卷等韻一卷補遺一卷備考一卷　(清)張玉書等纂修　民國十年(1921)上海古書流通處影印本　六十册

330000－1707－0000517　經 B0121　經部/小學類/文字之屬/字書/字典

康熙字典十二集三十六卷總目一卷檢字一卷辨似一卷等韻一卷補遺一卷備考一卷　(清)張玉書等纂修　民國六年(1917)上海鴻寶齋書局石印本　六册

330000－1707－0000520　經 B0123　經部/小學類/文字之屬/字書/字典

康熙字典十二集三十六卷檢字一卷辨似一卷等韻一卷補遺一卷備考一卷　(清)張玉書等纂修　民國三年(1914)上海共和書局石印本　四册　缺十一卷(未集上中下、申集上中下、亥集上中下,補遺,備考)

330000－1707－0000522　經 B0128　經部/小學類/文字之屬/字書/字典

康熙字典十二集三十六卷總目一卷檢字一卷辨似一卷等韻一卷補遺一卷備考一卷　(清)張玉書等纂修　民國石印本　二册　缺五卷(總目、檢字、辨似、等韻、補遺)

330000－1707－0000523　經 B0125　經部/小學類/文字之屬/字書/字典

康熙字典十二集三十六卷檢字一卷辨似一卷等韻一卷補遺一卷備考一卷　(清)張玉書等纂修　民國九年(1920)上海昌文書局石印本

五冊　缺六卷(巳集上中下、午集上中下)

330000－1707－0000524　經 B0125_1　經部/小學類/文字之屬/字書/字典

康熙字典十二集三十六卷檢字一卷辨似一卷等韻一卷補遺一卷備考一卷　(清)張玉書等纂修　民國九年(1920)上海昌文書局石印本　一冊　存六卷(未集上中下、申集上中下)

330000－1707－0000525　經 B0126　經部/小學類/文字之屬/字書/字典

康熙字典十二集三十六卷總目一卷檢字一卷辨似一卷等韻一卷補遺一卷備考一卷　(清)張玉書等纂修　民國六年(1917)上海廣益書局石印本　六冊

330000－1707－0000526　經 B0127　經部/小學類/文字之屬/字書/字典

中華字典十二集三十六卷檢字一卷辨似一卷等韻一卷補遺一卷備考一卷　(清)張玉書等纂修　民國文盛堂石印本　五冊　存三十六卷(子集上中下、丑集上中下、寅集上中下、卯集上中下、辰集上中下、巳集上中下、午集上中下、未集上中下、申集上中下、酉集上中下、戌集上中下,檢字,辨似,等韻)

330000－1707－0000530　史 B0083　新學/政治法律/制度

法制講義一卷　民國石印本　一冊

330000－1707－0000531　史 B0084　新學/學校

國文不分卷　民國石印本　一冊

330000－1707－0000532　史 B0085　史部/編年類/通代之屬

中史□□編　民國油印本　二冊　存二編(二、四)

330000－1707－0000533　史 B0086　史部/編年類/通代之屬

中國歷史□□編　民國石印本　一冊　存一編(二)

330000－1707－0000534　A0406－A0652、A0453_1、A0453_2、A0648_1　類叢部/叢書類/彙編之屬

四部叢刊　張元濟等編　民國上海商務印書館影印本　一千四百三十六冊　存二百五十種

330000－1707－0000537　子 B0007　史部/政書類/律令之屬/律例

審斷須知不分卷　魏頌唐輯　民國四年(1915)浙江印刷公司鉛印本　一冊

330000－1707－0000541　子 B0011－子 B0015　子部/醫家類/類編之屬

仲景全書五種　(漢)張機等撰　民國五年(1916)上海千頃堂石印本　八冊

330000－1707－0000553　子 B0080－子 B0083　子部/醫家類/類編之屬

潛齋醫書五種　(清)王士雄撰　民國元年(1912)上海文瑞樓石印本　四冊　存四種

330000－1707－0000554　子 B0084－子 B0089　子部/醫家類/類編之屬

王旭高醫書六種　(清)王泰林編　民國上海千頃堂石印本　一冊

330000－1707－0000555　經 B0126　經部/小學類/文字之屬/字書/字典

康熙字典十二集三十六卷總目一卷檢字一卷辨似一卷等韻一卷補遺一卷備考一卷　(清)張玉書等纂修　民國六年(1917)上海廣益書局石印本　六冊　缺二卷(總目、辨似)

330000－1707－0000556　子 B0128－子 B0132　子部/醫家類/類編之屬

國醫百家□□種　裘慶元輯　民國六年至九年(1917－1920)紹興醫藥學報社鉛印本　六冊　存七種

330000－1707－0000557　經 B0129　經部/小學類/文字之屬/字書/字典

中華新字典初編十二卷續編十二卷檢字一卷　王文濡等編纂　民國十年(1921)廣益書局石印本　六冊

330000－1707－0000558　經 B0130　經部/小學類/文字之屬/字書/字典

辭源十二卷檢字一卷附録五卷　陸爾奎等編　民國十年(1921)上海商務印書館鉛印本　十二册

330000－1707－0000559　經 B0141　經部/小學類/音韻之屬/韻書
五方元音二卷　(清)樊騰鳳撰　(清)年希堯增補　民國上海廣益書局石印本　一册

330000－1707－0000562　經 B0142　經部/小學類/音韻之屬/韻書
剔弊廣增分韻五方元音三卷首一卷　(清)趙培梓輯　民國上海廣益書局石印本　三册　缺一卷(下)

330000－1707－0000563　經 B0140　經部/小學類/音韻之屬/韻書
增註字類標韻六卷　(清)華綱輯　(清)范多玨重訂　民國六年(1917)蔣春記書局石印本　一册

330000－1707－0000565　經 B0144　類叢部/叢書類/彙編之屬
四部叢刊續編七十七種　張元濟等編　民國二十三年(1934)上海商務印書館影印本(儀禮疏卷三十二至三十七、周易要義卷三至六、禮記要義卷一至二、麟臺故事卷四至五原缺)　二册　存一種

330000－1707－0000568　經 B0146　經部/小學類/音韻之屬/韻書
增廣詩韻全璧五卷　民國九年(1920)上海廣益書局石印本　九册

330000－1707－0000570　經 B0147　經部/小學類/音韻之屬/韻書
詩韻集成五卷　(清)余照輯　民國石印本　一册

330000－1707－0000571　子 B0138　子部/醫家類/醫經之屬/内經
補註黄帝内經素問二十四卷　(唐)王冰注　(宋)林億等校正　(宋)孫兆改誤　民國上海錦章圖書局石印本　二册　缺九卷(十至十八)

330000－1707－0000572　經 B0149　經部/小學類/音韻之屬/韻書
新式詩韻全璧八卷　世界書局編輯所編輯　民國十七年(1928)上海世界書局石印本　一册

330000－1707－0000575　經 B0150　類叢部/類書類/專類之屬
詩韻合璧五卷　(清)湯祥瑟輯　**虚字韻藪一卷**　(清)潘維城輯　民國石印本　五册

330000－1707－0000576　子 B0141　子部/醫家類/醫經之屬/内經
素問靈樞類纂約註三卷　(清)汪昂輯註　民國上海商務印書館鉛印本　三册

330000－1707－0000586　子 B0149　類叢部/叢書類/彙編之屬
四部叢刊　張元濟等編　民國上海商務印書館影印本　二册　存一種

330000－1707－0000587　子 B0151　子部/醫家類/診法之屬/脈經脈訣
校正圖註脈訣四卷　(晉)王叔和撰　(明)張世賢註　民國上海章福記石印本　一册　缺二卷(三至四)

330000－1707－0000591　子 B0156－子 B0157　子部/醫家類/本草之屬/本草藥性
珍珠囊指掌補遺藥性賦四卷　(金)李杲輯
雷公炮製藥性解六卷　(清)李中梓輯　民國十七年(1928)上海會文堂書局鉛印本　六册

330000－1707－0000593　子 B0160　子部/醫家類/本草之屬/歷代綜合本草
本草綱目五十二卷　(明)李時珍撰　民國上海錦章圖書局石印本　一册　存三卷(三十三至三十五)

330000－1707－0000594　子 B0161_1　子部/醫家類/本草之屬/歷代綜合本草
本草綱目五十二卷　(明)李時珍撰　民國鉛印本　一册　存三卷(三十三至三十五)

330000－1707－0000596　子 B0162　子部/醫家類/本草之屬/本草藥性

本草原始合雷公炮製四卷　（明）李中立撰　民國石印本　一冊

330000－1707－0000599　子 B0164　子部/醫家類/本草之屬/歷代綜合本草

本草三家合註三卷　（清）郭汝驄集註　**徐靈胎先生本草經百種錄一卷**　（清）徐大椿撰　民國上海廣益書局石印本　一冊

330000－1707－0000601　集 B0007　集部/別集類/唐五代別集

杜詩鏡銓二十卷附諸家論杜一卷杜工部年譜一卷　（清）楊倫輯　**讀書堂杜工部文集註解二卷**　（清）張溍撰　民國十七年（1928）上海文化書局石印本　一冊　存三卷（一至三）

330000－1707－0000602　集 B0005　類叢部/叢書類/彙編之屬

四部叢刊　張元濟等編　民國上海商務印書館影印本　一冊　存一種

330000－1707－0000603　集 B0006　類叢部/叢書類/彙編之屬

四部備要　中華書局編　民國二十五年（1936）上海中華書局鉛印本　一冊　存一種

330000－1707－0000609　集 B0014　集部/別集類/明別集

音註歸震川文一卷　（清）曾滌生選本　王楚香音注　民國上海文明書局石印本　一冊

330000－1707－0000615　A0481_1、A0514_1　類叢部/叢書類/彙編之屬

四部叢刊　張元濟等編　民國上海商務印書館影印本　九冊　存二種

330000－1707－0000624　集 B0035、集 B0037、集 B0039　類叢部/叢書類/自著之屬

分類廣註曾文正公五種八卷　（清）曾國藩撰　民國上海世界書局石印本　三冊　存四卷（家書二、家訓、日記一至二）

330000－1707－0000625　子 B0180　子部/醫家類/綜合之屬/通論

中藏經三卷附華佗內照法一卷　（漢）華佗撰　民國八年（1919）上海蜚英書局石印本　三冊

330000－1707－0000628　子 B0183　子部/醫家類/綜合之屬/通論

醫宗說約六卷　（清）蔣示吉撰　民國四年（1915）上海萃英書局石印本　四冊

330000－1707－0000630　集 B0034、集 B0036　集部/別集類/清別集

曾文正公家書四卷家訓二卷　（清）曾國藩撰　**曾文正公榮哀錄一卷**　民國石印本　二冊　缺一卷（家書四）

330000－1707－0000631　集 B0041　集部/總集類/選集之屬/通代

十八家詩鈔二十八卷首一卷　（清）曾國藩輯　民國四年（1915）上海國華書局石印本　五冊　缺十八卷（五至六、十一至十二、十五至二十八）

330000－1707－0000634　集 B0045　集部/別集類

復庵書札六卷詩集二卷　許玨撰　民國鉛印本　二冊　缺三卷（書札四至六）

330000－1707－0000635　子 B0186　子部/醫家類/綜合之屬/通論

古吳童氏重校醫宗必讀十卷　（清）李中梓撰　民國十年（1921）上海大成書局石印本　一冊

330000－1707－0000638　集 B0053　集部/別集類/清別集

悅雲山房詩存八卷　（清）劉敦元撰　民國鉛印本　一冊　存四卷（五至八）

330000－1707－0000651　集 B0050　集部/別集類/清別集

誦舫詩鈔一卷　（清）潘蓉鏡撰　民國刻本　一冊

330000－1707－0000656　子 B0198　子部/醫家類/傷寒金匱之屬/傷寒論

醫效秘傳三卷　（清）葉桂撰　民國上海商務印書館石印本　一冊

330000－1707－0000661　集 B0055　類叢部/叢書類/彙編之屬
四部備要　中華書局編　民國二十五年(1936)上海中華書局鉛印本　二十二册　存一種

330000－1707－0000670　集 B0063　集部/總集類/選集之屬/通代
新體廣註古文觀止十二卷　(清)吳乘權　(清)吳大職輯　黃築巖　劉再蘇註釋　民國八年(1919)上海廣文書局石印本　四册　缺二卷(一至二)

330000－1707－0000674　子 B0206　子部/醫家類/醫案之屬
臨證指南醫案八卷　(清)葉桂撰　民國八年(1919)上海文益書局石印本　四册

330000－1707－0000677　集 B0064　集部/詩文評類/文評之屬
言文對照古文評註讀本十二卷　(清)過珙　(清)黃越選評　(清)曾濆　(清)龐雲燦訂　民國上海世界書局石印本　二册　存二卷(一至二)

330000－1707－0000678　集 B0063_1　集部/總集類/選集之屬/通代
增批古文觀止十二卷　(清)吳乘權　(清)吳大職輯　民國上海昌文書局石印本　一册　存二卷(十一至十二)

330000－1707－0000679　集 B0065　集部/總集類/選集之屬/通代
名家圈點箋註批評古文辭類纂七十四卷　(清)姚鼐纂　徐斯異等編輯　民國十七年(1928)上海廣益書局石印本　五册　存二十二卷(一至二、十九至三十一、六十一至六十七)

330000－1707－0000680　集 B0066　集部/總集類/選集之屬/通代
古文辭類纂評註七十四卷　(清)姚鼐纂輯　沈伯經等評注　民國上海文明書局鉛印本　一册　存五卷(六至十)

330000－1707－0000681　集 B0070　集部/總集類/選集之屬/通代
續古文辭類纂三十四卷　王先謙輯　民國十八年(1929)上海鴻章書局石印本　十二册

330000－1707－0000683　集 B0072　集部/總集類/選集之屬/斷代
唐詩鼓吹評註十卷　(清)錢謙益　(清)何焯評註　民國八年(1919)上海文明書局石印本　三册　存六卷(一至二、五至八)

330000－1707－0000684　集 B0073　集部/總集類/選集之屬/斷代
新體評註唐詩三百首六卷　(清)孫洙原編　張萼蓀評註　民國十四年(1925)上海大東書局石印本　一册　存四卷(三至六)

330000－1707－0000685　集 B0074　集部/總集類/郡邑之屬
音注宋四靈詩一卷　(宋)趙師秀等撰　陸律西音注　民國十六年(1927)上海文明書局鉛印本　一册

330000－1707－0000686　集 B0081　集部/總集類/選集之屬/通代
玉臺新詠十卷　(南朝陳)徐陵編　(清)吳兆宜注　(清)程琰刪補　民國十年(1921)上海掃葉山房石印本　三册　存四卷(一至二、九至十)

330000－1707－0000691　子 B0212　子部/醫家類/綜合之屬
余氏醫述六卷　余巖撰　民國十七年(1928)上海社會醫報館鉛印本　二册

330000－1707－0000696　集 B0087　集部/總集類/選集之屬/通代
評選古詩源四卷　(清)沈德潛輯　民國上海文華山房石印本　四册

330000－1707－0000697　集 B0095　集部/總集類/選集之屬/斷代
南社叢刻　南社編輯　民國鉛印本　一册　存一種

330000－1707－0000698　子 B0218　子部/

醫家類/綜合之屬/通論
三因極一病源論粹十八卷　(宋)陳言編　吳錫璜評註　民國九年(1920)上海文瑞樓石印本　八册

330000－1707－0000700　集 B0089　集部/總集類/選集之屬
二年國文補充教材二卷　民國油印本　二册

330000－1707－0000701　集 B0088　集部/總集類/選集之屬/通代
安校初一國語補充教材二卷　民國油印本　一册　存一卷(二)

330000－1707－0000702　集 B0088_1　子部/儒家類/儒學之屬/蒙學
國語文法選文不分卷　民國油印本　一册

330000－1707－0000704　集 B0091　集部/總集類/選集之屬
國學選文不分卷　民國抄本　一册

330000－1707－0000705　子 B0222　子部/醫家類/類編之屬
三朝名醫方論　民國上海大成書局石印本　一册　存一種

330000－1707－0000713　集 B0080　集部/總集類/彙編之屬
九家詩鈔不分卷　朱以增等撰　民國抄本　一册

330000－1707－0000714　集 B0079　集部/總集類/彙編之屬
國文鈔本不分卷　民國抄本　一册

330000－1707－0000715　子 B0090　經部/小學類/文字之屬
文字源流不分卷　民國油印本　一册

330000－1707－0000716　子 B0230　子部/醫家類/傷寒金匱之屬/傷寒論
傷寒論十卷　(漢)張仲景撰　(晉)王叔和輯　民國十二年(1923)惲鐵樵據明萬曆趙開美刻本影印本　二册　存三卷(一至二、十)

330000－1707－0000717　子 B0231　子部/醫家類/傷寒金匱之屬/傷寒論
曹氏傷寒發微四卷　(漢)張機撰　曹達潁釋義　民國二十年(1931)昌明醫藥學社鉛印本　二册　存二卷(三至四)

330000－1707－0000718　子 B0232　子部/醫家類/傷寒金匱之屬/傷寒論
傷寒論研究四卷　惲鐵樵撰　民國十三年(1924)上海惲鐵樵鉛印本　二册

330000－1707－0000720　子 B0234　子部/醫家類/内科之屬/中風
重訂中風斠詮三卷　張壽頤輯　民國二十一年(1932)蘭谿中醫學校張山雷鉛印本　一册　缺一卷(一)

330000－1707－0000724　子 B0238　子部/醫家類/傷寒金匱之屬/傷寒論
傷寒六書四卷　(明)陶華撰　民國十九年(1930)上海千頃堂書局石印本　一册　存一卷(四)

330000－1707－0000725　子 B0239　子部/醫家類/傷寒金匱之屬/傷寒論
加批傷寒論集註六卷　(清)張志聰註釋　(清)陳秉鈞批　民國二十一年(1932)上海廣益書局石印本　三册

330000－1707－0000736　集 B0113　集部/詞類/詞譜之屬
白香詞譜箋四卷　(清)舒夢蘭輯　(清)謝朝徵箋　民國四年(1915)上海掃葉山房石印本　四册

330000－1707－0000738　集 B0116　集部/戲劇類/雜劇之屬
增像第六才子書五卷首一卷　(元)王德信　(元)關漢卿撰　(清)金人瑞評　民國石印本　一册　存三卷(首、一至二)

330000－1707－0000739　集 B0116_1　集部/戲劇類/雜劇之屬
增像第六才子書五卷首一卷　(元)王德信　(元)關漢卿撰　(清)金人瑞評　民國石印本　二册　存二卷(一、五)

330000－1707－0000741　集 B0120　集部/曲類/曲韻曲譜曲律之屬

度曲須知二卷　(清)沈寵綏撰　民國二十三年(1934)上海商務印書館影印本　一冊　存一卷(二)

330000－1707－0000743　集 B0097　集部/總集類

倚雲漫錄一卷　管偉鈔錄　民國抄本　一冊

330000－1707－0000744　集 B0098　子部/雜著類

養孟室襍鈔不分卷　管偉撰　民國抄本　一冊

330000－1707－0000746　集 B0111　集部/詞類/類編之屬

詞學全書四種　(清)查培繼輯　民國木石居石印本　一冊　存一種

330000－1707－0000752　子 B0547　類叢部/類書類/通類之屬

增補事類統編九十三卷首一卷　(清)黃葆真增輯　民國四年(1915)上海文盛書局石印本　十二冊

330000－1707－0000756　子 B0550　類叢部/類書類

韻海大全角山樓類腋不分卷　(清)姚培謙原本　(清)趙克宜增輯　民國上海文瑞樓石印本　一冊

330000－1707－0000767　子 B0554　集部/別集類/清別集

雪鴻軒尺牘二卷　(清)龔萼撰　民國上海鴻寶齋書局石印本　一冊

330000－1707－0000768　子 B0555　集部/別集類/清別集

新體廣註雪鴻軒尺牘二卷　(清)龔萼撰　朱詩隱　徐慎幾註　民國十四年(1925)上海世界書局石印本　二冊

330000－1707－0000769　子 B0557　集部/別集類/清別集

新體廣註秋水軒尺牘二卷　(清)許思湄撰　陸翔註　民國上海廣文書局石印本　一冊　存一卷(上)

330000－1707－0000770　子 B0556　集部/別集類/清別集

秋水軒尺牘二卷　(清)許思湄撰　**雪鴻軒尺牘二卷**　(清)龔萼撰　民國上海鴻寶齋書局石印本　一冊　存二卷(秋水軒尺牘一至二)

330000－1707－0000772　子 B0558　集部/總集類/尺牘之屬

蘇長公尺牘三卷黃山谷尺牘二卷　(清)黃始箋輯　民國四年(1915)上海文益書局石印本　四冊

330000－1707－0000773　子 B0559　集部/詩文評類/文法之屬/函牘格式

分類廣註交際尺牘大觀不分卷　劉再蘇編輯　民國上海世界書局石印本　一冊　存一冊(七)

330000－1707－0000778　子 B0560　集部/詩文評類/文法之屬/函牘格式

最新分類尺牘大觀不分卷　文明書局編　民國六年(1917)上海文明書局石印本　十冊　存十冊

330000－1707－0000779　子 B0561　集部/詩文評類/文法之屬/函牘格式

最新分類尺牘大觀不分卷　文明書局編　民國五年(1916)上海文明書局石印本　十二冊

330000－1707－0000782　子 B0270　子部/醫家類/溫病之屬

中西溫熱串解八卷　吳錫璜撰　民國十年(1921)上海文瑞樓石印本　六冊

330000－1707－0000783　子 B0275　子部/醫家類/方書之屬/單方驗方

新增醫方湯頭歌訣一卷　(清)汪昂撰　錢榮國增輯　**經絡歌訣一卷**　(清)汪昂撰　民國二十一年(1932)上海大一統書局石印本　一冊

330000－1707－0000784　子 B0271　子部/醫家類/溫病之屬/瘟疫

加批時病論八卷 (清)雷豐撰 陳秉鈞批 民國十二年(1923)上海廣益書局石印本 一冊

330000－1707－0000790 子 B0278 子部/醫家類/方書之屬/單方驗方

重校舊本湯頭歌訣一卷經絡歌訣一卷 (清)汪昂撰 民國三年(1914)上海共和書局石印本 一冊

330000－1707－0000793 子 B0281 子部/醫家類/方書之屬/單方驗方

重訂驗方新編十八卷 (清)鮑相璈等輯 民國十年(1921)上海天寶書局石印本 一冊

330000－1707－0000794 子 B0282 子部/醫家類/方書之屬/單方驗方

驗方新編十八卷 (清)鮑相璈編輯 (清)張紹棠增輯 民國十三年(1924)上海啟新書局石印本 十二冊

330000－1707－0000804 子 B0572 子部/藝術類/遊藝之屬/聯語

寒柯堂宋詩集聯五卷 余紹宋輯 民國三十一年至三十二年(1942－1943)鉛印本 一冊

330000－1707－0000806 子 B0575 子部/藝術類/遊藝之屬/聯語

精選楹聯新編二卷 (清)俞樾撰 民國十年(1921)上海萃英書莊石印本 一冊

330000－1707－0000809 子 B0290 子部/醫家類/方書之屬/單方驗方

經驗秘方二卷 (清)吳兆雲編集 民國九年(1920)留耕堂石印本 一冊 缺一卷(二)

330000－1707－0000812 子 B0578 子部/雜著類/雜說之屬

家庭快覽不分卷 新華書局編輯 民國十七年(1928)上海新華書局鉛印本 一冊

330000－1707－0000818 子 B0573 子部/藝術類/遊藝之屬/聯語

對聯鈔本不分卷 □□撰 民國抄本 一冊

330000－1707－0000825 子 B0299 子部/醫家類/外科之屬/癰疽、疔瘡

治疔要書一卷 民國十六年(1927)上海宏大善書局石印本 一冊

330000－1707－0000826 子 B0300 子部/醫家類/外科之屬/通論

中西合纂外科大全五卷 顧鳴盛輯 民國石印本 一冊 缺三卷(三至五)

330000－1707－0000835 子 B0590 子部/道家類

莊子淺說四卷 林紓撰 民國十二年(1923)上海商務印書局鉛印本 二冊

330000－1707－0000836 子 B0586 子部/宗教類/佛教之屬/經咒

慈悲三昧水懺申義疏三卷 釋諦閑述 民國十八年(1929)抄本 一冊 存一卷(二)

330000－1707－0000837 子 B0587 子部/宗教類/佛教之屬

觀世音菩薩本迹感應頌四卷首一卷 許止淨述 **金剛經功德頌一卷** 許止淨述 劉契淨注 民國十五年(1926)上海中華書局鉛印本 一冊 存三卷(首、一至二)

330000－1707－0000843 子 B0307 子部/醫家類/眼科之屬

銀海精微二卷 (唐)孫思邈原輯 (明)龔雲林編定 民國十九年(1930)上海千頃堂書局石印本 一冊

330000－1707－0000844 子 B0588 子部/宗教類/佛教之屬/經

牘大乘起信捷訣一卷 (清)丁福保編纂 **大乘起信論一卷** (南朝梁)馬鳴菩薩造 釋真諦譯 民國無錫丁氏藏版鉛印本 一冊

330000－1707－0000845 子 B0308 子部/醫家類/眼科之屬

銀海指南四卷 (清)顧錫撰 民國十六年(1927)上海中一書局石印本 二冊 缺二卷(二、四)

330000－1707－0000856 子 B0334 新學/醫學

胎内教育五卷 （日本）伊東琴次郎撰 民國鉛印本 一冊

330000－1707－0000857 子 B0335 子部/醫家類/綜合之屬/通論

青春之危機四卷 （美國）昊爾博士撰 （清）謝洪賚譯述 民國四年(1915)上海商務印書館鉛印本 一冊

330000－1707－0000858 子 B0487 子部/小說家類

古今筆記精華錄二十四卷 古今圖書局編譯部編纂 民國四年(1915)上海廣益書局石印本 六冊 存七卷(六、十、十三至十七)

330000－1707－0000859 子 B0497 新學/學校

和文讀本入門二卷 商務印書館編譯所編 民國十九年(1930)上海商務印書館石印本 一冊

330000－1707－0000862 子 B0501－子 B0503 子部/小說家類

筆記小說大觀二百二十二種 進步書局輯 民國上海進步書局石印本 五冊 存三種

330000－1707－0000869 子 B0507 集部/小說類/長篇之屬

圖像三國志演義□□卷 （明）羅本撰 （清）毛宗崗評 民國上海文宜書局石印本 二冊 存四十二卷(十九至六十)

330000－1707－0000871 子 B0342 子部/醫家類/兒科之屬/通論

病鏡 王德森編輯 民國十一年(1922)嘉定光明印刷社鉛印本 一冊 存二種

330000－1707－0000873 子 B0344 子部/醫家類/推拿按摩外治之屬

推拿廣意三卷 （清）熊應雄輯 **福幼編一卷** （清）莊一夔撰 民國文元書莊石印本 一冊 存一卷(上)

330000－1707－0000877 子 B0348 子部/醫家類/針灸之屬/通論

鍼灸甲乙經十二卷 （晉）皇甫謐撰 民國六年(1917)上海江左書林石印本 四冊

330000－1707－0000879 子 B0350 子部/醫家類/醫話醫論之屬

冷廬醫話五卷 （清）陸以湉撰 民國五年(1916)千頃堂書局石印本 四冊

330000－1707－0000880 子 B0511 集部/小說類/長篇之屬

增像全圖三國志演義第一才子書十六卷首一卷一百二十回 （明）羅本撰 （清）毛宗崗評 民國上海文華書局石印本 一冊 存二卷(首、一)

330000－1707－0000881 子 B0510 集部/小說類/長篇之屬

第一才子書繡像三國志演義六十卷一百二十回 （明）羅本撰 （清）毛宗崗 （清）金人瑞評 民國上海商務印書舘鉛印本 四冊 存二十八卷(一至六、二十三至三十、三十九至五十二)

330000－1707－0000882 子 B0513 集部/小說類/長篇之屬

增像全圖三國演義十六卷一百二十回 （明）羅本撰 （清）毛宗崗評 民國上海廣益書局石印本 一冊 存二卷(九至十)

330000－1707－0000883 子 B0512 集部/小說類/長篇之屬

增像全圖三國演義十六卷首一卷一百二十回 （明）羅本撰 （清）毛宗崗評 民國十七年(1928)上海天寶書局石印本 十四冊 缺一卷(三)

330000－1707－0000884 子 B0515_2 集部/小說類/長篇之屬

繪圖三國演義□□卷 （明）羅本撰 民國石印本 一冊 存一卷(二)

330000－1707－0000886 子 B0508 集部/小說類/長篇之屬

增像全圖三國演義十六卷一百二十回 （明）羅本撰 （清）毛宗崗評 民國上海錦章書局石印本 一冊 存二卷(十五至十六)

330000－1707－0000887　子 B0515_1　集部/小說類/長篇之屬

第一才子書六十卷一百二十回首一卷　(明)羅本撰　(清)毛宗崗　(清)金人瑞評　民國上海錦章書局石印本　十冊　存三十八卷(一至二、五至十二、十七至四十四)

330000－1707－0000888　子 B0508_1　集部/小說類/長篇之屬

增像全圖三國演義十六卷一百二十回　(明)羅本撰　(清)毛宗崗評　民國上海商務印書館石印本　一冊　存二卷(十三至十四)

330000－1707－0000889　子 B0508_2　集部/小說類/長篇之屬

增像全圖三國演義十六卷一百二十回　(明)羅本撰　(清)毛宗崗評　民國石印本　二冊　存四卷(九至十二)

330000－1707－0000890　子 B0508_3　集部/小說類/長篇之屬

增像全圖三國演義十六卷一百二十回　(明)羅本撰　(清)毛宗崗評　民國九年(1920)上海天寶書局石印本　一冊　存八卷(一至八)

330000－1707－0000891　子 B0508_4　集部/小說類/長篇之屬

增像全圖三國演義十六卷一百二十回　(明)羅本撰　(清)毛宗崗評　民國上海天寶書局石印本　一冊　存二卷(五至六)

330000－1707－0000892　子 B0516　集部/小說類/長篇之屬

繪圖增像第五才子書水滸全傳十卷七十回首一卷　(明)施耐庵撰　(清)金人瑞評釋　民國石印本　五冊　存五卷(首,四、七至九)

330000－1707－0000893　子 B0516_1　集部/小說類/長篇之屬

繪圖增像第五才子書水滸全傳十卷七十回首一卷　(明)施耐庵撰　(清)金人瑞評釋　民國八年(1919)石印本　一冊　存二卷(首、一)

330000－1707－0000894　子 B0516_2　集部/小說類/長篇之屬

繪圖增像第五才子書水滸全傳八卷七十回首一卷　(明)施耐庵撰　(清)金人瑞評釋　民國九年(1920)上海共和書局石印本　一冊　存三卷(首、一至二)

330000－1707－0000895　子 B0517　集部/小說類/長篇之屬

繪圖封神演義八卷一百回　(明)許仲琳撰　(明)鍾惺評　民國石印本　八冊

330000－1707－0000896　子 B0521　集部/小說類/短篇之屬

聊齋志異新評十六卷　(清)蒲松齡撰　(清)王士禛評　(清)呂湛恩注　(清)但明倫新評　民國鉛印本　一冊　存二卷(十五至十六)

330000－1707－0000897　子 B0523　集部/小說類/短篇之屬

詳註聊齋志異圖詠十六卷　(清)蒲松齡撰　(清)呂湛恩注　民國石印本　一冊　存四卷(七至十)

330000－1707－0000898　子 B0522　集部/小說類/短篇之屬

詳註聊齋志異圖詠十六卷　(清)蒲松齡撰　(清)呂湛恩注　民國石印本　一冊　存二卷(七至八)

330000－1707－0000899　子 B0524　集部/小說類/短篇之屬

詳註聊齋志異圖詠十六卷　(清)蒲松齡撰　(清)呂湛恩注　民國石印本　一冊　存二卷(七至八)

330000－1707－0000900　子 B0524_1　集部/小說類/短篇之屬

詳註聊齋志異圖詠十六卷　(清)蒲松齡撰　(清)呂湛恩注　民國石印本　一冊　存八卷(九至十六)

330000－1707－0000901　子 B0524_2　集部/小說類/短篇之屬

詳註聊齋志異圖詠十六卷　(清)蒲松齡撰　(清)呂湛恩注　民國石印本　一冊　存八卷

（九至十六）

330000－1707－0000908　子 B0356　子部/醫家類/溫病之屬

時病論摘方不分卷　（清）雷豐撰　沈月泉摘鈔　民國抄本　一冊

330000－1707－0000909　子 B0525　集部/小說類/長篇之屬

增評加批金玉緣圖說十六卷首一卷一百二十回　（清）曹霑　（清）高鶚撰　（清）蝶薌仙史評訂　民國石印本　十二冊　存十二卷（三至十二、十四、十六）

330000－1707－0000910　子 B0527　集部/小說類/長篇之屬

增評加批金玉緣圖說十六卷首一卷一百二十回　（清）曹霑　（清）高鶚撰　（清）蝶薌仙史評訂　民國石印本　一冊　存四卷（九至十二）

330000－1707－0000911　子 B0526　集部/小說類/長篇之屬

增評加批金玉緣圖說一百二十卷首一卷一百二十回　（清）曹霑　（清）高鶚撰　（清）蝶薌仙史評訂　民國石印本　一冊　存九卷（六十四至七十二）

330000－1707－0000912　子 B0527_1　集部/小說類/長篇之屬

增評補像全圖金玉緣一百二十回　（清）曹霑　（清）高鶚撰　民國石印本　二冊　存十六回（九至十六、三十三至四十）

330000－1707－0000913　子 B0528　集部/小說類/長篇之屬

繪圖西漢演義四卷一百回　（明）甄偉撰　民國上海天寶書局石印本　一冊

330000－1707－0000914　子 B0529　集部/小說類/長篇之屬

繪圖歷朝通俗演義十一種　蔡東帆輯　民國上海會文堂新記書局石印本　八冊　存一種

330000－1707－0000915　子 B0530　集部/曲類/彈詞之屬

繪圖筆生花十六卷三十二回　（清）邱心如撰　民國石印本　十五冊　存十五卷（二至十六）

330000－1707－0000917　子 B0357　子部/醫家類/本草之屬/本草藥性

本草徵要二卷　任錦麟抄錄　民國抄本　一冊　存一卷（二）

330000－1707－0000918　子 B0358　子部/醫家類/傷寒金匱之屬/金匱要略

金匱論二卷　（漢）張機撰　民國任錦麟抄本　二冊

330000－1707－0000919　子 B0359　子部/醫家類/本草之屬/歷代綜合本草

本草從新不分卷　（清）吳儀洛輯　民國二十五年（1936）任錦麟抄本　一冊

330000－1707－0000920　子 B0360　子部/醫家類/婦科之屬/產科

女科胎前產後百問秘旨全書二卷　鄭氏撰　民國二十五年（1936）任錦麟鈔本　一冊

330000－1707－0000921　子 B0361　子部/醫家類/診法之屬/脈經脈訣

四言脈訣不分卷　（宋）崔嘉言撰　民國任錦麟抄本　一冊

330000－1707－0000926　子 B0540　子部/小說家類/異聞之屬

洞冥記十卷三十八回　（清）呂惟一輯　民國鉛印本　一冊　存二卷（七至八）

330000－1707－0000931　子 B0365　子部/醫家類/兒科之屬/通論

繪圖婦幼科鈔本不分卷　民國抄本　一冊

330000－1707－0000932　子 B0366　子部/醫家類/診法之屬/其他診法

都敬齋醫書二種　都敬齋撰　民國抄本　一冊

330000－1707－0000934　子 B0368　子部/醫家類/外科之屬/其他外科病證

外科臨證便錄不分卷　俞松庭記錄　民國抄

本　一册

330000－1707－0000935　子 B0369　子部/醫家類/綜合之屬/雜著

醫書集錦不分卷　紫紳公抄錄　民國抄本　一册

330000－1707－0000937　子 B0371　子部/醫家類/傷寒金匱之屬/傷寒論

傷寒論六卷　（漢）張機撰　民國十三年(1924)師竹抄本　一册　存三卷(四至六)

330000－1707－0000938　子 B0372　子部/醫家類/醫話醫論之屬

杏林以術不分卷　民國□亭抄本　一册

330000－1707－0000939　子 B0373　子部/醫家類/外科之屬/癰疽、疔瘡

瘍症歌訣不分卷　民國十二年(1923)抄本　一册

330000－1707－0000942　子 B0377　子部/醫家類/綜合之屬/通論

醫學易誦一卷附四言脈訣舉要一卷　張壽頤編　民國抄本　一册

330000－1707－0000944　子 B0379　子部/醫家類/本草之屬/本草雜著

分經藥性賦不分卷　民國十四年(1925)抄本　一册

330000－1707－0000945　子 B0380　子部/醫家類/醫話醫論之屬

范鳴鏘評醫學論文八篇不分卷　范鳴鏘評　民國抄本　一册

330000－1707－0000946　子 B0381　子部/醫家類/兒科之屬/通論

醫藥雜論不分卷　民國抄本　一册

330000－1707－0000947　子 B0382　子部/醫家類/内科之屬/其他内科病證

重刻痰火點雪四卷　（明）龔居中輯　民國抄本　二册　缺二卷(二、四)

330000－1707－0000948　子 B0383　子部/醫家類/本草之屬/本草藥性

實驗藥物學九卷　何廉臣撰　民國十二年(1923)浙江中醫專門學校第四班級友會抄本　一册

330000－1707－0000949　子 B0516_3　集部/小説類/長篇之屬

繪圖增像第五才子書水滸全傳十卷七十回首一卷　（明）施耐庵撰　（清）金人瑞評釋　民國石印本　一册　存一卷(六)

330000－1707－0000950　子 B0522_1　集部/小説類/短篇之屬

詳註聊齋志異圖詠十六卷　（清）蒲松齡撰　（清）呂湛恩注　民國石印本　一册　存一卷(十)

330000－1707－0000951　子 B0385　子部/藝術類/書畫之屬/法帖

虢季子白盤放大本一卷　民國十五年(1926)上海有正書局影印本　一册

330000－1707－0000952　子 B0386　子部/藝術類/書畫之屬/法帖

精拓散氏盤銘放大本一卷　民國十五年(1926)上海有正書局影印本　一册

330000－1707－0000953　子 B0387　子部/藝術類/書畫之屬/法帖

明拓史晨饗孔廟碑不分卷　民國十五年(1926)上海有正書局影印本　一册

330000－1707－0000954　子 B0388　子部/藝術類/書畫之屬/法帖

漢泰山都尉孔君碑一卷　民國十四年(1925)上海有正書局影印本　一册

330000－1707－0000955　子 B0389　子部/藝術類/書畫之屬/法帖

漢幽州刺史朱君碑不分卷　民國上海有正書局影印本　一册

330000－1707－0000956　子 B0390　子部/藝術類/書畫之屬/法帖

汪仁溥臨曹全碑一卷　（清）汪仁溥臨　民國石印本　一册

330000－1707－0000959　子 B0393　子部/藝術類/書畫之屬/法帖

匋齋藏瘞鶴銘兩種合冊　(清)端方藏　民國九年(1920)上海有正書局影印本　一冊

330000－1707－0000960　子 B0394　子部/藝術類/書畫之屬/法帖

舊拓王右軍樂毅論趙松雪閑邪公傳合刻不分卷　(晉)王羲之書　(元)趙孟頫書　民國十三年(1924)上海有正書局影印本　一冊

330000－1707－0000961　子 B0395　子部/藝術類/書畫之屬/法帖

魏鞠彥雲墓誌等八種不分卷　民國影印本　一冊

330000－1707－0000962　子 B0396　子部/藝術類/書畫之屬/法帖

初拓放大張黑女墓誌不分卷　民國上海求古齋書帖局影印本　一冊

330000－1707－0000963　子 B0397　子部/藝術類/書畫之屬/法帖

魏淮南王顯等墓誌七種不分卷　民國影印本　一冊

330000－1707－0000964　子 B0398　子部/藝術類/書畫之屬/法帖

晉唐帖十一種不分卷　(清)李宗翰藏　民國十七年(1928)上海商務印書館影印本　一冊

330000－1707－0000965　子 B0399　子部/藝術類/書畫之屬/法帖

宋拓雲麾碑一卷　(唐)李邕書　民國影印本　一冊

330000－1707－0000966　子 B0400　子部/藝術類/書畫之屬/法帖

宋拓李北海雲麾碑一卷　(唐)李邕書　民國上海有正書局影印本　一冊

330000－1707－0000967　子 B0401　子部/藝術類/書畫之屬/法帖

何子貞臨黃庭經一卷　(清)何紹基書　民國十六年(1927)上海商務印書館影印本　一冊

330000－1707－0000968　子 B0402　子部/藝術類/書畫之屬/法帖

宋拓皇甫君碑一卷　(唐)歐陽詢書　民國上海有正書局影印本　一冊

330000－1707－0000969　子 B0404　子部/藝術類/書畫之屬/法帖

宋拓大麻姑仙壇記不分卷　(唐)顏真卿撰並書　民國上海有正書局影印本　一冊

330000－1707－0000970　子 B0405　子部/藝術類/書畫之屬/法帖

林和靖先生詩稿一卷　(宋)林逋書　民國有正書局影印本　一冊

330000－1707－0000972　子 B0407　子部/藝術類/書畫之屬/法帖

王惕甫夫婦真蹟不分卷　(清)王芑孫　(清)曹貞秀書　民國三十四年(1945)上海中華書局影印本　一冊

330000－1707－0000974　子 B0409　子部/藝術類/書畫之屬/法帖

翁覃溪手鉤化度寺碑不分卷　(唐)歐陽詢書　(清)翁方綱重摹　民國上海有正書局影印本　一冊

330000－1707－0000975　子 B0410　子部/藝術類/書畫之屬/法帖

宋拓褚河南哀冊一卷　(唐)褚遂良書　民國上海有正書局影印本　一冊

330000－1707－0000976　子 B0411　子部/藝術類/書畫之屬/法帖

原拓塼塔銘不分卷　(唐)上官芝撰　(唐)敬客書　民國六年(1917)上海有正書局影印本　一冊

330000－1707－0000977　子 B0412　子部/藝術類/書畫之屬/法帖

書譜釋文一卷　(唐)孫過庭撰　民國有正書局影印本　一冊

330000－1707－0000978　子 B0413　子部/藝術類/書畫之屬/法帖

初拓書譜一卷　(唐)孫過庭撰並書　民國上

海有正書局影印本　一冊

330000－1707－0000979　子 B0415　子部/藝術類/書畫之屬/法帖

滋蕙堂靈飛經一卷　(唐)鍾紹京書　民國二十四年(1935)上海文明書局影印本　一冊

330000－1707－0000980　子 B0416　子部/藝術類/書畫之屬/法帖

宋拓顏平原東方畫贊二卷　(唐)顏真卿書　民國上海有正書局影印本　一冊　存一冊(一)

330000－1707－0000981　子 B0417　子部/藝術類/書畫之屬/法帖

汪由敦臨多寶塔墨蹟不分卷　(唐)岑勛撰　(唐)顏真卿書　民國八年(1919)上海有正書局影印本　一冊

330000－1707－0000982　子 B0418　子部/藝術類/書畫之屬/法帖

唐茅山紫陽觀玄靜先生碑不分卷　(唐)柳識撰　(唐)張從申書　民國影印本　一冊

330000－1707－0000983　子 B0419　子部/藝術類/書畫之屬/法帖

宋拓玄秘塔不分卷　(唐)裴休撰　(唐)柳公權書　民國六年(1917)上海有正書局影印本　一冊

330000－1707－0000984　子 B0420　子部/藝術類/書畫之屬/法帖

宋拓玄秘塔不分卷　(唐)裴休撰　(唐)柳公權書　民國上海有正書局影印本　一冊

330000－1707－0000985　子 B0421　子部/藝術類/書畫之屬/法帖

蘇東坡赤壁賦一卷　(宋)蘇軾撰並書　民國二十一年(1932)上海商務印書館影印本　一冊

330000－1707－0000987　C02　史部/傳記類/總傳之屬/家乘

[浙江餘杭]張氏草譜□□卷　民國抄本　四冊　存二卷(世系之圖、行傳)

330000－1707－0000988　C03　史部/傳記類/總傳之屬/家乘

[浙江餘杭]張氏草譜□□卷　民國抄本　三冊　存一卷(行傳)

330000－1707－0000990　子 B0423　子部/藝術類/書畫之屬/法帖

趙文敏書嵇叔夜絕交書不分卷　(元)趙孟頫書　民國四年(1915)上海商務印書館影印本　一冊

330000－1707－0000991　子 B0424　子部/藝術類/書畫之屬/法帖

趙文敏書感興詩一卷　(元)趙孟頫書　民國十二年(1923)上海商務印書館影印本　一冊

330000－1707－0000992　子 B0425　子部/藝術類/書畫之屬/法帖

趙文敏書急就篇附釋文不分卷　(元)趙孟頫書　民國四年(1915)上海商務印書館影印本　一冊

330000－1707－0000993　子 B0426　子部/藝術類/書畫之屬/法帖

蕭山縣學重建大成殿記一卷　(元)張伯淳撰　(元)趙孟頫書　民國影印本　一冊

330000－1707－0000994　子 B0427　子部/藝術類/書畫之屬/法帖

李子龢書閑邪公傳一卷　(元)周馳撰　李子龢書　民國石印本　一冊

330000－1707－0000996　子 B0428　子部/藝術類/書畫之屬/法帖

董其昌臨天馬賦一卷　(宋)米芾書　(明)董其昌臨　民國石印本　一冊

330000－1707－0000997　子 B0429　子部/藝術類/書畫之屬/法帖

黃山谷七祖山題詩一卷　(宋)黃庭堅書　民國影印本　一冊

330000－1707－0000998　子 B0430　子部/藝術類/書畫之屬/法帖

文衡山書離騷墨蹟一卷　(明)文徵明書　民國二十五年(1936)上海文明書局影印本

一册

330000－1707－0000999　子 B0431　子部/藝術類/書畫之屬/法帖
舊拓好大王碑一卷　民國五年(1916)上海有正書局影印本　一册

330000－1707－0001000　子 B0433　子部/藝術類/書畫之屬/法帖
錢南園行書韓詩册不分卷　(清)錢灃書　民國上海震亞圖書局影印本　一册

330000－1707－0001001　子 B0432　子部/藝術類/書畫之屬/法帖
王覺斯草書墨蹟一卷　(清)王鐸書　民國上海有正書局石印本　一册

330000－1707－0001002　子 B0434　子部/藝術類/書畫之屬/法帖
王夢樓自書快雨堂詩稿一卷　(清)王文治書　民國二十五年(1936)上海文明書局影印本　一册

330000－1707－0001006　子 B0436　子部/藝術類/書畫之屬/法帖
伊墨卿書恨賦墨蹟不分卷　(清)伊秉綬書　民國三年(1914)上海文明書局影印本　一册

330000－1707－0001007　子 B0437　子部/藝術類/書畫之屬/法帖
何蝯叟書賀觀察墓志銘一卷　(清)何紹基書　民國十二年(1923)上海商務印書館影印本　一册

330000－1707－0001008　子 B0438　子部/藝術類/書畫之屬/法帖
吳中丞説文部首墨蹟一卷　(清)吳大澂書　民國十七年(1928)蘇州振新書社石印本　一册

330000－1707－0001009　子 B0439　子部/藝術類/書畫之屬/法帖
翁松禪墨蹟十集　(清)翁同龢書　民國十五年(1926)上海商務印書館影印本　一册　存一集(一)

330000－1707－0001011　子 B0441　子部/藝術類/書畫之屬/法帖
濠叟先生書西園雅集圖記一卷　李鵬翥書　民國石印本　一册

330000－1707－0001012　子 B0442　子部/藝術類/書畫之屬/法帖
放大潘公墓誌一卷　(清)趙之謙撰並書　民國上海碧梧山莊石印本　一册

330000－1707－0001016　C09　史部/傳記類/總傳之屬/家乘
[浙江餘杭]東沙姚氏宗譜十卷　姚萬林修　趙德富纂　民國十七年(1928)登瀛堂木活字印本　十册

330000－1707－0001017　C10　史部/傳記類/總傳之屬/家乘
[浙江臨安]餘邑項氏宗譜不分卷　項文垲修　曹炳法纂　民國三十七年(1948)木活字印本　四册

330000－1707－0001018　子 B0445　子部/藝術類/書畫之屬/法帖
迦陵先生填詞圖題詠一卷　民國六年(1917)萩舟社影印本　一册

330000－1707－0001019　子 B0446　子部/藝術類/遊藝之屬/聯語
集漢石門頌碑字聯一卷　秦文錦集　民國抄本　一册

330000－1707－0001020　子 B0448　集部/總集類/尺牘之屬
八大功臣手札十卷　(清)郭慶藩輯　民國影印本　一册　存四卷(七至十)

330000－1707－0001021　子 B0449　子部/藝術類/書畫之屬/法帖
冷香塔銘一卷　李瑞清書　(清)姚椿撰　民國七年(1918)上海碧梧山莊影印本　一册

330000－1707－0001022　子 B0450　子部/藝術類/書畫之屬/書法書品
行書備要一卷　童式規書　民國二十二年(1933)上海商務印書館石印本　一册

330000－1707－0001023　子 B0451　子部/藝術類/書畫之屬/法帖

劉春霖小楷秋聲賦一卷　(宋)歐陽修撰　劉春霖書　民國上海有文書局影印本　一冊

330000－1707－0001024　子 B0452　子部/藝術類/書畫之屬/書法書品

七襄新譜一卷　民國四年(1915)抄本　一冊

330000－1707－0001027　子 B0456　子部/藝術類/書畫之屬/書法書品

書法津梁四卷　(清)包世臣撰　民國十七年(1928)上海中一書局石印本　四冊

330000－1707－0001029　子 B0458　子部/藝術類/書畫之屬/畫録

繪事發微一卷　(清)唐岱撰　民國抄本　一冊

330000－1707－0001030　子 B0459　子部/藝術類/書畫之屬/書法書品

草書指南二卷　草書百韻歌一卷　民國石印本　一冊

330000－1707－0001031　子 B0460　子部/藝術類/書畫之屬/法帖

草字便覽摘要一卷　(清)梁民宪輯　民國二十年(1931)醫學書局石印本　一冊

330000－1707－0001034　C13　史部/傳記類/總傳之屬/家乘

[浙江臨安]餘邑項氏宗譜不分卷　(清)項文炅修　(清)沈啟瑞纂　民國七年(1918)木活字印本　一冊

330000－1707－0001035　C14　史部/傳記類/總傳之屬/家乘

[浙江臨安]餘邑項氏宗譜不分卷　(清)項文炅修　(清)沈啟瑞纂　民國七年(1918)木活字印本　一冊

330000－1707－0001038　C17　史部/傳記類/總傳之屬/家乘

[浙江餘杭]談氏世譜不分卷　談潛纂修　民國四年(1915)鉛印本　二冊

330000－1707－0001039　C18　史部/傳記類/總傳之屬/家乘

[浙江餘杭]談氏世譜不分卷　談潛纂修　民國四年(1915)鉛印本　一冊

330000－1707－0001042　子 B0465　子部/藝術類/書畫之屬/書法書品

法書攷八卷　(元)盛熙明撰　民國二十四年(1935)上海商務印書館影印本　一冊

330000－1707－0001047　子 B0470　子部/雜著類/雜纂之屬

玉芝堂談薈三十六卷　(明)徐應秋輯　民國上海進步書局石印本　五冊　缺二十六卷(十一至三十六)

330000－1707－0001052　C26　史部/傳記類/總傳之屬/家乘

[浙江餘杭]石瀨鎮翁氏宗譜□□卷　民國六桂堂木活字印本　一冊　存一卷(行傳)

330000－1707－0001054　C28　史部/傳記類/總傳之屬/家乘

[福建安溪]高陽紀氏宗譜不分卷　民國十七年(1928)林樂善堂刻本　一冊

330000－1707－0001056　C30　史部/傳記類/總傳之屬/家乘

[浙江安吉]安吉廬江何氏宗譜四卷　何元時修　何昌禄等纂　民國十年(1921)木活字印本　四冊

330000－1707－0001057　C31　史部/傳記類/總傳之屬/家乘

[浙江安吉]安吉廬江何氏宗譜四卷　何元時修　何昌禄等纂　民國十年(1921)木活字印本　一冊　存一卷(三)

330000－1707－0001065　C33　史部/傳記類/總傳之屬/家乘

[浙江黃巖]黃邑匯川夏氏宗譜□□卷　章甫敬編纂　吳修霈協修　民國十五年(1926)木活字本　三冊　存三卷(一至三)

330000－1707－0001066　C34　史部/傳記類/總傳之屬/家乘

[浙江慈溪]慈谿師橋沈氏宗譜十五卷 （清）沈春華修　民國二年（1913）鉛印本　七册　存十三卷（三至十五）

330000－1707－0001067　C35　史部/傳記類/總傳之屬/家乘
[浙江慈溪]慈谿師橋沈氏明六房支譜□□卷 民國六年（1917）慈北師橋鄉養心草廬鉛印本　一册　存一卷（上）

330000－1707－0001068　子 B0477　子部/雜著類
思益堂日札十卷 （清）周壽昌撰　民國鉛印本　二册　存五卷（一至五）

330000－1707－0001071　子 B0480　子部/儒家類/儒學之屬/蒙學
新式標點言文對照幼學故事瓊林四卷首一卷 （清）程登吉撰　（清）鄒聖脈增補　民國上海廣益書局石印本　三册　缺一卷（四）

330000－1707－0001073　子 B0482　子部/儒家類/儒學之屬/蒙學
新增繪圖幼學故事瓊林四卷首一卷 （清）程登吉撰　（清）鄒聖脈增補　民國上海劉德記書局石印本　一册

330000－1707－0001074　子 B0483　子部/儒家類/儒學之屬/蒙學
會文堂精校重增繪圖幼學故事瓊林四卷首一卷 （清）程允升撰　（清）鄒聖脈增補　蔡郕續增　（清）謝梅林　（清）鄒可庭參訂　民國十六年（1927）上海會文堂書局石印本　一册

330000－1707－0001077　子 B0486　史部/傳記類/總傳之屬/斷代
曲園瑣記二十卷 （清）俞樾撰　民國二年（1913）上海中華圖書館石印本　七册　缺十一卷（三、七至十二、十七至二十）

330000－1707－0001078　叢 B0001－叢 B0023　類叢部/叢書類/彙編之屬
古今說部叢書二百七十二種 國學扶輪社輯　民國四年（1915）中國圖書公司和記鉛印本　十二册　存五集（六至十）

330000－1707－0001079　叢 B0044－叢 B0064　類叢部/叢書類/自著之屬
隨園三十六種 （清）袁枚撰　民國二年（1913）上海中華圖書館鉛印本　二十九册　存十九種

330000－1707－0001080　叢 B0064_1　類叢部/叢書類/自著之屬
隨園全集□□種 （清）袁枚撰　民國石印本　四册　存三種

330000－1707－0001082　叢 B0064_3　集部/詩文評類/類編之屬
箋註隨園詩話十六卷補遺十卷 （清）袁枚撰　雷瑨註釋　民國上海掃葉山房石印本　一册　缺十九卷（一至十二、補遺四至十）

330000－1707－0001083　史 B0087　史部/政書類/公牘檔册之屬
借錢賬本一卷 民國抄本　一册

杭州市富陽區圖書館
民國時期傳統裝幀書籍普查登記目録

浙江省民國時期傳統裝幀書籍普查登記目録 · 杭州

國家圖書館出版社
National Library of China Publishing House

《杭州市富陽區圖書館民國時期傳統裝幀書籍普查登記目録》

編委會

主　編：董喜萍

副主編：王　强

編　委：彭　豐　胡　敏

《杭州市富陽區圖書館民國時期傳統裝幀書籍普查登記目録》

前　言

古籍普查是實施“中華古籍保護計劃”的基礎性工作。2013年起，杭州市富陽區圖書館就積極投入到古籍普查工作中去，争取經費、安排人員，在省古籍保護中心和古籍普查專家、老師的指導下，歷經3年時間完成了館藏古籍和民國時期傳統裝幀書籍的數據録入工作。共普查圖書1000餘册，上傳數據126條，其中民國時期傳統裝幀書籍共53條671册。從藏量上來説，富陽區圖書館屬於典型的小藏量單位，經過普查，我館瞭解了館藏古籍的存量，評定了現存古籍的級别等次，瞭解了古籍的破損程度、致損成因、破損數量，爲今後古籍和民國書籍的保護和修復工作打下了基礎。

本目録是以館藏的民國時期傳統裝幀書籍爲收録範圍，由於普查人員水平有限，難免會有錯誤之處，敬請專家、讀者批評指正。

杭州市富陽區圖書館
2017年12月20日

330000－1730－0000003　0003　集部/別集類

蠲戲齋詩編年集八卷避寇集一卷芳杜詞賸一卷　馬浮撰　**蠲戲齋詩前集二卷**　馬浮撰　張立民　楊蔭林輯錄　民國二十九年(1940)、三十六年(1947)刻本　二冊　存八卷(編年集一至八)

330000－1730－0000009　0009　集部/別集類/唐五代別集

昌黎先生集四十卷外集十卷遺文一卷　(唐)韓愈撰　(唐)李漢編　**朱子校昌黎先生集傳一卷**　(宋)朱熹撰　民國九年(1920)上海商務印書館鉛印本　十冊

330000－1730－0000010　0010　集部/別集類

畏廬詩存二卷　林紓撰　民國十五年(1926)上海商務印書館鉛印本　一冊

330000－1730－0000011　0011　集部/別集類

畏廬論文一卷　林紓撰　民國十年(1921)上海商務印書館影印本　一冊

330000－1730－0000013　0013　子部/宗教類/佛教之屬/經疏

心經六家註六卷　民國十五年(1926)上海商務印書館鉛印本　一冊

330000－1730－0000015　0015　集部/別集類

飲冰室全集四十八卷　梁啓超撰　民國五年(1916)上海中華書局鉛印本　四十一冊　缺七卷(一至三、二十二、三十二、三十九、四十一)

330000－1730－0000016　0016　集部/別集類

畏廬三集一卷　林紓撰　民國十三年(1924)上海商務印書館鉛印本　一冊

330000－1730－0000022　0022　集部/別集類

蠲戲齋詩編年集八卷避寇集一卷芳杜詞賸一卷　馬浮撰　**蠲戲齋詩前集二卷**　馬浮撰　張立民　楊蔭林輯錄　民國二十九年(1940)、三十六年(1947)刻本　五冊　缺二卷(避寇集、芳杜詞賸)

330000－1730－0000023　0023　集部/別集類

蠲戲齋詩編年集八卷避寇集一卷芳杜詞賸一卷　馬浮撰　**蠲戲齋詩前集二卷**　馬浮撰　張立民　楊蔭林輯錄　民國二十九年(1940)、三十六年(1947)刻本　一冊　存二卷(避寇集、芳杜詞賸)

330000－1730－0000027　0027　經部/春秋左傳類/傳說之屬

東萊博議四卷　(宋)呂祖謙撰　**增補虛字註釋一卷**　(清)馮泰松點定　民國商務印書館鉛印本　一冊

330000－1730－0000029　0029　集部/別集類/清別集

漁洋山人精華錄箋注十二卷年譜一卷　(清)王士禛撰　(清)金榮箋注　(清)徐淮纂輯　民國上海文瑞樓石印本　三冊　存九卷(二至四、六至十一)

330000－1730－0000031　0031　類叢部/叢書類/彙編之屬

四部備要　中華書局編　民國二十五年(1936)上海中華書局鉛印本　四百六十八冊　存二十三種

330000－1730－0000035　0035　集部/別集類/清別集

人境廬詩草十一卷　(清)黃遵憲撰　民國二十年(1931)黃能立鉛印本　二冊

330000－1730－0000037　0037　集部/小說類/長篇之屬

二十年目睹之怪現狀八卷一百八回　(清)吳趼人撰　民國十八年(1929)世界書局石印本　七冊　缺一卷(五)

330000－1730－0000039　0039　集部/詩文評類/文評之屬

韓文研究法一卷柳文研究法一卷　林紓撰　民國四年(1915)上海商務印書館鉛印本　一册

330000－1730－0000040　0040　集部/詩文評類/文評之屬

文學研究法四卷　姚永樸撰　民國五年(1916)上海商務印書館鉛印本　三册

330000－1730－0000043　0043　類叢部/叢書類/自著之屬

分類廣註曾文正公五種八卷　(清)曾國藩撰　民國二十年(1931)上海世界書局石印本　四册

330000－1730－0000046　0046　子部/藝術類/書畫之屬/法帖

三希堂蔡君謨法書帖一卷　(宋)蔡襄書　民國十三年(1924)上海有正書局影印本　一册

330000－1730－0000048　0048　集部/總集類/選集之屬/通代

古文觀止十二卷　(清)吳乘權　(清)吳大職輯　民國三年(1914)上海錦章書局石印本　二册

330000－1730－0000049　0049　集部/總集類/選集之屬/通代

古文觀止十二卷　(清)吳乘權　(清)吳大職輯　民國上海天寶書局石印本　一册　缺二卷(三至四)

330000－1730－0000052　0052　集部/總集類/選集之屬/通代

繪圖增批古文觀止十二卷　(清)吳乘權編次　(清)吳大職手錄　民國明達書莊鉛印本　三册　存六卷(三至八)

330000－1730－0000055　0055　子部/藝術類/遊藝之屬/聯語

汪編分類楹聯大觀二十編　汪蓉第編輯　民國十六年(1927)上海世界書局石印本　六册

330000－1730－0000056　0056　集部/別集類/宋別集

姜白石全集十六卷　(宋)姜夔撰　民國十四年(1925)上海掃葉山房石印本　三册

330000－1730－0000058　0058　集部/別集類

劉子遺書十一卷　劉可培撰　**師友贈言錄一卷哀思錄一卷**　民國十二年(1923)鉛印本　一册　存二卷(師友贈言錄、哀思錄)

330000－1730－0000059　0059　子部/藝術類/書畫之屬/法帖

趙松雪道教碑不分卷　(元)趙孟頫書　民國二十三年(1934)上海商務印書館影印本　一册

330000－1730－0000061　0061　子部/藝術類/書畫之屬/法帖

精印初拓行楷法帖大觀　木石居士藏　民國十七年(1928)上海掃葉山房石印本　一册　存一種

330000－1730－0000069　0069　類叢部/叢書類/彙編之屬

四部備要　中華書局編　民國二十五年(1936)上海中華書局鉛印本　三十五册　存七種

330000－1730－0000072　0072　集部/別集類

楊了公先生詩集一卷　楊錫章撰　民國十五年(1926)石印本　一册

330000－1730－0000073　0073　子部/藝術類/書畫之屬/法帖

楊了公先生墨寶一卷　楊錫章撰並書　民國石印本　一册

330000－1730－0000074　0074　子部/藝術類/書畫之屬/法帖

楊了公先生書梅花詩百首一卷　楊錫章書　民國石印本　一册

330000－1730－0000075　0075　子部/藝術類/書畫之屬/法帖

楊了公先生手跡一卷　楊錫章書　民國石印本　一册

330000－1730－0000083　0083　集部/別集類

盤谷遺稿不分卷　袁壽康撰　民國八年(1919)鉛印本　一冊

330000－1730－0000088　0088　類叢部/叢書類/自著之屬

散溪遺書八種　蔡克猷撰　民國十年(1921)劉邦元等鉛印本　四冊

330000－1730－0000089　0089　史部/傳記類/別傳之屬/事狀

散溪哀思錄一卷　刪　民國十年(1921)杭州武林印書館鉛印本　一冊

330000－1730－0000090　0090　集部/別集類

夏元成先生遺集一卷　夏善吉撰　民國三年(1914)鉛印本　一冊

330000－1730－0000091　0091　子部/藝術類/書畫之屬/法帖

黄自元臨華林園集詩一卷　黄自元書　民國三十年(1941)上海文明書局石印本　一冊

330000－1730－0000095　0095　類叢部/叢書類/彙編之屬

四部備要　中華書局編　民國二十五年(1936)上海中華書局鉛印本　十六冊　存一種

330000－1730－0000098　0098　集部/別集類/明別集

王次回疑雨集註四卷　(明)王彦泓撰　(□)句漏後裔釋　民國九年(1920)上海文明書局石印本　四冊

330000－1730－0000099　0099　子部/雜著類/雜纂之屬

兩般秋雨盦隨筆八卷　(清)梁紹壬撰　民國四年(1915)上海掃葉山房石印本　四冊

330000－1730－0000100　0100　集部/詞類/總集之屬

古今詞選十二卷　(清)沈時棟選　民國十四年(1925)上海掃葉山房石印本　六冊

330000－1730－0000101　0101　集部/詞類/類編之屬

詞學全書四種　(清)查培繼輯　民國木石居石印本　六冊

330000－1730－0000103　0103　集部/總集類/選集之屬/通代

古文辭類纂選本十卷　(清)姚鼐纂輯　林紓評　民國十一年(1922)上海商務印書館鉛印本　四冊

330000－1730－0000104　0104　集部/小說類/短篇之屬

詳註聊齋誌異圖詠十六卷　(清)蒲松齡撰　(清)吕湛恩注　民國上海天寶書局石印本　二冊

330000－1730－0000106　0106　集部/別集類

盤谷遺稿不分卷　袁壽康撰　民國八年(1919)鉛印本　一冊

330000－1730－0000110　0110　集部/別集類

畏廬續集一卷　林紓撰　民國二十三年(1934)上海商務印書館鉛印本　一冊

330000－1730－0000113　0113　集部/詩文評類/詩評之屬

漁洋詩話二卷　(清)王士禛撰　民國上海同文圖書館石印本　一冊

330000－1730－0000114　0114　集部/詩文評類/詩評之屬

詩法入門四卷首一卷　(清)游藝輯　民國三年(1914)上海千頃堂石印本　二冊

330000－1730－0000116　0116　類叢部/叢書類/彙編之屬

四部叢刊　張元濟等編　民國上海商務印書館影印本　一冊　存一種

330000－1730－0000118　0118　子部/藝術類/書畫之屬/法帖

六朝碑精華十種　蘇宙忱編輯　民國十二年(1923)上海世界書局石印本　一冊　存一種

330000－1730－0000119　0119　集部/詞類/總集之屬

唐五代詞選三卷　(清)成肇麐輯　民國上海涵芬樓鉛印本　一冊

330000－1730－0000120　0120　集部/別集類/宋別集

朱淑真斷腸詩集十卷補遺一卷後集七卷斷腸詞一卷　(宋)朱淑真撰　(宋)鄭元佐注　民國中華圖書館石印本　一冊

330000－1730－0000123　0123　集部/小說類/長篇之屬

圖像鏡花緣全傳六卷一百回　(清)李汝珍撰　民國上海天寶書局石印本　一冊

330000－1730－0000124　0124　集部/曲類/散曲之屬

楊升庵夫婦散曲八卷　任訥編校　民國十八年(1929)上海商務印書館鉛印本　一冊

杭州市臨安區圖書館民國時期傳統裝幀書籍普查登記目録

浙江省民國時期傳統裝幀書籍普查登記目録·杭州

國家圖書館出版社
National Library of China Publishing House

《杭州市臨安區圖書館民國時期傳統裝幀書籍普查登記目録》

編委會

主　編: 阮　媛

副主編: 錢新峰　鍾飛亞

編　委: 李振聲　倪慶雲

《杭州市臨安區圖書館民國時期傳統裝幀書籍普查登記目録》

前　言

杭州市臨安區圖書館屬於基層圖書館，自建館以來，一直注重特色文獻資料的徵集和利用。但相對於上級圖書館，我們的學術信息相對滯後，技術力量和物質保障也不免捉襟見肘。即便如此，我們在浙江省古籍保護中心的指導和全力支持下，積極開展古籍和民國圖書的整理與保護工作，整理出現存館藏民國文獻，如叢書《四部備要》、類書《欽定古今圖書集成》，以及地方志、小説、詩文、家譜等各類文獻共455種。本目録所收的爲本館民國時期傳統裝幀書籍，共計101部2935册，其中家譜18部、方志8部。

杭州市臨安區圖書館
2017年10月

330000－1731－0000001　0001　類叢部/叢書類/彙編之屬
四部備要　中華書局編　民國二十五年(1936)上海中華書局鉛印本　二十冊　存一種

330000－1731－0000002　0002　史部/紀傳類/正史之屬
二十四史附考證　民國上海涵芬樓據清乾隆武英殿刻本影印本　六冊　存一種

330000－1731－0000003　0003　類叢部/叢書類/彙編之屬
四部備要　中華書局編　民國二十五年(1936)上海中華書局鉛印本　三冊　存一種

330000－1731－0000004　0004　類叢部/叢書類/彙編之屬
四部備要　中華書局編　民國二十五年(1936)上海中華書局鉛印本　一千九百三十四冊　存三百四十種

330000－1731－0000005　0005　類叢部/類書類/通類之屬
古今圖書集成考證二十四卷　(清)蔣廷錫　(清)陳夢雷等輯　民國二十三年(1934)中華書局影印本　三冊　存九卷(一至三、七至九、十三至十五)

330000－1731－0000006　0006　類叢部/類書類/通類之屬
欽定古今圖書集成一萬卷目錄四十卷　(清)蔣廷錫　(清)陳夢雷等輯　民國二十三年(1934)中華書局影印本　三百七十六冊　缺五千四百三十九卷(乾象典一至一百,坤輿典一至十一、三十四至八十,職方典三十四至四十六、五百二十三至六百四十六、六百五十八至六百九十九、七百二十七至七百八十六、一千五十三至一千一百七十一,山川典一至三百二十,皇極典九十五至一百九十七,宮闈典一至六十六,官常典一至十二、四十九至九十四、一百九十七至三百七、四百五十三至四百九十一、五百四至六百二十、七百五十四至七百八十二,氏族典一百八至二百五十七,閨媛典九十九至三百十四,藝術典一至七十七、一百十一至一百十二、一百二十七至一百二十九、三百四十六至三百五十七、三百七十一至六百四、六百八十一至八百二十四,禽蟲典一至一百二十九,草木典一至三百二十,經籍典二十四至二百六十四,學行典一至三百,文學典一至二百六十,字學典一至一百六十,選舉典一至一百三十六,銓衡典一至一百二十,食貨典一至三百六十,禮儀典一至三百四十八,樂律典一至一百三十六,戎政典一至三百,祥刑典一至一百八十,考工典一至二百五十二)

330000－1731－0000007　0007　集部/小說類/長篇之屬
第一才子書繡像三國志演義六十卷一百二十回　(明)羅本撰　(清)毛宗崗　(清)金人瑞評　民國上海商務印書館鉛印本　一冊　存四卷(二十五至二十八)

330000－1731－0000013　0013　集部/小說類/長篇之屬
增像全圖三國演義第一才子書十六卷一百二十回　(明)羅本撰　(清)毛宗崗評　民國上海廣益書局石印本　一冊　存一卷(七)

330000－1731－0000014　0014　經部/小學類/文字之屬/說文
說文通檢十四卷首一卷末一卷　(清)黎永椿編　民國十四年(1925)上海掃葉山房石印本　一冊

330000－1731－0000017　0017　史部/地理類/方志之屬/郡縣志
[民國]昌化縣志十八卷首一卷　陳培珽等修　許昌言等纂　民國十三年(1924)鉛印本　八冊

330000－1731－0000018　0018　史部/地理類/方志之屬/郡縣志
[光緒]重修於潛縣志二十卷首一卷　(清)程兼善纂修　謝青翰增纂　民國二年(1913)謝青翰石印本　四冊

330000－1731－0000020　0020　類叢部/叢書類/彙編之屬

四部備要　中華書局編　民國二十五年(1936)上海中華書局鉛印本　十二册　存一種

330000－1731－0000021　0021　類叢部/叢書類/彙編之屬
四部備要　中華書局編　民國二十五年(1936)上海中華書局鉛印本　二十册　存一種

330000－1731－0000022　0022　類叢部/叢書類/彙編之屬
四部備要　中華書局編　民國二十五年(1936)上海中華書局鉛印本　二十册　存一種

330000－1731－0000023　0023　類叢部/叢書類/彙編之屬
四部備要　中華書局編　民國二十五年(1936)上海中華書局鉛印本　八册　存一種

330000－1731－0000024　0024　類叢部/叢書類/彙編之屬
四部備要　中華書局編　民國二十五年(1936)上海中華書局鉛印本　四十七册　存一種

330000－1731－0000025　0025　類叢部/叢書類/彙編之屬
四部備要　中華書局編　民國二十五年(1936)上海中華書局鉛印本　十一册　存一種

330000－1731－0000026　0026　類叢部/叢書類/彙編之屬
四部備要　中華書局編　民國二十五年(1936)上海中華書局鉛印本　二十六册　存一種

330000－1731－0000027　0027　類叢部/叢書類/彙編之屬
四部備要　中華書局編　民國二十五年(1936)上海中華書局鉛印本　六册　存一種

330000－1731－0000029　0029　類叢部/叢書類/彙編之屬

四部備要　中華書局編　民國二十五年(1936)上海中華書局鉛印本　十二册　存一種

330000－1731－0000030　0030　類叢部/叢書類/彙編之屬
四部備要　中華書局編　民國二十五年(1936)上海中華書局鉛印本　四册　存一種

330000－1731－0000031　0031　類叢部/叢書類/彙編之屬
四部備要　中華書局編　民國二十五年(1936)上海中華書局鉛印本　四十一册　存一種

330000－1731－0000032　0032　類叢部/叢書類/彙編之屬
四部備要　中華書局編　民國二十五年(1936)上海中華書局鉛印本　八册　存一種

330000－1731－0000034　0034　類叢部/叢書類/彙編之屬
四部備要　中華書局編　民國二十五年(1936)上海中華書局鉛印本　八册　存一種

330000－1731－0000035　0035　類叢部/叢書類/彙編之屬
四部備要　中華書局編　民國二十五年(1936)上海中華書局鉛印本　九册　存一種

330000－1731－0000036　0036　類叢部/叢書類/彙編之屬
四部備要　中華書局編　民國二十五年(1936)上海中華書局鉛印本　二十册　存一種

330000－1731－0000037　0037　類叢部/叢書類/彙編之屬
四部備要　中華書局編　民國二十五年(1936)上海中華書局鉛印本　十六册　存一種

330000－1731－0000038　0038　類叢部/叢書類/彙編之屬
四部備要　中華書局編　民國二十五年(1936)上海中華書局鉛印本　四册　存一種

330000－1731－0000040　0040　類叢部/叢書類/彙編之屬

四部備要　中華書局編　民國二十五年(1936)上海中華書局鉛印本　二十四册　存一種

330000－1731－0000041　0041　類叢部/叢書類/彙編之屬

四部備要　中華書局編　民國二十五年(1936)上海中華書局鉛印本　六册　存一種

330000－1731－0000043　0043　集部/小説類/長篇之屬

增像全圖三國演義十六卷一百二十回　(明)羅本撰　(清)毛宗崗評　民國上海錦章書局石印本　一册　存二卷(九至十)

330000－1731－0000046　0046　集部/小説類/長篇之屬

繡像全圖三國志演義六十卷一百二十回首一卷　(明)羅本撰　(清)毛宗崗評　民國上海會文堂石印本　四册　存四卷(一至二、五至六)

330000－1731－0000047　0047　集部/小説類/長篇之屬

增像全圖三國演義十六卷一百二十回　(明)羅本撰　(清)金人瑞外書　(清)毛宗崗評　民國元年(1912)上海錦章書局石印本　四册　存八卷(一至六、十一至十二)

330000－1731－0000048　0048　集部/小説類/長篇之屬

第一才子書繡像三國志演義六十卷一百二十回首一卷　(明)羅本撰　(清)毛宗崗　(清)金人瑞評　民國商務印書館鉛印本　一册　存八卷(七至十四)

330000－1731－0000049　0049　集部/小説類/長篇之屬

第一才子書六十卷一百二十回　(明)羅本撰　(清)毛宗崗　(清)金人瑞評　民國石印本　一册　存五卷(七至十一)

330000－1731－0000050　0050　集部/小説類/長篇之屬

第一才子書十六卷一百二十回　(明)羅本撰　(清)毛宗崗　(清)金人瑞評　民國鉛印本　一册　存六卷(一至六)

330000－1731－0000051　0051　集部/小説類/長篇之屬

增像全圖三國志演義第一才子書十六卷一百二十回　(明)羅本撰　(清)毛宗崗訂　民國石印本　一册　存二卷(三至四)

330000－1731－0000052　0052　集部/小説類/長篇之屬

增像全圖三國演義十六卷一百二十回　(明)羅本撰　(清)毛宗崗評　民國石印本　一册　存四卷(七至十)

330000－1731－0000053　0053　集部/小説類/長篇之屬

增像全圖三國志演義第一才子書十六卷一百二十回　(明)羅本撰　(清)金人瑞外書　(清)毛宗崗評　民國五音書局石印本　一册　存一卷(一)

330000－1731－0000054　0054　史部/地理類/方志之屬/郡縣志

[民國]昌化縣志十八卷首一卷　陳培珽等修　許昌言等纂　民國十三年(1924)鉛印本　二册　存四卷(三至五、十八)

330000－1731－0000055　0055　史部/地理類/方志之屬/郡縣志

[民國]昌化縣志十八卷首一卷　陳培珽等修　許昌言等纂　民國十三年(1924)鉛印本　二册　存三卷(十六至十八)

330000－1731－0000058　0058　史部/地理類/方志之屬/郡縣志

[民國]昌化縣志十八卷首一卷　陳培珽等修　許昌言等纂　民國十三年(1924)鉛印本　八册

330000－1731－0000062　0062　史部/地理類/方志之屬/郡縣志

民國臨安縣新志稾二十二卷　干人俊纂　稿

本　二册　存四卷(一至四)

330000－1731－0000064　0064　類叢部/叢書類/彙編之屬
四部叢刊　張元濟等編　民國上海商務印書館影印本　六册　存一種

330000－1731－0000066　0066　集部/詩文評類/詩評之屬
歷代詩話二十七種五十七卷考索一卷　(清)何文焕輯　民國石印本　十三册　缺七卷(全唐詩話一至二、紫薇詩話、彥周詩話、二老堂詩話、白石詩說、滄浪詩話)

330000－1731－0000070　0070　集部/小說類/長篇之屬
繪圖東周列國志二十七卷一百八回首一卷　(清)蔡奡評點　民國四年(1915)上海中華書局鉛印本　七册　存十三卷(一至二、七至十二、十五至十八、二十五)

330000－1731－0000071　0071　集部/小說類/長篇之屬
增訂繪圖精忠說岳全傳八卷八十回　(清)錢彩編　(清)金豐增訂　民國上海沈鶴記書局石印本　一册　存四卷(五至八)

330000－1731－0000072　0072　經部/四書類/總義之屬/文字音義
注音字母四書白話句解十九卷　周覲光　吳穀民演譯　民國上海求古齋石印本　一册　存二卷(大學、中庸)

330000－1731－0000073　0073　集部/小說類/長篇之屬
增像全圖加批西遊記十二卷一百回　(明)吳承恩撰　(清)陳士斌詮解　民國十三年(1924)上海元昌書局石印本　十一册　缺一卷(六)

330000－1731－0000075　0075　集部/戲劇類/雜劇之屬
繡像第六才子書六卷首一卷　(元)王德信撰　(清)金人瑞評　民國八年(1919)上海天寶書局石印本　一册

330000－1731－0000076　0076　經部/四書類/總義之屬/傳說
新訂四書補註備旨十卷　(明)鄧林撰　(清)鄧煜編　(清)杜定基增訂　民國五年(1916)上海廣益書局石印本　三册　缺四卷(孟子三至四、論語一至二)

330000－1731－0000077　0077　集部/小說類/長篇之屬
繪圖封神傳八卷一百回　(明)許仲琳撰　(明)鍾惺評　民國石印本　三册　存四卷(一至二、五、八)

330000－1731－0000081　0081　經部/小學類/文字之屬/說文/傳說
說文解字注十五卷附六書音均表五卷　(清)段玉裁撰　**說文部目分韵一卷**　(清)陳焕編　**說文通檢十四卷首一卷末一卷**　(清)黎永椿編　**說文提要一卷**　(清)陳建侯撰　**徐星伯說文段注札記一卷**　(清)徐松撰　(清)劉肇隅編　**龔定菴說文段注札記一卷**　(清)龔自珍撰　(清)劉肇隅編　**桂未谷說文段注鈔一卷補鈔一卷**　(清)桂馥撰　(清)劉肇隅編　民國上海掃葉山房石印本　一册　存一卷(說文解字注十一)

330000－1731－0000082　0082　集部/小說類/長篇之屬
繪圖東周列國志八卷一百二十回　(明)馮夢龍撰　(清)蔡奡評點　民國石印本　五册　存六卷(一至二、五至八)

330000－1731－0000085　0085　史部/史抄類
戰國策白話句解不分卷　民國上海進化書局石印本　六册

330000－1731－0000086　0086　子部/儒家類/儒學之屬/蒙學
新增幼學瓊林白話句解四卷　(清)程登吉撰　(清)鄒聖脈增補　民國十六年(1927)上海中原書局石印本　一册　存一卷(四)

330000－1731－0000087　0087　集部/詩文評類/文法之屬

初學論說文範四卷　邵伯棠撰　民國六年(1917)上海會文堂書局石印本　一冊　存一卷(四)

330000－1731－0000088　0088　集部/小說類/長篇之屬
繪圖水滸傳八卷九十回　(元)施耐庵撰　民國石印本　一冊　存一卷(六)

330000－1731－0000089　0089　集部/小說類/長篇之屬
第一才子書十六卷一百二十回　(明)羅本撰　(清)毛宗崗　(清)金人瑞評　民國四年(1915)上海中新書局石印本　一冊　存一卷(十一)

330000－1731－0000090　0090　史部/史抄類
史記菁華錄六卷　(清)姚祖恩輯評　民國上海商務印書館鉛印本　二冊　存四卷(一至四)

330000－1731－0000091　0091　集部/別集類/清別集
新體廣註小倉山房尺牘八卷　(清)袁枚撰　(清)胡光斗箋釋　(清)徐楨增註　民國石印本　一冊　存二卷(五至六)

330000－1731－0000092　0092　集部/小說類/長篇之屬
評註圖像水滸傳三十五卷七十回首一卷　(元)施耐庵撰　(清)金人瑞評　民國錦章圖書局石印本　三冊　存六卷(首,一、十四至十六、二十六)

330000－1731－0000093　0093　集部/總集類/尺牘之屬
陳眉公金聖嘆才子尺牘四卷　(明)陳繼儒撰　(明)金人瑞撰　民國上海碧梧山莊石印本　一冊　存一卷(一)

330000－1731－0000097　0097　集部/總集類/選集之屬/通代
漢魏六朝百三名家集一百十八卷　(明)張溥輯　民國十四年(1925)上海掃葉山房石印本　七冊　存十五種

330000－1731－0000098　0098　經部/春秋左傳類/傳說之屬
春秋左傳五十卷附綱目一卷提要一卷　(晉)杜預　(宋)林堯叟註釋　(唐)陸德明音義
春秋列國圖說一卷　(宋)蘇軾撰　民國商務印書館石印本　十二冊

330000－1731－0000100　0100　子部/道家類
新註道德經白話解說二卷　江希張注　民國上海明善書局石印本　一冊

330000－1731－0000102　0102　經部/四書類/總義之屬/傳說
四書纂疏二十六卷　(宋)趙順孫撰　民國三十六年(1947)復性書院據通志堂經解本影印本　四冊　存二種

330000－1731－0000103　0103　史部/地理類/方志之屬/郡縣志
[光緒]杭州府志一百七十八卷首八卷　(清)陳璚等修　(清)王棻等纂　屈映光續修　陸懋勳續纂　齊耀珊重修　吳慶坻重纂　民國十一年(1922)鉛印本　一冊　存一卷(首七)

330000－1731－0000106　0106　經部/小學類/文字之屬/字書/字典
康熙字典十二集三十六卷總目一卷檢字一卷辨似一卷等韻一卷補遺一卷備考一卷　(清)張玉書等纂修　民國影印本　一冊　存十卷(子集上中下、丑集上中下,總目,檢字,辨似,等韻)

330000－1731－0000107　0107　史部/編年類/通代之屬
資治通鑑二百九十四卷　(宋)司馬光撰　(元)胡三省音注　**通鑑釋文辯誤十二卷**　(元)胡三省撰　民國六年(1917)上海商務印書館鉛印本　五十八冊　缺十二卷(通鑑釋文辯誤一至十二)

330000－1731－0000110　0110　集部/別集類/清別集

翁相國手札八卷　（清）翁同龢撰　民國上海有正書局影印本　一冊　存一卷（三）

330000－1731－0000114　0114　集部/總集類/選集之屬/通代
增批古文觀止十二卷　（清）吳乘權　（清）吳大職輯　民國七年（1918）上海鑄記書局石印本　一冊　存二卷（三至四）

330000－1731－0000115　0115　集部/總集類/選集之屬/通代
增批古文觀止十二卷　（清）吳乘權　（清）吳大職評註　民國元年（1912）紹興墨潤堂石印本　二冊

330000－1731－0000118　0118　集部/小說類/長篇之屬
繡像繪圖三國志演義十六卷一百二十回（明）羅本撰　（清）毛宗崗評　民國上海進步書局石印本　一冊　存一卷（九）

330000－1731－0000119　0119　集部/小說類/長篇之屬
第一才子書十六卷一百二十回　（明）羅本撰（清）毛宗崗　（清）金人瑞評　民國中新書局鉛印本　一冊　存一卷（十三）

330000－1731－0000120　0120　子部/天文曆算類/曆法之屬
繼成堂洪潮和通書不分卷　民國福建泉州繼成堂石印本　一冊

330000－1731－0000122　0122　經部/小學類/文字之屬/字書/字典
中華字典十二集三十六卷檢字一卷辨似一卷等韻一卷補遺一卷備考一卷　（清）張玉書等纂修　民國文盛堂石印本　一冊　存六卷（酉集上中下、戌集上中下）

330000－1731－0000123　0123　史部/編年類/通代之屬
通鑑釋文辯誤十二卷　（元）胡三省撰　民國商務印書館鉛印本　二冊

330000－1731－0000131　0131　史部/地理類/方志之屬/郡縣志
［民國］新修閿鄉縣志二十四卷首一卷　李質穀修　韓嘉會纂　民國二十一年（1932）鉛印本　六冊　缺九卷（五至十三）

330000－1731－0000134　0134　子部/藝術類/書畫之屬/法帖
翁松禪墨蹟十集　（清）翁同龢書　民國十六年（1927）商務印書館影印本　一冊　存一集（一）

330000－1731－0000138　0138　經部/四書類/孟子之屬/傳說
孟子集註七卷　（宋）朱熹撰　民國五年（1916）上海鴻寶書局石印本　一冊　存二卷（四至五）

330000－1731－0000144　0144　類叢部/類書類/專類之屬
潛龍讀書表十二卷　陳電飛編　民國十七年（1928）中華書局石印本　一冊　存五卷（八至十二）

330000－1731－0000145　0145　子部/藝術類/書畫之屬/法帖
俞曲園書汪氏四節圖說序一卷　（清）俞樾書　民國上海大眾書局影印本　一冊

330000－1731－0000150　0150　史部/傳記類/總傳之屬/家乘
［浙江臨安］臨安王氏宗譜二卷　王德源修　王炳江　王文理纂　民國三十六年（1947）三槐堂木活字印本　一冊　存一卷（上）

330000－1731－0000153　0153　史部/傳記類/總傳之屬/家乘
潛陽富源宋氏宗譜一卷　（清）宋開基纂修　民國七年（1918）餘慶堂抄本　一冊

330000－1731－0000154　0154　史部/傳記類/總傳之屬/家乘
［浙江臨安］潛陽章氏宗譜四卷　傅調梅纂修　民國七年（1918）全城世家木活字印本　三冊　存三卷（一至三）

330000－1731－0000155　0155　史部/傳記類/總傳之屬/家乘

［浙江於潛］於潛程氏宗譜五卷　程志鵬主修　顧麗川纂修　民國三十七年（1948）燕翼堂刻本　四册　存四卷（一、三至五）

330000－1731－0000156　0156　史部/傳記類/總傳之屬/家乘
［江西泰和］南溪程氏宗譜□□卷　民國木活字印本　一册　存一卷（二）

330000－1731－0000157　0157　史部/傳記類/總傳之屬/家乘
［四川成都］唐昌鄭氏宗譜四卷首一卷　鄭敦達主修　鄭啟達纂修　民國二十七年（1938）起鳳堂刻本　四册

330000－1731－0000158　0158　史部/傳記類/總傳之屬/家乘
［四川成都］唐昌鄭氏宗譜四卷首一卷　鄭敦達主修　鄭啟達纂修　民國二十七年（1938）起鳳堂刻本　一册　存二卷（首、一）

330000－1731－0000161　0161　史部/傳記類/總傳之屬/家乘
［浙江臨安］臨水林氏宗譜二卷　林德仁纂修　民國七年（1918）敬睦堂木活字印本　二册

330000－1731－0000162　0162　史部/傳記類/總傳之屬/家乘
［浙江臨安］臨水林氏宗譜二卷　林德仁纂修　民國七年（1918）敬睦堂木活字印本　二册

330000－1731－0000163　0163　史部/傳記類/總傳之屬/家乘
［浙江臨安］臨水林氏宗譜二卷　林德仁纂修　民國七年（1918）敬睦堂木活字印本　一册

330000－1731－0000164　0164　史部/傳記類/總傳之屬/家乘
［浙江臨安］林氏宗譜二卷　林大法纂修　民國三十七年（1948）敬睦堂木活字印本　二册

330000－1731－0000168　0168　史部/傳記類/總傳之屬/家乘
［浙江江山］須江方氏宗譜二卷　方達興纂修　民國二十九年（1940）木活字印本　二册

330000－1731－0000169　0169　史部/傳記類/總傳之屬/家乘
［浙江］秀峯周氏宗譜二十卷　民國三十四年（1945）惇彝堂木活字印本　十二册　存八卷（二、四至五、十一至十五）

330000－1731－0000170　0170　史部/傳記類/總傳之屬/家乘
［浙江江山］秀峯周氏宗譜二十卷　民國十一年（1922）惇彝堂木活字印本　七册　存十卷（六至七、九至十、十五至二十）

330000－1731－0000172　0172　史部/傳記類/總傳之屬/家乘
［浙江江山］江陽嵩高朱氏宗譜三十卷　朱贄鳴纂修　民國二十七年（1938）木活字印本　十七册　存十七卷（六至十一、十三至二十二、二十五）

330000－1731－0000173　0173　史部/傳記類/總傳之屬/家乘
［浙江臨安］唐昌潘氏宗譜十二卷　潘秉哲纂修　民國十三年（1924）思成堂木活字印本　十二册

330000－1731－0000175　0175　史部/傳記類/總傳之屬/家乘
［浙江臨安］童氏家乘□□卷　民國繹思堂木活字印本　一册　存一卷（二）

330000－1731－0000178　0178　史部/傳記類/總傳之屬/家乘
［浙江臨安］後郎郎氏四卷　民國六年（1917）木活字印本　一册　存一卷（四）

建德市圖書館民國時期傳統裝幀書籍普查登記目録

浙江省民國時期傳統裝幀書籍普查登記目録

國家圖書館出版社
National Library of China Publishing House
·杭州

《建德市圖書館民國時期傳統裝幀書籍普查登記目録》

編委會

主　編： 蔣　越

副主編： 吴向華　柯孟山

編　委： 王　强　李迎春　鄭皓天　羅京萍　徐旭英
鄭致明　黄　暉　胡瀟瀟　黄慧紅　郭雪囡

《建德市圖書館民國時期傳統裝幀書籍普查登記目録》

前　言

民國時期傳統裝幀書籍主要是指 1912 年到 1949 年間形成的有傳統裝幀形式的漢文書籍。

中華民國是中國歷史上大動蕩大轉變的時期。各種思想、學術碰撞融合，追求民主和科學的思潮和運動接連不斷，也是一個大師輩出、群星輝耀的時代。2013 年起，建德市圖書館就按照浙江省古籍保護中心的部署，積極開展古籍普查工作，至 2015 年 7 月，完成了所有館藏古籍和民國時期傳統裝幀書籍的數據録入工作，其中民國時期傳統裝幀書籍 327 種 5204 册。民國時期傳統裝幀書籍内容形式與那個特殊時代吻合。

内容上除了傳統的經、史、子、集及地方史志外，還有大量與那個時代相應的關於西方民主思想和科學方面的文獻；在裝幀設計上，在體現傳統的同時，又受到了國外藝術思潮的影響，表現更爲豐富和多樣化；在紙張和工藝上變化很大，質量參差不齊。

編者水平所限，錯誤難免，恭請方家指正，不勝感激。

建德市圖書館
2017 年 12 月

330000－1709－0000001　0001　子部/小說家類/異聞之屬

太平廣記五百卷　(宋)李昉等撰　民國十二年(1923)上海掃葉山房石印本　四十冊

330000－1709－0000002　0003　類叢部/叢書類/自著之屬

舜水遺書四種附錄一卷　(明)朱之瑜撰　民國二年(1913)山陰湯壽潛鉛印本　十二冊

330000－1709－0000007　0007　集部/總集類/選集之屬/通代

新古文辭類纂六十卷首一卷　蔣瑞藻纂集　民國十一年(1922)上海中華書局石印本　二十四冊

330000－1709－0000008　0008　類叢部/叢書類/彙編之屬

四部備要　中華書局編　民國二十五年(1936)上海中華書局鉛印本　十四冊　存一種

330000－1709－0000009　0009　集部/總集類/選集之屬/通代

評校音注古文辭類纂七十四卷　(清)姚鼐輯　王文濡校注　民國十三年(1924)上海文明書局鉛印本　十五冊　存六十九卷(首、一至四十七、五十四至七十四)

330000－1709－0000015　0015　集部/總集類/選集之屬/通代

十八家詩鈔二十八卷首一卷　(清)曾國藩輯　民國二十年(1931)上海商務印書館鉛印本　十六冊

330000－1709－0000017　0017　子部/雜著類/雜說之屬

齊東野語二十卷　(宋)周密撰　民國二十二年(1933)上海商務印書館鉛印本　四冊

330000－1709－0000018　0018　子部/雜著類/雜說之屬

齊東野語二十卷　(宋)周密撰　民國二十二年(1933)上海商務印書館鉛印本　四冊

330000－1709－0000019　0019　子部/雜著類/雜說之屬

邵氏聞見後錄三十卷　(宋)邵博撰　民國二十二年(1933)上海商務印書館鉛印本　三冊

330000－1709－0000020　0020　子部/雜著類/雜說之屬

老學庵筆記十卷　(宋)陸游撰　民國十四年(1925)上海商務印書館鉛印本　二冊

330000－1709－0000021　0021　子部/雜著類/雜說之屬

老學庵筆記十卷　(宋)陸游撰　民國二十二年(1933)上海商務印書館鉛印本　二冊

330000－1709－0000022　0022　子部/雜著類/雜說之屬

仇池筆記二卷　(宋)蘇軾撰　民國二十二年(1933)上海商務印書館鉛印本　一冊

330000－1709－0000023　0023　子部/雜著類/雜說之屬

仇池筆記二卷　(宋)蘇軾撰　民國二十二年(1933)上海商務印書館鉛印本　一冊

330000－1709－0000024　0024　子部/雜著類/雜說之屬

仇池筆記二卷　(宋)蘇軾撰　民國二十三年(1934)上海商務印書館鉛印本　一冊

330000－1709－0000025　0025　子部/雜著類/雜說之屬

雞肋編三卷　(宋)莊綽撰　民國二十二年(1933)上海商務印書館鉛印本　一冊

330000－1709－0000026　0026　子部/雜著類/雜說之屬

歸田錄二卷補遺一卷　(宋)歐陽修撰　民國十四年(1925)上海商務印書館鉛印本　一冊

330000－1709－0000027　0027　子部/雜著類/雜說之屬

歸田錄二卷補遺一卷　(宋)歐陽修撰　民國二十二年(1933)上海商務印書館鉛印本　一冊

330000－1709－0000028　0028　子部/雜著

類/雜說之屬

歸田錄二卷補遺一卷 （宋）歐陽修撰 民國二十二年（1933）上海商務印書館鉛印本 一冊

330000－1709－0000029 0029 子部/雜著類/雜說之屬

春渚紀聞十卷 （宋）何薳撰 民國二十二年（1933）上海商務印書館鉛印本 二冊

330000－1709－0000030 0030 子部/雜著類/雜說之屬

春渚紀聞十卷 （宋）何薳撰 民國二十二年（1933）上海商務印書館鉛印本 二冊

330000－1709－0000031 0031 類叢部/叢書類/彙編之屬

四部叢刊 張元濟等編 民國上海商務印書館影印本 三冊

330000－1709－0000032 0032 子部/雜著類/雜說之屬

淮南鴻烈集解二十一卷 （漢）劉安撰 （漢）高誘注 劉文典集解 **淮南天文訓補注一卷** （清）錢塘撰 民國十三年（1924）上海商務印書館鉛印本 六冊

330000－1709－0000033 0033 集部/詩文評類/詩評之屬

閨秀詩話十六卷 雷瑨 雷瑊輯 民國五年（1916）上海掃葉山房石印本 八冊

330000－1709－0000034 0034 集部/總集類/選集之屬/斷代

千首宋人絕句十卷 （清）嚴長明輯 民國上海商務印書館鉛印本 二冊

330000－1709－0000039 0039 子部/雜著類/雜考之屬

煙嶼樓讀書志十六卷筆記八卷 （清）徐時棟撰 民國十七年（1928）鄞縣徐方來蘧學齋鉛印本 八冊

330000－1709－0000040 0040 集部/詩文評類/文評之屬

文心雕龍十卷 （南朝梁）劉勰撰 （清）黃叔琳注 （清）紀昀評 民國四年（1915）掃葉山房石印本 四冊

330000－1709－0000046 0046 集部/楚辭類

楚辭十七卷 （漢）劉向集 （漢）王逸章句 （宋）洪興祖補注 民國元年至十八年（1912－1929）鴻章書局石印本 四冊

330000－1709－0000047 0047 集部/楚辭類

楚辭集註八卷後語六卷辯證二卷 （宋）朱熹撰 民國十年（1921）上海掃葉山房石印本 四冊

330000－1709－0000049 0049 類叢部/叢書類/彙編之屬

漢魏叢書三十八種 （明）程榮輯 民國十四年（1925）上海商務印書館據明萬曆程氏刻本影印本 四十冊

330000－1709－0000051 0051 集部/別集類

散原精舍詩二卷續集三卷 陳三立撰 民國十一年（1922）上海商務印書館鉛印本 四冊

330000－1709－0000052 0052 史部/傳記類/別傳之屬/年譜

宋岳鄂王[飛]年譜六卷首一卷末一卷 錢汝雯編 **宋岳鄂王文集三卷** （宋）岳飛撰 錢汝雯編 民國十三年（1924）鉛印本 六冊

330000－1709－0000053 0053 集部/總集類/彙編之屬

戊戌六君子遺集九種 張元濟輯 民國六年（1917）上海商務印書館鉛印本 六冊

330000－1709－0000056 0056 集部/總集類/選集之屬/斷代

宋詩精華錄四卷 陳衍評點 民國二十六年（1937）上海商務印書館鉛印本 一冊

330000－1709－0000057 0057 史部/傳記類/別傳之屬/年譜

劉文成公[基]年譜稿二卷 劉燿東編 民國二十八年（1939）南田山啓後亭鉛印本 一冊

330000－1709－0000058　0058　史部/傳記類/別傳之屬/年譜

劉文成公[基]年譜稿二卷　劉燿東編　民國二十八年(1939)南田山啓後亭鉛印本　一册

330000－1709－0000060　0060　集部/總集類/選集之屬/通代

新體廣註古文觀止十二卷　(清)吳乘權(清)吳大職輯　黄築巖　劉再蘇註釋　民國八年(1919)上海廣文書局石印本　七册　存七卷(一至三、五、八、十、十二)

330000－1709－0000061　0061　集部/總集類/選集之屬/通代

古文辭類纂評註七十四卷　(清)姚鼐纂輯　沈伯經等評注　民國四年(1915)上海文明書局鉛印本　十六册

330000－1709－0000062　0062　史部/編年類/通代之屬

資治通鑑二百九十四卷　(宋)司馬光撰　(元)胡三省音注　**通鑑釋文辯誤十二卷**　(元)胡三省撰　民國六年(1917)上海商務印書館鉛印本　六十册

330000－1709－0000064　0064　集部/別集類/宋別集

趙清獻公集十卷目錄二卷　(宋)趙抃撰　民國八年(1919)衢縣公祠刻本　四册

330000－1709－0000065　0065　類叢部/叢書類/彙編之屬

說郛一百卷　(元)陶宗儀編　張宗祥重校　民國十六年(1927)上海商務印書館鉛印本　四十册

330000－1709－0000068　0068　集部/別集類/宋別集

林和靖先生詩集四卷附錄一卷　(宋)林逋撰　**校語一卷**　邵裴子撰　民國二十四年(1935)上海商務印書館鉛印本　一册

330000－1709－0000069　0069　子部/小說家類/雜事之屬

庸閒齋筆記十二卷　(清)陳其元撰　民國十一年(1922)上海文明書局石印本　四册

330000－1709－0000071　0071　子部/儒家類/儒學之屬/禮教

五種遺規　(清)陳弘謀輯並撰　民國二十三年(1934)上海商務印書館鉛印本　五册

330000－1709－0000072　0072　集部/別集類

南湖集四卷補遺一卷　廉泉撰　孫道毅編　民國十三年(1924)上海中華書局鉛印本　二册

330000－1709－0000073　0073　類叢部/叢書類/彙編之屬

宋人小說二十八種　涵芬樓編　民國上海商務印書館鉛印本　二册　存二種

330000－1709－0000075　0075　集部/總集類/尺牘之屬

歷代名人小簡二卷　吳曾祺輯　民國四年(1915)上海商務印書館鉛印本　二册

330000－1709－0000076　0076　集部/別集類/宋別集

文信國書牘三卷　(宋)文天祥撰　民國三年(1914)上海商務印書館鉛印本　三册

330000－1709－0000077　0077　集部/別集類/唐五代別集

玉溪生詩意八卷　(唐)李商隱撰　(清)朱鶴齡注　(清)屈復意　民國六年(1917)上海會文堂書局石印本　六册

330000－1709－0000079　0079　子部/小說家類/雜事之屬

秦淮廣紀三卷　繆荃孫撰　民國十三年(1924)上海商務印書館鉛印本　四册

330000－1709－0000080　0080　史部/雜史類/斷代之屬

唐語林八卷附校勘記一卷　(宋)王讜撰　民國二十三年(1934)上海商務印書館鉛印本　四册

330000－1709－0000081　0081　集部/別集

類/清別集

歸玄恭遺著一卷附詩鈔一卷 (清)歸莊撰 民國二十一年(1932)上海中華書局鉛印本 一册

330000－1709－0000082 0082 集部/詞類/別集之屬

清真集二卷補遺一卷 (宋)周邦彦撰 民國十七年(1928)上海商務印書館鉛印本 一册

330000－1709－0000083 0083 集部/別集類/宋別集

朱淑真斷腸詩集十卷補遺一卷後集七卷斷腸詞一卷 (宋)朱淑真撰 (宋)鄭元佐注 民國四年(1915)中華圖書館石印本 二册

330000－1709－0000084 0084 集部/總集類/選集之屬/通代

美人千態詩一卷詞一卷 雷瑨輯 民國六年(1917)上海掃葉山房石印本 二册

330000－1709－0000085 0085 集部/總集類/選集之屬/斷代

唐人萬首絶句選七卷 (宋)洪邁選 (清)王士禛輯 民國十九年(1930)上海掃葉山房石印本 二册

330000－1709－0000086 0086 集部/詩文評類/詩評之屬

杜工部詩話一卷 (清)劉鳳誥撰 民國三年(1914)上海掃葉山房石印本 一册

330000－1709－0000087 0087 集部/別集類/唐五代別集

唐女郎魚玄機詩一卷 (唐)魚玄機撰 民國九年(1920)上海掃葉山房石印本 一册

330000－1709－0000088 0088 集部/別集類/唐五代別集

薛濤詩一卷 (唐)薛濤撰 民國四年(1915)上海掃葉山房石印本 一册

330000－1709－0000090 0090 集部/別集類/宋別集

四明文獻集五卷 (宋)王應麟撰 (明)鄭真輯 **深寧先生文鈔摭餘編三卷** (宋)王應麟撰 (清)葉熊輯 **深寧先生年譜一卷** (清)錢大昕編 **王深寧先生年譜一卷** (清)陳僅撰 (清)張恕編 **王深寧先生年譜一卷** (清)張大昌輯 民國五年(1916)仁和王存善鉛印本 四册

330000－1709－0000093 0093 集部/戲劇類/總集之屬/傳奇

十二家評點李笠翁十種曲 (清)李漁編 民國七年(1918)上海朝記書莊石印本 十册

330000－1709－0000095 0095 集部/總集類/選集之屬/斷代

增註隨園女弟子詩選六卷 (清)席佩蘭等撰 謝璿增註 民國十六年(1927)上海會文堂書局石印本 二册

330000－1709－0000097 0097 子部/儒家類/儒學之屬/禮教

青年修養錄十八編 趙鉦鐸編纂 民國十四年(1925)上海商務印書館鉛印本 四册

330000－1709－0000101 0101 集部/詩文評類/詩評之屬

批本隨園詩話十六卷補遺十卷附錄一卷 冒廣生撰 民國二十三年(1934)上海商務印書館鉛印本 二册

330000－1709－0000102 0102 集部/詩文評類/詩評之屬

批本隨園詩話十六卷補遺十卷附錄一卷 冒廣生撰 民國十六年(1927)中國圖書公司和記鉛印本 二册

330000－1709－0000104 0104 子部/雜著類/雜纂之屬

雜異禖不分卷 陳墨琴撰 民國三十二年(1943)稿本 一册

330000－1709－0000105 0105 集部/別集類/清別集

小倉山房詩集三十七卷補遺二卷文集三十五卷外集八卷 (清)袁枚撰 民國十年(1921)上海中華圖書館鉛印本 十册 存四十三卷(文集一至三十五、外集一至八)

330000－1709－0000106　0106　史部/金石類/金之屬/文字

積古齋鐘鼎彝器款識十卷　(清)阮元撰　民國上海中華圖書館影印本　六冊

330000－1709－0000107　0107　集部/總集類/選集之屬/通代

六朝文絜箋注十二卷　(清)許槤輯並評　(清)黎經誥箋注　民國上海朝記書莊石印本　四冊

330000－1709－0000108　0108　集部/總集類/選集之屬/斷代

唐文粹簡編六卷　(清)厲鶚　(清)譚獻評點　張相編　民國十一年(1922)上海中華書局鉛印本　六冊

330000－1709－0000109　0109　子部/小說家類/雜事之屬

新刊大宋宣和遺事四卷　民國上海商務印書館鉛印本　四冊

330000－1709－0000110　0110　集部/總集類/選集之屬/斷代

唐人萬首絕句選七卷　(宋)洪邁選　(清)王士禛輯　民國十八年(1929)上海商務印書館鉛印本　二冊

330000－1709－0000111　0111　集部/詩文評類/詩評之屬

越縵堂詩話三卷　(清)李慈銘撰　蔣瑞藻編　民國十九年(1930)上海商務印書館鉛印本　二冊

330000－1709－0000112　0112　集部/別集類/清別集

越縵堂詩續集十卷　(清)李慈銘撰　由雲龍編　民國二十四年(1935)上海商務印書館鉛印本　一冊

330000－1709－0000113　0113　集部/總集類/選集之屬/通代

歷代平民詩集四卷　張任政輯　民國二十五年(1936)上海商務印書館鉛印本　一冊

330000－1709－0000114　0114　集部/總集類/選集之屬/斷代

唐詩鼓吹評註十卷　(清)錢謙益　(清)何焯評註　民國八年(1919)上海文明書局石印本　四冊

330000－1709－0000115　0115　類叢部/類書類/專類之屬

詩韻合璧五卷　(清)許時庚輯　**虛字韻藪一卷**　(清)潘維城輯　民國十四年(1925)上海錦章圖書局石印本　嚴文成題記　五冊

330000－1709－0000117　0117　集部/總集類/選集之屬/斷代

八家四六文註八卷首一卷　(清)孫星衍等撰　(清)許貞幹註　**八家四六文補註一卷**　(清)陳衍撰　民國二十三年(1934)上海掃葉山房石印本　八冊

330000－1709－0000118　0118　集部/詞類/別集之屬

珠玉詞一卷補遺一卷　(宋)晏殊撰　林大椿編校　**珠玉詞校記一卷**　林大椿撰　民國十九年(1930)上海商務印書館鉛印本　一冊

330000－1709－0000119　0119　集部/詩文評類/詩評之屬

陳石遺先生談藝錄一卷　陳衍撰　民國二十年(1931)上海中華書局鉛印本　一冊

330000－1709－0000120　0120　類叢部/叢書類/自著之屬

船山遺書六十六種附一種　(清)王夫之撰　民國二十二年(1933)上海太平洋書店鉛印本　七十六冊　存六十五種

330000－1709－0000121　0121　史部/史評類/史論之屬

讀通鑑論十六卷附宋論十五卷　(清)王夫之撰　民國上海商務印書館鉛印本　十冊

330000－1709－0000123　0123　史部/史評類/史論之屬

讀通鑑論十六卷附宋論十五卷　(清)王夫之撰　民國上海商務印書館鉛印本　十冊

330000－1709－0000124　0124　史部/史評

類/史論之屬

讀通鑑論十六卷附宋論十五卷　(清)王夫之撰　民國上海商務印書館鉛印本　十册

330000－1709－0000125　0125　史部/雜史類/斷代之屬

太平天國叢書第一集　蕭一山輯　民國二十四年(1935)國立編譯館影印本　十册

330000－1709－0000126　0126　史部/雜史類/斷代之屬

太平天國叢書第一集　蕭一山輯　民國二十四年(1935)國立編譯館影印本　十册

330000－1709－0000127　0127　集部/總集類/選集之屬/斷代

太平天國文鈔一卷詩鈔一卷聯語鈔一卷附錄三卷　羅邕　沈祖基輯　民國二十三年(1934)上海商務印書館鉛印本　二册

330000－1709－0000128　0128　集部/戲劇類/傳奇之屬

六十種曲一百二十卷　(明)毛晉編　民國二十四年(1935)上海開明書店鉛印本　五十二册　存五十二種

330000－1709－0000129　0129　集部/戲劇類/傳奇之屬

六十種曲一百二十卷　(明)毛晉編　民國二十四年(1935)上海開明書店鉛印本　一册　存一種

330000－1709－0000131　0131　集部/詞類/别集之屬

南唐二主詞彙箋一卷　(五代)李璟　(五代)李煜撰　唐圭璋輯　民國二十五年(1936)正中書局鉛印本　一册

330000－1709－0000132　0132　集部/别集類

仁山詩鈔二卷鱗爪錄一卷　汪紹元撰　民國十六年(1927)富陽汪氏鉛印本　一册

330000－1709－0000133　0133　集部/别集類

白石山房詩鈔三卷補遺一卷　張宗江撰　民國八年(1919)鉛印本　一册

330000－1709－0000134　0134　集部/詩文評類/詩評之屬

石遺室詩話三十二卷　陳衍撰　民國十八年(1929)上海商務印書館鉛印本　四册

330000－1709－0000135　0135　集部/别集類

畏廬文集一卷　林紓撰　民國十四年(1925)上海商務印書館鉛印本　一册

330000－1709－0000136　0136　集部/别集類

畏廬文集一卷　林紓撰　民國十一年(1922)上海商務印書館鉛印本　一册

330000－1709－0000137　0137　集部/别集類

畏廬續集一卷　林紓撰　民國十四年(1925)上海商務印書館鉛印本　一册

330000－1709－0000138　0138　集部/别集類

畏廬三集一卷　林紓撰　民國十三年(1924)上海商務印書館鉛印本　一册

330000－1709－0000139　0139　集部/别集類

畏廬詩存二卷　林紓撰　民國十五年(1926)上海商務印書館鉛印本　一册

330000－1709－0000140　0140　類叢部/叢書類/自著之屬

桂林梁先生遺書六種　梁濟撰　民國十六年(1927)上海商務印書館鉛印本　四册

330000－1709－0000141　0141　史部/傳記類/總傳之屬/列女

清代閨閣詩人徵略十卷補遺一卷　施淑儀撰　民國十一年(1922)崇明女子師範講習所鉛印本　四册

330000－1709－0000142　0142　類叢部/叢書類/自著之屬

崇雅堂叢書十四種　楊晨撰　民國二十五年

(1936)楊紹翰鉛印本　十四冊　存十二種

330000－1709－0000143　0143　類叢部/叢書類/彙編之屬

復性書院叢刊二十七種　馬浮編　民國二十九年至三十七年(1940－1948)復性書院刻本暨鉛印本　紹仰跋　六冊　存二種

330000－1709－0000144　0144　類叢部/類書類/通類之屬

子史精華一百六十卷　(清)吳士玉　(清)吳襄等輯　民國上海中華圖書館石印本　八冊

330000－1709－0000146　0146　經部/小學類/文字之屬/說文/傳說

六書綜三十二卷首一卷　史摯夫輯　民國二十年(1931)上海商務印書館石印本　三十二冊

330000－1709－0000149　0149　經部/小學類/文字之屬/字書/字體

六書通十卷首一卷　(清)閔齊伋撰　(清)畢弘述篆訂　民國七年(1918)上海鴻文書局石印本　五冊

330000－1709－0000153　0153　史部/金石類/金之屬/通考

綴遺齋彝器款識攷釋三十卷首一卷　(清)方濬益撰　方燕年補編　民國二十四年(1935)上海商務印書館影印本(卷十五原缺)　十四冊

330000－1709－0000154　0154　集部/別集類

乙丑重編飲冰室文集八十卷　梁啓超撰　民國十五年(1926)中華書局鉛印本　七十八冊　缺二卷(五十七至五十八)

330000－1709－0000155　0155　經部/四書類/總義之屬/傳說

四書纂疏二十六卷札記一卷　(宋)趙順孫撰　民國十四年(1925)聖風書苑據清康熙通志堂經解本影印本　八冊

330000－1709－0000156　0156　子部/儒家類/儒家之屬

荀子集解二十卷首一卷　(唐)楊倞注　王先謙集解　民國上海掃葉山房石印本　八冊

330000－1709－0000157　0157　子部/儒家類/儒家之屬

荀子集解二十卷首一卷　(唐)楊倞注　王先謙集解　民國上海商務印書館據清光緒十七年(1891)長沙王氏刻本影印本　六冊

330000－1709－0000160　0160　子部/儒家類/儒學之屬/經濟

說苑二十卷　(漢)劉向撰　民國二十三年(1934)上海商務印書館鉛印本　四冊

330000－1709－0000166　0166　子部/雜著類/雜纂之屬

諸子文粹六十二卷續編十卷　李寶洤纂　民國二十三年(1934)上海商務印書館鉛印本　二十冊

330000－1709－0000167　0167　子部/墨家類

墨子十五卷目一卷篇目考一卷　(清)畢沅校注並撰　民國五年(1916)上海掃葉山房石印本　洪言理等題記　三冊

330000－1709－0000168　0168　子部/道家類

莊子集註三卷　阮毓崧輯　民國十九年(1930)上海中華書局影印本　四冊

330000－1709－0000169　0169　子部/叢編

子書四十八種　五鳳樓主人輯　民國九年(1920)上海五鳳樓石印本　三冊　存一種

330000－1709－0000172　0172　子部/道家類

老子約四卷　張其淦撰　民國八年(1919)鉛印本　一冊

330000－1709－0000173　0173　子部/雜著類/雜說之屬

讀子巵言二卷　江瑔撰　民國六年(1917)上海商務印書館鉛印本　二冊

330000－1709－0000174　0174　子部/道

家類

老子述記二卷 朱芾煌撰 民國二十五年(1936)上海商務印書館鉛印本 一冊

330000－1709－0000175 0175 史部/雜史類/斷代之屬

國語韋解補正二十一卷 吴曾祺撰 朱元善校訂 民國四年(1915)上海商務印書館鉛印本 四冊

330000－1709－0000183 0183 史部/史評類/史學之屬

文史通義九卷校讐通義四卷 (清)章學誠撰 民國十四年(1925)上海會文堂書局石印本 六冊 存九卷(一至九)

330000－1709－0000185 0185 子部/醫家類/婦科之屬/產科

達生編三卷 (清)亟齋居士編 民國二十八年(1939)上海三友實業社鉛印本 一冊

330000－1709－0000187 0187 子部/宗教類/佛教之屬/諸宗

印光法師文鈔四卷附錄一卷 釋聖量撰 民國十七年(1928)中華書局鉛印本 四冊

330000－1709－0000188 0188 子部/宗教類/佛教之屬/諸宗

印光法師文鈔二卷附錄一卷 釋聖量撰 民國十二年(1923)上海商務印書館鉛印本 二冊

330000－1709－0000189 0189 子部/宗教類/佛教之屬

佛學叢書□□種 民國上海商務印書館鉛印本 三冊 存一種

330000－1709－0000190 0190 子部/宗教類/佛教之屬/諸宗

印光法師文鈔二卷附錄一卷 釋聖量撰 民國十二年(1923)上海商務印書館鉛印本 二冊

330000－1709－0000191 0191 子部/宗教類/佛教之屬/經疏

阿彌陀經白話解釋二卷 釋聖量鑒定 黃智海演述 民國十七年(1928)鉛印本 一冊

330000－1709－0000192 0192 子部/宗教類/佛教之屬

禪門日誦一卷附佛祖心燈一卷 民國二十年(1931)杭州昭慶寺慧空經房刻本 一冊

330000－1709－0000194 0194 子部/宗教類/佛教之屬/諸宗

龍舒淨土文十一卷附龍舒直音一卷 (宋)王日休撰 **佛説阿彌陀經一卷** (後秦)釋鳩摩羅什譯 民國十五年(1926)鉛印本 一冊

330000－1709－0000197 0197 子部/宗教類/佛教之屬/經

妙法蓮華經觀世音菩薩普門品一卷 (後秦)釋鳩摩羅什譯 民國上海市佛教青年會鉛印本 一冊

330000－1709－0000199 0199 子部/宗教類/佛教之屬

金剛般若波羅密經次詁一卷 (後秦)釋鳩摩羅什譯 馬其昶次詁 民國六年(1917)固始張氏幔經閣刻本 一冊

330000－1709－0000202 0202 子部/雜著類/雜編之屬

安士全書四種 (清)周夢顔撰 民國十七年(1928)上海佛學推行社鉛印本 一冊 存一種

330000－1709－0000203 0203 子部/宗教類/佛教之屬/諸宗

印光法師文鈔七卷附錄一卷 釋聖量撰 民國十三年(1924)上海商務印書館鉛印本 一冊 存一卷(一)

330000－1709－0000212 0212 新學/議論

對於柯璜君新思潮疑問之意見一卷 韓梯雲撰 民國十年(1921)天津社會教育星期報社鉛印本 一冊

330000－1709－0000214 0214 經部/小學類/音韻之屬

中國音韵沿革大要講義不分卷 胡豐錫編 民國十一年(1922)建德胡豐錫油印本 一冊

330000－1709－0000218　0218　經部/小學類/文字之屬/字書/字典

康熙字典十二集三十六卷檢字一卷辨似一卷等韻一卷補遺一卷備考一卷　(清)張玉書等纂修　民國十八年(1929)上海錦章圖書局石印本　五冊　缺六卷(巳集上中下、午集上中下)

330000－1709－0000222　0222　新學/學校

高等小學女子國文教科書不分卷　莊俞等編纂　民國二年(1913)上海商務印書館鉛印本　一冊　存一冊(一)

330000－1709－0000223　0223　經部/四書類/總義之屬/傳說

四書讀本十九卷　(宋)朱熹集註　民國十一年(1922)上海天寶書局石印本　二冊　存四卷(大學、中庸、孟子四至五)

330000－1709－0000226　0226　集部/別集類/唐五代別集

李太白文集三十卷　(唐)李白撰　民國二年(1913)上海文瑞樓石印本　八冊

330000－1709－0000230　0230　集部/小說類/長篇之屬

新刊繡像評演濟公傳十二卷一百二十回　郭廣瑞撰　民國石印本　一冊　存六卷(七至十二)

330000－1709－0000232　0232　集部/總集類/選集之屬

近科分韻館詩彙編三十卷　王先謙編　民國石印本　一冊　存十五卷(一至十五)

330000－1709－0000233　0233　集部/小說類/長篇之屬

繡像綠牡丹全傳六卷六十四回　民國石印本　四冊　存四卷(二至五)

330000－1709－0000234　0234　集部/小說類/長篇之屬

新編繡像三十三續濟公傳四卷四十回　民國十二年(1923)上海校經山房石印本　一冊

330000－1709－0000235　0235　集部/小說類/長篇之屬

繪圖新編三十四續濟公傳四卷四十回　民國十二年(1923)上海校經山房石印本　一冊

330000－1709－0000236　0236　集部/小說類/長篇之屬

新編繡像三十二續濟公傳四卷四十回　民國十二年(1923)上海校經山房石印本　一冊

330000－1709－0000241　0241　集部/小說類/長篇之屬

綉像京本雲合奇踪玉茗英烈全傳四卷八十回　(明)徐渭撰　民國石印本　一冊　存一卷(四)

330000－1709－0000242　0242　集部/小說類/長篇之屬

第一才子書六十卷一百二十回　(明)羅本撰　(清)毛宗崗　(清)金人瑞評　民國鉛印本　一冊　存三卷(七至九)

330000－1709－0000243　0243　集部/小說類/長篇之屬

續紅樓夢二卷三十回　(清)秦子忱撰　民國二十五年(1936)上海新文化書社鉛印本　一冊　存一卷(二)

330000－1709－0000244　0244　集部/小說類/長篇之屬

繡像七劍十三俠續集□卷□□回　民國石印本　一冊　存一卷(三)

330000－1709－0000245　0245　類叢部/類書類/通類之屬

增補事類統編九十三卷　(清)黄葆真增輯　民國石印本　四冊　存三十二卷(十七至二十二、三十五至四十二、七十六至九十三)

330000－1709－0000246　0246　集部/小說類/長篇之屬

繡像龍鳳配再生緣十二卷七十四回　(清)陳瑞生撰　民國石印本　二冊　存八卷(五至十二)

330000－1709－0000248　0248　史部/傳記類/總傳之屬/通代

增廣尚友録統編二十二卷　(清)應祖錫輯　民國石印本　三册　存六卷(三至四、七至八、十七至十八)

330000－1709－0000251　0251　經部/易類/傳說之屬
周易本義四卷上下篇筮儀一卷卦歌一卷圖說一卷　(宋)朱熹撰　民國二十六年(1937)上海鴻文書局石印本　一册

330000－1709－0000265　0265　子部/術數類/陰陽五行之屬
新鐫曆法便覽象吉備要通書大全二十九卷　(清)魏鑑撰　民國上洋海左書局石印本　十册　缺四卷(七至八、十五至十六)

330000－1709－0000268　0268　子部/術數類/陰陽五行之屬
欽定協紀辨方書三十六卷　(清)允祿　(清)張照等纂修　民國石印本　四册　存二十一卷(十二至三十二)

330000－1709－0000271　0271　經部/詩類/傳說之屬
詩經集傳八卷　(宋)朱熹撰　民國四年(1915)中華書局鉛印本　四册

330000－1709－0000272　0272　經部/詩類/傳說之屬
詩經集傳八卷　(宋)朱熹撰　民國四年(1915)中華書局鉛印本　三册　存六卷(三至八)

330000－1709－0000281　0281　類叢部/叢書類/彙編之屬
四部叢刊　張元濟等編　民國上海商務印書館影印本　二千三十九册　存三百三種

330000－1709－0000282　0282　類叢部/叢書類/彙編之屬
四部叢刊　張元濟等編　民國上海商務印書館影印本　一百四十二册　存三十五種

330000－1709－0000283　0283　類叢部/叢書類/彙編之屬
四部叢刊續編七十七種　張元濟等編　民國二十三年(1934)上海商務印書館影印本　八册　存五種

330000－1709－0000284　0284　類叢部/叢書類/彙編之屬
四部叢刊三編七十一種　張元濟等編　民國二十四年至二十五年(1935－1936)上海商務印書館影印本　五十四册　存二種

330000－1709－0000285　0285　史部/紀傳類/正史之屬
百衲本二十四史　張元濟輯　民國上海商務印書館影印本　五百二十一册　存二十一種

330000－1709－0000286　0286　史部/紀傳類/正史之屬
二十四史附考證　民國上海涵芬樓據清乾隆武英殿刻本影印本　六百八十七册　存二十三種

330000－1709－0000287　0287　類叢部/叢書類/彙編之屬
四部備要　中華書局編　民國二十五年(1936)上海中華書局鉛印本　一百二十册　存十七種

330000－1709－0000288　0288　類叢部/叢書類/彙編之屬
四部叢刊　張元濟等編　民國八年(1919)上海商務印書館影印本　二册　存四種

330000－1709－0000289　0289　史部/目録類/書志之屬/題跋
百衲本已出十八史跋文彙刊一卷　商務印書館輯　民國二十五年(1936)上海商務印書館鉛印本　一册

330000－1709－0000290　0290　史部/目録類/版本之屬/書影
重印聚珍倣宋版五開大本四部備要樣本不分卷　中華書局編　民國中華書局鉛印本　一册

330000－1709－0000292　0292　史部/紀傳類/正史之屬
二十一史　民國十六年(1927)上海商務印書

館影印本　四十六冊　存四種

330000－1709－0000293　0293　史部/紀傳類/正史之屬

二十四史附考證　民國上海涵芬樓據清乾隆武英殿刻本影印本　二十八冊　存二種

330000－1709－0000298　0298　史部/史抄類

史記菁華錄六卷　(清)姚祖恩輯評　民國上海商務印書館鉛印本　三冊

330000－1709－0000299　0299　史部/史抄類

史記菁華錄六卷　(清)姚祖恩輯評　民國上海商務印書館鉛印本　三冊

330000－1709－0000300　0300　史部/史抄類

史記菁華錄六卷　(清)姚祖恩輯評　民國上海商務印書館鉛印本　三冊

330000－1709－0000302　0302　史部/史抄類

教科適用漢書精華八卷　中華書局編　民國二十三年(1934)上海中華書局鉛印本　八冊

330000－1709－0000303　0303　史部/編年類/斷代之屬

清史綱要十四卷　吳曾祺等編　民國四年(1915)上海商務印書館鉛印本　六冊

330000－1709－0000304　0304　史部/雜史類/斷代之屬

南明野史三卷首一卷附錄一卷　(清)南沙三餘氏撰　民國十九年(1930)上海商務印書館鉛印本　三冊

330000－1709－0000305　0305　史部/傳記類/總傳之屬/斷代

清史列傳八十卷　中華書局編　民國十七年(1928)上海中華書局鉛印本　八十冊

330000－1709－0000309　0309　史部/傳記類/總傳之屬/列女

廣列女傳二十卷附錄一卷　(清)劉開輯　(清)孫鏘校點　民國兩浙節孝總祠鉛印本　四冊

330000－1709－0000315　0315　史部/雜史類/斷代之屬

陳眉公訂正剿奴議撮一卷　(明)于燕芳撰　**建州攷一卷**　(明)陳繼儒撰　民國十七年(1928)中央大學國學圖書館鉛印本　一冊

330000－1709－0000318　0318　經部/小學類/音韻之屬/韻書

廣韻五卷　(宋)陳彭年等修　**宋本廣韻校札一卷**　(清)黎庶昌撰　民國上海涵芬樓影印本　五冊

330000－1709－0000320　0320　類叢部/叢書類/自著之屬

章氏叢書補編七種　章炳麟撰　民國鉛印本　一冊　存一種

330000－1709－0000325　0325　子部/藝術類/書畫之屬/法帖

東坡大楷醉翁亭記精華不分卷　(宋)蘇軾書　民國二十六年(1937)上海世界書局影印本　一冊

330000－1709－0000326　0326　子部/藝術類/書畫之屬/法帖

梁薌林書倡和詩真蹟一卷　(清)梁詩正書　民國三十六年(1947)上海中華書局影印本　一冊

330000－1709－0000327　0327　子部/藝術類/書畫之屬/法帖

趙撝叔北魏書不分卷　(清)趙之謙書　民國十八年(1929)西泠印社影印本　一冊

330000－1709－0000330　0330　子部/小說家類

顧氏文房小說四十種五十八卷　(明)顧元慶輯　民國十四年(1925)上海商務印書館據明刻本影印本　十冊

330000－1709－0000331　0331　集部/總集類/彙編之屬

五唐人詩集　(明)毛晉編　民國十五年

(1926)上海涵芬樓影印本　五冊

330000－1709－0000332　0332　集部/詞類/別集之屬

東坡樂府二卷補遺一卷　(宋)蘇軾撰　**校記二卷**　林大椿撰　民國十七年(1928)上海商務印書館鉛印本　二冊

330000－1709－0000333　0333　集部/詞類/別集之屬

歐陽文忠公近體樂府三卷　(宋)歐陽修撰　**歐陽文忠近體樂府校記一卷**　林大椿撰　民國二十二年(1933)上海商務印書館鉛印本　一冊

330000－1709－0000334　0334　子部/雜著類/雜考之屬

日知錄集釋三十二卷之餘四卷栞誤二卷續栞誤二卷　(清)黄汝成撰　民國十三年(1924)上海掃葉山房石印本　十六冊

330000－1709－0000339　0339　集部/別集類/漢魏六朝別集

陶靖節集六卷　(晉)陶潛撰　民國七年(1918)上海中華書局影印本　二冊

330000－1709－0000341　0341　集部/別集類

仁山詩鈔二卷鱗爪錄一卷　汪紹元撰　民國十六年(1927)富陽汪氏鉛印本　一冊

330000－1709－0000343　0343　集部/別集類

盤谷遺稿不分卷　袁壽康撰　民國八年(1919)鉛印本　一冊

330000－1709－0000344　0344　集部/別集類/清別集

新淦公遺稿三卷附錄一卷　(清)章定瑜撰　章乃羹輯　民國鉛印本　一冊

330000－1709－0000345　0345　集部/別集類

鐵山文稿一卷詩稿一卷　余重耀撰　民國鉛印本　一冊

330000－1709－0000347　0347　集部/詞類/別集之屬

晁氏琴趣外篇六卷補遺一卷　(宋)晁補之撰　**晁氏琴趣外篇校記一卷**　林大椿撰　民國二十二年(1933)商務印書館鉛印本　一冊

330000－1709－0000348　0348　集部/別集類/宋別集

吕東萊書牘一卷　(宋)吕祖謙撰　民國二年(1913)上海商務印書館鉛印本　二冊

330000－1709－0000349　0349　集部/別集類/清別集

左文襄公家書二卷　(清)左宗棠撰　民國上海聚珍倣宋印書局鉛印本　二冊

330000－1709－0000352　0352　類叢部/叢書類/彙編之屬

四部叢刊　張元濟等編　民國上海商務印書館影印本　一冊　存一種

330000－1709－0000354　0354　類叢部/叢書類/彙編之屬

郋園先生全書一百二十九種　葉啟倬編　民國二十四年(1935)長沙中國古書刻印社彙印本　一冊　存一種

330000－1709－0000356　0356　類叢部/叢書類/自著之屬

章氏叢書十三種　章炳麟撰　民國六年至八年(1917－1919)浙江圖書館刻本　五冊　存一種

330000－1709－0000362　0362　子部/宗教類/其他宗教之屬/基督教

不得已二卷　(清)楊光先撰　民國十八年(1929)中社據清抄本影印本　二冊

330000－1709－0000363　0363　集部/別集類

觀山文稿十卷首一卷　章乃羹撰　民國二十四年(1935)鉛印本　二冊

330000－1709－0000366　0366　集部/別集類

寒匡集四卷　孫道毅撰　民國十三年(1924)

上海中華書局鉛印本　一冊

330000－1709－0000368　0368　集部/別集類

梁巨川先生遺筆一卷　梁濟撰　民國八年(1919)影印本　一冊

330000－1709－0000369　0369　史部/傳記類/日記之屬

道光二十九年己酉三願堂日記一卷　(清)趙彥偁撰　民國十九年(1930)影印本　一冊

330000－1709－0000370　0370　集部/別集類

漪香山館文集不分卷二集不分卷　吳曾祺撰　民國二十四年至二十五年(1935－1936)上海商務印書館鉛印本　二冊

330000－1709－0000371　0371　集部/曲類/散曲之屬

楊升庵夫婦散曲八卷　任訥編校　民國十八年(1929)上海商務印書館鉛印本　一冊

330000－1709－0000372　0372　集部/總集類/選集之屬/通代

古詩源十四卷　(清)沈德潛輯　民國上海商務印書館鉛印本　四冊

330000－1709－0000373　0373　集部/小説類/長篇之屬

繪圖歷朝通俗演義十一種　蔡東帆輯　民國上海會文堂新記書局石印本　六冊　存一種

330000－1709－0000375　0375　集部/別集類/宋別集

司馬溫公書牘不分卷　(宋)司馬光撰　民國二年(1913)上海商務印書館鉛印本　二冊

330000－1709－0000376　0376　子部/儒家類/儒學之屬/蒙學

蒙師箴言不分卷　方瀏生撰　民國上海商務印書館鉛印本　一冊

330000－1709－0000377　0377　史部/目録類/通論之屬/考訂

校讐通義四卷　(清)章學誠撰　民國十四年(1925)上海會文堂書局石印本　二冊

330000－1709－0000379　0379　類叢部/叢書類/彙編之屬

自青榭叢書　卓定謀輯　民國鉛印本　一冊　存一種

330000－1709－0000380　0380　子部/墨家類

墨子閒詁十五卷目錄一卷附錄一卷後語二卷　(清)孫詒讓撰　民國上海商務印書館影印本　八冊

330000－1709－0000381　0381　類叢部/叢書類/彙編之屬

抱經堂叢書十六種　(清)盧文弨編　民國十二年(1923)北京直隸書局據清乾隆至嘉慶盧氏刻本影印本　四冊　存一種

330000－1709－0000384　0384　子部/道家類

莊子集解八卷　王先謙撰　民國上海涵芬樓影印本　三冊

330000－1709－0000385　0385　子部/道家類

莊子集解八卷　王先謙撰　民國上海涵芬樓影印本　三冊

330000－1709－0000386　0386　子部/醫家類/兒科之屬/通論

錢氏小兒藥證直訣義疏三卷　(宋)錢乙撰　(宋)閻孝忠編次　張壽頤疏　**閻氏小兒方論疏解一卷**　(宋)閻孝忠撰　張壽頤疏解　**董氏小兒方論疏解一卷**　(宋)董汲撰　張壽頤疏解　民國十一年(1922)蘭谿公立中醫學校石印本　二冊

330000－1709－0000387　0387　子部/醫家類/醫經之屬/難經

難經彙注箋正三卷首一卷　張壽頤撰　民國十二年(1923)蘭谿中醫專門學校石印本　三冊

330000－1709－0000392　0392　子部/醫家類/本草之屬/歷代綜合本草

本草從新十八卷　（清）吳儀洛輯　民國上海蔣春記書莊石印本　一册

330000－1709－0000393　0393　子部/醫家類/方書之屬/單方驗方
重校舊本湯頭歌訣一卷經絡歌訣一卷　（清）汪昂撰　民國三年（1914）上海共和書局石印本　一册

330000－1709－0000394　0394　子部/儒家類/儒學之屬/禮教/家訓
繪圖增註朱子治家格言一卷　（清）朱用純撰　民國上海昌文書局石印本　一册

330000－1709－0000395　0395　子部/農家農學類/獸醫之屬
獸醫學大意不分卷　龐敦敏撰　民國北京農業專門學校鉛印本　一册

330000－1709－0000396　0396　子部/醫家類/綜合之屬/通論
古吳童氏重校醫宗必讀十卷　（清）李中梓撰　民國三年（1914）上海錦章圖書局石印本　一册

330000－1709－0000397　0397　子部/醫家類/綜合之屬/通論
古吳童氏重校醫宗必讀十卷　（清）李中梓撰　民國石印本　五册

330000－1709－0000398　0398　類叢部/叢書類/彙編之屬
進德叢書八種　丁福保編　民國上海醫學書局鉛印本　一册　存一種

330000－1709－0000399　0399　經部/小學類/文字之屬/說文/傳說
說文解字注十五卷附六書音均表五卷　（清）段玉裁撰　**說文通檢十四卷首一卷末一卷**　（清）黎永椿編　**說文解字注匡謬八卷**　（清）徐承慶撰　民國三年（1914）上海文盛書局石印本　八册

330000－1709－0000403　0403　經部/小學類/文字之屬/說文/傳說
說文解字注十五卷附六書音均表五卷　（清）段玉裁撰　**說文部目分韵一卷**　（清）陳煥編　**說文通檢十四卷首一卷末一卷**　（清）黎永椿編　**說文解字注匡謬八卷**　（清）徐承慶撰　民國二十六年（1937）上海掃葉山房石印本　八册

330000－1709－0000404　0404　經部/小學類/文字之屬/說文
說文解字十五卷標目一卷　（漢）許慎撰　（宋）徐鉉等校定　民國上海商務印書館據藤花榭刻本影印本　四册

330000－1709－0000405　0405　經部/小學類/文字之屬/說文/專著
說文古籀補十四卷補遺一卷附録一卷　（清）吳大澂撰　民國蘇州振新書社石印本　四册

330000－1709－0000421　0421　經部/書類/傳說之屬
書集傳六卷　（宋）蔡沈撰　民國商務印書館鉛印本　四册

330000－1709－0000425　0425　經部/小學類/文字之屬/說文/傳說
說文解字句讀三十卷　（清）王筠撰　民國上海涵芬樓據清王氏家刻本影印本　十二册

330000－1709－0000430　0430　子部/儒家類/儒學之屬/蒙學
精校新增繪圖幼學故事瓊林四卷首一卷　（清）程登吉撰　（清）鄒聖脈增補　民國上海鴻寶齋石印本　一册

330000－1709－0000431　0431　子部/天文曆算類/曆法之屬
癸丑年陽曆通書不分卷　民國二年（1913）刻朱墨套印本　一册

330000－1709－0000440　0440　類叢部/叢書類/彙編之屬
香艷叢書三百二十六種　（清）蟲天子輯　民國三年（1914）上海中國圖書公司和記鉛印本　五十七册　存二百二十六種

330000－1709－0000442　0442　子部/藝術類/遊藝之屬/聯語

篆文聯語集四種四卷 (清)吳受福編 民國十二年(1923)石印本 一冊 存二卷(三至四)

330000－1709－0000445 0445 子部/天文曆算類/曆法之屬

星評要訣一卷校正百年經一卷 民國二十三年(1934)刻本 一冊

330000－1709－0000453 0453 子部/小說家類/雜事之屬

世說新語六卷 (南朝宋)劉義慶撰 (南朝梁)劉孝標注 民國十九年(1930)商務印書館鉛印本 五冊 存五卷(二至六)

330000－1709－0000455 0455 子部/醫家類/綜合之屬/合刻、合抄

景岳全書六十四卷 (明)張介賓撰 民國八年(1919)上海育文書局石印本 七冊 存三十卷(一至十、十六至十九、三十至三十四、四十至四十六、四十九至五十二)

330000－1709－0000458 0458 集部/總集類/選集之屬/斷代

夢筆生花初編八卷二編八卷三編八卷四編八卷 (清)繆艮輯 民國石印本 一冊 存十六卷(初編一至八、二編一至八)

330000－1709－0000460 0460 經部/小學類/音韻之屬/韻書

詩韻集成五卷 (清)余照輯 民國育文書局石印本 二冊

330000－1709－0000462 0462 子部/醫家類/本草之屬/歷代綜合本草

本草綱目五十二卷瀕湖脉學一卷奇經八脉攷一卷脉訣攷證一卷 (明)李時珍撰 **本草藥品總目一卷** (清)蔡烈先輯 民國六年(1917)上海鴻寶齋書局石印本 二冊 缺五十二卷(一至五十二)

330000－1709－0000463 0463 子部/醫家類/兒科之屬/痘疹

增補秘傳痘疹玉髓金鏡錄真本四卷首一卷 (明)翁仲仁輯著 民國三年(1914)上海錦章圖書局石印本 一冊 缺二卷(三至四)

330000－1709－0000465 0465 新學/地學/地理學

最新高等小學地理教科書四卷 蔡元培校定 民國上海會文學社石印本 二冊 存二卷(中國地理教科書上、外國地理教科書上)

330000－1709－0000466 0466 集部/別集類/清別集

姚姬傳尺牘八卷 (清)姚鼐撰 民國二十四年(1935)上海商務印書館鉛印本 二冊

330000－1709－0000467 0467 子部/儒家類/儒學之屬/禮教/鑑戒

八德須知二集八卷 蔡振紳編輯 民國十九年(1930)上海明善書局石印本 一冊 存二卷(七至八)

330000－1709－0000468 0468 子部/儒家類/儒學之屬/蒙學

重增幼學故事瓊林四卷首一卷 (清)程登吉撰 (清)鄒聖脈增補 董鈞續增 民國上海錦章書局石印本 一冊 存一卷(三)

330000－1709－0000474 0474 集部/別集類/宋別集

深寧先生文鈔八卷 (宋)王應麟撰 (清)葉熊編 民國鉛印本 一冊 存二卷(七至八)

330000－1709－0000475 0475 集部/戲劇類

乾坤壽八卷 翁伯堂撰 民國二十五年(1936)翁伯堂手稿本 一冊

330000－1709－0000485 0485 集部/總集類/選集之屬/通代

圈點詳註十八家詩鈔二十八卷 (清)曾國藩撰 陳存悔等註 民國鉛印本 一冊 存二卷(十三至十四)

330000－1709－0000487 0487 類叢部/叢書類/彙編之屬

古今說部叢書二百七十二種 國學扶輪社輯 民國四年(1915)中國圖書公司和記鉛印本 六冊 存三十七種

330000－1709－0000488　0488　經部/四書類/孟子之屬/傳説

孟子集註七卷　（宋）朱熹撰　民國上海商務印書館鉛印本　一冊　存二卷（四至五）

330000－1709－0000489　0489　經部/四書類/孟子之屬/傳説

孟子集註七卷　（宋）朱熹撰　民國上海商務印書館鉛印本　一冊　存二卷（四至五）

330000－1709－0000496　0496　經部/四書類/總義之屬/傳説

四書集註十九卷　（宋）朱熹撰　民國三年（1914）中華書局鉛印本　一冊　存二卷（孟子一至二）

330000－1709－0000497　0497　集部/別集類/唐五代別集

李太白文集三十六卷　（唐）李白撰　（清）王琦輯注　民國中華書局鉛印本　一冊　存二卷（二至三）

330000－1709－0000498　0498　經部/四書類/總義之屬/傳説

四書集註十九卷　（宋）朱熹撰　民國上海天寶書局石印本　二冊　存五卷（孟子一至三、六至七）

330000－1709－0000499　0499　集部/總集類/選集之屬/通代

新體廣註古文觀止十二卷　（清）吳乘權（清）吳大職輯　黄築巖　劉再蘇註釋　民國八年（1919）上海廣文書局石印本　三冊　存三卷（八、十、十二）

330000－1709－0000507　0507　集部/別集類

飲冰室全集四十八卷　梁啓超撰　民國五年（1916）上海中華書局鉛印本　三冊　存三卷（三、五至六）

330000－1709－0000508　0508　經部/春秋左傳類/傳説之屬

評點春秋綱目左傳句解彙雋六卷　（清）韓菼重訂　民國石印本　三冊　存三卷（二、五至六）

330000－1709－0000510　0510　子部/醫家類/醫經之屬/内經

素問靈樞類纂約註三卷　（清）汪昂輯註　民國上海商務印書館鉛印本　一冊　存一卷（下）

330000－1709－0000511　0511　子部/醫家類

壽世編三卷　民國鉛印本　一冊

330000－1709－0000512　0512　子部/醫家類/兒科之屬/通論

鼎鍥幼幼集成六卷　（清）陳復正輯　民國石印本　一冊　存四卷（三至六）

330000－1709－0000515　0515　子部/儒家類/儒家之屬

荀子二十卷　（唐）楊倞注　**荀子校勘補遺一卷**　（清）謝墉撰　民國掃葉山房石印本　三冊　存十六卷（六至二十、補遺）

330000－1709－0000518　0518　史部/政書類/律令之屬/刑制

中華民國暫行新刑律二卷　民國石印本　一冊

330000－1709－0000520　0520　類叢部/類書類/專類之屬

詩韻合璧五卷　（清）許時庚輯　**虚字韻藪一卷**　（清）潘維城輯　民國鉛印本　四冊　存四卷（二、四至五，虚字韻藪）

330000－1709－0000523　0523　經部/小學類/文字之屬/字書/字典

康熙字典十二集三十六卷總目一卷檢字一卷辨似一卷等韻一卷補遺一卷備考一卷　（清）張玉書等纂修　民國石印本　一冊　存十卷（子集上中下、丑集上中下，總目，檢字，辨似，等韻）

330000－1709－0000524　0524　經部/小學類/文字之屬/字書/字典

康熙字典十二集三十六卷總目一卷檢字一卷辨似一卷等韻一卷補遺一卷備考一卷　（清）

張玉書等纂修　民國石印本　一冊　存六卷(巳集上中下、午集上中下)

330000－1709－0000530　0530　經部/四書類/總義之屬/傳說

新註四書白話解說三十六卷　江希張注　民國石印本　一冊　存七卷(新註論語白話解說一至五、新註大學白話解說、新註中庸白話解說)

330000－1709－0000533　0533　集部/小說類/短篇之屬

第九才子書平鬼傳四卷十回　(清)劉璋編　民國石印本　三冊　存三卷(二至四)

330000－1709－0000540　0540　子部/工藝類/日用器物之屬/錦繡

刺繡圖案一卷　民國寧波大西山房石印本　一冊

330000－1709－0000545　0545　經部/四書類/總義之屬/傳說

四書集註十九卷　(宋)朱熹撰　民國三年(1914)豫記書局刻本　一冊　存二種

330000－1709－0000551　0551　子部/雜著類

隨筆而記不分卷　陳雲翔撰　民國二十七年(1938)稿本　一冊

330000－1709－0000555　0555　史部/政書類/公牘檔冊之屬

詠記犂雲鋤雨一卷　民國十八年(1929)稿本　一冊

330000－1709－0000556　0556　史部/政書類/公牘檔冊之屬

逐日總清一卷　詠山誌　民國二十四年(1935)詠山稿本　一冊

330000－1709－0000557　0557　史部/政書類/公牘檔冊之屬

第一保五甲祭田清冊不分卷　稿本　一冊

330000－1709－0000558　0558　史部/政書類/公牘檔冊之屬

神會公產簿一卷　民國三十三年(1944)蔣錦春抄本　一冊

330000－1709－0000560　0560　史部/政書類/公牘檔冊之屬

洪嶺庄七收山底一卷　槐蔭書室誌　稿本　一冊

330000－1709－0000562　0562　史部/政書類/公牘檔冊之屬

謄清不分卷　邵明哲撰　民國十三年(1924)稿本　一冊

330000－1709－0000563　0563　史部/政書類/公牘檔冊之屬

開源節流一卷　謙益堂詠誌　民國三十一年(1942)稿本　一冊

330000－1709－0000564　0564　史部/政書類/公牘檔冊之屬

量入為出一卷遠源支付一卷開源節流二卷　緒餘誌　民國二十七年(1938)稿本　一冊

330000－1709－0000565　0565　史部/政書類/公牘檔冊之屬

總清一卷逐日支出一卷暫記謄清一卷工匠總清一卷　陳詠山記　民國三十七年(1948)稿本　一冊

330000－1709－0000566　0566　史部/政書類/公牘檔冊之屬

帳簿不分卷　民國三十三年(1944)稿本　一冊

330000－1709－0000567　0567　史部/政書類/公牘檔冊之屬

收支總簿一卷　民國三十五年(1946)稿本　一冊

330000－1709－0000568　0568　史部/政書類/公牘檔冊之屬

齡祖遺之貸出帳目一卷　錢薄一卷　陳緒慶記　民國十二年(1923)稿本　一冊

330000－1709－0000569　0569　史部/政書類/公牘檔冊之屬

帳簿不分卷　稿本　一冊

330000－1709－0000570　0570　史部/政書類/公牘檔冊之屬
計數不分卷　稿本　一冊

330000－1709－0000571　0571　史部/政書類/公牘檔冊之屬
恭房圖書一卷　陳唐氏撰　民國十七年(1928)孫煥然抄本　一冊

330000－1709－0000572　0572　集部/戲劇類
新增乾坤壽八卷　翁伯堂撰　民國抄本　一冊　存一卷(一)

330000－1709－0000573　0573　史部/政書類/公牘檔冊之屬
建德縣地方行政幹部訓練筆記一卷　陳長偉撰　稿本　一冊

330000－1709－0000575　0575　史部/政書類/公牘檔冊之屬
帳冊不分卷　稿本　一冊

330000－1709－0000576　0576　史部/政書類/公牘檔冊之屬
神銃會帳簿一卷　民國六年(1917)稿本　一冊

330000－1709－0000577　0577　子部/術數類
百年經一卷　陸志盛記　民國三十四年(1945)稿本　一冊

330000－1709－0000578　0578　子部/術數類
擇吉書一卷　民國抄本　一冊

330000－1709－0000580　0580　子部/藝術類/書畫之屬
抄畫一卷　民國三十六年(1947)稿本　一冊

330000－1709－0000581　0581　史部/政書類/公牘檔冊之屬
圖書一卷　稿本　一冊

330000－1709－0000582　0582　子部/術數類
漸見長庚一卷　炳花堂評　民國抄本　一冊

330000－1709－0000584　0584　子部/醫家類/醫案之屬
臨床醫案不分卷　民國抄本　二冊

330000－1709－0000585　0585　史部/地理類/遊記之屬/紀勝
峨眉紀游一卷　樓藜然撰　民國元年(1912)成都刻本　一冊

330000－1709－0000586　0586　史部/目録類/總録之屬/彙刻
四部叢刊目錄一卷　商務印書館編　民國上海商務印書館鉛印本暨影印本　一冊

330000－1709－0000587　0587　史部/傳記類/日記之屬
湘綺樓日記樣本一卷附預約簡章　商務印書館編　民國十六年(1927)上海商務印書館鉛印本　一冊

330000－1709－0000588　0588　類叢部/叢書類/彙編之屬
四部備要　中華書局編　民國二十五年(1936)上海中華書局鉛印本　七冊　存二種

330000－1709－0000589　0589　史部/目録類/總録之屬/彙刻
宛委別藏四十種樣本一卷　商務印書館編　民國二十四年(1935)上海商務印書館鉛印本　一冊

330000－1709－0000595　0595　史部/政書類/公牘檔冊之屬
建德縣議會議決案一卷　建德縣議會編　民國二年(1913)嚴州建新石印局石印本　一冊

330000－1709－0000596　0596　史部/政書類/公牘檔冊之屬
建德縣議會民國十二、十三年第二、三次臨時會議決案二卷　建德縣議會編　民國十三年(1924)杭州彙商印刷公司鉛印本　一冊

330000－1709－0000597　0597　史部/政書

類/公牘檔冊之屬

建德縣議會第二屆第四年常會議決案一卷民國十四年第二屆第五次臨時會議決案一卷 建德縣議會編 民國十四年(1925)杭州彙商印刷公司鉛印本 一冊

330000－1709－0000598 0598 史部/政書類/公牘檔冊之屬

建德縣議會第二屆第五年常會議決案一卷 建德縣議會編 民國十五年(1926)杭州彙商印刷公司鉛印本 一冊

330000－1709－0000599 0599 史部/政書類/公牘檔冊之屬

建德縣議會議員職員姓名錄及各項規則一卷 建德縣議會編 民國杭州彙商印刷公司鉛印本 一冊

330000－1709－0000600 0600 史部/政書類/公牘檔冊之屬

[浦江縣]民國十一、十二年縣自治團體經費歳入歳出决算書二卷 浦江縣編 民國十二年(1923)石印本 一冊

330000－1709－0000603 0603 史部/政書類/公牘檔冊之屬

樂清縣議會要覽二卷 民國十一年第一屆通常會編 民國十二年(1923)温州務本公司石印本 一冊

330000－1709－0000604 0604 史部/地理類/山川之屬/山志

南雁蕩山志十三卷首一卷 周喟編 民國七年(1918)瑞安戴氏詠古齋刻本 四冊

330000－1709－0000609 0609 類叢部/叢書類/彙編之屬

宋人小説二十八種 涵芬樓編 民國上海商務印書館鉛印本 一冊 存一種

330000－1709－0000615 0615 史部/地理類/方志之屬/郡縣志

[民國]順昌縣志二十四卷首一卷附文徵四卷 高登艇 潘先龍修 劉敬等纂 民國二十五年至二十七年(1936－1938)鉛印本 二冊 缺十四卷(十一至二十四)

330000－1709－0000617 0617 史部/地理類/方志之屬/郡縣志

[民國]壽昌縣志十卷首一卷 陳煥 潘紹雋修 陳舉愷纂 方仰賢繪圖 民國十九年(1930)金華大同印務局鉛印本 八冊

330000－1709－0000618 0618 史部/地理類/方志之屬/郡縣志

[民國]壽昌縣志十卷首一卷 陳煥 潘紹雋修 陳舉愷纂 方仰賢繪圖 民國十九年(1930)金華大同印務局鉛印本 六冊 存四卷(七至十)

330000－1709－0000619 0619 史部/地理類/方志之屬/郡縣志

[民國]壽昌縣志十卷首一卷 陳煥 潘紹雋修 陳舉愷纂 方仰賢繪圖 民國十九年(1930)金華大同印務局鉛印本 二冊 存二卷(七至八上)

330000－1709－0000620 0620 史部/地理類/方志之屬/郡縣志

[民國]壽昌縣志十卷首一卷 陳煥 潘紹雋修 陳舉愷纂 方仰賢繪圖 民國十九年(1930)金華大同印務局鉛印本 一冊 存一卷(八上)

330000－1709－0000622 0622 史部/地理類/方志之屬/郡縣志

[民國]建德縣志十五卷首一卷附教育公產一卷慈善公產一卷 夏曰璈 張良楷修 王韌纂 民國八年(1919)金華朱集成堂鉛印本 十二冊

330000－1709－0000623 0623 史部/地理類/方志之屬/郡縣志

[民國]建德縣志十五卷首一卷附教育公產一卷慈善公產一卷 夏曰璈 張良楷修 王韌纂 民國八年(1919)金華朱集成堂鉛印本 十二冊

330000－1709－0000624 0624 史部/地理類/方志之屬/郡縣志

[民國]建德縣志十五卷首一卷附教育公產一卷慈善公產一卷 夏曰璈 張良楷修 王韌纂 民國八年(1919)金華朱集成堂鉛印本 十冊 存十三卷(四至五、七至十五,教育公產,慈善公產)

330000－1709－0000625 0625 史部/地理類/方志之屬/郡縣志
[民國]建德縣志十五卷首一卷附教育公產一卷慈善公產一卷 夏曰璈 張良楷修 王韌纂 民國八年(1919)金華朱集成堂鉛印本 十冊 存十三卷(四至五、七至十五,教育公產,慈善公產)

330000－1709－0000626 0626 史部/地理類/方志之屬/郡縣志
[民國]建德縣志十五卷首一卷附教育公產一卷慈善公產一卷 夏曰璈 張良楷修 王韌纂 民國八年(1919)金華朱集成堂鉛印本 九冊 存十一卷(七至十五、教育公產、慈善公產)

330000－1709－0000627 0627 史部/地理類/方志之屬/郡縣志
[民國]建德縣志十五卷首一卷附教育公產一卷慈善公產一卷 夏曰璈 張良楷修 王韌纂 民國八年(1919)金華朱集成堂鉛印本 七冊 存八卷(七至十一、十四,教育公產,慈善公產)

330000－1709－0000628 0628 史部/地理類/方志之屬/郡縣志
[民國]建德縣志十五卷首一卷附教育公產一卷慈善公產一卷 夏曰璈 張良楷修 王韌纂 民國八年(1919)金華朱集成堂鉛印本 五冊 存六卷(七至八、十至十一、十四,慈善公產)

330000－1709－0000629 0629 史部/地理類/方志之屬/郡縣志
[民國]建德縣志十五卷首一卷附教育公產一卷慈善公產一卷 夏曰璈 張良楷修 王韌纂 民國八年(1919)金華朱集成堂鉛印本 一冊 存一卷(慈善公產)

330000－1709－0000634 0634 史部/政書類/公牘檔冊之屬
十保出字山魚鱗不分卷 □詠錄 民國三十年(1941)稿本 一冊

330000－1709－0000635 0635 史部/政書類/公牘檔冊之屬
九昆字田地山魚鱗冊不分卷 □詠錄 民國三十年(1941)稿本 一冊

330000－1709－0000636 0636 史部/政書類/公牘檔冊之屬
曹維新土地魚鱗清冊不分卷 壽昌縣編 民國十九年(1930)抄本 一冊

330000－1709－0000637 0637 史部/政書類/公牘檔冊之屬
壽昌縣田畝賬冊不分卷 壽昌縣編 民國抄本 一冊

330000－1709－0000638 0638 史部/傳記類/總傳之屬/家乘
[浙江桐廬]嚴陵馬氏宗譜二十卷首一卷 馬慎初修 畢端方纂 民國七年(1918)木活字印本 八冊

330000－1709－0000639 0639 史部/傳記類/總傳之屬/家乘
[浙江建德]璜瑝余氏宗譜三十卷首一卷末一卷 余仁昌等纂 余甲午等修 民國九年(1920)德茂堂木活字印本 三冊 存十三卷(首,一、六至七、十一、二十四至三十,末)

桐廬縣圖書館民國時期傳統裝幀書籍普查登記目錄

國家圖書館出版社
National Library of China Publishing House

浙江省民國時期傳統裝幀書籍普查登記目錄 · 杭州

《桐廬縣圖書館民國時期傳統裝幀書籍普查登記目録》

編委會

主　編： 葉愛芳

副主編： 朱建雲

編　委： 鄭　景　王燕青

《桐廬縣圖書館民國時期傳統裝幀書籍普查登記目録》

前　言

桐廬縣始建於三國吴黄武四年(225),歷史悠久,文化發達。據志載,宋宣和間,方愍於縣治之西灣(今柯家灣)建萬卷書堂;元末,徐舫又於其地建滄江書舍,爲縣内最早見於史志的私家藏書樓。其後,藏書不乏其人。清嘉慶間,質素鄉緱嶺(今鳳聯鄉後嶺)俞善慶建依緑園,於漱六齋藏書五萬卷。道光時,金牛鄉金山莊王兆森購藏殿版書數千部。民國時期,泰安鄉珠村汪采庭以藏書著稱。桐廬有着藏書的優良傳統,爲桐廬縣圖書館開展古籍普查工作提供了豐富的編目經驗,奠定了良好的物質基礎。

2007年"中華古籍保護計劃"實施以來,桐廬縣圖書館在浙江省精心部署和領導下積極行動,加快普查進度,保證了普查數據的科學性、規範性、準確性、統一性。

截至2014年12月底,桐廬縣圖書館在全國古籍普查平臺已登記古籍和民國時期傳統裝幀書籍263部1995册,古籍普查完成率達到100%。其中民國時期傳統裝幀書籍120部787册,包括經部18部60册、史部31部235册、子部27部45册、集部34部141册、類叢部10部306册;依據版本類型統計,分别爲刻本7部14册、石印本53部177册、鉛印本34部256册、活字印本14部66册、影印本8部269册、抄本4部5册。

古籍保護任重而道遠。桐廬縣圖書館將采用更積極的激勵措施,培養更優秀的人才,不斷完善和整理古籍綜合數據庫,進一步加强古籍保護工作。

桐廬縣圖書館
2017年10月

330000－1708－0000008　0008　史部/傳記類/總傳之屬/家乘

孔氏南宗考略二卷　徐鏡泉纂輯　民國三十七年(1948)鉛印本　一册

330000－1708－0000009　0009　集部/别集類/唐五代别集

杜詩詳註三十一卷首一卷　(清)仇兆鰲輯註　民國十年(1921)掃葉山房石印本　十册　存十卷(首,一、四、六、八至十三)

330000－1708－0000010　0010　集部/總集類/氏族之屬

三蘇文集四十四卷　(清)邵希雍輯　民國元年(1912)上海會文學社石印本　四册

330000－1708－0000012　0012　集部/總集類/選集之屬/通代

評註昭明文選十五卷首一卷葉星衛附註一卷　(清)于光華輯　民國上海掃葉山房石印本　六册　缺十一卷(首,二、八至十五,附註)

330000－1708－0000013　0013　集部/總集類/選集之屬/通代

玉臺新詠十卷　(南朝陳)徐陵編　(清)吳兆宜注　(清)程琰删補　民國十五年(1926)上海掃葉山房石印本　六册

330000－1708－0000014　0014　史部/傳記類/總傳之屬/通代

中國藏書家攷略不分卷　楊立誠　金步瀛編　民國十八年(1929)浙江省立圖書館鉛印本　一册

330000－1708－0000016　0016　子部/藝術類/書畫之屬/書法書品

小蓬萊閣畫鑑七卷獵古集一卷　(清)李修易撰　(清)李厥猷編訂　民國二十三年(1934)上海商務印書館鉛印本　一册

330000－1708－0000017　0017　類叢部/叢書類/自著之屬

船山遺書六十六種附一種　(清)王夫之撰　民國二十二年(1933)上海太平洋書店鉛印本(永曆實錄卷十六原缺)　五十九册　存五十八種

330000－1708－0000018　0018　經部/四書類/總義之屬/傳説

四書集註十九卷　(宋)朱熹撰　民國上海鑄記書局石印本　方開明跋　一册

330000－1708－0000020　0020　類叢部/叢書類/彙編之屬

四部備要　中華書局編　民國二十五年(1936)上海中華書局鉛印本　一册　存一種

330000－1708－0000022　0022　類叢部/叢書類/彙編之屬

嘉業堂叢書五十七種　劉承幹輯　民國吳興劉氏嘉業堂刻本(毛詩正義卷一至七原缺)　一册　存一種

330000－1708－0000024　0024　子部/藝術類/篆刻之屬/印論

篆刻鍼度八卷　(清)陳克恕撰　民國七年(1918)上海朝記書莊石印本　二册

330000－1708－0000029　0029　史部/地理類/方志之屬/郡縣志

中華民國分水縣志十四卷首一卷　鍾詩傑修　臧承宣纂　民國三十一年(1942)鉛印本　二册

330000－1708－0000030　0030　史部/地理類/方志之屬/郡縣志

中華民國分水縣志十四卷首一卷　鍾詩傑修　臧承宣纂　民國三十一年(1942)鉛印本　一册　缺八卷(首、一至七)

330000－1708－0000031　0031　類叢部/叢書類/自著之屬

崇雅堂叢書十四種　楊晨撰　民國二十五年(1936)楊紹翰鉛印本　六册　存五種

330000－1708－0000033　0033　史部/史評類/考訂之屬

校史偶得不分卷　陳寶煐撰　民國八年(1919)鉛印本　一册

330000－1708－0000035　0035　經部/小學

類/文字之屬/字書/字典
辭源十二卷檢字一卷勘誤一卷附錄五卷 陸爾奎等編 民國四年(1915)上海商務印書館鉛印本 六冊 存十二卷(七至十二、勘誤、附錄一至五)

330000－1708－0000036 0036 史部/目録類/版本之屬/書影
百衲本二十四史預約樣本一卷 上海商務印書館編 民國十九年(1930)上海商務印書館鉛印本暨影印本 一冊

330000－1708－0000037 0037 史部/目録類/版本之屬/書影
百衲本二十四史預約樣本一卷 上海商務印書館編 民國十九年(1930)上海商務印書館鉛印本暨影印本 一冊

330000－1708－0000038 0038 史部/紀傳類/正史之屬
百衲本二十四史 張元濟輯 民國上海商務印書館影印本 九十五冊 存五種

330000－1708－0000039 0039 類叢部/叢書類/彙編之屬
四部備要 中華書局編 民國二十五年(1936)上海中華書局鉛印本 七十二冊 存十六種

330000－1708－0000040 0040 類叢部/叢書類/彙編之屬
四部叢刊續編七十七種 張元濟等編 民國二十三年(1934)上海商務印書館影印本 十冊 存四種

330000－1708－0000041 0041 類叢部/叢書類/彙編之屬
四部叢刊 張元濟等編 民國上海商務印書館影印本 三十二冊 存十六種

330000－1708－0000042 0042 經部/春秋左傳類/傳說之屬
春秋左傳五十卷 (晉)杜預 (宋)林堯叟註釋 (唐)陸德明音義 民國上海商務印書館鉛印本 十二冊

330000－1708－0000043 0043 類叢部/叢書類/彙編之屬
四部叢刊三編七十一種 張元濟等編 民國二十四年至二十五年(1935－1936)上海商務印書館影印本 五冊 存五種

330000－1708－0000044 0044 類叢部/叢書類/彙編之屬
四庫全書珍本初集二百三十種 中央圖書館籌備處輯 民國二十三年至二十四年(1934－1935)上海商務印書館據文淵閣本影印本 一百十五冊 存十種

330000－1708－0000048 0048 集部/總集類/選集之屬/通代
評校音註續古文辭類纂三十四卷 王先謙輯 王文濡校注 民國十三年(1924)上海文明書局鉛印本 三冊 存十三卷(一至三、十八至二十七)

330000－1708－0000049 0049 集部/總集類/選集之屬/通代
廣註經史百家雜鈔不分卷 (清)曾國藩纂 秦同培 陳和詳註釋 民國十四年(1925)上海世界書局石印本 二冊

330000－1708－0000050 0050 史部/傳記類/總傳之屬/技藝
歷代畫史彙傳七十二卷首一卷附錄二卷 (清)彭蘊璨編 民國十一年(1922)上海錦章圖書局石印本 十二冊

330000－1708－0000053 0053 集部/總集類/選集之屬/通代
古今文綜不分卷 張相輯 民國五年(1916)上海中華書局鉛印本 三十冊 存三十冊(一至二、十一至十七、十九、二十一至四十)

330000－1708－0000054 0054 子部/墨家類
墨子閒詁十五卷目錄一卷附錄一卷後語二卷 (清)孫詒讓撰 民國掃葉山房石印本 四冊

330000－1708－0000055 0055 集部/詩文

評類/詩評之屬

隨園詩話十六卷補遺十卷　(清)袁枚撰　民國上海掃葉山房石印本　五冊　缺四卷(詩話一至四)

330000－1708－0000056　0056　集部/詩文評類/詩評之屬

隨園詩話十六卷補遺十卷　(清)袁枚撰　民國上海文明書局石印本　六冊

330000－1708－0000058　0058　集部/小說類/長篇之屬

增像全圖三國演義十六卷一百二十回　(明)羅本撰　(清)毛宗崗評　民國上海錦章書局石印本　六冊　缺四卷(一至二、十三至十四)

330000－1708－0000059　0059　集部/總集類/選集之屬/通代

古詩源十四卷　(清)沈德潛輯　民國上海商務印書館鉛印本　四冊

330000－1708－0000061　0061　史部/編年類/通代之屬

綱鑑易知錄九十二卷明鑑易知錄十五卷　(清)吳乘權　(清)周之炯　(清)周之燦輯　民國五年(1916)上海商務印書館鉛印本　十四冊

330000－1708－0000064　0064　史部/紀傳類/正史之屬

史記一百三十卷　(漢)司馬遷撰　(明)歸有光等評點　**方望溪平點史記四卷**　(清)方苞撰　民國四年(1915)上海同文圖書館石印本　二十一冊　存一百十九卷(一至三十九、四十三至七十六、八十五至一百三十)

330000－1708－0000067　0067　史部/史評類/史論之屬

讀通鑑論十六卷附宋論十五卷　(清)王夫之撰　民國上海商務印書館鉛印本　十冊

330000－1708－0000071　0071　子部/小說家類/雜事之屬

古今筆記譚四卷　民國十三年(1924)仁記書局石印本　四冊

330000－1708－0000073　0073　經部/春秋左傳類/傳說之屬

增批輯註東萊博議四卷　(宋)呂祖謙撰　(宋)劉鍾英輯注　民國十三年(1924)上海啓新書局石印本　四冊

330000－1708－0000079　0079　經部/小學類/文字之屬/字書/字典

康熙字典十二集三十六卷總目一卷檢字一卷辨似一卷等韻一卷補遺一卷備考一卷　(清)張玉書等纂修　民國上海商務印書館石印本　六冊

330000－1708－0000080　0080　經部/小學類/文字之屬/字書/字典

康熙字典十二集三十六卷總目一卷檢字一卷辨似一卷等韻一卷補遺一卷備考一卷　(清)張玉書等纂修　民國上海商務印書館石印本　二冊　存十五卷(寅集上中下、卯集上中下、辰集上中下、未集上中下、申集上中下)

330000－1708－0000081　0081　經部/小學類/文字之屬/字書/字典

康熙字典十二集三十六卷總目一卷檢字一卷辨似一卷等韻一卷補遺一卷備考一卷　(清)張玉書等纂修　民國上海商務印書館石印本　五冊　缺十卷(子集上中下、丑集上中下,總目,檢字,辨似,等韻)

330000－1708－0000082　0082　經部/小學類/文字之屬/字書/字典

康熙字典十二集三十六卷檢字一卷辨似一卷等韻一卷補遺一卷備考一卷　(清)張玉書等纂修　民國二年(1913)上海鴻文恆記書局石印本　六冊

330000－1708－0000083　0083　集部/總集類/選集之屬/通代

十八家詩鈔二十八卷首一卷　(清)曾國藩輯　民國十一年(1922)上海中華書局鉛印本　八冊　存十五卷(一至二、五至十七)

330000－1708－0000085　0085　集部/總集

類/選集之屬/通代

十八家詩鈔二十八卷首一卷 （清）曾國藩輯 民國九年（1920）上海商務印書館鉛印本 二冊 存四卷（十五至十六、十八至十九）

330000－1708－0000088 0088 集部/別集類/宋別集

六一居士文集五卷外集錄二卷 （宋）歐陽修撰 民國二年（1913）上海會文堂書局石印本 二冊 存三卷（文集三至五）

330000－1708－0000089 0089 經部/春秋左傳類/傳說之屬

新體廣註東萊博議四卷 （宋）呂祖謙撰 世界書局編輯所編輯 民國十四年（1925）上海世界書局石印本 一冊

330000－1708－0000090 0090 集部/別集類/明別集

王文成公全書三十八卷 （明）王守仁撰 民國二年（1913）上海中華圖書館影印本 五冊 存十七卷（二至十八）

330000－1708－0000093 0093 經部/小學類/文字之屬/字書/字體

六書通十卷首一卷 （清）閔齊伋撰 （清）畢弘述篆訂 民國七年（1918）上海鴻文書局石印本 一冊 存四卷（首、一至三）

330000－1708－0000094 0094 集部/總集類/選集之屬/通代

古文觀止十二卷 （清）吳乘權 （清）吳大職輯 民國五年（1916）上海錦章圖書局石印本 六冊

330000－1708－0000095 0095 集部/戲劇類/雜劇之屬

紅雪樓九種曲 （清）蔣士銓撰 民國十二年（1923）上海朝記書局影印本 五冊 存四種

330000－1708－0000096 0096 史部/史評類/史論之屬

歷代名家評註史記集說一百三十卷 （清）程餘慶撰 民國七年（1918）上海交通圖書館石印本（卷十二原缺） 七冊 存三十九卷（一至三十三、四十一至四十六）

330000－1708－0000097 0097 經部/四書類/總義之屬/傳說

四書集註十九卷 （宋）朱熹撰 民國二十八年（1939）上海鴻文書局石印本 二冊

330000－1708－0000098 0098 類叢部/叢書類/彙編之屬

寶彝室集刊八種 朱景彝輯 民國十四年（1925）胥山朱氏鉛印本 五冊

330000－1708－0000100 0100 集部/別集類/清別集

一行居集八卷首一卷附一卷 （清）彭紹升撰 民國八年（1919）北京刻經處刻本 四冊

330000－1708－0000103 0103 集部/別集類

草兒一卷 康白情撰 民國十一年（1922）上海亞東圖書館鉛印本 一冊

330000－1708－0000104 0104 子部/儒家類/儒學之屬/性理

儒門語要六卷 （清）倪元坦撰 民國十三年（1924）上海大通書局石印本 一冊 存二卷（三至四）

330000－1708－0000105 0105 子部/醫家類/針灸之屬/經絡腧穴

補註銅人腧穴鍼灸圖經五卷 （清）王惟一編修 民國十三年（1924）上海世界書局據清宣統元年（1909）貴池劉氏玉海堂刻本影印本 二冊

330000－1708－0000107 0107 集部/總集類/選集之屬/斷代

策論選要十二卷 （宋）蘇洵 （宋）蘇軾 （宋）蘇轍撰 民國上海啟新圖書局石印本 三冊 存五卷（三至五、十一至十二）

330000－1708－0000110 0110 集部/別集類/清別集

金聖歎全集八卷 （清）金人瑞撰 民國上海錦文堂石印本 一冊 存一卷（一）

330000－1708－0000111　0111　子部/叢編

評註諸子菁華録十八種十八卷　張之純編纂　民國上海商務印書館鉛印本　一册　存一卷(四)

330000－1708－0000113　0113　子部/儒家類/儒學之屬/性理

呂語集粹四卷首一卷　(明)呂坤撰　(清)陳宏謀評　民國江左書林石印本　一册

330000－1708－0000115　0115　經部/書類/傳説之屬

書集傳六卷　(宋)蔡沈撰　民國商務印書館鉛印本　四册

330000－1708－0000116　0116　集部/總集類/尺牘之屬

歷代名人小簡二卷續編二卷　吴曾祺輯　民國八年(1919)上海商務印書館鉛印本　一册　存一卷(續編上)

330000－1708－0000121　0121　子部/兵家類/兵法之屬

趙註孫子五卷　(明)趙本學解引類　民國益新書局石印本　三册　存四卷(一至四)

330000－1708－0000124　0124　經部/小學類/文字之屬/説文/傳説

説文解字注十五卷附六書音均表五卷　(清)段玉裁撰　**説文通檢十四卷首一卷末一卷**　(清)黎永椿編　**説文解字注匡謬八卷**　(清)徐承慶撰　民國石印本　一册　存二卷(十二至十三)

330000－1708－0000127　0127　子部/雜著類/雜編之屬

萬事不求人全書不分卷　民國上海大觀書局石印本　一册

330000－1708－0000128　0128　史部/傳記類/總傳之屬

浙江省立浙西第一臨時中學校友録一卷　浙江省立浙西第一臨時中學校友會編　民國三十三年(1944)鉛印本　一册

330000－1708－0000133　0133　集部/詩文評類/文法之屬/函牘格式

最新普通文明白話尺牘二卷　民國石印本　一册

330000－1708－0000134　0134　經部/小學類/音韻之屬/韻書

詩韻集成五卷　(清)余照輯　民國石印本　四册

330000－1708－0000140　0140　經部/詩類/傳説之屬

監本詩經八卷　(宋)朱熹撰　民國七年(1918)上海天寶書局石印　二册　存四卷(一至二、七至八)

330000－1708－0000143　0143　子部/醫家類/醫案之屬

松心醫案一卷　(清)繆遵義撰　民國四年(1915)張存存齋石印本　一册

330000－1708－0000153　0153　子部/醫家類/方書之屬/單方驗方

良方彙選二卷　中華書局編輯　民國十一年(1922)上海中華書局鉛印本　一册

330000－1708－0000154　0154　集部/曲類/曲藝之屬

歌曲百法一卷　(元)趙孟頫撰　民國十年(1921)上海錦文堂書局石印本　一册

330000－1708－0000155　0155　子部/醫家類/類編之屬

陳修園醫書七十種　(清)陳念祖等撰　民國上海廣益書局石印本　三册　存十四種

330000－1708－0000157　0157　子部/醫家類/傷寒金匱之屬/傷寒論

傷寒明理論四卷　(金)成無己撰　民國上海江東書局石印本　二册

330000－1708－0000158　0158　子部/醫家類/婦科之屬/産科

萬氏婦人科三卷　(明)萬全等撰　民國石印本　一册　存一卷(三)

330000－1708－0000159　0159　子部/醫家

類/婦科之屬/產科

葉氏女科證治四卷 (清)葉桂撰 民國石印本 三冊 存三卷(二至四)

330000－1708－0000162 0162 集部/小說類/短篇之屬

詳註聊齋志異圖詠十六卷 (清)蒲松齡撰 (清)呂湛恩注 民國石印本 一冊 存二卷(三至四)

330000－1708－0000169 0169 經部/四書類/總義之屬/傳說

四書集註十九卷 (宋)朱熹撰 民國龍文書局石印本 一冊 存一種

330000－1708－0000175 0175 經部/四書類/孟子之屬/傳說

孟子集註七卷 (宋)朱熹撰 民國鉛印本 一冊 存二卷(六至七)

330000－1708－0000178 0178 子部/醫家類/溫病之屬

溫病條辨六卷首一卷 (清)吳瑭撰 民國石印本 一冊 存三卷(四至六)

330000－1708－0000180 0180 史部/編年類/斷代之屬

御撰資治通鑑綱目三編□□卷 (清)張廷玉等奉敕撰 民國石印本 一冊 存二卷(一至二)

330000－1708－0000181 0181 集部/詩文評類/文法之屬/函牘格式

文言對照學生新尺牘不分卷 世界書局編輯所編輯 民國二十年(1931)上海世界書局石印本 二冊

330000－1708－0000184 0184 子部/醫家類/本草之屬/歷代綜合本草

本草從新十八卷 (清)吳儀洛輯 民國上海蔣春記書莊石印本 一冊

330000－1708－0000186 0186 子部/雜著類/雜纂之屬

共和應酬彙選四卷 馬漢裔撰 民國十年(1921)上海會文堂書局石印本 一冊

330000－1708－0000188 0188 集部/別集類/清別集

小倉山房尺牘八卷 (清)袁枚撰 民國二十四年(1935)上海啓智書局鉛印本 一冊 存一卷(四)

330000－1708－0000193 0193 集部/小說類/短篇之屬

上海之秘密 金祖馨撰 民國二十四年(1935)上海育新書局鉛印本 一冊

330000－1708－0000197 0197 史部/傳記類/總傳之屬/文苑

杭州西溪奉祀歷代兩浙詞人姓氏錄一卷 周慶雲輯 民國鉛印本 一冊

330000－1708－0000199 0199 集部/別集類

秋廬詩賸一卷 潘葆延撰 民國六年(1917)鉛印本 一冊

330000－1708－0000200 0200 集部/曲類/寶卷之屬

回天寶懺八卷首一卷 民國三十三年(1944)石印本 五冊 存五卷(二至六)

330000－1708－0000202 0202 子部/宗教類/其他宗教之屬/其他

衆喜粗言五卷 (清)陳衆喜撰 民國十八年(1929)謝氏尚德齋刻本 一冊 存一卷(五)

330000－1708－0000203 0203 子部/宗教類/其他宗教之屬/其他

衆喜粗言五卷 (清)陳衆喜撰 民國謝氏尚德齋刻本 一冊 存一卷(五)

330000－1708－0000204 0204 子部/宗教類/其他宗教之屬/其他

衆喜粗言五卷 (清)陳衆喜撰 民國謝氏尚德齋刻本 四冊 存一卷(五)

330000－1708－0000207 0207 集部/小說類/長篇之屬

評註圖像水滸傳三十五卷七十回 (元)施耐庵撰 (清)金人瑞評 民國石印本 一冊 存一卷(九)

330000－1708－0000214　0214　史部/地理類/外紀之屬

萬國史記二十卷　（日本）岡本監輔撰　民國鉛印本　一冊　存三卷（八至十）

330000－1708－0000216　0216　子部/宗教類/道教之屬

覺世經直解二卷　民國十年（1921）刻本　一冊

330000－1708－0000217　0217　經部/小學類/文字之屬/字書/字典

字典十二集三十六卷總目一卷檢字一卷辨似一卷等韻一卷補遺一卷備考一卷　（清）張玉書等撰　民國石印本　一冊　存六卷（巳集上中下、午集上中下）

330000－1708－0000221　0221　子部/天文曆算類/算書之屬

最新全圖小學簡明珠算課本二卷　大觀書局編訂　民國上海大觀書局石印本　一冊

330000－1708－0000222　0222　史部/雜史類/斷代之屬

國語二十一卷　（三國吳）韋昭解　**校刊明道本韋氏解國語札記一卷**　（清）黃丕烈撰　民國三年（1914）上海鴻寶齋書局石印本　一冊　存六卷（一至六）

330000－1708－0000225　0225　集部/別集類

綠陰山房詩稿四卷　臧槐撰　民國木活字印本　三冊　存三卷（二至四）

330000－1708－0000227　0227　子部/儒家類/儒學之屬/蒙學

國語教材不分卷　民國抄本　一冊

330000－1708－0000230　0230　子部/醫家類/方書之屬/單方驗方

咽喉秘集一卷　（清）海山仙館編　民國抄本　一冊

330000－1708－0000231　0231　子部/醫家類/診法之屬/脈經脈訣

脉学玄機一卷　（明）李時珍撰　民國抄本　一冊

330000－1708－0000232　0232　集部/別集類/唐五代別集

唐處士方元英先生詩集十二卷　（唐）方干撰　民國積慶堂刻本　二冊

330000－1708－0000233　0233　集部/總集類/選集之屬

見聞集不分卷　沈壇等撰　民國抄本　二冊

330000－1708－0000234　0234　史部/傳記類/總傳之屬/家乘

[浙江桐廬]分陽姜氏宗譜四卷　姜文裕修　徐皐陵纂　民國十七年（1928）永慶堂木活字印本　二冊　存二卷（一、三）

330000－1708－0000235　0235　史部/傳記類/總傳之屬/家乘

[浙江桐廬]分陽俞氏宗譜十卷　（清）俞茲貞修　（清）俞來信纂　民國九年（1920）同盛堂木活字印本　六冊

330000－1708－0000236　0236　史部/傳記類/總傳之屬/家乘

[浙江桐廬]朱氏宗譜四卷　朱列富修　朱克勇纂　民國二十五年（1936）慎徽堂木活字印本　四冊

330000－1708－0000239　0239　史部/傳記類/總傳之屬/家乘

[浙江桐廬]分陽張氏宗譜五卷　張世通纂修　民國三十五年（1946）木活字印本　六冊

330000－1708－0000244　0244　史部/傳記類/總傳之屬/家乘

[浙江桐廬]分陽定安鄉前灣汪氏宗譜六卷　汪正達修　汪吉成等纂　民國八年（1919）光裕堂木活字印本　一冊　存一卷（五）

330000－1708－0000245　0245　史部/傳記類/總傳之屬/家乘

[浙江桐廬]分陽定安鄉前灣汪氏宗譜六卷　汪正達修　汪吉成等纂　民國八年（1919）光裕堂木活字印本　六冊

330000－1708－0000249　0249　史部/傳記類/總傳之屬/家乘

［浙江桐廬］分陽定安鄉前灣汪氏宗譜六卷　汪正達修　汪吉成等纂　民國八年(1919)光裕堂木活字印本　二册　存三卷(四至六)

330000－1708－0000251　0251　史部/傳記類/總傳之屬/家乘

［浙江桐廬］分陽定安鄉前灣汪氏宗譜六卷　汪正達修　汪吉成等纂　民國八年(1919)光裕堂木活字印本　六册

330000－1708－0000252　0252　史部/傳記類/總傳之屬/家乘

［浙江桐廬］分陽定安鄉前灣汪氏宗譜六卷　汪正達修　汪吉成等纂　民國八年(1919)光裕堂木活字印本　五册　存五卷(一至五)

330000－1708－0000253　0253　史部/傳記類/總傳之屬/家乘

［浙江桐廬］分陽錢氏宗譜四卷　錢培榮修　錢培滄等纂　民國十七年(1928)仁壽堂木活字印本　四册

330000－1708－0000256　0256　史部/傳記類/總傳之屬/家乘

［浙江桐廬］分陽定安鄉前灣汪氏宗譜六卷　汪正達修　汪吉成等纂　民國八年(1919)光裕堂木活字印本　二册　存二卷(二、五)

330000－1708－0000260　0260　史部/傳記類/總傳之屬/家乘

［浙江桐廬］潛陽徐氏宗譜二卷　民國二十年(1931)木活字印本　一册

330000－1708－0000269　0269　史部/傳記類/總傳之屬/家乘

［浙江桐廬］桐南孝仁西莊華氏宗譜十八卷　華茂水　華茂谷修　華濂纂　民國二十二年(1933)紹文堂木活字印本　十八册

淳安縣圖書館民國時期傳統裝幀書籍普查登記目録

浙江省民國時期傳統裝幀書籍普查登記目録 · 杭州

國家圖書館出版社
National Library of China Publishing House

《淳安縣圖書館民國時期傳統裝幀書籍普查登記目録》

編委會

主　編： 王木香

副主編： 余韶軍

編　委： 余榮那　陳華東　李莉芳

《淳安縣圖書館民國時期傳統裝幀書籍普查登記目録》

前　言

淳安縣是一個古老的新縣，説其"古老"，其建縣已有1800餘年，歷史悠久，文化底蘊深厚，素以"錦山秀水、文獻名邦"而著稱；説其"新縣"，是指現在的淳安縣是1959年爲建設我國第一座自行設計、自製設備、自行施工的大型水電站——新安江水電站，由原淳安、遂安兩縣合并而成。由於建新安江水電站，許多文獻古籍或因搬遷不及而被淹、散失，或隨移民流落外地，造成了"文獻名邦無文獻"的慘狀。

多年來，淳安縣圖書館通過找尋、整理，購買等方式，收集古籍綫裝書，通過努力，終纍千册有餘，根據浙江省圖書館古籍普查相關指示，按照《全國古籍普查登記手册》施行辦法，淳安縣圖書館於2012年10月開始古籍普查，至2015年3月底全面完成館藏的所有古籍和民國綫裝書的著録及一審工作，共計録入民國綫裝書數據286條，收録民國書籍刻本、石印本、鉛印本、稿本、抄本等共584册，具體分爲經、史、子、集、類叢部等五類，内容涉及政治、歷史、地理、教育、文學、宗教、法律、醫藥等。通過這次普查，所有民國書籍全部登記在册，摸清了家底，爲其開發和利用打下了基礎。

由於學識和能力有限、古籍知識的欠缺，工作中有很多不足之處，敬請專家同行指導，浙江省古籍保護中心將各單位普查登記目録合輯出版，使我們能看到上級及兄弟館豐富的古籍館藏，在此深表謝意！

王木香

2017年11月

330000－4737－0000002　0002　史部/地理類/方志之屬/郡縣志

[乾隆]遂安縣志十卷首一卷　(清)鄒錫疇　(清)孫斯盛修　(清)方引彥等纂　民國十七年(1928)羅柏麓木活字印本　八册

330000－4737－0000003　0003　史部/地理類/方志之屬/郡縣志

[民國]遂安縣志十卷首一卷末一卷　羅柏麓　周樹美修　姚桓等纂　民國十九年(1930)鉛印本　八册

330000－4737－0000005　0005　史部/地理類/方志之屬/郡縣志

[民國]建德縣志十五卷首一卷附教育公產一卷慈善公產一卷　夏曰璈　張良楷修　王韌纂　民國八年(1919)金華朱集成堂鉛印本　十二册

330000－4737－0000007　0007　類叢部/叢書類/彙編之屬

嘉業堂叢書五十七種　劉承幹輯　民國吳興劉氏嘉業堂刻本(毛詩正義卷一至七原缺)　一册　存一種

330000－4737－0000009　0009　類叢部/叢書類/家集之屬

蜀阜徐氏家集　民國木活字印本　十册

330000－4737－0000011　0011　子部/醫家類/婦科之屬/產科

葉氏女科證治四卷　(清)葉桂撰　民國上海錦章圖書局石印本　一册

330000－4737－0000012　0012　子部/醫家類/兒科之屬

幼科三種十卷　民國三年(1914)上海錦章圖書局石印本　一册

330000－4737－0000013　0013　子部/醫家類/兒科之屬

幼科三種十卷　民國三年(1914)上海錦章圖書局石印本　二册

330000－4737－0000014　0014　子部/醫家類/醫話醫論之屬

金子久醫案四卷　(清)姚益華編輯　民國十六年(1927)上海江東書局鉛印本　一册　存二卷(三至四)

330000－4737－0000020　0020　史部/傳記類/總傳之屬/家乘

[浙江淳安]文昌何氏宗譜十四卷首一卷末一卷　何光照修　何振麟纂　民國十五年(1926)彝倫堂木活字印本　十六册

330000－4737－0000021　0021　史部/傳記類/總傳之屬/家乘

[浙江淳安]聶氏宗譜四卷　鄭國藩修　聶運經纂　民國十四年(1925)木活字印本　二册　存二卷(三至四)

330000－4737－0000022　0022　史部/傳記類/總傳之屬/家乘

[浙江淳安]河南方氏宗譜二十九卷首一卷　富山惠宗堂纂　民國二十四年(1935)木活字印本　四册　存四卷(首,一至二、二十四)

330000－4737－0000024　0024　集部/總集類/尺牘之屬

唐宋十大家尺牘十四卷　文明書局輯　民國十三年(1924)上海文明書局石印本　十二册

330000－4737－0000025　0025　經部/春秋左傳類/傳說之屬

分段加評註釋東萊博議四卷　(宋)呂祖謙撰　(清)劉鍾英輯註　許慕義加評　民國十三年(1924)上海廣益書局石印本　三册　缺一卷(二)

330000－4737－0000026　0026　集部/詩文評類/文法之屬/文法

作文法四卷　謝慎修撰　民國六年(1917)上海廣益書局石印本　一册

330000－4737－0000027　0027　集部/別集類/清別集

曾文正公家書十卷家訓二卷　(清)曾國藩撰　**曾文正公大事記四卷榮哀錄一卷**　(清)王定安編　民國上海錦章圖書局石印本　五册　缺四卷(大事記一至四)

330000－4737－0000028　0028　集部/總集類/選集之屬/斷代

唐詩三百首註疏六卷　(清)孫洙編　(清)章燮註　民國石印本　一册

330000－4737－0000030　0030　集部/總集類/選集之屬/斷代

唐詩三百首註疏六卷　(清)孫洙編　(清)章燮註　民國石印本　一册　存一卷(一)

330000－4737－0000031　0031　集部/總集類/選集之屬/斷代

唐詩三百首註疏六卷　(清)孫洙編　(清)章燮註　民國六年(1917)上海錦章圖書局石印本　一册　存三卷(一至三)

330000－4737－0000032　0032　史部/編年類/通代之屬

袁王綱鑑合編三十九卷　(明)袁黄輯　(明)王世貞編　民國錦章圖書局石印本　六册　缺十三卷(一至二、二十二至二十八、三十二至三十五)

330000－4737－0000034　0034　集部/小説類/長篇之屬

第一才子書繡像三國志演義六十卷一百二十回　(明)羅本撰　(清)毛宗崗　(清)金人瑞評　民國上海商務印書舘鉛印本　三册　存十六卷(九至十四、三十三至四十二)

330000－4737－0000035　0035　史部/傳記類/總傳之屬/家乘

[浙江淳安]文昌何氏宗譜十四卷首一卷末一卷　何光照修　何振麟纂　民國十五年(1926)彝倫堂木活字印本　一册　存一卷(一)

330000－4737－0000036　0036　集部/總集類/選集之屬/通代

古文觀止十二卷　(清)吴乘權　(清)吴大職輯　民國五年(1916)上海錦章圖書局石印本　一册　存二卷(五至六)

330000－4737－0000039　0039　經部/四書類/總義之屬/傳説

新訂四書補註備旨十卷　(明)鄧林撰　(清)鄧煜編　(清)杜定基增訂　民國十四年(1925)上海錦章圖書局石印本　四册　存六卷(大學、中庸、論語一至二、孟子三至四)

330000－4737－0000040　0040　經部/書類/傳説之屬

書經集傳六卷　(宋)蔡沈撰　民國上海錦章書局石印本　三册　缺一卷(二)

330000－4737－0000050　0050　集部/總集類/選集之屬/通代

增補重訂千家詩註解二卷　(宋)謝枋得選　(清)汪相注　**新鐫五言千家詩箋註二卷**　(清)王相選注　**附笠翁對韻二卷詩品詳註一卷**　民國上海錦章圖書局石印本　二册

330000－4737－0000051　0051　集部/總集類/選集之屬/通代

古今詩選五十卷　(清)王士禛選　民國上海掃葉山房石印本　七册　存二十九卷(七言詩歌行鈔一至十五、五言詩八至十七、五言今體詩鈔六至九)

330000－4737－0000052　0052　集部/詩文評類/文法之屬

初學論説文範四卷　邵伯棠撰　民國上海會文堂書局石印本　一册　存一卷(一)

330000－4737－0000054　0054　子部/術數類/相宅相墓之屬

地理正宗十二卷　(清)蔣國訂　民國上海錦章圖書局石印本　二册

330000－4737－0000056　0056　子部/術數類/相宅相墓之屬

重鐫官板地理天機續篇雜錄備覽三十五卷　(宋)廖禹撰　民國石印本　一册　存一卷(二十九)

330000－4737－0000057　0057　類叢部/叢書類/自著之屬

徐氏雜著四種　(清)徐大椿撰　民國石印本　一册　存二種

330000－4737－0000060　0060　經部/小學

類/文字之屬/字書/字典

康熙字典十二集三十六卷檢字一卷辨似一卷等韻一卷補遺一卷備考一卷 （清）張玉書等纂修 民國九年(1920)上海昌文書局石印本 六冊

330000－4737－0000061 0061 經部/小學類/文字之屬/字書/字典

康熙字典十二集三十六卷總目一卷檢字一卷辨似一卷等韻一卷補遺一卷備考一卷 （清）張玉書等纂修 民國石印本 二冊 缺三卷(檢字、辨似、等韻)

330000－4737－0000067 0067 經部/四書類/總義之屬/傳說

新式標點四書白話解說二十九卷 董堅志編輯 民國上海錦章圖書局石印本 五冊 存五卷(論語二、孟子四至七)

330000－4737－0000068 0068 集部/總集類/選集之屬/通代

玉臺新詠十卷 （南朝陳）徐陵編 （清）吳兆宜注 （清）程琰刪補 民國埽葉山房石印本 一冊 存二卷(五至六)

330000－4737－0000069 0069 子部/術數類/陰陽五行之屬

董公選要覽一卷附錄一卷 （明）董潛撰 民國十一年(1922)上海錦章書局石印本 一冊

330000－4737－0000070 0070 子部/術數類/陰陽五行之屬

董公選要覽一卷附錄一卷 （明）董潛撰 民國八年(1919)上海萃英書局石印本 一冊

330000－4737－0000071 0071 經部/小學類/文字之屬/字書/訓蒙

中華民國聯字造句法二卷 神州圖書局編輯 民國二年(1913)上海神州圖書局石印本 一冊

330000－4737－0000072 0072 子部/術數類/陰陽五行之屬

新鐫許真君玉匣記增補諸家選擇日用通書二卷 （晉）許遜撰 民國上海錦章圖書局石印本 一冊 存一卷(上)

330000－4737－0000073 0073 經部/孝經類/傳說之屬

御註孝經一卷附二十四悌圖說一卷 （唐）玄宗李隆基注 民國石印本 一冊

330000－4737－0000074 0074 集部/詩文評類/文法之屬

言文對照評註高等小學論說文範四卷 邵伯棠撰 民國二十六年(1937)上海會文堂書局石印本 一冊

330000－4737－0000075 0075 集部/詩文評類/文法之屬

日用必備交際大觀十卷 周德芳編 民國二十四年(1935)上海錦章書局石印本 一冊

330000－4737－0000076 0076 集部/詩文評類/文法之屬

日用必備交際大觀十卷 周德芳編 民國上海遠東書局石印本 一冊 存八卷(一至八)

330000－4737－0000079 0079 集部/小說類/長篇之屬

繪圖西漢演義四卷一百回 （明）甄偉撰 民國上海天寶書局石印本 一冊

330000－4737－0000080 0080 集部/小說類/長篇之屬

繪圖民國新漢演義四卷四十回 自由生編 民國上海書局石印本 二冊

330000－4737－0000081 0081 集部/小說類/長篇之屬

增像全圖東周列國志□□卷 （清）蔡奡評點 民國上海錦章圖書局石印本 七冊 存七卷(二至八)

330000－4737－0000086 0086 子部/雜著類/雜纂之屬

今古錄不分卷 糊塗撰 稿本 一冊

330000－4737－0000093 0093 子部/雜著類/雜編之屬

安士全書四種 （清）周夢顏撰 民國鉛印本

二冊　存二種

330000－4737－0000103　0103　子部/雜著類/雜説之屬

大同貞諦不分卷　段正元撰　民國十二年(1923)北平道德學社鉛印本　二冊

330000－4737－0000104　0104　子部/宗教類/道教之屬

三聖經讀本一卷　民國十二年(1923)刻本　一冊

330000－4737－0000105　0105　子部/宗教類/佛教之屬/經

佛教西來玄化應運略錄一卷　(宋)程輝編　**題焚經臺詩一卷**　(唐)太宗李世民製　**佛説四十二章經一卷**　(南朝宋)釋迦葉摩騰　(南朝宋)釋竺法蘭譯　(宋)真宗趙恆註　民國十三年(1924)杭州刻經處刻本　一冊

330000－4737－0000108　0108　子部/醫家類/類編之屬

徐靈胎先生醫書十三種　(清)徐大椿撰　民國上海錦文堂書局石印本　十一冊　存十種

330000－4737－0000111　0111　子部/醫家類/類編之屬

徐靈胎先生醫書十六種　(清)徐大椿撰　民國上海錦文堂書局石印本　一冊　存三種

330000－4737－0000112　0112　子部/醫家類/醫案之屬

王氏醫案繹注十卷附錄一卷　(清)王士雄撰　石念祖繹注　民國八年(1919)上海商務印書館鉛印本　三冊

330000－4737－0000113　0113　子部/醫家類/醫案之屬

臨證指南醫案十卷　(清)葉桂撰　(清)徐大椿評　**種福堂續選臨證指南四卷**　(清)葉桂論　民國十七年(1928)錦文堂石印本　九冊　存七卷(一、四至七、九至十)

330000－4737－0000114　0114　子部/醫家類/醫案之屬

臨證指南醫案八卷　(清)葉桂撰　民國八年(1919)文益書局石印本　三冊　存六卷(一至四、七至八)

330000－4737－0000115　0115　子部/醫家類/醫案之屬

臨證指南醫案八卷　(清)葉桂撰　民國上海文益書局石印本　一冊　存五卷(二、五至八)

330000－4737－0000119　0119　子部/醫家類/醫理之屬/綜合

醫學指歸二卷首一卷　(清)趙術堂輯　民國十七年(1928)上海中一書局受古書店石印本　一冊　缺一卷(下)

330000－4737－0000121　0121　子部/醫家類/類編之屬

陳修園先生醫書四十八種　(清)陳念祖等撰　民國上海錦章圖書局石印本　二十一冊　存三十八種

330000－4737－0000126　0126　子部/醫家類/兒科之屬/通論

鼎鍥幼幼集成六卷　(清)陳復正輯　民國六年(1917)上海錦章圖書局影印本　二冊

330000－4737－0000133　0133　子部/醫家類/醫話醫論之屬

冷廬醫話五卷　(清)陸以湉撰　民國五年(1916)千頃堂書局石印本　三冊　缺一卷(二)

330000－4737－0000134　0134　子部/醫家類/醫話醫論之屬

冷廬醫話五卷　(清)陸以湉撰　民國千頃堂書局石印本　四冊

330000－4737－0000135　0135　子部/醫家類/本草之屬/本草藥性

本草原始合雷公炮製四卷　(明)李中立撰　民國十二年(1923)上海錦章圖書局石印本　一冊

330000－4737－0000136　0136　子部/醫家類/本草之屬/本草雜著

本草求真九卷求真主治二卷附脈理求真三卷

（清）黄宫绣纂　民國十四年（1925）上海大成書局石印本　一册　存六卷（七至九、求真主治一至二、脈理求真一）

330000－4737－0000137　0137　子部/醫家類/綜合之屬/通論
新刊萬病回春八卷　（明）龔廷賢編　民國上海掃葉山房石印本　二册

330000－4737－0000140　0140　子部/醫家類/類編之屬
葉氏醫學叢書　葉橘泉撰　民國二十五年（1936）浙江雙林存濟醫廬鉛印本　二册　存一種

330000－4737－0000142　0142　子部/醫家類/方書之屬/成方藥目
葉種德堂丸散膏丹全錄一卷　葉鴻年編　民國四年（1915）葉種德堂鉛印本　一册

330000－4737－0000144　0144　子部/醫家類/醫案之屬
葉氏醫案存真三卷附馬氏醫案并坿祁案王案一卷　（清）葉桂撰　（清）葉萬青輯　民國四年（1915）上海千頃堂石印本　二册

330000－4737－0000145　0145　子部/醫家類/醫話醫論之屬
醫學南針不分卷　陸士諤編輯　民國十三年（1924）上海世界書局石印本　一册

330000－4737－0000151　0151　子部/醫家類/綜合之屬/通論
醫宗說約六卷　（清）蔣示吉撰　民國上海錦章圖書局石印本　一册

330000－4737－0000153　0153　子部/醫家類/方書之屬/單方驗方
丹溪心法附餘二十四卷首一卷　（明）方廣輯　民國石印本　三册　存九卷（二至四、十二至十七）

330000－4737－0000154　0154　子部/醫家類/診法之屬/脈經脈訣
丹溪朱氏脈因證治二卷　（元）朱震亨撰　民國江左書林石印本　四册

330000－4737－0000160　0160　子部/醫家類/外科之屬/通論
外科正宗十二卷　（明）陳實功撰　（清）徐大椿評　民國十年（1921）上海大成書局石印本　四册

330000－4737－0000161　0161　子部/醫家類/綜合之屬/通論
醫學指南四卷　（清）劉仕廉纂輯　民國益新書局石印本　四册

330000－4737－0000165　0165　子部/醫家類/類編之屬
六科準繩　（明）王肯堂撰　民國元年（1912）鴻寶齋石印本　三册　存一種

330000－4737－0000167　0167　子部/醫家類/醫話醫論之屬
汪氏病夢回生記一卷　（清）汪雲鵬撰　**益壽俚言一卷**　（清）文海鏡撰　民國刻本　一册

330000－4737－0000168　0168　類叢部/叢書類/郡邑之屬
蜀阜文獻彙刊九種附一種　徐仲達編　民國十六年（1927）木活字印本　六册　存七種

330000－4737－0000169　0169　子部/醫家類/溫病之屬
時病論八卷　（清）雷豐撰　民國石印本　二册　存四卷（三至四、七至八）

330000－4737－0000170　0170　子部/醫家類/溫病之屬
時病論八卷　（清）雷豐撰　民國石印本　一册　存四卷（五至八）

330000－4737－0000172　0172　子部/醫家類/方書之屬
醫方論四卷　（清）費伯雄撰　民國石印本　一册

330000－4737－0000173　0173　子部/醫家類/兒科之屬/痘疹
種痘新書十二卷　（清）張琰編輯　民國錦章圖書局石印本　一册

330000－4737－0000174　0174　子部/醫家類/兒科之屬/痘疹

種痘新書十二卷　(清)張琰編輯　民國石印本　三册　缺三卷(四至六)

330000－4737－0000175　0175　子部/醫家類/傷寒金匱之屬/傷寒論

傷寒來蘇集六卷　(清)柯琴撰　民國上海文瑞樓石印本　三册

330000－4737－0000176　0176　子部/術數類/占卜之屬

卜筮正宗十四卷　(清)王維德撰　民國石印本　一册　存三卷(十二至十四)

330000－4737－0000178　0178　子部/醫家類/類編之屬

校正圖註脈訣四卷難經四卷附瀕湖脈學一卷　(明)張世賢注　民國石印本　一册

330000－4737－0000179　0179　子部/醫家類/溫病之屬

溫熱經緯五卷　(清)王士雄纂　(清)楊照藜　(清)汪曰楨評　民國四年(1915)上海普新書局石印本　一册

330000－4737－0000180　0180　子部/醫家類/本草之屬

增補珍珠囊指掌藥性賦四卷雷公炮製藥性解六卷附藥性歌括四百種一卷　(金)李杲　(清)李中梓輯　民國上海錦章圖書局石印本　一册　缺二卷(增補珍珠囊指掌藥性賦三至四)

330000－4737－0000181　0181　子部/醫家類/類編之屬

徐靈胎先生醫書十六種　(清)徐大椿撰　民國上海錦文堂書局石印本　三册　存八種

330000－4737－0000187　0187　子部/醫家類/類編之屬

新增醫書十一種　(清)陳念祖撰　民國上海醉六書莊石印本　一册

330000－4737－0000188　0188　子部/醫家類/溫病之屬/瘟疫

加批時病論八卷　(清)雷豐撰　陳秉鈞批　民國十二年(1923)上海廣益書局石印本　一册

330000－4737－0000189　0189　子部/醫家類/溫病之屬

時病論八卷　(清)雷豐撰　民國上海錦章圖書局石印本　一册

330000－4737－0000190　0190　子部/醫家類/溫病之屬

時病論八卷　(清)雷豐撰　民國石印本　二册

330000－4737－0000192　0192　子部/醫家類/方書之屬/單方驗方

驗方新編十六卷　(清)鮑相璈輯　**痧症全書三卷**　(清)王凱輯　**咽喉祕集二卷**　(清)海山仙館輯　民國上海錦章書局石印本　一册　缺十三卷(一至九、十三至十六)

330000－4737－0000195　0195　子部/醫家類/方書之屬/單方驗方

重校舊本湯頭歌訣一卷　(清)汪昂撰　民國上海錦章圖書局石印本　一册

330000－4737－0000197　0197　經部/小學類/訓詁之屬/字詁

言文一貫虛字使用法不分卷　周善培撰　民國三年(1914)鉛印本　一册

330000－4737－0000198　0198　集部/詩文評類/文法之屬

言文對照初學論說指南□□卷　民國上海廣益書局石印本　一册　存一卷(一)

330000－4737－0000199　0199　集部/總集類/尺牘之屬

花月尺牘二卷　俠客輯　民國九年(1920)上海求石齋書局石印本　一册　存一卷(上)

330000－4737－0000203　0203　子部/醫家類/婦科之屬/產科

萬氏婦人科三卷首一卷附達生編二卷　(明)萬全等撰　民國石印本　一册

330000－4737－0000208　0208　經部/小學類/音韻之屬/韻書

詩韻集成五卷　(清)余照輯　民國五年(1916)上海錦章圖書局石印本　二冊

330000－4737－0000209　0209　類叢部/叢書類/彙編之屬

袖珍古書讀本三十種　中華書局編　民國十九年(1930)上海中華書局鉛印本　一冊　存一種

330000－4737－0000213　0213　集部/總集類/選集之屬/通代

選文不分卷　民國油印本　二冊

330000－4737－0000216　0216　子部/醫家類/本草之屬/本草藥性

增補本草備要八卷　(清)汪昂著輯　民國石印本　一冊

330000－4737－0000221　0221　子部/醫家類/本草之屬/歷代綜合本草

本草從新十八卷　(清)吳儀洛輯　民國石印本　一冊

330000－4737－0000224　0224　子部/醫家類/綜合之屬/通論

御纂醫宗金鑑九十卷首一卷　(清)吳謙等撰　民國八年(1919)上海鴻寶齋石印本　一冊　存十六卷(編輯外科心法要訣一至十六)

330000－4737－0000229　0229　子部/醫家類/醫案之屬

種福堂續選臨證指南四卷　(清)葉桂撰　民國上海錦文堂石印本　一冊　存一卷(一)

330000－4737－0000230　0230　子部/醫家類/綜合之屬/通論

醫宗金鑑九十卷首一卷　(清)吳謙等撰　民國石印本　一冊　存十六卷(外科心法要訣一至十六)

330000－4737－0000231　0231　子部/醫家類/綜合之屬/通論

增訂醫宗金鑑九十卷首一卷　(清)吳謙等撰　民國上海成文厚書局石印本　三冊　存十四卷(外科心法要訣三至十六)

330000－4737－0000232　0232　子部/醫家類/溫病之屬

溫病條辨六卷首一卷　(清)吳瑭撰　民國石印本　一冊　存一卷(二)

330000－4737－0000233　0233　子部/醫家類/類編之屬

薛氏醫按二十四種　(明)吳琯編　民國石印本　一冊　存一種

330000－4737－0000234　0234　子部/醫家類/兒科之屬/痘疹

引痘略一卷　(清)邱熺輯　民國上海錦章圖書局石印本　一冊

330000－4737－0000235　0235　子部/醫家類/類編之屬

陳修園醫書四十八種　(清)陳念祖等撰　民國上海錦章書局石印本　一冊　存二種

330000－4737－0000236　0236　子部/醫家類/推拿按摩外治之屬

推拿廣意三卷　(清)熊應雄輯　**福幼編一卷**　(清)莊一夔撰　民國上海進步書局石印本　一冊

330000－4737－0000238　0238　史部/政書類/考工之屬/營造

古代西洋建築學二集　民國二十五年(1936)稿本　二冊

330000－4737－0000239　0239　集部/小說類/長篇之屬

繪圖西遊記一百回　(明)吳承恩撰　民國石印本　一冊　存十回(一至十)

330000－4737－0000240　0240　集部/總集類/酬唱之屬

西谿唫草一卷　姜自然錄　民國十九年(1930)稿本　一冊

330000－4737－0000242　0242　子部/儒家類/儒學之屬/蒙學

繪圖精校益幼雜字一卷　民國八年(1919)上

海文益書局石印本　一册

330000－4737－0000245　0245　子部/宗教類/其他宗教之屬/基督教

新約聖書不分卷　民國漢鎮英漢書舘鉛印本　一册

330000－4737－0000246　0246　子部/天文曆算類/曆法之屬

新鐫增補時憲臺曆袖裏璇璣星命須知一卷　民國石印本　一册

330000－4737－0000248　0248　子部/醫家類/兒科之屬/痘疹

痘科方一卷　民國抄本　一册

330000－4737－0000249　0249　子部/醫家類/針灸之屬/經絡腧穴

諸跌打穴法一卷　姜瑞鈔　民國抄本　一册

330000－4737－0000250　0250　子部/醫家類/醫理之屬/綜合

醫林改錯二卷　（清）王清任撰　民國抄本　一册

330000－4737－0000251　0251　子部/醫家類/婦科之屬

女科選粹一卷　民國抄本　一册

330000－4737－0000252　0252　子部/醫家類/綜合之屬/合刻、合抄

醫門棒喝不分卷　（清）章楠撰　**太乙神鍼治療法一卷**　（清）范毓䄵撰　民國姜自然抄本　一册

330000－4737－0000253　0253　子部/宗教類/其他宗教之屬/其他

師道全經三卷　道德學社輯　民國三十年（1941）道德學社鉛印本　一册　存一卷（中）

330000－4737－0000254　0254　子部/宗教類/其他宗教之屬/其他

黃中通理二卷　段正元撰　民國十二年（1923）北京道德學社印刷所鉛印本　一册　存一卷（上）

330000－4737－0000255　0255　子部/宗教類/其他宗教之屬/其他

三我不分卷　段正元撰　道德學社編　民國八年（1919）北京道德學社鉛印本　一册

330000－4737－0000256　0256　子部/宗教類/其他宗教之屬/其他

敏求知己不分卷　段正元撰　民國北京道德學社鉛印本　二册　存二册（一至二）

330000－4737－0000257　0257　子部/宗教類/其他宗教之屬/其他

道開先行二册　段正元撰　民國十五年（1926）北京道德學社鉛印　二册

330000－4737－0000258　0258　子部/宗教類/其他宗教之屬/其他

知命革命貞元不分卷　段正元撰　民國北京道德學社鉛印本　一册

330000－4737－0000259　0259　子部/宗教類/其他宗教之屬/其他

長生貞經解釋不分卷　段正元評述　民國十七年（1928）北京道德學社鉛印本　一册

330000－4737－0000260　0260　子部/宗教類/其他宗教之屬/其他

三次大法綱要□□卷　段正元撰　民國北京道德學社印刷所鉛印本　一册　存一卷（五）

330000－4737－0000261　0261　子部/宗教類/其他宗教之屬/其他

忍辱家訓一卷　段正元撰　民國北京道德學社鉛印本　一册

330000－4737－0000262　0262　子部/宗教類/其他宗教之屬/其他

有求必得不分卷　段正元撰　民國十四年（1925）北京道德學社鉛印本　一册

330000－4737－0000263　0263　子部/宗教類/其他宗教之屬/其他

永久和平三卷　段正元撰　民國十年（1921）北平道德學社鉛印本　一册　存一卷（中）

330000－4737－0000264　0264　子部/宗教類/其他宗教之屬/其他

禱告元經二卷　段正元撰　民國十七年(1928)北平道德學社鉛印本　一册

330000－4737－0000265　0265　子部/宗教類/其他宗教之屬/其他
圓法二卷　段正元撰　民國十八年(1929)北平道德學社鉛印本　一册

330000－4737－0000266　0266　子部/宗教類/其他宗教之屬/其他
在德必得□□卷　段正元撰　民國北平道德學社鉛印本　一册　存一卷(下)

330000－4737－0000268　0268　子部/藝術類/書畫之屬/法帖
宋游相藏蘭亭玉泉本一卷　(晉)王羲之書　民國十年(1921)珂羅版影印本　吳昌碩題簽　一册

330000－4737－0000269　0269　集部/詞類/别集之屬
淮海居士長短句二卷　(宋)秦觀撰　民國十九年(1930)據故宫所藏原無錫秦氏舊藏及吳氏所藏原潘氏滂喜齋舊藏宋本合併影印本　二册

330000－4737－0000270　0270　子部/醫家類/醫案之屬
摘録當代名醫驗案一卷　民國抄本　一册

330000－4737－0000271　0271　子部/宗教類/道教之屬
太上之道□□卷　楊三生撰　民國鉛印本　二册　存一卷(上)

330000－4737－0000293　0293　子部/醫家類/兒科之屬/痘疹
麻疹撮要一卷　民國三十八年(1949)余書鴻抄本　一册

330000－4737－0000295　0295　史部/政書類/公牘檔册之屬
帳簿不分卷　民國十四年至二十一年(1925－1932)王樹德堂稿本　五册

330000－4737－0000296　0296　史部/政書類/公牘檔册之屬
草帳三册　民國十八年至二十年(1929－1931)王樹德堂稿本　三册

330000－4737－0000297　0297　史部/政書類/公牘檔册之屬
帳簿不分卷　民國四年至三十二年(1915－1943)王履和堂稿本　十九册

330000－4737－0000298　0298　集部/總集類/彙編之屬
雜草一卷　(清)汪輔仁撰　稿本　一册

330000－4737－0000299　0299　子部/術數類
摘要命理説及秘傳家藏量田倉算法不分卷　民國抄本　一册

330000－4737－0000300　0300　史部/政書類/公牘檔册之屬
勤筆免思不分卷　王慎德堂記　稿本　二册

330000－4737－0000302　0302　史部/政書類/公牘檔册之屬
禮簿一卷　民國十四年(1925)稿本　一册

330000－4737－0000303　0303　史部/政書類/公牘檔册之屬
禮簿一卷　繼述堂記　民國二十九年(1940)稿本　一册

330000－4737－0000304　0304　史部/政書類/公牘檔册之屬
禮簿一卷　稿本　一册

330000－4737－0000305　0305　史部/政書類/公牘檔册之屬
豆穀租草簿一卷　王鈞平記　民國三十二年至三十三年(1943－1944)稿本　一册

330000－4737－0000306　0306　史部/政書類/公牘檔册之屬
光裕堂豆穀租草簿一卷　王履和堂記　民國七年(1918)稿本　一册

330000－4737－0000307　0307　史部/政書類/公牘檔册之屬

豆穀租草簿一卷　王履和堂記　民國十七年(1928)稿本　一册

330000－4737－0000308　0308　史部/政書類/公牘檔册之屬
豆穀草簿一卷　王中和堂記　民國三十三年(1944)稿本　一册

330000－4737－0000309　0309　史部/政書類/公牘檔册之屬
豆租簿一卷　王履和堂記　民國二十四年(1935)稿本　一册

330000－4737－0000310　0310　史部/政書類/公牘檔册之屬
五六都各佃戶清總一卷　孫懿記　民國十二年(1923)稿本　一册

330000－4737－0000311　0311　史部/政書類/公牘檔册之屬
盤查盈餘一卷　瑞祥記　民國二十二年(1933)稿本　一册

330000－4737－0000312　0312　史部/政書類/公牘檔册之屬
盤存一卷　亨益正記　民國二十六年(1937)稿本　一册

330000－4737－0000313　0313　史部/政書類/公牘檔册之屬
勸募股款册一卷　稿本　一册

330000－4737－0000314　0314　史部/政書類/公牘檔册之屬
晒箬簿一卷　王亞撰　民國三十六年(1947)稿本　一册

330000－4737－0000315　0315　新學/雜著/雜記
生活程度一卷　民國二十三年(1934)稿本　一册

330000－4737－0000316　0316　史部/政書類/公牘檔册之屬
查存傢伙號底一卷　公興隆茶號記　民國十九年(1930)稿本　一册

330000－4737－0000317　0317　史部/政書類/公牘檔册之屬
日進旡疆一卷　民國十三年至十五年(1924－1926)稿本　一册

330000－4737－0000318　0318　史部/政書類/公牘檔册之屬
帳本一卷　稿本　一册

330000－4737－0000319　0319　史部/政書類/公牘檔册之屬
帳本一卷　稿本　一册

330000－4737－0000320　0320　史部/政書類/公牘檔册之屬
穀租簿不分卷　王中和堂記　民國四年至三十二年(1915－1943)稿本　二册

330000－4737－0000321　0321　史部/政書類/公牘檔册之屬
豆租簿一卷　王中和堂記　民國四年至十一年(1915－1922)稿本　一册

330000－4737－0000323　0323　史部/政書類/公牘檔册之屬
修宗魯公墓碑簿一卷　民國三十一年至三十五年(1942－1946)稿本　一册

330000－4737－0000325　0325　史部/政書類/公牘檔册之屬
售箬總清簿一卷　張之衡撰　民國三十八年(1949)稿本　一册

330000－4737－0000327　0327　史部/政書類/公牘檔册之屬
紫僊下聘禮簿一卷　民國二十三年(1934)稿本　一册

330000－4737－0000328　0328　史部/政書類/邦計之屬/地政
土地陳報緊要不分卷　王維垣撰　稿本　二册

330000－4737－0000329　0329　子部/醫家類/傷寒金匱之屬/傷寒論
陶節菴全生集四卷　(明)陶華撰　民國抄本

一册

330000－4737－0000330　0330　子部/醫家類/診法之屬/脈經脈訣

瀕湖脈學一卷　(明)李時珍撰　民國抄本　石禅題簽　一册

330000－4737－0000331　0331　子部/醫家類/類編之屬

徐氏醫書三十二種　(清)徐大椿編　民國抄本　一册　存三種

330000－4737－0000332　0332　子部/醫家類/綜合之屬/通論

醫學實在易一卷　(清)陳念祖撰　民國抄本　一册

330000－4737－0000333　0333　子部/醫家類/方書之屬/單方驗方

選方備用一卷　民國方學澤抄本　一册

330000－4737－0000334　0334　子部/醫家類/綜合之屬/雜著

醫書一卷　民國抄本　一册

330000－4737－0000337　0337　子部/醫家類/兒科之屬/痘疹

家藏秘傳痘疹錦囊二卷　民國王心李抄本　一册

330000－4737－0000338　0338　子部/醫家類/婦科之屬

婦人方撮要一卷　民國王心李抄本　一册

330000－4737－0000339　0339　子部/醫家類/内科之屬/其他内科病證

血證不分卷　(清)唐宗海撰　民國王心李抄本　一册

330000－4737－0000340　0340　子部/醫家類/本草之屬/本草藥性

雷公藥性賦一卷　民國抄本　一册

330000－4737－0000341　0341　子部/醫家類/傷寒金匱之屬/傷寒論

傷寒論註四卷　(清)柯琴撰　民國王保合堂記抄本　一册　存一卷(二)

330000－4737－0000342　0342　子部/醫家類/方書之屬/單方驗方

藥方拾零一卷　民國抄本　一册

330000－4737－0000343　0343　子部/醫家類/内科之屬/其他内科病證

血證不分卷　(清)唐宗海撰　民國醒青抄本　二册

330000－4737－0000344　0344　子部/雜著類/雜編之屬

雜錄一卷　方京泰記　民國二十四年(1935)抄本　一册

330000－4737－0000345　0345　子部/醫家類/方書之屬

藥方摘錄一卷　王盛卿錄　民國抄本　一册

330000－4737－0000346　0346　子部/醫家類/本草之屬/本草藥性

實驗藥物一卷　民國抄本　一册

330000－4737－0000347　0347　子部/醫家類/外科之屬/癰疽、疔瘡

腫瘍類方一卷　民國抄本　一册

330000－4737－0000349　0349　子部/藝術類/遊藝之屬/聯語

雜聯並祝壽一卷　胡正魁輯　民國二十五年(1936)抄本　一册

330000－4737－0000350　0350　子部/醫家類/醫話醫論之屬

醫學門徑語正編一卷續編一卷附錄一卷　陳邦賢　萬鍾　丁福保撰　民國上海醫學書局鉛印本　一册

330000－4737－0000351　0351　史部/傳記類/總傳之屬/姓名

繪圖百家姓讀本一卷　民國上海文益書局石印本　一册

330000－4737－0000354　0354　子部/醫家類/溫病之屬

溫病方劑一卷　民國抄本　一册

330000－4737－0000355　0355　子部/醫家

類/兒科之屬

小兒啞科最要一卷　民國抄本　一冊

330000－4737－0000356　0356　子部/醫家類/兒科之屬/痘疹

痘科一卷　方梅卿記　民國抄本　一冊

330000－4737－0000361　0361　子部/術數類/相宅相墓之屬

地理摘要一卷　民國十九年(1930)方守如抄本　一冊

330000－4737－0000362　0362　子部/術數類/命書相書之屬

月談賦不分卷　嚴立卿書　民國二十二年(1933)稿本　一冊

330000－4737－0000363　0363　子部/術數類/占卜之屬

諏吉通書一卷　嚴立卿記　民國抄本　一冊

330000－4737－0000365　0365　類叢部/叢書類/郡邑之屬

蜀阜文獻彙刊九種附一種　徐仲達編　民國十六年(1927)木活字印本　一冊　存二種

330000－4737－0000366　0366　類叢部/叢書類/郡邑之屬

蜀阜文獻彙刊九種附一種　徐仲達編　民國十六年(1927)木活字印本　三冊　存三種

330000－4737－0000367　0367　類叢部/叢書類/郡邑之屬

蜀阜文獻彙刊九種附一種　徐仲達編　民國十六年(1927)木活字印本　一冊　存一種

330000－4737－0000368　0368　子部/醫家類/本草之屬

增補珍珠囊雷公炮制藥性解賦十卷　民國共和書局石印本　一冊

330000－4737－0000369　0369　子部/醫家類/本草之屬

增補珍珠囊指掌藥性賦四卷雷公炮製藥性解六卷附藥性歌括四百種一卷　(金)李杲　(清)李中梓輯　民國上海錦章圖書局石印本　二冊　缺二卷(珍珠囊指掌藥性賦三至四)

330000－4737－0000370　0370　子部/醫家類/醫案之屬

王氏醫案繹注十卷附錄一卷　(清)王士雄撰　石念祖繹注　民國九年(1920)上海商務印書館鉛印本　一冊

330000－4737－0000372　0372　子部/醫家類/類編之屬

陳修園先生醫書四十八種　(清)陳念祖等撰　民國上海錦章圖書局石印本　二冊　存二種

330000－4737－0000373　0373　子部/醫家類

摘錄醫學雜誌一卷　醒青抄　民國抄本　一冊

330000－4737－0000375　0375　子部/醫家類/兒科之屬/痘疹

種痘新書十二卷　(清)張琰編輯　民國石印本　一冊　存五卷(六至十)

330000－4737－0000378　0378　史部/地理類/方志之屬/郡縣志

[民國]遂安縣志十卷首一卷末一卷　羅柏麓　周樹美修　姚桓等纂　民國十九年(1930)鉛印本　七冊　缺二卷(四至五)

330000－4737－0000379　0379　史部/地理類/方志之屬/郡縣志

[民國]遂安縣志十卷首一卷末一卷　羅柏麓　周樹美修　姚桓等纂　民國十九年(1930)鉛印本　六冊　存六卷(六至十、末)

330000－4737－0000380　0380　史部/地理類/方志之屬/郡縣志

[民國]遂安縣志十卷首一卷末一卷　羅柏麓　周樹美修　姚桓等纂　民國十九年(1930)鉛印本　五冊　存六卷(六至十、末)

330000－4737－0000381　0381　史部/地理類/方志之屬/郡縣志

[民國]遂安縣志十卷首一卷末一卷　羅柏麓　周樹美修　姚桓等纂　民國十九年(1930)

鉛印本　二冊　存五卷（七至十、末）

330000－4737－0000384　0384　史部/地理類/方志之屬/郡縣志

［乾隆］遂安縣志十卷首一卷　（清）鄒錫疇（清）孫斯盛修　（清）方引彥等纂　民國十七年（1928）羅柏麓木活字印本　八冊

330000－4737－0000390　0390　子部/醫家類/方書之屬

藥書不分卷　民國呂思恭抄本　一冊

330000－4737－0000392　0392　子部/醫家類/方書之屬

藥方一卷　民國抄本　一冊

330000－4737－0000394　0394　史部/政書類/公牘檔冊之屬

帳簿一卷　王羽吉記　民國三年至二十八年（1914－1939）稿本　一冊

330000－4737－0000396　0396　集部/戲劇類/總集之屬/選集

曲本一卷　民國抄本　一冊

330000－4737－0000397　0397　子部/藝術類/遊藝之屬/聯語

對聯一卷　民國胡喬生抄本　一冊

330000－4737－0000398　0398　子部/藝術類/遊藝之屬/聯語

對聯一卷　民國三十八年（1949）王國霖抄本　一冊

330000－4737－0000399　0399　子部/藝術類/遊藝之屬/聯語

對聯一卷　民國抄本　一冊

330000－4737－0000400　0400　子部/術數類/命書相書之屬

陰陽書一卷　民國抄本　一冊

330000－4737－0000401　0401　子部/術數類/命書相書之屬

天官福書一卷　民國抄本　一冊

330000－4737－0000402　0402　子部/術數類/命書相書之屬

讉白虎玄科一卷　吳大坤誌　民國抄本　一冊

330000－4737－0000403　0403　子部/術數類/占卜之屬

各邑典本一卷　吳大坤誌　民國抄本　一冊

330000－4737－0000405　0405　子部/醫家類/醫案之屬

挨日抄方醫案一卷　民國抄本　一冊

330000－4737－0000407　0407　經部/小學類/文字之屬/字書/字典

攷正字彙二卷　（清）陳淏子撰　民國元年（1912）共和書局石印本　一冊　存一卷（上）

330000－4737－0000412　0412　集部/別集類

題畫詩章一卷　方永水撰　稿本　一冊

330000－4737－0000413　0413　集部/別集類

信稿一卷　姜昌撰　稿本　一冊

330000－4737－0000414　0414　集部/小說類/長篇之屬

繡像東漢演義二卷一百二十六回　（明）謝詔撰　民國石印本　一冊　存一卷（一）

330000－4737－0000415　0415　子部/儒家類/儒學之屬/蒙學

新增繪圖幼學故事瓊林四卷首一卷　（清）程登吉撰　（清）鄒聖脈增補　民國二年（1913）上海天寶書局石印本　一冊　缺二卷（三至四）

330000－4737－0000416　0416　子部/藝術類/書畫之屬/法帖

王羲之斷碑集句一卷　（晉）王羲之書　民國二十三年（1934）影印本　一冊

330000－4737－0000418　0418　子部/宗教類/其他宗教之屬/其他

衆喜粗言五卷　（清）陳衆喜撰　民國十三年（1924）杭州弘文印書局鉛印本　二冊　存二卷（一、三）

330000－4737－0000419　0419　子部/醫家類/傷寒金匱之屬/金匱要略

南雅堂金匱要略方歌一卷　（清）陳念祖撰　蘭谿中醫專校編次　民國抄本　一册

330000－4737－0000420　0420　經部/小學類/文字之屬/字書

增補虚字註釋六卷　民國抄本　一册

330000－4737－0000421　0421　子部/醫家類/方書之屬/成方藥目

驗方彙抄一卷　民國抄本　一册

330000－4737－0000422　0422　子部/醫家類/方書之屬/單方驗方

醫方湯頭歌括一卷經絡歌訣一卷　（清）汪昂撰　民國抄本　一册

330000－4737－0000423　0423　集部/總集類/選集之屬/通代

摘錄一卷　民國于時保抄本　一册

330000－4737－0000424　0424　子部/醫家類/方書之屬/成方藥目

驗方一卷　民國抄本　一册

330000－4737－0000425　0425　子部/醫家類/方書之屬/成方藥目

驗方一卷　王盛卿記　稿本　一册

330000－4737－0000426　0426　子部/雜著類/雜編之屬

摘錄一卷　民國抄本　一册

330000－4737－0000427　0427　子部/術數類

選擇吉日一卷　民國抄本　一册

330000－4737－0000428　0428　子部/宗教類/道教之屬

天寶玉尺經羅絕集解一卷　（明）董德彰撰　民國抄本　一册

330000－4737－0000429　0429　子部/醫家類/綜合之屬/雜著

醫學三字經一卷　（清）陳念祖撰　民國抄本　一册

330000－4737－0000430　0430　子部/術數類/相宅相墓之屬

陽宅三要不分卷　（清）趙廷棟撰　民國抄本　一册

330000－4737－0000434　0434　史部/政書類/公牘檔册之屬

帳簿一卷　民國十七年（1928）人和號稿本　一册

330000－4737－0000435　0435　史部/政書類/公牘檔册之屬

帳簿一卷　民國三十六年（1947）稿本　一册

330000－4737－0000436　0436　史部/政書類/公牘檔册之屬

帳簿一卷　民國三十八年（1949）王樹槐稿本　一册

330000－4737－0000437　0437　史部/政書類/公牘檔册之屬

帳簿一卷　民國二十六年（1937）稿本　一册

330000－4737－0000438　0438　史部/政書類/公牘檔册之屬

雜記一卷　王履和堂記　民國二十一年（1932）稿本　一册

330000－4737－0000439　0439　史部/政書類/公牘檔册之屬

立祭祀一卷　啟熙等撰　民國三年（1914）稿本　一册

330000－4737－0000441　0441　子部/雜著類/雜纂之屬

記帳雜字一卷　民國二十四年（1935）王學堅抄本　一册

330000－4737－0000442　0442　集部/總集類/彙編之屬

賦本一卷　民國嚴桂齋抄本　一册

330000－4737－0000443　0443　集部/總集類/彙編之屬

雜錄一卷　民國三十八年（1949）王國霖抄本　一册

330000－4737－0000445　0445　集部/詩文評類/詩評之屬

解縉詩不分卷附漁樵問答不分卷　民國抄本　一册

330000－4737－0000446　0446　史部/政書類/公牘檔册之屬

帳簿一卷　稿本　一册

330000－4737－0000447　0447　史部/政書類/公牘檔册之屬

出租簿一卷　稿本　一册

330000－4737－0000448　0448　子部/醫家類/婦科之屬/產科

產科一卷　民國抄本　一册

330000－4737－0000449　0449　子部/醫家類/診法之屬/其他診法

診斷一卷　民國抄本　一册

330000－4737－0000450　0450　子部/醫家類/方書之屬/成方藥目

驗方一卷　民國抄本　一册

330000－4737－0000451　0451　子部/醫家類/方書之屬/單方驗方

諸症歌訣驗方一卷　民國王文善抄本　一册

330000－4737－0000452　0452　子部/醫家類/方書之屬/成方藥目

驗方一卷　民國抄本　一册

330000－4737－0000453　0453　子部/醫家類/方書之屬/成方藥目

雜方一卷　稿本　一册

330000－4737－0000455　0455　子部/術數類/占卜之屬

占卜一卷　民國抄本　一册

330000－4737－0000457　0457　新學/政治法律/政治

少年中國之革命軍□□集　鄒容撰　民國新中華學社石印本　一册　存一集(三)

330000－4737－0000458　0458　子部/醫家類/診法之屬/脈經脈訣

脈訣驗方一卷　民國抄本　一册

330000－4737－0000459　0459　子部/宗教類/道教之屬

求雨法書一卷　民國抄本　一册

330000－4737－0000460　0460　子部/醫家類/方書之屬/成方藥目

驗方雜錄一卷　民國抄本　一册

330000－4737－0000461　0461　子部/醫家類/方書之屬/成方藥目

驗方一卷　民國抄本　一册

330000－4737－0000462　0462　子部/醫家類/診法之屬/脈經脈訣

脈象記一卷　方梅清記　民國抄本　一册

330000－4737－0000463　0463　子部/術數類/雜術之屬

符書一卷　民國吴大坤抄本　一册

330000－4737－0000464　0464　子部/術數類/命書相書之屬

骨格命書一卷　民國抄本　一册

330000－4737－0000465　0465　子部/醫家類/綜合之屬/雜著

醫書一卷　民國抄本　一册

330000－4737－0000466　0466　集部/總集類/彙編之屬

雜著一卷　稿本　一册

330000－4737－0000467　0467　子部/醫家類/兒科之屬/痘疹

痲診集一卷　民國抄本　一册

330000－4737－0000468　0468　集部/戲劇類/傳奇之屬

戲劇一卷　民國抄本　一册

330000－4737－0000469　0469　史部/政書類/公牘檔册之屬

帳簿一卷　民國二十五年(1936)稿本　一册

330000－4737－0000470　0470　子部/醫家類/方書之屬/成方藥目

各種藥方一卷　民國抄本　一冊

330000－4737－0000471　0471　集部/戲劇類/傳奇之屬

戲劇一卷　民國抄本　一冊

330000－4737－0000472　0472　集部/戲劇類/傳奇之屬

戲劇一卷　民國抄本　一冊

330000－4737－0000473　0473　子部/雜著類

雜錄一卷　民國抄本　一冊

330000－4737－0000474　0474　子部/醫家類/眼科之屬

眼科良方一卷　民國抄本　一冊

330000－4737－0000475　0475　子部/藝術類/書畫之屬/法帖

何紹基先生墨寶一卷　(清)何紹基書　民國上海尚古山房石印本　一冊

330000－4737－0000476　0476　子部/藝術類/書畫之屬/法帖

趙子昂墨寶一卷　(元)趙孟頫書　民國石印本　一冊

330000－4737－0000477　0477　子部/術數類/陰陽五行之屬

增補萬全玉匣記二卷　(晉)許遜撰　民國上海錦章書局石印本　一冊　存一卷(下)

330000－4737－0000478　0478　集部/別集類/清別集

飲冰室全集四十八卷　梁啓超撰　民國五年(1916)上海中華書局鉛印本　四十七冊　缺一卷(四十四)

330000－4737－0000484　0484　子部/藝術類/遊藝之屬/聯語

輓聯一卷　民國鉛印本　一冊

330000－4737－0000495　0495　經部/小學類/文字之屬/字書/字典

繪圖白話學生新字典十二卷　民國十六年(1927)上海中原書局石印本　一冊

《杭州圖書館民國時期傳統裝幀書籍普查登記目録》
書名筆畫字頭索引

一畫

二畫

三畫

四畫

五畫

六畫

七畫

八畫

九畫

十畫

十一畫

十二畫

十三畫

十四畫

十五畫

十六畫

十七畫

十八畫

十九畫

二十畫

二十一畫

二十二畫

二十三畫

二十四畫

三十畫

《杭州圖書館民國時期傳統裝幀書籍普查登記目録》
書名筆畫索引

一畫

二畫

三畫

四畫

五畫

六畫

七畫

八畫

九畫

十畫

十一畫

十二畫

十三畫

十四畫

十五畫

十六畫

十七畫

十八畫

十九畫

二十畫

二十一畫

二十二畫

二十三畫

二十四畫

三十畫

《西泠印社社務委員會民國時期傳統裝幀書籍普查登記目録》
書名筆畫字頭索引

二畫

三畫

四畫

五畫

六畫

七畫

八畫

九畫

十畫

十一畫

十二畫

十三畫

十四畫

十五畫

十六畫

十七畫

十八畫

十九畫

二十畫

二十一畫

二十二畫

《西泠印社社務委員會民國時期傳統裝幀書籍普查登記目録》

書名筆畫索引

七畫

八畫

九畫

十畫

十一畫

十二畫

十三畫

十四畫

十五畫

十六畫

十七畫

十八畫

十九畫

二十畫

二十一畫

二十二畫

《杭州師範大學圖書館民國時期傳統裝幀書籍普查登記目録》

書名筆畫字頭索引

二畫

三畫

四畫

五畫

六畫

七畫

八畫

九畫

十畫

十一畫

十二畫

十三畫

十四畫

十五畫

十六畫

十七畫

十八畫

十九畫

二十畫

二十一畫

二十二畫

二十四畫

《杭州師範大學圖書館民國時期傳統裝幀書籍普查登記目録》書名筆畫索引

二畫

三畫

四畫

五畫

六畫

七畫

八畫

九畫

十畫

十一畫

十二畫

十三畫

十四畫

十五畫

十六畫

十七畫

十八畫

十九畫

二十畫

二十一畫

二十二畫

二十四畫

《杭州市蕭山圖書館民國時期傳統裝幀書籍普查登記目録》
書名筆畫字頭索引

三畫

四畫

五畫

七畫

八畫

九畫

十畫

十一畫

十二畫

十三畫

十四畫

十五畫

十六畫

十七畫

十八畫

二十二畫

二十三畫

《杭州市蕭山圖書館民國時期傳統裝幀書籍普查登記目録》

書名筆畫索引

三畫

四畫

五畫

七畫

八畫

九畫

十畫

十一畫

十二畫

十三畫

十四畫

十五畫

十六畫

十七畫

十八畫

二十二畫

二十三畫

《杭州市蕭山區博物館民國時期傳統裝幀書籍普查登記目録》書名筆畫字頭索引

三畫

九畫

《杭州市蕭山區博物館民國時期傳統裝幀書籍普查登記目録》書名筆畫索引

三畫

九畫

《杭州市餘杭區圖書館民國時期傳統裝幀書籍普查登記目録》
書名筆畫字頭索引

二畫

三畫

四畫

五畫

六畫

七畫

八畫

九畫

十畫

十一畫

十二畫

十三畫

十四畫

十五畫

十六畫

十七畫

十八畫

十九畫

二十畫

二十一畫

二十二畫

二十三畫

二十四畫

《杭州市餘杭區圖書館民國時期傳統裝幀書籍普查登記目録》

書名筆畫索引

二畫

三畫

四畫

五畫

六畫

七畫

八畫

九畫

十畫

十一畫

十二畫

十三畫

十四畫

十五畫

十六畫

十七畫

十八畫

十九畫

二十畫

二十一畫

二十二畫

二十三畫

二十四畫

《杭州市富陽區圖書館民國時期傳統裝幀書籍普查登記目録》書名筆畫字頭索引

二畫

三畫

四畫

五畫

六畫

七畫

八畫

九畫

十畫

十一畫

十二畫

十三畫

十四畫

十五畫

十七畫

十九畫

二十三畫

《杭州市富陽區圖書館民國時期傳統裝幀書籍普查登記目録》
書名筆畫索引

二畫

三畫

四畫

五畫

六畫

七畫

八畫

九畫

十畫

十一畫

十二畫

十三畫

十四畫

十五畫

十七畫

十九畫

二十三畫

《杭州市臨安區圖書館民國時期傳統裝幀書籍普查登記目録》
書名筆畫字頭索引

二畫

四畫

五畫

六畫

七畫

八畫

九畫

十畫

十一畫

十二畫

十三畫

十四畫

十五畫

十六畫

十九畫

二十畫

二十二畫

《杭州市臨安區圖書館民國時期傳統裝幀書籍普查登記目録》

書名筆畫索引

二畫

四畫

五畫

六畫

七畫

八畫

九畫

十畫

十一畫

十二畫

十三畫

十四畫

十五畫

十六畫

十九畫

二十畫

二十二畫

《建德市圖書館民國時期傳統裝幀書籍普查登記目録》
書名筆畫字頭索引

一畫

二畫

三畫

四畫

五畫

六畫

七畫

八畫

九畫

十畫

十一畫

十二畫

十三畫

十四畫

十五畫

十六畫

十七畫

十八畫

十九畫

二十畫

二十一畫

二十二畫

二十四畫

二十六畫

《建德市圖書館民國時期傳統裝幀書籍普查登記目録》

書名筆畫索引

一畫

二畫

三畫

四畫

五畫

六畫

七畫

八畫

九畫

十畫

十一畫

十二畫

十三畫

十四畫

十五畫

十六畫

十七畫

十八畫

十九畫

二十畫

二十一畫

二十二畫

二十四畫

二十六畫

《桐廬縣圖書館民國時期傳統裝幀書籍普查登記目録》

書名筆畫字頭索引

一畫

二畫

三畫

四畫

五畫

六畫

七畫

八畫

九畫

十畫

十一畫

十二畫

十三畫

十四畫

十五畫

十六畫

十九畫

二十畫

二十二畫

《桐廬縣圖書館民國時期傳統裝幀書籍普查登記目録》
書名筆畫索引

一畫

二畫

三畫

四畫

五畫

六畫

七畫

八畫

九畫

十畫

十一畫

十二畫

十三畫

十四畫

十五畫

十六畫

十九畫

二十畫

二十二畫

《淳安縣圖書館民國時期傳統裝幀書籍普查登記目録》

書名筆畫字頭索引

二畫

三畫

四畫

五畫

六畫

七畫

八畫

九畫

十畫

十一畫

十二畫

十三畫

十四畫

十五畫

十六畫

十七畫

十八畫

十九畫

二十畫

二十三畫

《淳安縣圖書館民國時期傳統裝幀書籍普查登記目録》

書名筆畫索引

二畫

三畫

四畫

五畫

六畫

七畫

八畫

九畫

十畫

十一畫

十二畫

十三畫

十四畫

十五畫

十六畫

十七畫

十八畫

十九畫

二十畫

二十三畫